KB262613

문학교육총서 ❹

역사·기억·체험

역사·기억·체험

한국문학교육학회 엮음

역락

머리말

　한국문학교육학회는 오늘날 한국 문학교육의 현장에서 중요한 문제를 집중적으로 다루어 왔다. 이제 그 두 번째의 성과물을 둘 제출한다. 하나는 우리에게 『역사·기억·체험』으로서의 문학교육의 문제를, 다른 하나는 우리의 생활 세계를 채우고 있는 『매체』의 문학교육적 의의를 집중 조명하여 얻은 연구 성과물이다.

　논의의 장은 학회가 열었으나 연구의 방향이나 방법은 오로지 연구자들에게 맡겨졌으므로 이 결과물은 학회 회원들의 자유로운 지적 활동의 소산이다. 그러니 이 저작을 일관하는 실천적 전망을 도출하거나 여러 연구로부터 귀납하는 하나의 이론적 결과를 추출하기는 어렵다. 그럼에도 각 저작을 일관하는 하나의 문제의식은 공유한다. 예컨대, "우리가 경험한 역사적 사태들은 문학교육에서 어떠한 지위를 갖고 있는가?" "한국의 문학교육에서 매체는 어떠한 것인가?"라는 것이 그것이다. 이 저작은 이러한 문제의식에 부딪쳐 산란하는 여러 빛의 모음인 것이다. 이 두 가지 문제의식을 다시 생각해볼 필요가 있다.

　우리는 세계 속에서 살아가면서 수많은 개인적 사회적 사태들을 체험하고 있다. 그리고 이러한 체험은 기억으로 간직되어 우리의 경험을 형성한다. 우리는 한 개인으로서 사적 체험을 기억할 뿐만 아니라 사회적 존재로서 우리 사회의 체험도 공유한다. 체험의 기억은 우리에게 두 가지 문제를 제기한다. 사적 체험은 과연 공유할 수 있는가 하는 것과 사회적 체험은 어디까지 공유하여야 하는가 하는 문제이다. 앞의 것이 소통의 문제라고 한다면 뒤의 것은 역사적 책무와 관련한 문제라고 할 수 있다. 둘 모두 한 번의 답으로 만족스럽게 답하기는 곤란한 문제이다.

우리가 체험하는 일상이 인간이나 인류의 보편적인 것으로 되는 특이한 지점이 있다. 대개 역사적 사건이 그러한데 이런 역사적 체험은 사적 체험을 넘어서 인간 내지 인류의 보편적인 것으로 전환한다. 그 순간 이 체험은 소통해야 하는 것이고 또한 소통이 가능한 것이 된다. 우리가 모두 역사적 순간을 기억하는 것은 이것이 이런 소통 가능성과 소통 필연성의 측면을 담고 있기 때문이다. 우리가 어떤 소통을 할 수 있는가 하는 것은 우리 사회가 보여주고 있는 제한된 수의 가능성 속에서 우리가 스스로 선택할 수 있는 경우의 수로 구성되어 있는 것 같다. 말하자면 우리는 우리 사회의 역사적 조건에 의해 제한되면서도 스스로 가능성을 찾아내고 자율적으로 선택할 줄 안다는 말이다. 그렇기 때문에 체험은 일회적일 수 있어도 소통은 항상 재해석의 우주 속에서 끊임없이 다시 등장하는 것이다.

‘매체’란 사회적 의사소통의 과정에서 메시지의 운송 수단을 말하지만, 전화를 통한 소통 모델만 떠올려보아도 소통을 위한 수단은 이제 더 이상 부차적이거나 부수적인 것이 아닌 결정적 변수가 되었음을 알 수 있다. 거기에 그치지 않고 우리는 유, 무선의 전화 경로 속에 매달려 있고 인터넷 네트워크 상의 노드를 구성하고 있으며 그 네트워크에 접속함으로써 비로소 그 세계 상의 한 지점으로서 존재하기 시작한다. 우리는 접속함으로써 존재하고 존재하기 때문에 소통할 수 있다. 접속이 끊어지는 것은 그 세계로부터 사라짐을 뜻한다. 이제 우리는 그 세계에 관한 한 항구적 존재가 아니라 명멸하는 존재가 된 것이다.

우리가 매체 속에서 명멸하는 존재가 됨에 따라 어느 지점에서 명멸하느냐 하는 것이 곧 그 존재의 가치와도 직결된다. 지방지보다는 중앙지가, 케이블TV보다는 공중파가 더 상급의 세계이다. 세계가 달라지니 가치도 달라진다. 그리고 가치가 달라지니 존재하는 방식도 달라진다. 그래서 매체를 통해서 존재하는 삶, 매체를 통해서 전달되는 삶, 남들에게 소통되는 삶이야말로 그의 전인격적 삶이 된 지 오래다. 배우나 프로 선수만 더 좋은 모습을 보여주겠다고 하는 게 아니라 이제는 아마추어 선수들도 그런 말을 입에 달고 다니며 카메라 앞에 서면 혼인하는 부부마저도 잘 사는 모습을 보여주겠다는 것이 자연스럽게 흘러나온다. 이렇게 보다 상위의 매체에 위치하려고 애쓰는 모습을 보면 우리는 벌써부터 매체가 수단이 아니라 목적이 된 시대를 살아가고 있었던 것을 새삼

스럽게 자각하게 된다.

  국어교육은 진작부터 국어교육과정, 국어교과목 등으로 역사적 기억과 매체에 관한 교육을 실천하여 왔다. 하지만 문학교육의 국면에서 역사적 기억과 매체는 아직도 해명하고 탐구해야 할 것이 많다. 역사적 기억은 예술의 소재이지만 동시에 예술이 가능하게 되는 사회적 환경을 구성하고 있다. 매체 역시 수송 수단만이 아니라 예술 작품을 구성하는 매재이면서 예술 작품을 전달하는 방법적 수단을 포함하는 물적 토대이면서 문화적 제도이다.

  이 넘나듦에 대하여 분석적이면서도 종합적인 사고가 필요하다. 또한 교육은 사회적 효용성을 목적으로 하는 공적 제도이므로 합리적이고 효율적인 방법론을 제안하는 것도 필요하다. 당연한 말이겠지만 문학교육에서 이러한 지점들에 관한 논의는 이제부터가 시작이다. 모쪼록 이 저작이 새롭고 깊은 논의의 출발이 되기를 바랄 따름이다.

2013년 8월 1일
한국문학교육학회 회장   김 성 룡

차례

제1부 문학교육에서 바라본 일제강점의 기억과 체험

제1장 '친일문학'과 문학교육 ·········· 윤대석 13
1. 근대의 양가성 — <상록수> 다시 읽기 ▪ 14
2. 교과서의 이분법적 인식 — 중등교육에서의 '친일문학' ▪ 20
3. 교과서의 '친일문학' 처리방식 — 상문연구사 『문학』을 사례로 ▪ 24
4. '친일문학' 개념의 재조정 혹은 폐기 — 왜, 무엇을 가르칠 것인가? ▪ 29
5. 미래지향적인 국어 교과서 ▪ 33

제2장 저항문학과 문학교육 ·········· 최지현 39
— 일제강점기의 시문학을 중심으로 —
1. 저항문학은 왜 문제적인가 ▪ 40
2. 정의, 혹은 유용성의 판단 ▪ 42
3. 해석적 자리매김 ▪ 54
4. 향유하기로서의 저항문학 ▪ 61

제3장 일제강점기 제도권 문학교육 ·········· 구자황 65
— 교과서와 민간 독본의 양상을 중심으로 —
1. 머리말 ▪ 66
2. 교과서의 교양적·실용적 회로와 문학의 소거(消去) ▪ 68
3. 교과서의 심미적 회로와 문학교육의 등장 ▪ 78
4. 맺음말 ▪ 87

제4장 일제강점기 비제도권 문학교육의 양상 ·········· 전봉관 91
— 독서·동인·동인지·멘토·문예강연·현상문예 —
1. 문학청년과 학교교육 ▪ 92
2. 비제도권 문학교육의 양상 ▪ 98
3. 비제도권 문학교육의 의미 ▪ 117

제2부 문학교육에서 바라본 한국전쟁의 기억과 체험

제5장 암호화(暗號化)화된 전쟁 기억과 해호화(解號化)로서의 문학교육 ····· 김동환 125

　1. 문제 제기 ▪ 126
　2. 전사(前史)로서의 국어과 교과서에 표상된 기억들의 양상 ▪ 134
　3. 기억의 전승을 위한 문학교육의 방향성 ▪ 144
　4. 맺음말 ▪ 155

제6장 전후 소설에 나타난 남성성의 문제와 문학교육적 함의 ·············· 노지승 159
　―서기원·손창섭 소설을 중심으로―

　1. 전쟁과 젠더 그리고 문학교육 ▪ 160
　2. 폭력적 남성성과 성찰적 남성성
　　―＜암사지도＞, ＜이 성숙한 밤의 포옹＞, ＜전야제＞ ▪ 167
　3. 호명의 실패와 남성성의 붕괴―＜미해결의 장＞, ＜혈서＞ ▪ 174
　4. 결론을 대신하여―젠더 정체성과 전후 소설의 수용적 맥락화 ▪ 183

제7장 신자유주의적 생존경쟁과 한국전쟁의 소설적 전유 ······················ 차혜영 191
　―6·7차 교육과정기 국어·문학 교과서를 중심으로―

　1. 문제제기 ▪ 192
　2. 6·7차 교육과정기 한국전쟁 소재 소설의 분포와 특징―다양성과 개방성 ▪ 193
　3. 교과서 소설 속 한국전쟁 전유의 인식적 효과 ▪ 198
　4. 6·7차 교육과정기 한국전쟁 소재 소설의 배치와 전유효과
　　―결론을 대신하여 ▪ 219

제8장 전후 모더니즘 시의 가치 인식과 문학사 교육 ··························· 박윤우 223

　1. 서론 ▪ 224
　2. 전후 모더니즘 시의 맥락 이해 ▪ 227
　3. 전후 모더니즘 시의 해석적 수용과 가치화 ▪ 233
　4. 결론 ▪ 243

제3부 문학교육에서 바라본 시민 혁명의 기억과 체험

제9장 문학교실에서의「광장」읽기 ·················· 정호웅 249

    1. 머리말 ▪ 250

    2. 「광장」과 4·19 ▪ 251

    3. 이데올로기 비판의 문제와 '광장' 상징 ▪ 256

    4. 「광장」의 '사랑'과 '자살' ▪ 264

    5. 맺음말 ▪ 270

제10장 문학교육과 민주주의 ·················· 김상욱 275

    1. 다시 민주주의를 생각하며 ▪ 276

    2. 교육·국어교육 속의 민주주의 ▪ 280

    3. 문학교육의 현재적 과제 ▪ 288

    4. 주체의 복원과 문학교육 ▪ 297

    5. 문학교육의 민주화를 위하여 ▪ 303

제11장 현대시 교육과 4·19혁명 ·················· 이명찬 307

    1. 4·19혁명과 '제도적 실어증' ▪ 308

    2. 시문학 교육 현장과 4·19혁명 ▪ 311

    3. 4·19혁명을 기억하는 세 가지 방식 314

    4. 결론을 대신하여-4·19정신과 시문학 교육 ▪ 328

제12장 '4·19'와 현대 소설교육 ·················· 김혜련 335

    —제2차 국어과 교육과정(1963~1973)을 중심으로—

    1. '4·19'와 교과 지식의 정치성 ▪ 336

    2. '미완의 혁명으로서 4·19'와 국어교육의 부담 ▪ 341

    3. 문학교육을 향한 국가의 호명 ▪ 348

    4. 소설교육을 위한 제재와 활동의 이념적 선정 ▪ 351

    5. '4·19'와 문학교육의 과제 ▪ 363

<u>제1부</u>
문학교육에서 바라본 일제강점의 기억과 체험

'친일문학'과 문학교육　윤대석

저항문학과 문학교육　최지현

일제강점기 제도권 문학교육　구자황

일제강점기 비제도권 문학교육의 양상　전봉관

제1장
'친일문학'과 문학교육

윤 대 석

명지대학교 국어국문학과

1. 근대의 양가성—〈상록수〉 다시 읽기

한국에서 중등 교육을 받은 사람이라면 심훈의 소설 〈상록수〉를 모두 알고 있을 것이다. 제1차와 제2차의 교육과정에서는 '뽕나무와 아이들'이라는 제목으로 고등국어 교과서에 실렸고, 제4차 이후부터는 '상록수'란 제목으로 고등국어(제4차) 및 중등국어(제5・6・7차)에 단골로 실린[1] 〈상록수〉는 소위 '국민 소설'이라 불릴 수 있을 정도로 널리 알려져 있다. 한곡리에서 조선어 강습을 하는 채영신에게 어느 날 주재소 순사가 찾아와 아이들을 80명까지만 받으라 했고 그 명령을 따를 수밖에 없는 영신이 눈물을 머금고 늦게 온 아이들을 쫓아냈더니 그 아이들이 창밖 뽕나무에 매달려 조선어 강습을 듣는다는 줄거리는, 정상적으로 한국의 중등 교육을 받은 '국민'들에게는 소개할 필요가 없을 정도이다. 부분 수록이라 전체 줄거리는 모르고 또 '한곡리'라는 지명 따위는 기억하지 못하지만, 채영신의 고뇌와 헌신, 그리고 한글을 배우고자 하는 아이들의 의지는, 예배당에 금을 긋는 장면과 뽕나무에 매달린 아이들의 모습으로 선명하게 '국민'들의 기억에 새겨져 있다.

비록 부분 수록이지만(아니 그렇기 때문에 더욱 강렬하게) 국어 교과서에 실린 〈상록수〉의 장면은, 주재소 순사로 상징되는 억압적인 일제, 아이들로 상징되는 일제에 저항하는 민중, 채영신으로 상징되는 민중을 이끄는 헌신적인 민족 지도자, 조선어로 상징되는 민족 문화의 수호라는, 민

---

1) 조희정, 「교과서 수록 현대 문학 제재 변천 연구」, 『국어교육학연구』 24, 국어교육학회, 2005, 460면.

족주의 관점의 식민지기 한국사를 핵심적으로 보여주고 있다. 억압과 저항이라는 말로 요약할 수 있는 이러한 민족주의적 역사관, 즉 식민지 수탈론과 저항사관이 국어 교과서에 의해 확대·재생산되고 있는 것이다. 그 속에서 식민지 본국 일본은 단일한 정체성으로 표상된다. 즉 주재소 순사는 성격(character)을 가지지 못한 정형(stereotype)화된 인물이며 일본의 억압성을 상징적으로 드러내주는 역할을 담당하고 있다. 이러한 이분법적 인식 속에서는 다음과 같은 장면은 의심의 여지가 없이 일제의 폭압성으로 해석될 수밖에 없다.

> 영신과 주재소 주임 사이에 주고받은 많은 대화나 그밖의 이야기는 기록하지 않는다. 그러나 호출한 요령만 따서 말하면
> "첫째는 예배당이 좁고 후락해서 위험하니 아동을 80명 이외에는 한 사람도 더 받지 말라는 것과, 둘째는 기부금을 내라고 돌아다니며 너무 강제 비슷이 청하면 법률에 저촉이 된다."
> 는 것을 단단히 주의하는 것이었다.[2]

주재소 순사로 상징되는 일제는 채영신의 계몽 사업을 방해하기 위해, 나아가 조선인의 자립 의지와 복리를 저해하기 위해 위와 같은 명령을 발한 것이라는 점은 국어 수업에서 의심의 여지가 없는 사실로서 전달된다. 그러나 기존의 작품 해석에서 비롯된 이러한 국어 수업에서의 해석은 주재소 순사가 왜 강습소를 폐쇄하지는 않고 법의 이름으로 시정 명령을 내렸는가에 대해서는 답을 하지 못한다. 사실 식민지에서 법이란 무엇인가, 나아가 근대란 무엇인가에 대한 질문을 던지고 있는 이 대목은 일제의 억압성이라는 말로 말끔히 해석되지 않는 것이다.

---

2) 심훈, 『상록수』, 서울대출판부, 1996, 131면. 인용에서는 현대어로 고침.

이 대목을 맥락(역사)에서 떼어 내어 현재에 적용하면 그 점이 금방 드러난다. 위험한 시설물에 정원이 훨씬 넘는 아이들을 수용하는 행위, 강제적으로 기부금을 모집하는 행위를 단속하는 것은 법을 집행해야 하는 관할 공무원의 당연한 의무라 할 수 있다.[3] 구체적인 법률 내용은 다르지만 현재에도 불법 행위로 간주되는 채영신의 행위를 제재하는 것이 왜 탄압인가라는 아주 기초적이고 상식적인 질문이 식민지 지배라는 추상적 역사의 개입에 의해 무시되어 버리는 것이다. 또한 일본 제국주의의 지배라는 역사가 개입함으로써, '용산 사태'의 경우처럼 엄격한 법집행 자체가 인민의 권리를 보장하기도 하지만 또한 인민의 권리를 박탈하는 도구가 된다는, 법이 가진 양가성을 위의 장면에서 생각해볼 여유도 없게 된다. 법이라는 구체적인 매개를 삭제함으로써, 그러니까 식민지 통치란 법률 행위를 통해 이루어졌다는 사실을 망각함으로써 위의 장면은 일본 제국주의라는 지배권력과 조선인을 매개 없이 연결시키는 추상적 역사성을 통해 정형적으로 해석되는 것이다.

당대의 법이라는 매개를 도입하면 주재소 순사의 행위는 단순히 민족적 탄압이 아니라 좀 더 복잡한 형태를 띤 것이었음을 이해할 수 있다. 우선 지금도 정당한 공권력 행사로 간주되는 주재소 순사의 행위는 식민지 시기에도 법률을 등에 업은 것이었음을 지적할 필요가 있다. 그 법률은 또한 식민지인들의 욕망을 어느 정도 반영한 것이었다. 아래의 인용문은 그러한 점을 잘 보여준다.

작야 경성 간동(諫洞)에 있는 고(古)가옥이 붕괴하여 소아(小兒) 삼남매

---

3) 일제 강점기에 경무국의 경찰권은 보안의 영역뿐만 아니라 행정, 사법에 이를 정도로 광범위했다. 경희명(境喜明) 편, 『조선경찰실무요서(朝鮮警察實務要書)』, 신문관, 1912 참조

가 무참히 되었다. 불가항력으로라 하면 불가항력으로라고 할 수 있으나
이것은 미리 주의만 하였던들 참변을 면하지 않았을까. 고건물이라 풍우
에 붕괴될 만한 예측은 누구나 보는 이로 하여금 내리게 하였을지니 그
호주는 출타하고 그 주부만 집을 지키되 이것을 인식치 못하고 결국 이
런 참변을 당한 것이다. (…중략…)
　당국에서 이미 고옥으로 철훼(撤毁)를 요할 것을 미리 알았다면 이것
을 명령치 않은 책임을 질 것이며 이것을 몰랐다면 그 책임을 면치 못할
것이다. 특히 최근 건축물 취체법규가 제정되어 이의 취체가 실시되었을
지니 이의 등한한 책임을 어찌할까.4)

　여기서 말하는 '건축물 취체법규'는 1934년 6월에 제정된 '조선 시가
지 계획령'의 일부로서 1935년 9월부터 시행되었다. 1935년 6월 26일에
탈고되고 같은 해 8월 『동아일보』 현상에서 당선되어 9월 10일부터 다
음해 2월 15일까지 연재된 〈상록수〉는 이 법률의 제정과 시행 과정에
대한 미디어의 상세한 보도와 더불어 창작되고 또 읽혔다. 위험 건축물
단속에 대한 규정을 포함한 이 법률은 해방 이후에도 폐지되지 않고 남
아 법조문의 '조선총독부'를 '대한민국 정부'로, '조선총독'을 '대한민국
대통령'으로 바꾼 채, 1962년 도시계획법이 제정될 때까지 존속되었다.5)
물론 어떤 것이 '위험 건축물'인가에 대해서는 법을 실지로 집행하는 자
(주재소 순사)의 자의가 개입할 수 있지만, 일단 이 법률은 조선인, 일본인
할 것 없이 모두에게 해당되는 가치중립적인 것이며 총독부라는 식민지
지배 권력의 욕망뿐만 아니라 식민지인의 욕망을 일부 반영한 제한적
공공성6)이라 해석할 수 있다.

---

4) 사설 「건물취체를 엄중히 하라」, 『조선일보』, 1935. 7. 4.
5) 염복규, 『서울은 어떻게 계획되었는가』, 살림, 2005, 29면.
6) '공공성'은 자유나 주권의 문제와 떼어서 생각할 수 없다는 점에서 이러한 공공성을 '제

기부금 문제도 마찬가지였다. '기부금품 모집 취체규칙'이 총독부령 제76호로 개정된 것은 1933년 8월 5일이었고 그 시행은 9월 1일부터였다.[7] 그 요점은 기부금 허가제, 모집 비용 제한, 호별 방문 제한, 장부 기재 강제 등 기부금 모금에 대한 당국의 관리를 강화하는 것이었다. 이를 위반할 경우 3개월 이하의 징역이나 2백원의 벌금에 처하도록 하여 규칙의 실효성을 보장하려한 이 법규는 "강습소 기부금은 5백원까지 모집을 해도 좋다고 허가를 해주지 않았는가"[8]라는 채영신의 독백이나 기부금 장부 기입 등을 통해서 <상록수>에 반영되어 있다. 이 법의 취지 가운데 하나가 "어떠한 필요한 사회사업이라고 하여도 지방주민의 경제 부담 능력을 참고하여야 할 것임"[9]에 있다고 한다면 "원체 가난한 동리인데다가 그나마 돈이 한창 마른 때라 기부금은 적어놓은 액수의 십분의 일도 걷히지 않"[10]는 상황은 기부금 취체규칙의 제한 대상이었다. 게다가 영신의 조급함은 다른 회원들이 "급히 먹는 밥이 체한다우. 우리 선생님두 성미가 퍽 급하셔"라고 할 정도였다. 이 기부금 문제 또한 위험 건축물 단속처럼 제한적 공공성으로 해석할 수 있을 것이다.

<상록수>에 등장하는 두 가지 법률은 '억압과 수탈의 도구'로서의 식민지 법률이라는 관점(식민지 수탈론)을 넘어선다. 그렇다고 해서 식민지 법률이, 자의적 통치라는 봉건적인 질곡으로부터의 해방을 가져 왔다

한적 공공성'이라 할 수 있을 것이다(사이토 준이치, 윤대석 외 역, 『민주적 공공성』, 이음, 2009 제1장 참조). 그것은 식민지 법률체계가 식민지배를 합리화했다는 사실을 완전히 배제하는 것은 아니기 때문이다.

7) 「기부금 제한 규정 종래 비해 대개혁」, 『조선일보』, 1933. 8. 7. 및 「의연금·희사금도 기부금 조례로 취체」, 『조선일보』, 1933. 9. 5.

8) 심훈, 앞의 책, 131면.

9) 「기부금 제한 규정 종래 비해 대개혁」, 『조선일보』, 1933. 8. 7.

10) 심훈, 앞의 책, 129면.

는 관점(식민지 근대화론)을 선뜻 수용하기도 어렵다. <상록수>의 화자나 주인공의 욕망이 식민지 법률과 적극적으로 대결하고 있지는 않지만 불편한 관계에 놓여 있는 것은 사실이기 때문이다. 그러니까 식민지 당국은 법률을 통해서 지배를 효과적으로 수행할 수 있지만 그것은 식민지인의 욕망을 어느 정도 반영하지 않을 수 없었고, 마찬가지로 식민지인들은 법률을 활용하여 자신의 복리와 욕망을 실현시켰지만 그것은 제한적이었던 것이다. 이 텍스트는 바로 이러한 근대 법률이 가진, 해방적이면서 동시에 억압적인 성격을 잘 드러내준다.

근대적 법률은 새로운 양식의 권력과 지배의 특성을 보여준다.[11] 그것은 국가가 폭력을 독점하고 체계화하여 과거에는 관여하지 않았던 다양한 생활 영역으로 통제의 정보 수집과 손길을 뻗쳐나간 것을 의미한다. 채영신이 주도하는 농촌 공동체와 주재소 순사와의 갈등은 이러한 규율권력으로서의 식민지 법체계와 전통적인 자율적 질서와의 갈등으로 해석할 수 있다. 그 속에서 차츰 식민지 법체계를 내면화하는 동시에 그것에 균열을 만들어내는 것이 교과서에 실린 부분이다. 채영신은 "하룻밤을 하얗게 밝히며" 식민지 법률을 내면화한다. 채영신이 합법의 영역에서 벗어나지 않으려고 한다는 것은 그러한 내면화를 잘 보여준다. 그러나 그러한 내면화는 곧 아이들(민중)의 저항에 부딪힌다. 근대적 법률에 대한 저항과 그것의 내면화의 아슬아슬한 타협점이 곧 뽕나무에 매달린 아이들에 대한 배려로 드러난다. 식민지 법률이 정한 한계 속에서 그것을 넘어서는 것, 그것이 <상록수>가 보여주는 세계이다. 식민지 법률은 새로운 지배의 양식이고, 식민지인은 그 경계에 서 있었다. 똑같이

---

11) 이철우, 「일제하 법치와 권력」, 이영훈 외 편, 『해방전후사의 재인식』, 책세상, 2006, 153면.

저항과 억압이라고 하더라도 기존의 해석이나 국어 교과서의 의도처럼 <상록수>가 보여주는 저항과 억압은 오로지 민족적인 것만은 아니었던 것이다.

2. 교과서의 이분법적 인식-중등교육에서의 '친일문학'

국어 교과서가 국가 이데올로기를 반영하고 있다는 말은 동어반복이다. '국가어'의 준말인 '국어'에 국가 이데올로기가 이미 내재되어 있을 뿐만 아니라 '교육'이란 '국가'를 유지시키는 명백한 '이데올로기 장치'이기 때문이다.12)

> 국어는 일상생활에 필요한 말과 글을 익혀, 바른 말과 맞는 글을 잘 깨쳐 알게 하고, 또 저의 뜻하는 바를 바르고, 똑똑하게 나타낼 수 있도록 힘을 길러 주고, 아울러 지혜와 도덕을 복돋우어 국민된 도리와 책임을 깨닫게 하며, 우리 국민성의 유다른 바탕과 국문화의 오래 쌓아온 길을 밝히어, 국민정신을 담뿍 길러 내기에 뜻을 둔다.
>
> ─「국민학교 교수요지」, 194713)

교과서는 교육과정의 목표를 달성하기 위한 자료이며, 국가의 이념을 반영하는 것이기 때문에 교과서는 국어교육의 하나의 표준이요, 자료요, 때로는 어느 정도의 지침도 될 수 있다.

국어과 자체의 목적은 이런 자료를 이용하여 인간을 만들어 내는 것이

---

12) 한수영, 「문학 교과서와 소설 교육의 이데올로기」,『근대문학연구』7(2), 한국근대문학회, 2006, 39면.
13) 강진호 외,『국어 교과서와 국가 이데올로기』, 글누림, 2007, 43면.

기 때문에, 자료는 부수적인 위치에 있는 듯하나 반대로 자료의 선택이 알맞을 때는 더욱 목표를 달성하기 용이하다고 볼 수 있다.

—「국어과 교과서의 내용」, 1962[14]

문학교육을 포함한 국어교육의 목표가 "국민된 도리와 책임을 깨닫게 하"는 것에, 또한 "국민정신을 담뿍 길러 내기"에 있으며, 따라서 국어교육은 "국가의 이념을 반영하는 것"임을, 즉 그 자체가 국가 이데올로기임을 위의 인용은 명확하게 표명하고 있다.

민족주의는 그러한 국가 이데올로기의 핵심 부분을 구성하고 있고, 이에 따라 교과서 제재의 선택과 해석은 제한되어 왔다. 한국의 민족주의가 '반일 민족주의'라고 부를 수 있을 정도로 대타적 자기 정체성 구축에 주력해왔음을 염두에 둔다면 국어 교과서가 일제에 대한 저항을 강조하는 것은 어떤 측면에서 자연스러운 현상이라 할 수 있다. 저항의 텍스트, 저항의 해석을 강조하는 것과 제7차 교육과정 이후 등장한 협력의 텍스트, 협력의 해석을 강조하는 것은 동전의 양면으로서 서로 배타적이지 않다. 그러니까 '친일문학'을 수록해야 하는가에 대한 갈등은 존재하지만, 무엇을 왜 어떻게 가르쳐야 하는가에 대한 갈등은 존재하지 않고 그것들은 당연한 것으로 전제되어 있는 것이 국어교육계의 현실이다. 이때 대립은 민족적 주체(민족 부르주아 vs 민중)를 둘러싸고 일어나며 '친일문학'을 둘러싼 국어교육에서의 갈등은 그것을 반영한 것이다.

1966년 임종국의 『친일문학론』 이전까지 문학 연구에서 일제 말기의 문학은 '암흑기 문학'이라는 명칭이 주류[15]였고 그것은 일제 말기를 체

---

14) 위의 책, 46~47면.
15) 백철, 『조선신문학 사조사』, 백양당, 1949 및 조연현, 『한국현대문학사』(증보개정판), 성문각, 1969.

험한, 그 시대에 명시적으로 연루된 세대와 계급(민족 부르주아)의 논리였다.16) 자신의 정체성 가운데 일제 말기를 지우는 것과 민족 정체성 형성에서 일제 말기를 지우는 것은 동시적 행위라 할 수 있다. 제1차에서 제6차에 걸친 교육과정에서 중등 국어 교과서는 이러한 국가 이데올로기를 반영한다. 일제 말기에 식민지 통치에 협조함으로써 자신의 계급적 지위를 유지해왔던 부르주아 민족주의 세력은 독립 이후 식민지 협력의 흔적을 지움으로써 자신의 계급적 지위를 보존하려 했다. 그것이 『친일문학론』 이전의 '친일문학' 연구였는데 국어교육에서 그것은 '친일문학'을 교과서에서 배제하고 저항의 문학과 '순수' 문학 텍스트만을 내세우는 결과를 낳았다. 이상하지만 당연하게도 이 시기는 저항의 문학을 언급하고 해석하는 것은 장려되었지만, '친일'의 문학을 언급하고 해석하는 것은 금기시되었다.

이에 대한 비판은 임종국의 『친일문학론』을 이어받아 일제 말기의 협력과 무관하다고 스스로를 규정한 세대와 계급(민중)에서 나왔다. 그들은 민족 부르주아의 '암흑기 문학'이라는 명칭을 버리고 '친일문학'이라는 대타적 개념을 설정하였다. 7·80년대 '친일문학'에 대한 언급과 비판은 반체제 행위였다. 그것은 일제 말기의 식민지 협력에 명시적으로 연루된 개인 및 계급(민족 부르주아)의 통치의 정당성에 대한 문제 제기였다. '친일문학'에 대한 언급과 비판은 일본과 대립적으로 민족 정체성을 형성하는 것이었을 뿐만 아니라 식민지 협력에 관련된 계급과 대립적으로 민족 정체성을 형성하는 행위였다. 그것은 곧 문단 주류에 대한 비판이자

---

16) '친일문학' 연구사에 관해서는 윤대석, 「1940년대 '국민문학' 연구」, 서울대학교 박사학위논문, 2006 참조. 민족 부르주아가 식민지 지배체제와 연속적인가는 포스트콜로니얼리즘에서 논쟁의 대상이 되어 왔다(B. Ashcroft et al., *Key Concepts in Post-colonial Studies*, London & New York : Routledge, 1998 가운데 'nationalism' 항목 참조).

교과서의 주체인 민족 부르주아에 대한 비판이었다. 국어교육에서 '친일문학'에 대한 비판이 민중교육 진영에서 나온 것은 이 때문이다.

> 40여 년에 걸치는 일본 제국주의의 식민 통치를 벗어나서 해방을 맞았을 때 우리에게 가장 시급했던 일은 일제 잔재를 청산하는 일이었다. (…중략…) 이러한 당면 과제를 풀어나가기 위해서는 과거 일제에 아부·협력하며 민족에 해를 끼친 반민족주의자─친일파들을 배척하고 다시는 득세를 못하게 민족 기강을 바로잡는 일이 무엇보다도 중요했다. 그러나 (…중략…) 6·25 동란을 거치면서 분단 체제가 고착되고, 이승만 독재, 유신 독재를 지나 오늘에 이르기까지 일제 잔재는 거의 한 번 제대로 손도 못 대고 우리 사회의 구석구석에 온존해 왔던 것이다.[17]

식민지 협력에서 자유롭다고, 따라서 순수한 민족주의를 보존하고 있다고 주장하는 세대와 계급의 논리로서 '친일문학'이라는 명칭은 문학 연구에서, 그리고 국어교육에서 1980년대 후반 소위 민주화 이후 널리 유포되어 문학교육의 주도권을 겨루게 되었다. '친일문학'이라는 명칭을 주장하는 사람들은 정전의 교체를 요구하였고, 그러한 주장은 제7차 교육과정에서 납월북 작가의 작품이 등장하고, 서정주 등의 '친일문학'자의 작품이 삭제되는 것으로 관철되었다.[18] 납월북 작가의 작품이, 일제 하의 사회주의가 민족주의적 맥락에서 읽히는 것과 마찬가지로, 계급문학으로 읽히기보다 오히려 진정한 민족문학으로 읽힌다는 것을 감안하면 이러한 현상은 민족주의의 세대 교체, 계급 교체라 할 수 있다.

그러나 이러한 민족적 주체의 교체는 자리바꿈에 지나지 않는다. 이것

---

17) 교육출판 기획실 엮음, 『교과서와 친일문학』, 동녘, 1988, 8면.
18) 손진은, 「문학교육과 제재 선정의 문제」, 『우리말글』 33, 우리말글학회, 2005, 367~369면.

은 여전히 '친일'과 '반일'이라는 이분법에 근거해 있다. 이전 세대에게, 그리고 민족 부르주아 계급에게 '친일'이 잊어야 하는 것이고 그러한 망각을 통해 민족과 자신의 정체성을 보존할 수 있었다면, 지금 세대에게, 그리고 민중 계급에게 '친일'은 강력한 대립적·배제적 타자로서 자기 정체성 형성에 개입하고 있는 것이다. '친일'을 내세움으로써 민족의 정체성을 보존하고자 하는, 그러니까 '민족 정기'를 세우고자 하는 시도는 민족문제연구소의 『친일인명사전』 편찬 작업과 친일 반민족 행위 진상 규명위원회의 활동으로 정점에 달하였는데, 그것을 제도권 국어교육에서 실현하고 있는 것은 상문연구사의 『문학』 교과서이다.

3. 교과서의 '친일문학' 처리방식
—상문연구사 『문학』을 사례로

상문연구사의 『문학』은 '친일문학' 작품을 두 편이나 수록하고 있는 독특한 교과서이다. 이 교과서가 국정인 『국어』 교과서와 검정인 『문학』 교과서를 통틀어 '친일문학' 작품을 수록한 유일한 교과서라는 점에서 그러하다. 그렇기 때문에 이 교과서가 모든 문학교육을 대표한다고 볼 수는 없다. 그러나 또한 이러한 독특함은 '친일문학'을 내세우는 진영의 영향력이 적음을 의미하는 것은 아니다. 앞에서도 말했듯이 2000년대 들어 '친일문학'을 대립적 타자로 내세운 민중 진영이 주도권을 쥐었지만, 다만 '정전'을 싣는다는 교과서의 특수성 때문에 '친일문학' 작품이 광범위하게 교과서에 실리지 못했던 것이다. 다만 일제 말기 문학에 국한해서 말하면 민중 진영이 힘써 할 수 있었던 것은 네거티브한 방식, 즉 '친일문학'자의 작품을 교과서에 싣지 못하게 하는 방식(이는 '친일문학'자의 문학비와 문학관 건립 반대 운동과 연동되어 있다)이었다. 그에 반해 상문연구사의 『문학』 교과서는 '친일문학'을, 비판적 평가를 가한 문학사로만 소개하던 것에서 벗어나 직접 텍스트로 보여주었다는 점, 즉 학생들이 그 실물을 보고 제한적 정보 하에서나마 그에 대해 직접 판단할 수 있도록 했다는 점에 그 의미를 부여할 수 있다.

여기에 실린 '친일문학' 텍스트는 김용제의 시 <님의 부르심을 받들고서>(『매일신보』, 1943. 8. 3.)와 김팔봉의 시 <가라, 군기 아래로, 어버이들을 대신해서>(『매일신보』, 1943. 11. 5.)이다.19) 두 사람은 일제 말기에 활약한 대표적인 시인들로서 민족문제연구소에서 편찬한 『친일 인명사전』(2009)에 실렸을 뿐만 아니라 친일 반민족 행위 진상규명위원회라는 국가 기구에 의해 '친일 반민족 행위자'로서 행정처분을 받은(2010) 문학자들이다. 그러나 그들은 그 이전에도 여러 연구 논문을 통해 논란의 여지가 없이 '친일문학'자로 인식되어 왔다. 임종국의 『친일문학론』, 김규동 등이 편집한 『친일문학작품선집(1·2)』 등에서도 언급되었다는 점에서 이 두 작품은 일단 '친일' 여부에 대한 논란은 피하고 있다고 할 수 있다. 더군다나 "신국 일본의 황민이 되었거든", "대동아전쟁은 침략의 전쟁이 아니다"(<가라, 군기 아래로, 어버이들을 대신해서>)와 같은 구절들은 해석의 여지조차 남기지 않고 있다.

그럼에도 불구하고 이러한 작품들의 수록이 '정전'을 다룬다는 국어 교과서의 원칙에서 벗어난 것은 아니다. 그것은 상문연구사의 교과서가

---

19) 여기에 수록된 두 편의 시는 『친일문학작품선집』(김규동 외 편, 실천문학사, 1986)의 각각 제1권, 제2권에 수록된 것을 사용하고 있다.

'친일문학' 텍스트를 다루는 방식에서 잘 드러난다. 우선 이 교과서가 '친일문학' 작품을 다루는 방식은 첫째 '저항문학'과의 대조이다. 이는 앞에서 말한 '친일'과의 대립에서 민족적 정체성을 형성하는 대타적 민족주의의 특성을 잘 보여준다. 김용제의 시는 심훈의 <그날이 오면>과 대조하여, 김팔봉의 시는 윤동주의 <십자가>와 대조하여 소개된다. 구체적으로는, 김팔봉의 시는 하권 'Ⅴ. 문학과 삶' 가운데 '2. 역사 속의 삶과 문학'에서 '학습활동2. 다음 작품을 <십자가> 화자의 시각에서 비판해 보자'라고 하여 저항과 협력, '친일'과 '반일'의 사례로 윤동주의 시와 대립적으로 제시되고 있다. 한편 김용제의 시는 상권 'Ⅰ. 문학의 본질' 가운데 '3. 문학의 기준과 가치'에서 심훈의 시를 대조적으로 제시되어 이 두 시가 추구하는 가치가 서로 다르며, 후자가 우월한 가치임을 학생들이 깨닫도록 구성되어 있다. 정전을 돋보이게 하기 위해 그것의 대극점에 있는 것으로 '친일문학' 텍스트를 제시하는 방식이다.

그러나 이런 대조의 교육 방법은 '친일문학'의 내적 논리를 알 수 없게 한다. 이항 대립으로서만 두 작품이 제시될 경우, 더군다나 그것이 서로 대조된다는 것을 전제로 한다면, 두 텍스트 모두 그러한 이항 대립에 의해서만 해석될 수밖에 없다. 그러한 이항 대립적 구조는 '친일문학'은 물론, '저항문학'에 대해서마저, 고정된, 그러니까 반사적인 해석 이외에 학생들의 반응을 이끌어낼 수 없다.

이러한 해석의 고정은 교과서 집필자가 각 텍스트의 해석을 유도하는 설명을 통해서도 이루어진다. 김팔봉의 시에서는 "<십자가> 화자의 시각에서 비판해 보자"라는 직접적인 언사를 통해 <가라, 군기 아래로, 어버이들을 대신해서>를 해석하는 것이 아니라 비판할 것을 유도하고 있다. 이를 통해서 이 시에 드러난 "동아 10억의 전위"라는 자부심, 일화

기본조약(1940. 11.)에 기초하여 "대동아 전쟁은 침략의 전쟁이 아니다"라고 한 의기는 집필자에 의해 '친일적인 가치관'으로 추상화되고 만다. 김용제의 시에 대한 소개는 보다 직접적이다.

> 문학 속에서 가치는 작가의 철학과 사상, 작품의 역사적, 사회적 배경과 밀접한 연관을 가지며 작품에 담긴 세계관이나 인간형에 의해서 구현된다. 다음 두 작품은 일제강점기라는 동일한 현실을 다루고 있으나 추구하는 가치는 서로 다르다.
>
> (가) 김용제, <님의 부르심을 받들고서>
> (나) 심훈, <그날이 오면>
>
> (가)는 조선 청년들에게 일제의 징병 정책에 목숨을 걸고 적극적으로 응하기를 독려하는 작품으로, 친일적인 가치관을 담고 있다. 반면, (나)는 같은 시대를 살면서도 해방의 그 날을 간절히 기다리는 민족적 가치관을 담고 있는 작품이다.[20]

여기서는 김용제 시를 "친일적인 가치관을 담고 있"는 것으로 확정하여 다른 해석을 처음부터 봉쇄하고 있다. 이를 통해 '친일적인 가치관'과 '민족적인 가치관'을 대립시키고 후자를 토대로 전자를 비판하게 하는 방식이 상문연구사『문학』의 특징이라 할 수 있다. 이는 국어교육에서 친일시를 어떻게 가르쳐야 하는가에 대한 정책적 제의의 연장선상에 있는 것으로 보인다. 예를 들어 김유중은 "교육현장에서 우리가 그것을 다루는 것은 민족사의 반성 차원에서 시문학 쪽의 예를 수집함으로써 그로부터 역으로 현재와 미래 역사에 대한 비판적 교훈을 얻고

---

20) 『문학』, 상문연구사, 2003, 51~53면.

자 하는 이유"[21]라고 말하고 있는데 '친일문학'은 해석해야 하는 것이 아니라 반면교사로서의 성격, '저항문학'을 도드라지게 하는 역할을 수행할 뿐이다.

상문연구사『문학』교과서가 '친일문학'을 다루는 두 번째 특징은 가장 선정적이고 선동적인 작품을 선택한다는 것이다. 이는 해석의 여지를 없애고 그와 대조되는 '저항문학'을 부각시키기 위한 장치이겠지만, 그로 인해 "그 반응은 문학적 사유, 곧 상상을 경유하지 못하게 된다."[22] 앞에서 말했듯이 이러한 대조는 '친일시'는 물론 '저항시'에 대한 사유조차 봉쇄하고 반사적인 해석밖에 유도하지 못한다고 할 수 있다. 이 교과서 집필자들이 시를 선택한 것은 이 때문이다. 시가 그러한 선동성을 선명하게 드러내는 데 적합하기 때문이다. 텍스트 선정 자체에 이미 의도가 개입해 있는 것은 말할 것도 없지만, 이를 통해 1940년대 전반기의 시에 대한 왜곡된 인식을 학생들에게 주입하게 된다. 또한 선동성이 두드러진 텍스트를 선정하기 위해 발표 시기를 한정하고 있다. 이 두 편의 시는 모두 일본군이 전선에서 수세에 처하게 되는 1943년 이후에 발표되었다. 김용제의 시가 1943년 8월 1일부로 실시된 해군 특별지원병령 (가미가제 포함)을 배경으로 하고 있다면 김팔봉의 시는 같은 해 10월 실시된 조선 학도병령을 배경으로 하고 있다. 이러한 시기적 특수성은 선동성의 강화로 드러난다.

1940년대 전반기의 문학은 다양한 스펙트럼을 가지고 있다. 상문연구사 교과서에 실린 시들처럼 선동적인 것도 있지만, 김종한의 시처럼 당

---

21) 김유중, 「저항시와 친일시 지도의 쟁점」, 김은전 외, 『현대시교육론』, 시와시학사, 1996, 419면.
22) 최지현, 「'친일시'의 생명유지 장치」, 『배달말』 32, 배달말학회, 2007, 22~23면.

대의 역사적 맥락에서 보지 않으면 해석하기가 애매한 작품도 있다. 작품 편수로 보아도 명백한 협력의 작품들보다 해석의 여지가 있는 작품들이 더 많다고 할 수 있다. 특히 일본군이 수세에 처하기 이전에, 혹은 1942년 징병제 실시 결정 이전에 발표된 작품들, 시기적으로 보자면 1939년부터 1942년까지 발표된 작품들은 '친일문학'이라는 단순한 개념으로 접근하는 것이 부적절할 정도이다. 그러나 극단적인 '친일문학'을 대타적 존재로 내세운 것은 그 반대 극에 존재한다고 가정된 '저항문학'을 강조하기 위해서이다. 그러한 극단적 작품 선정과 미리 전제된 해석은 민족적 가치가 무엇인지, 협력이 무엇인지를 묻지 않고 한쪽을 숭앙하고 또 다른 한쪽을 배척하는 극단적 민족주의자를 양산해낼 뿐이다. 이는 '친일문학'이라는 이름과 개념 하에서 이 시기의 텍스트를 교과서에 수록하는 것에서 이미 예견된 것이라고 할 수 있다.

4. '친일문학' 개념의 재조정 혹은 폐기
―왜, 무엇을 가르칠 것인가?

이유는 다르지만 "경직된 논리로 선동하는 텍스트"[23] 위주로 되어 있거나 '친일문학' 자체를 배제하는 문학교육의 문제점에 대한 지적은 충분히 공감할 수 있다. 그것은 학생들로 하여금 사유하지 않게 만드는 것, 무조건 받아들이도록 만드는 것이라 할 수 있다. 그러나 '친일'이라는 말이 붙으면 어떤 방식으로든 사유는 정지된다[24]는 사실을 염두에 둘

23) 위의 논문, 21면.
24) 류보선, 「친일문학론의 역사철학적 맥락」, 『한국근대문학연구』 4(1), 한국근대문학회,

필요가 있다. 어떤 자료를 동원하든, 어떤 시각을 가져오든 '친일문학'은 도덕적·역사적 단죄의 대상밖에 되지 못하는 것이다.

이런 이유로 '친일문학'의 개념과 시각에 대해 끊임없는 문제 제기가 있어왔다. 김재용은 제3세계적 맥락에서 저항 / 협력의 이분법을 주장했고,25) 김철 등은 식민지 규율권력론을 바탕으로 '파시즘 문학'이라는 용어를 제안했다.26) 전자는 민족주의라는 협소한 기준에서 벗어나 '전쟁 동원'이라는 어느 곳에 두어도 그 책임을 물을 수 있는 행위와 '황국신민화'라는 식민주의 사상에 대해 그 책임을 묻고자 했다. 후자는 민족주의와 제국주의가 공모하고 있는 규율권력에 의한 국민화를 근본적으로 비판하면서 근대성을 넘어서는 원리를 모색하고자 했다. 이에 따르면 '친일'이 아니라 '동원'과 '관리'가 지금 한국사회에서 가장 중요한 문제점이라 할 수 있다. 또한 한수영은 '친일문학'이란 제국주의 담론으로의 흡수가 아니라 그것과의 고투에 의한 전유임을 잘 보여주었고,27) 윤대석은 '친일문학'에서 주목할 점은 그것의 부정적인 측면이 아니라 긍정적인 측면, 즉 그것이 타자의 논리였기에 탈근대적·탈민족적 논리 구성이 가능했음에 주목할 필요가 있다고 주장한다.28)

각 주장의 차이는 '친일문학'에서 우리가 반성하고 청산해야 할 것이 무엇인가, 혹은 계승해야 할 것이 무엇인가에 대한 입장 차이에서 비롯된다. 민족주의의 폐기에서 수정까지 그 스펙트럼이 넓긴 하지만, 최근의 연구에서 일치하고 있는 것은 '친일문학'에서 우리가 길어 올릴 가치

2003, 12면.
25) 김재용, 『저항과 협력』, 소명출판, 2004.
26) 김철 외, 『문학속의 파시즘』, 삼인, 2001 참조.
27) 한수영, 『친일문학의 재인식』, 소명출판, 2005.
28) 윤대석, 『식민지 국민문학론』, 역락, 2006.

가 민족주의의 배타적이고 본질적인 특권성은 아니라는 사실이다. 최근의 이 시기 문학 연구자들 사이에서는 '친일' / '반일'의 논리는 이미 폐기된 구시대의 유물처럼 취급받고 있다. 물론 그것에도 문제가 없는 것은 아니지만, 이에 비해 앞에서 살펴봤듯이 국어 교과서는 그에 대한 성찰 없이 '친일' / '반일'의 이분법에 집착하고 있다. 그것은 국어교육이 여전히 국가 이데올로기를 주입하는 것이며 그것도 배타적 민족주의에 입각해 있기 때문이다. 그러나 새로운 변화도 역시 일어나고 있는 것이 현실이다.

> 국어 교과는 한국인의 삶이 배어 있는 국어를 창조적으로 사용하는 능력과 태도를 길러 국어를 정확하고 효과적으로 사용하게 하고, 미래 지향의 민족의식과 건전한 국민 정서를 함양하게 하며, 국어 발전과 국어 문화 창달에 이바지하려는 뜻을 세우게 하기 위한 교과이다.[29]

제6차 교육과정에서는 '올바른 민족의식'이라 되어 있던 것이 제7차와 제7차 개정에서는 '미래 지향의 민족의식'으로 제8차에서는 '미래' 지향적 공동체 의식으로 바뀐 것에 주목할 필요가 있다. 여전히 '민족의식' 혹은 그것을 추상화한 '공동체 의식'임에는 틀림없지만, 전자가 선험적이고 본질적인 것이라면 후자가 다소 열려 있는 구성적인 것임을 알 수 있다. 아전인수의 해석임에는 틀림없지만, 자신의 운명은 미리 결정된 것이 아니라 자신이 결정한다는 원리, 이에 따라 공동체의 원리도 국가가 주입하는 것이 아니라 구성원들이 결정한다는 원리로 '미래 지향의 민족의식(공동체 의식)'을 받아들인다면 그것을 변화의 근거로 삼을 수 있

---

29) 교육과학기술부, 『고등학교 국어과 제7차 개정 교육과정』, 교육인적자원부 고시 제 2007-79호, 24면.

다. 그 변화는 '친일' 개념을 폐기하는 것에서 비롯될 수 있다.

문제는 '친일'이 아니라, 식민주의이다. 우리가 지금 '친일문학'에서 반성해야 할 것은 민족의식의 결여가 아니라 과잉의 민족주의, 즉 식민주의이다. 김팔봉의 국민국가 내면화에 대한 비판30)과 "민족의 힘을 욕망한 친일 내셔널리스트"라는 이광수에 대한 평가31)를 쉽게 무시할 수 없다. 일제 말기에 습득한 국민동원의 기제와 식민주의를 민족이라는 주체의 교체만을 통해 그대로 이어받은 것이 한국의 근대화 과정이었다고 할 수 있다. 주권의 회복이 곧바로 탈식민을 의미하는 것은 아니다. 탈식민은 근대에 대한 반성을 통해 도달할 수 있는 과제라 할 수 있다.

일제 말기의 문학을 '친일문학'이 아니라 '국민문학'으로 불러야 하는 이유는 거기에 있다. 거기에는 대문자의 '국민문학(National Literature)'으로 상징되는 국가주의와 식민주의가 드러나는 동시에 그것으로부터 벗어나고자 하는 소문자의 '국민문학(national literature)'으로 상징되는 탈민족주의·탈식민주의가 포함되어 있다.32) 예를 들어 일본어로 된 김사량의 문학에는 모든 것을 획일화하는 일본의 국가주의에 대한 비판이 포함되어 있다. 그 속에서 소수문화로서의 조선적인 것은 민족주의적 의미에서가 아니라 탈민족주의적 의미에서 긍정된다. <빛속으로>(1939)는 일본적인 것과 조선적인 것의 공존을, 혼혈을 통해 주장하고 있는데, 이것은 결혼 이주자가 늘어나고 있지만 하나의 문화로의 통합을 강요하는 폭력적인 한국 민족주의에 대한 적절한 성찰이 될 수 있다. 주인공 하루오는 일본적인 것의 강제 앞에서 놓인 일본·조선인의 혼혈이면서 동시에 우

---

30) 김철 외, 앞의 책, 11~14면.
31) 조관자, 「'민족의 힘'을 욕망한 '친일 내셔널리스트' 이광수」, 이영훈 외 편, 앞의 책 참조
32) 이에 대해서는 윤대석의 「1940년대 '국민문학' 연구」를 참조.

리가 흔히 볼 수 있는 결혼 이주자의 자녀이기도 하다. '국민문학'에서 우리가 계승해야 할 것은 바로 이러한 탈민족주의·탈식민주의이다. 이 시기의 '국민문학'은 조선의 민족주의를 주장하지 않고서도 어떻게 조선의 문화를 보존할 수 있을 것인가에 대한 고민을 치열하게 전개했던 것이다.

그러나 이 시기 문학자들은 제3세계에 대한 태도에서 식민주의를 드러냈다. 만주나 중국, 동남아시아에 대해서는 일본인의 시각에서 그들을 바라보고 침략의 의도를 숨기지 않았다. 우리가 '국민문학'에서 반성해야 하는 것은 그러한 식민주의이다. 이러한 시각에 입각해서 상문연구사 『문학』에 실린 김팔봉의 시를 보면, "가라! 아들아, 군기 아래로!/ 신국 일본의 황민이 되었거든/ 동아 10억의 전위가 아니냐./ 불발의 의기, 필승의 신념이 네 것이로다."라는 대목에 대한 해석이 가능해진다. "대동아 전쟁은 침략의 전쟁이 아니다"라는 의식은 주체의식의 결여로서 일본적 시각에의 굴종을 의미하기보다 조선민족이 "신국 일본의 황민이" 됨으로써 "동아 10억의 전위"가 되었다는 주체의식에서 나온다. 우리가 '국민문학'에서 반성해야 할 것은 바로 그러한 주체적인 식민주의이다.

5. 미래지향적인 국어 교과서

지금까지 문학교육 속에서 '친일문학'이 어떻게 다루어져 왔는가를 비판적으로 살펴보고, '친일문학'과 대상을 같이 하는 1940년대 전반기 문학에 대해 어떠한 접근법이 가능한지를 논해 왔다. 이를 통해서 '친일문학'이라는 접근법 자체가 수용자의 상상력을 제한하고 이미 정해진 역사적 평가만을 되풀이해왔음을 알 수 있다. 이는 교과서와 국어교육이 갖는 일반적인 한계와 연관되어 있다. 그러한 한계는 사회적 합의를 통해 돌파해야 할 문제이지, 정책상의 제안이나 학문적 연구 결과로 해결할 수 있는 것은 아니다.

이 글은 문학 연구의 최신 경향에 비추어 '친일문학' 교육의 한계와 그 방향을 모색한 것이다. 연구자의 개인적 학문 역량이 가진 한계 때문에 실제 수업에서, 그리고 7차 개정 과정에서 어떻게 '친일문학' 교육에 이루어지고 있는지를 살펴보지 못했다. 그 점은 차후에 기회가 있을 경우 더욱 자세히 살펴보도록 하겠다.

한편 이 글은 민족주의에 입각한 문학교육이 더 이상 진보성을 획득하고 있지 못함을 '친일문학'을 사례로 다소나마 이야기할 수 있었다. 민족주의나 민족문학은 더 이상 독보적인 가치관이 되지 못하고 또 다른 가치관 아래에 편입되어 그것의 비판적 시각을 통과해야 하는 것이다. 민족주의에 대한 가치부여는 과거의 가치를 발굴하거나 평가하는 것이 아니라 철저하게 현재적 시각에서 구성된 것이다. 당대의 민족주의가 저항 민족주의였음은 분명하다. 그러나 민족주의를 저항의 유일한 방법으로 절대화하는 것은 현재의 민족주의를 또한 절대화하는 것이기도 하다. 물어야 하는 것은 현재 민족주의적 가치관을 교육하는 것이 어떠한 이데올로기가 되고 있는가 하는 것이다.

현재적 시점에서 보면 '친일적인 가치관'이나 '민족적인 가치관'이란 존재하지 않는다. 오히려 1940년대 '국민문학'에는 다음과 같은 질문에 대한 가치판단이 존재할 뿐이다. 공동체의 구성원을 균질화하는 것이 옳은 것인가(내선일체), 대의를 내세워 공동체의 구성원을 전쟁에 직간접적으로 동원하는 것이 옳은 것인가(국민동원·전쟁동원), 민족 등의 차이를 이유로 인간을 차별하는 것이 옳은 것인가(식민주의)에 대한 가치판단. 이에 대해 민족주의가 늘 "그렇다"는 대답을 내놓은 것은 아니다. 그러나 그에 가까운 판단을 내려왔음을 우리의 근대사는 보여주고 있다. 국어 교과서가 미래지향적이 되려면 '친일' / '반일'에 입각하여 민족주의를 확대·재생산할 것이 아니라, 조금씩 이러한 민족주의·근대주의를 상대화할 필요가 있다. 우리가 <상록수>를 해석하는 틀도, '친일문학'을 국어 교과서에서 다루는 시각도 거기서 새롭게 마련할 필요가 있다.

IMF 이후 신자유주의의 세계적 물결과 보수주의 정부의 등장으로 인해 사회적 연대의 고리가 점차 약해지고 있는 이 시점에서 문제는 인간 정신을 황폐화시키는 무한 경쟁, 효율성의 절대화에 있다고 이야기되고 있다. 또한 그를 해결하기 위해 민족주의라는 연대감, 친밀성에 기반한 공공성이 여전히 필요하다고도 이야기되고 있다. 그러나 그러한 연대와 공공성은 사이비 연대이다. 칸트에 의하면 자신의 공동체의 이해에 반하는 의견을 표명할 자유를 옹호하는 것이 계몽의 프로젝트이며 본래적 의미의 공공성이다.[33] 자유로운 개인의 연대를 방해하는 것이 오히려 민족이라는 사이비 연대인 것이다. 이를 생각하는 장도 오히려 '국민문학'을 교과서에 수록함으로써 마련할 수 있다. 그것이 타자의 논리이기 때문인데, 이에 대해서는, 그러니까 중등 교육에서 1940년대 전반기 문학을 어떻게 가르칠 것인가에 대해서는 차후의 과제로 미루기로 하자.

---

33) 사이토 준이치, 앞의 책, 48면.

참고문헌

강진호 외, 『국어 교과서와 국가 이데올로기』, 글누림, 2007.

강황구 외, 『문학』, 상문연구사, 2003.

교육과학기술부, 『고등학교 국어과 제7차 개정 교육과정』, 교육인적자원부 고시 제 2007-79호.

교육출판 기획실 엮음, 『교과서와 친일문학』, 동녘, 1988.

김규동 외 편, 『친일문학작품선집』, 실천문학사, 1986.

김은전 외, 『현대시교육론』, 시와시학사, 1996.

김재용, 『저항과 협력』, 소명출판, 2004.

김철 외, 『문학속의 파시즘』, 삼인, 2001.

류보선, 「친일문학론의 역사철학적 맥락」, 『한국근대문학연구』 4(1), 한국근대문학회, 2003, 8~40면.

류보선, 『한국 근대문학의 정치적 (무)의식』, 소명출판, 2005.

백 철, 『조선신문학 사조사』, 백양당, 1949.

손진은, 「문학교육과 제재 선정의 문제」, 『우리말글』 33, 우리말글학회, 2005, 363~381면.

심 훈, 『상록수』, 서울대출판부, 1996.

염복규, 『서울은 어떻게 계획되었는가』, 살림, 2005.

윤대석, 『식민지 국민문학론』, 역락, 2006.

윤대석, 「1940년대 '국민문학' 연구」, 서울대학교 박사학위논문, 2006.

이영훈 외 편, 『해방전후사의 재인식』, 책세상, 2006.

조연현, 『한국현대문학사』(증보개정판), 성문각, 1969.

조희정, 「교과서 수록 현대 문학 제재 변천 연구」, 『국어교육학연구』 24, 국어교육학회, 2005, 435~481면.

경희명(境喜明) 편, 『조선경찰실무요서(朝鮮警察實務要書)』, 신문관, 1912.

최지현, 「'친일시'의 생명유지 장치」, 『배달말』 32, 배달말학회, 2007, 5~25면.

한수영, 『친일문학의 재인식』, 소명출판, 2005.

한수영, 「문학 교과서와 소설 교육의 이데올로기」, 『근대문학연구』 7(2), 한국근대문학회, 2006, 37~60면.

齋藤純一, 『公共性』, 사이토 준이치, 윤대석 외 역, 『민주적 공공성』, 이음, 2009.

Ashcroft, B. et al., *Key Concepts in Post-colonial Studies*, London & New York : Routledge, 1998.

제 2 장

저항문학과 문학교육

―일제강점기의 시문학을 중심으로―

최 지 현
서원대학교 국어교육과

1. 저항문학은 왜 문제적인가

본 연구는 문학교육에서 '저항문학' 개념의 범주적 성격을 검토하는 데 목적이 있다. 여기서 다루는 저항문학이란, 사전적으로는 "압정(壓政)이나 외국의 지배에 저항하는 것을 주제로 하는 문학, 특히 제2차 세계대전 때 독일에 점령된 프랑스에서 저항 운동 중에 생긴 문학을 이른다."라고 정의된다.[1] 하지만 EBSCO Host[2]의 데이터베이스들에서 검색되는 도서나 논문, 혹은 서평 등에서는 이러한 사전적 의미의 저항문학보다는 좀 더 확장된 의미로 사용되는 것이 주목되는데, 20세기에 이르러 서구에 의한 비서구 지배와 그에 대한 비서구의 저항[3]이라는 정치적 함의에서부터 솔제니친(Aleksandr I. Solzhenitsyn)이나 알베르 카뮈(Albert Camus), 심지어 루시디(Salman Rushdie) 등에 부여되는 (어떤 종류이든 간에) 체제에 대한 저항까지 이 저항문학의 범주 내에서 논의되고 있기까지 하다.

우리에게 저항문학이라는 용어가 사용되어 왔던 맥락도 크게 보면 이와 유사하다. 하지만 일제강점기의 식민 지배에 초점을 두게 되거나 구체적인 작품을 선택하려 할 때에는, 대개가 민족의 자유와 독립을 위한

---

1) 국립국어원 국어사전, 위키피디아(http://wikipedia.org)나 브리테니카(http://Britannica.com)에는 이에 관한 항목은 없고, 다만 이보다 확장된 의미(저항을 주제로 한 문학)로 resistance literature를 사용한 예가 나온다.

2) 이 종합 데이터베이스에는 Academic Search Elite, Professional Development Collection, ERIC(Educational Resource Information Center), Library, Information Science & Technology Abstracts 같은 학술 데이터베이스 등이 포함되어 있다.

3) Barbara Harlow, *Resistance Literature*, New York : Routledge, Chapman and Hall, 1987 xvii.

투쟁이라는 '주제로서의 저항'이 아닌, 이른바 '소극적 저항'[4]이라 불렸던 '소극적 친일'이 이 개념의 외연을 형성하고 있음을 보게 된다. 이에 관해 필자는 저항시론이 가진 담론 실천성을 분석하여, 학술 담론과 교육 담론 모두에서 '저항'이 '참여'와 '순수', '민족' 등에 범주적으로 혼용되어 왔음을 밝힌 바 있거니와,[5] 여전히 저항문학의 개념은 상위의 문학 범주를 갖지 못하는 매우 자의적인 규정으로 남겨져 있는 것이 현실이다.

저항문학은 역사적인 개념인가, 아니면 동시대적이라고 인정될 수 있는 보편적인 개념인가. 예컨대 사상적으로 자유주의만 허용하는 '자유주의'주의적인 사회 체제에 대한 저항문학은 성립할 수 있을까? 여전히 순혈주의가 이주 노동자, 조선족, 혼혈아 등을 등외 등급화하는 '폐쇄적' 다문화 사회에 대한 저항문학은 성립할 수 있을까? 성적 지상주의, 외모 지상주의, 학벌 지상주의, 이런 온갖 지상주의적 사회에 대한 저항문학은 또 어떠한가? 말하자면, 저항문학은 21세기 한국 사회의 상황 속에서도 여전히 유효한 개념이 되고 있는가?

저항문학에서 저항의 대상을 그 의미를 엄격하게 제한하여 식민주의로 국한하는지, 아니면 포괄적 의미에서 체제의 지배성으로 확장하는지는 우리가 이 개념의 맥락을 첫 정의에 합치되게 사용하느냐, 아니면 그것이 문제 삼았던 문학적 과제의 근본정신을 따르느냐에 따라, 곧 우리가 어떤 문학적 과제를 감당하느냐에 따라 달라지게 된다. 다만 그 판단을 위해서는 저항문학의 개념과 그것의 범주 관계가 명확하고 모순됨 없어야 할

---

4) 김용직, 「일제말 암흑기 한국문인들의 의식 성향과 행동에 관한 연구」, 『한국문화』 10, 서울대 규장각한국학연구원, 1989, 15면.
5) 최지현, 「한국 현대시 교육의 담론 분석 — 1940년대 '저항시'를 중심으로」, 서울대학교 석사학위논문, 1994, 41~43면.

것이다. 본 연구가 저항문학의 개념의 범주적 성격을 검토하는 까닭은 이 때문이다.

2. 정의, 혹은 유용성의 판단

저항문학을 개념으로서, 혹은 용어로서 사용하는 경우는 용례상 크게 세 가지이다. 첫째는 정치적 저항을 주제로 삼은 문학으로서 '저항의 문학(literature of resistance)'을 뜻하는 경우이다. 이때 문학은 저항의 도구로서 기능한다. 둘째는 저항문학을 전일적, 혹은 과두적 지배 체제를 부정하는 문학으로 규정하는 경우이다. 저항의 본질이 자유에 있으며, 문학의 본질 또한 그러하다는 인식에서 문학의 참된 정신으로 되돌아가려는 문학적 태도, 혹은 문학의 정신을 저항문학이라고 부르기도 한다. 셋째는 저항문학을 '문학의 저항(resistance of literature)'으로 개념화하는 경우이다. 만약 사회가 그 자체로 지배의 질서인 것처럼 문학이 지배의 한 방식이라면 문학의 어떤 형태로든 저항은 원천적으로 불가능할지 모른다. 그렇다면 저항문학은 문학의 자기 부정을 통해서 비로소 실현될 수 있다는 아이러니가 성립하게 된다. 혹은 탈체제의 방식으로 지배를 벗어날 수 있을 수도 있을 것인데, 이때에는 '문학'의 재개념화가 필요하다.

1) 첫 번째 정의 — 저항의 문학

의미는 '저항의 문학(literature of resistance)'이었다. 저항문학이라는 용어는 제2차 세계 대전 이후에 등장하였으며, 프랑스의 저항문학을 뜻하는 것으로 사용되었다가 그 후로는 전술한 바와 같이 서구의 식민 지배에 저항한 비서구의 저항 운동의 일환으로서 등장한 문학을 뜻하게 되었다. 저항문학 자체가 정치적 저항을 의미한다는 점에서 이 정의는 지배자의 식민주의적 통치(내부적, 혹은 외부적)에 대항한 정치적 선언을 담고 있다.6) *Resistance Literature*의 저자인 할로우(Barbara Harlow)는 저항문학을 조직된 저항 운동과 민족 해방 투쟁의 맥락 속에서 써진 것으로 매우 제한적으로 특정하여 정의 내리는데, 그에 따르면 문학이란 특정한 역사·사회적 맥락 밖에서 우주적 보편성이라는 에토스를 지니며 존재하는 것이 아니며 그래서 더 이상 민족 해방 투쟁도 없고 저항 운동도 끝나게 되면 저항문학도 존재할 수 없게 된다고 주장한다.

이렇게 본다면, 저항문학은 지배 체제 외에도 외세 지배자인 저항의 대상과 피지배자인 주체를 필수적 개념 요소로 지님을 알 수 있다. 하지만 이 필수적 개념 요소를 드러냄으로써 중요해지는 것은 항용 두드러질 수밖에 없는 지배 체제나 외세 지배자가 아닌, 피지배자인 주체이다. 곧 식민 치하의 피지배 민족(주로 민중)7)이다. 어째서 저항문학에서 저항의 대상이 아닌, 저항의 주체가 중요하다는 것일까. 이는 다음과 같은 이유 때문이다. 우선 민족 개념의 역사적 형성을 고려해 볼 때, 저항문학은 주로 근대문학적 양상을 지닌다. '나' 또는 '우리'라는 주체의 관념이 근대 이후로 민족 관념과 일치하게 되었기 때문이다. 다음으로 식민

---

6) 저항문학의 중핵적 의미망 속에는 식민(주의)문학과의 이항 대립적 관계성이 자리하고 있다. 따라서 저항문학을 온전히 규정하기 위해서는 식민(주의)문학에 대한 규정 또한 엄밀해야 한다.

7) 일반적으로 민족은 그 자체로 단일한 주체성을 갖지 못한다. 따라서 민족이 주체가 되는 경우란 신분이나 계급의 사회적 분화가 미진한 사회를 조건으로 제한된다. 일반적으로 저항문학이 곧 피지배 문학이자 민중 문학이 되는 것은 식민 모국과 식민지의 관계가 단순히 민족 모순만을 가지고 있지 않고 계급 모순을 함께 가지고 있기 때문이다.

지의 모든 문학이 저항문학이 되는 것은 아니다. 식민(주의)문학과 저항문학의 이항적 분류를 적용한다면, 식민지의 문학 가운데에는 식민(주의)문학이 존재하기도 한다.8) 저항문학에서 주체는 저항문학에 해당하지 않는 문학과 변별되게 하는 중핵적 자질이 된다. 이러한 정의에서 보면, 식민치하의 모든 비판적 문학이 저항문학으로 되는 것은 아니다. 저항적 주체에 주체 관념이 전제되어 있을 때 비로소 저항문학이라고 할 수 있을 것인데, 이는 저항의 목적과 방향이 '주체의 해방'에 있기 때문이다.

일시적이든, 혹은 장기간에 걸친 것이었든 간에 우리 또한 역사적으로 외세의 지배를 받은 시기들이 있었다. 하지만 그 모든 시기들이 문학들에 대해 저항문학이라는 개념을 대응시키지는 않는다. 그것은 이와 같은 개념 요소(해방적 주체)와 이 개념 요소를 요구하는 범주(저항)의 역사적 맥락성이 있기 때문이다.

> 솔개미가 빙빙 단엽기(單葉機)같이 날은다.
> 소란한 도시는 떠는 듯 무장을 하였다.
>
> 청년단원이 나팔을 불고 지나가고,
> 트럭이 쉴 새 없이 도심지대를 향하여 달리고 있다.
>
> 납작한 보루같이 그 병원의 집 우론 고사포 둘이 솟았다
> 금방에 날으던 솔개미가 사라지니
> 연기가 무럭무럭 콩크리트의 굴뚝은 길기도 하다.
>
> 내 눈이 미쳤나, 보면 볼수록 늘어가는 고사포,
> 공장마다 솟는 굴뚝,

---

8) 물론 이 이항적 분류가 식민지의 모든 문학을 포괄하는 것은 아니다.

이리하여 도시는 완연(完然)히 내일을 준비하고 있다.

나는 지금도 독가스를 마신 질식한 사나이,
시대병(時代病) 환자다,
그러나 나를 환자라고 보는 이가 없다,
보아 주는 이조차 없다.

— 박세영, 〈시대병 환자〉 전문

거룩한 분노는
종교보다도 깊고
불붙는 정(情)열은
사랑보다도 강하다
아, 강낭콩 꽃보다도 더푸른
　　그 물결 위에
양귀비꽃보다도 더 붉은
　　그 마음 흘러라.

— 변영로, 〈논개〉 1연

　피지배자인 주체의 존재가 중요한 고려 요건이 되어 외세 민족의 지배에 대해 대항 의식과 저항의 메시지를 드러내 보이는 것이 저항문학의 핵심적 조건이라면, <시대병 환자>(박세영)는 저항문학이 되지만 <논개>(변영로)는 이 개념으로 설명하기에 적합하지 않다.

　물론 '논개'에는 왜군에 저항한 논개의 이미지를 사용하고 있는 것이 사실이며, 이를 두고 두말할 것도 없이 '일제하 현실에 대한 시적 발언의 의미'9)를 지녔다고 평하는 논의들이 적지 않기도 하지만, 그 이미지

---

9) 김흥규, 『한국 현대시를 찾아서』, 푸른나무, 1999.

가 주제 차원에서 형상화되었다고 '두말할 것도 없이' 단정할 수 있을 것인가 하는 점은 의문의 여지가 많다. 요컨대 <논개>에는 지배 체제의 대상적 성격도 부재할 뿐 아니라 피지배 주체로서의 자기 인식도 불분명한 데 반해, 논개의 죽음은 매우 감각적인 장면으로 영상화하고 있어서 작중 인물인 논개를 주체인 시인으로부터 떼어내고 대상화되도록 만든다. 이것이 마치 후경 앞에 도드라지는 전경의 관계처럼 관념적 거시 세계 속에서 한 감각적 미시 대상을 부각시키는, 혹은 한 역사적 인물로부터 그녀의 매혹됨을 맵시로부터 이끌어내는 효과를 일으킨다.10) <논개>를 저항시로 읽는 견해들에서 저항으로서의 '시적 발언'의 본질에 대한 논의가 부족한 것은 이 '석류 속 같은 입술'이 가져오는 감각의 예민화를 관념적 주제가 담아내기 어렵기 때문이지 않았을까 한다.

반면 <시대병 환자>는 표면적으로는 내가 시대병을 앓고 있는 환자이지만 그 이면에서는 시대병이 객관적 현상이며 그 병증에는 병을 병으로 느끼지 않는 것도 포함되어 있음을 진술한다. 그렇기에 "나를 환자라고 보는 이가 없다,/ 보아 주는 이조차 없다."라는 표현의 의도된 바는 단순히 어떤 현상을 진술하는 데 있다기보다는 이 위험한 뒤집힘을 아무것도 아닌 것처럼 느끼게 만드는 체제를 고발하는 데 있다고 할 것이다.

이러한 저항문학의 첫 번째 정의대로라면, 일제강점기 저항문학의 범위는 상당히 축소된다. 이를테면, 제7차 교육과정 고등학교 『문학』 교과

---

10) 우리가 이 작품에 대해 일편단심이라는 해석적 주제로 먼저 반응하게 되는 것은 자연스러운 과정이지만, 작품 자체의 이미지 구조는 '아릿답든 그 아미'와 '석류(石榴) 속 같은 입술'(2연)을 전경화하며, 그에 의해 관념적으로 조성되어 있는 논개의 이미지를 오히려 배경화하는 독특한 의미 작용을 한다. 이는 20년대 초반의 이른바 '낭만적 사랑'의 대상들 — 이를테면 '마돈나'(<빼앗긴 들에도 봄은 오는가>)라든가, '어머니'(<청천의 유방>) 같은 — 과 유사한 관계성을 갖는다.

서들에서는 거의 공통적으로 다음과 같은 진술이 등장하는데,

> 우리 문학의 암흑기에 해당하는 1940년대에는 신념과 의지를 노래한 이육사의 「절정」(1940)과, 내면적 성찰을 통한 고뇌를 그려 낸 윤동주의 참회록」,「자화상」 등의 저항시와, 자연과 향토적 서정을 노래한 박두진, 박목월, 조지훈의 시가 나타났다.
>
> — 구인환 외, 『문학』, 교학사, 2002

언급된 작품인 <절정>, <참회록>, <자화상> 모두 저항문학의 핵심적 조건을 갖추지 못했으므로, 저항문학으로 보기에 부적합하다. 여기서 정의의 엄격함은 일제강점기 식민지 조선의 특수한 사정에서 비롯된 것이라 할 만한데, 왜냐하면 먼저 엄격한 규정이 있었던 것이 아니라 한국과는 다른 사회·역사적 환경 속에서 저항문학 작품들이 생산되었기 때문이다.[11]

저항문학이 저항의 주제를 담고 있어야 한다는 규정은 저항이 단순히 부정을 뜻하는 것이 아니라 대항적 가치, 곧 탈식민(주의)적 가치를 포함하고 있어야 함을 뜻하기도 한다. 그렇지 않고서는 저항문학은 부재하는 정의, 혹은 실제성이 없는 정의가 되고 말 것이기 때문이다. 그런데 역시 이러한 요건으로 보더라도 일제강점기 말기의 저항문학을 찾기 어려운 점은 마찬가지이다.

---

11) 불과 4년의 점령 기간을 겪었던 프랑스와는 달리 35년이 넘는 기간 동안 일제 강점의 경험을 할 수밖에 없었던 우리의 경우, 일제 말기는 식민의 끝으로 여겨지지 않았을 것이라는 점, 그러한 까닭에 적극적 저항을 보기 어려웠다는 점, 일제 말기는 민족 정체성의 존립 자체가 위협이 되었던 시기이기도 하다는 점 등이 언급되었고, 특별히 이는 이른바 '소극적 저항'의 의의를 뒷받침하는 논거가 되기도 했다.

2) 두 번째 정의-체제에 대한 저항으로서의 문학

저항문학에 대한 두 번째 정의는 저항문학을 '체제의 전일적 지배를 거부하는 문학'으로 규정하는 것이다. 정치적 식민에 대한 저항에 국한되는 것이 아니라, 모든 단일한 가치 체계의 (노골적, 혹은 암묵적) 강제나 모든 구조화된 금기에 대해 항거하는 것을 저항문학으로 본다는 것이다. 첫 번째 저항문학의 정의로 대상을 설정할 때 비서구 식민(주의)문학 외에는 저항문학 개념에 포함될 수 있는 작품이 없다는 문제의식으로부터 저항문학 개념을 확장시킨 시도가 두 번째 정의인 셈인데, 이러한 의미에서 작품 속에서 전후 독일의 사회적, 도덕적, 종교적 금기에 저항했던 귄터 그라스(Günter Grass)의 작품 <양철북(*Die Blechtrommee*)>은 저항문학에 포함된다.

이 정의는 저항문학을 열린 개념으로 재설정할 수 있게 한다. 여기서 저항문학은 정치적 의제에 대해 문제를 제기한다는 점에서 정치적인 문학이 될 수도 있고, 반체제적이라는 점에서 낭만주의적 문학이 될 수도 있으며, 반지배적이라는 점에서 무정부주의 문학이 될 수도 있고, 탈지배적이라는 점에서는 탈개념적 저항문학이 될 수도 있다.

그렇게 본다면, 예컨대 다음의 두 작품 <나의 침실로>(이상화)와 <장수산 1>(정지용)은 어조는 사뭇 서로 다르기는 하나 저항문학으로서의 가능성을 지니고 있다고 할 수 있을 것이다.

'마돈나' 밤이 주는 꿈, 우리가 엮는 꿈, 사람이 안고 뒹구는 목숨의 꿈이 다르지 않으니.
아, 어린애 가슴처럼 세월 모르는 나의 침실로 가자, 아름답고 오랜 거기로.

‘마돈나’ 별들의 웃음도 흐려지려 하고 어둔 밤 물결도 잦아지려는도다.
아, 안개가 사라지기 전으로 네가 와야지. 나의 아씨여, 너를 부른다.

— 이상화, 〈나의 침실로〉, 11·12연

벌목정정(伐木丁丁)이랬거니 아람드리 큰 솔이 베어짐직도 하이 골이
울어 메아리 소리 쩌르렁 돌아옴직도 하이 다람쥐도 좇지 않고 멧새도
울지 않아 깊은 산 고요가 차라리 뼈를 저리우는데 눈과 밤이 종이보담
희고녀! 달도 보름을 기다려 흰 뜻은 한밤 이 골을 걸음이랸다? 웃절 중
이 여섯 판에 여섯 번 지고 웃고 올라간 뒤 조찰히 늙은 사나이의 남긴
내음새를 줍는다? 시름은 바람도 일지 않는 고요에 심히 흔들리우노니
오오 견디랸다 차고 올연히 슬픔도 꿈도 없이 장수산 속 겨울 한밤 내—

— 정지용, 〈장수산 1〉 전문

“가장 아름답고 오랜 것은 오직 꿈 속에만 있어라”라는 부제가 붙은
〈나의 침실로〉는 사랑과 죽음이 동반된 공간인 ‘침실’을 재생의 도피처
로 설정함으로써 죽음보다 더 절망스러운 현실에 대응시킨다. 절망스러
운 현실이 저항의 대상이라면 죽음을 통한 재생의 희망은 단순히 현실
의 도피를 의미한다기보다는 현실의 초월을 통한 저항을 의미하는 것이
될 것이다. 이 작품이 저항문학으로서 매혹적인 것은 사랑과 죽음이 하
나가 되는 ‘침실’이라는 공간이 ‘마돈나’로 인해 완성된다는 것이며 ‘마
돈나’는 성모이기도 하다는 것이다. 다양한 의미가 중첩되는 이 맥락에
서 ‘침실’이 ‘무덤’으로 ‘무덤’이 ‘재생’ 혹은 ‘부활’의 공간으로 전환될
수 있는 것은 〈마돈나—성모—부활의 힘〉, 〈마돈나—어머니—태어
남〉, 〈마돈나—사랑—죽음/삶〉, 〈마돈나—예수—부활〉 등과 같은
다중적 의미망의 성립 때문이다. 다만 시인이 노래하는 ‘아름답고 오랜
거기’가 ‘마돈나’의 부재 관념에 묶여 실재할 수 있는 공간으로까지 형

상화되지 못했다는 것이 이 미학적 시도의 한계라고 할 만하다. 일반적인 경우, 저항시로는 시인의 <빼앗긴 들에도 봄은 오는가>가 (첫 번째 정의대로) 먼저 언급된다.

한편 <장수산 1>은 저항의 대상을 명시하지도 않고 저항에 의한 지향의 메시지도 제시하지 않고 있지만, '겨울 한밤'을 차고 올연히 견디겠다는 선언에 담긴 단호함을 통해 마치 생명 없는 겨울에 대한 생명체의 극한적 저항으로서의 '동면(冬眠)'을 보여주는 듯하다. '벌목정정(伐木丁丁)'으로부터 '겨울 한밤 내'로 이어지는 과정은 이를 준비하는 과정, 혹은 마치 '절정'에서처럼 극한을 향해 치닫는 과정처럼 그려진다. 동시에 감각적으로는, 들리지 않아도 들릴 것만 같은 벌목정정의 찌렁찌렁한 울림소리로부터 고요에 뼈를 저리우고 시름이 흔들리는 가운데 홀로 견뎌내는 시인의 모습이 겨울 한밤 내의 추위를 견디기 위해 오히려 모든 통각적 자극에 온몸을 내어 맡긴 수련의 장면처럼 여겨지는 것도 분명하다.

그런데 이와 같은 저항문학의 정의는 모든 통제적 시스템에 대해 열려 있으므로, 그 지향적 모습, 곧 정체성을 명료화하기가 난망하다. 헤게모니, 곧 지배에 대해 이루어지는 저항은 그것이 어떤 헤게모니를 특정한 것이 아닌 한, 해체는 가능할 수 있어도 해체 이후를 상정하기는 어렵게 되어 있다. 그렇기에 앞서 언급한 바와 같이 정치적이거나 낭만적이거나 무정부주의적이거나 탈개념적인 것으로서 그 자체가 한계가 되기도 한다. 이를테면 푸코(Michel Foucault)식의 저항이 이에 대응될 것인데, 통제가 신체적 폭력으로부터 감시로부터 지배는 규율을 통해 전일화되는 사회에서는 권력은 어디든 존재하고 권력을 벗어나서는 아무것도 없는 상황이 된다. 여기서는 지배와 저항이 상호적 관계에 있게 되므로, 저항은 지배를 새롭게 변모시키는 것처럼 보이기까지 한다(미셸 푸코,

2003). 푸코는 ‘주체’를 호명된 존재로 보기 때문에 저항의 주체가 겪을 모순은 저항의 결과가 지배의 효과이기도 하다는 무한 루프(infinite loop) 같은 순환적 관계론이다. 이러한 문제 상황 속에서 저항문학은 신기루 같은 개념이 될 수도 있다. 부를 수는 있지만 만질 수는 없다. 맥도넬이 지적하였듯이, “역담론은 일종의 대칭을 이루고 있는 것으로, 이 대칭은 역담론이 도전하고자 하는 지배 이데올로기의 지형 안에서 그리고 그 위에서만 벌이는 저항이라는 점을 보여준다.” 곧 이데올로기적 층위에서 지배 담론 내부의 논쟁 형식으로서의 저항은 다른 한편에서는 분할적 지배를 의미하는 것일 수 있다는 뜻이다.

더 나아가 두 번째 정의는 저항을 개념적으로 모호하게 남겨둘 여지를 가지고 있다. 이를테면, 저항문학에서 ‘금기에의 저항’은 ‘금기에 대한 비판’과 어떻게 구별되는가? 이 구별이 모호해진다면, 구별에 대한 시비의 폭은 한층 더 넓어진다. 또 이를테면 전통에 대한 저항은 저항문학일까? 예컨대 조선 후기까지의 전일적 지배의 유교 문화 속에서 형성된 고전 세계에 저항했던 근대 초기의 <폐허>나 <백조> 동인의 문학은 저항문학이었을까? 아마도 대항문학이라는 표현이 더 잘 어울릴 듯하지만, 그것도 대안문학보다 못하며 차라리 의제적 문학, 논쟁적 문학, 제시적 문학에 더 가까워 보인다. 조해일의 <겨울 여자>(1970)가 지닌 시대적 의미를 점검하면서 이수현[12]은 작가가 여주인공 ‘이화’의 의식과 성장이 한편으로는 가족 이데올로기, 순결 이데올로기 등으로 회귀하면서도 그것의 폭압성(예컨대 결혼제도에 나타난)에 저항하고 지배 권력의 부조리를 폭로하는 등의 긍정적 가치를 보였다는 입장을 보인다. 이러한

---

12) 이수현, 「“겨울여자”에 나타난 저항과 순응의 이중성」, 『현대문학의 연구』 33, 한국문학연구학회, 2007.

평가는 상업적 대중 소설도 저항문학의 개념으로 설정할 수 있다는 의미로 해석된다. 이럴 경우 저항문학의 개념적 유용성은 다시금 논란의 대상이 되고 만다.

3) 세 번째 정의-문학의 저항

세 번째 정의는 두 번째 정의의 문제의식이 극대화된 지점에서 등장한다. 그것은 곧, 지배가 전일적일 때 문학은 이미 지배의 수단이며, 따라서 저항문학의 출발점은 지배와 동시적이라는 문제의식의 지점이다. 그렇다면 저항은 지배의 전략을 통해 이루어지게 될 것인데, 이는 그 자신을 무화시킬 수도 있다.

이 문제의식은 저항문학을 '문학의 저항(resistance of literature)'으로 개념화하게 한다. 문학 자체가 문학에 대한 지배(혹은 지배적 체제)에 저항한다는 뜻이다. 이렇게 개념화하는 것은 결국 저항은 포괄적 지배에 대한 것이 아닌, 지배의 영향이 닿는 각 부문에서 실행된다는 판단과 맞닿아 있다. 따라서 세 번째 정의는 정치적 지배에 대한 문학의 정치적 저항이라는 첫 번째 정의를 수용할 수 없게 된다. 하지만 문학 자체가 지배 체제 내에 존재하는 일종의 지배 형식이라는 시각에서 보면 세 번째 정의는 상대적 자율성의 신화에 빠져 있는 왜곡된 관념의 소산으로 볼 수도 있다.

이 정의의 설정 가능성에 대한 논란을 보여주는 대표적인 예가 아체베(Chinua Achebe)와 응구기(Ngũgĩ wa Thiong'o) 간에 벌어진 저항문학 논쟁이다.13) 이 논쟁은 직접적으로는 식민지 문학에서의 영어 사용에 관한

---

13) Chinua Achebe, Hopes and Impediments, 치누아 아체베, 이석호 역 『제3세계 문학과 식민주의 비평』, 인간사랑, 1999 및 Ngũgĩ wa Thiong'o, Decolonising the Mind : the

것으로서 저항문학에 있어서 지배 언어의 작용에 대한 상이한 평가가
그 배경을 이루고 있다. 이 논쟁에서 아체베는 식민주의의 결과라 하더
라도 영어는 의사소통이 불가능한 수많은 부족들을 하나의 '상상적 공
동체'로 묶어주는 역할을 한다고 보았던 반면, 응구기는 언어야말로 식
민주의의 가장 효과적인 국가장치라는 점을 강조하는 부정적 입장에 섰
다.[14] 따라서 이 논쟁은 저항문학의 표현 수단이 곧 지배의 장치가 되
기도 하는가에 대한 본격적인 고민을 담고 있었다고 할 수 있다.

흥미롭게도 이것은 임화의 고민이기도 했고,[15] 장혁우와 김사량으로
하여금 결국 다른 길을 걷게 한, 일제강점기 말기의 시인, 작가들에게
떠맡겨진 과제이기도 했던 것이다.[16] 그들에게는 항일의 문제만큼이나
일본어로 글을 쓰는 문제가 심각할 수밖에 없었다. 이러한 상황에서, 임
화가 주목하였듯이, 만약 문학의 저항이 본격적이려면, 문학은 본격적인
자기 부정을 해야 한다. 일본어로 글을 발표할 수밖에 없는 상황에서라
면 체제 내에서 글을 쓰느냐, 아니면 붓을 꺾느냐가 문제가 될 것이고,
붓을 꺾는 것은 가장 극단적인 문학의 저항이 될 것이다.

지배자의 언어를 거부한다는 것이 다만 피지배자의 언어로 문학을 한
다는 것을 뜻하지는 않을 것이다. 응구기에게 아프리카어는 부족의 언어
이자 식민 이전의 고유한 정체성을 지키는 언어이기도 했지만, 동시에

Politics of Language in African Literature, 응구기 와 띠웅오, 이석호 역, 『탈식민주의와
아프리카 문학』, 인간사랑, 1999를 참조할 것.

14) 이경원, 「아체베와 응구기―영어제국주의와 탈식민적 저항의 가능성」, 『안과 밖』 12,
영미문학연구회, 2002, 85면.

15) 권성우, 「임화, 혹은 세 가지 저항의 방식」, 『현대문학의 연구』 33, 한국문학연구학회,
2007, 56면.

16) 김철, 「두 개의 거울 : 민족 담론의 자화상 그리기」, 『상허학보』 17, 상허학회, 2006,
163~164면.

그것은 매우 특수한 역사·사회적 배경을 갖는 저항의 언어였다. 발표나 출판에서 부족어를 쓰는 것은 정치적인 저항과 마찬가지로 고립과 예속의 첨예한 갈림길에서 결단을 내려야 하는 선택의 행위이기 때문이다. 따라서 이와 유사한 문제 상황을 우리 문학사에서 찾는다면, 그것은 일제강점기 중에서도 말기에 대응한다고 할 수 있다.[17] 그리고 이러한 맥락에서 보자면, 유감스럽게도 이 시기에 발표나 출판을 통해 '문학의 저항'을 보여주는 작품을 찾기는 어렵다.

문학사 논의라든가 교과서를 통해 언급되는 저항문학의 작품 예들 중 대부분은 전술한 세 가지 정의의 어느 한 쪽에 포함된다. <절정> 같은 작품이 두 번째 정의에 따라 저항문학에 포함될 수 있으며, 세 번째 정의에 따르면 절필한 여러 시인, 작가들이 포함될 수도 있을 것이다. 하지만 첫 번째 정의를 제외하면, 두 가지 정의 모두 개념의 적합성을 보장하기가 어렵다. 두 번째 정의는 저항문학의 외연을 한계 짓기가 어렵고, 세 번째 정의는 문학의 조건을 충족시키지 못한다는 문제를 비껴가지 못한다.

3. 해석적 자리매김

1) 범주 설정의 실천적 의미

교재, 수업, 학습 평가 같은 구체적인 교육 장면에서 저항문학은 도식

---

17) 아프리카의 저항문학은 식민화와 부족 간 공용 문자의 사용이 계기적으로 이루어진 역사적 개병 위에서 성립한 반면, 우리의 경우는 이미 오랫동안 유지해 왔던 고유한 문자를 억압하면서 식민화가 진행되었다는 점에서 중요한 차이를 갖는다.

적 이해의 맥락에 놓이는 경우가 많다. 이에 대해서는 이미 전술한 바 같거니와, 때로는 이를 비판하는 문학교육적 평가가 이러한 담론의 논리를 재생산하는 경우도 있다. 이러한 아이러니는 일종의 반담론적 문제틀이 지닌 태생적 문제라고 할 수 있겠는데, 여기서는 그 한 예를 살펴 그것의 문제점과 해소 가능성에 대해 생각해 보기로 한다.

제시된 사례는 중등학교 국어교사를 선발하는 임용시험에 출제된 문제이다. "작품을 다양하게 해석할 수 있다."와 "작품의 가치를 능동적으로 평가할 수 있다."는 학습목표를 달성하기 위한 수행평가의 장면을 문제 상황으로 설정해 두고 있으며, 일제강점기 말기의 근대시 작품으로서 이육사의 <청포도>를 직접적인 평가 텍스트로 다루고 있다.

이 문제의 주안점은 시의 감상에서 문학 형식과 내용의 상관성과 관련한 특정한 해석 (및 그로부터 기대하는 감상)의 타당성이다. 교육과정의 성취기준이 작품에 대한 다양한 관점 및 시각에서의 해석을 언급하고 있는 까닭에, 우리는 이 문제에서 일제강점기 말기의 시 텍스트들에 대해 다양한 해석적 접근을 하게 함으로 (도식화된 맥락에서 형성되는) 저항문학에 관한 고정 관념을 해소하거나 다양한 시각에 눈을 돌리게 하려는 문제 설계 취지를 추정할 수 있다. '표현상의 특징'이나 소재의 이미지에 주목한 '<청포도>의 의미'처럼 텍스트 자질이나 작품의 내적 의미망에 접근하게 한다는 것이다. 여기서 평가는 "전기적 사실을 작품 해석에 기계적으로 적용하여 보편화된 견해를 반복"하는 문제를 해소하려는 데 활용되며 문제 자체도 이를 적절한 지도 내용으로 판단하여 정답으로 처리한다.

이 문제가 저항문학에 대한 도식적 이해를 경계하고 있는 것은 분명하다. 하지만 문항 설계에 동원된 진술들이 만들어 내는 논리는 그렇지

않다. 우선 이 문제는 문학
적 단서를 전기적 사실로
환원시키는 것은 작품 이
해의 바른 방법이 아니라
고 밝힌다. 이 가정은 일반
적으로 타당하지만, 발문
의 맥락에서 보면 역사·
사회적 사실과 작품의 내
적 가치를 '기계적'으로 연
결하지 않아야 한다는 표
현은 '표현상의 특징'을 고
려해야 한다는 의미로 해
석된다.

한편 다양한 해석이란
맥락을 고려하거나 내용·
형식을 종합적으로 평가하
는 것과는 다른 차원의 문
제로 읽힌다. 이는 '객관적
인 근거'에 따라 판단하되
(답지 ④의 판단) 그것이 작
품의 전체 맥락에서 벗어
날 수 있다는 것으로서,
'보편화된 견해'를 인정하
면서 개인의 관점에서 얻

---

33. (가)의 평가 계획에 따라 학생이 (나)와 같이 발표 자료를 제작하였다. 발표 내용에 대한 평가와 피드백으로 가장 적절한 것은? [2.5점]

(가) 평가 계획

목표	• 작품을 다양하게 해석할 수 있다. • 작품의 가치를 능동적으로 평가할 수 있다.
방법	발표를 통한 수행평가
자료	이육사, 「청포도」
활동 과제	「청포도」의 의미와 표현상 특징, 문학적 가치에 대하여 발표하시오.

(나) 발표 자료

① 항일 저항 시인 이육사	② 「청포도」의 의미
• 이육사(1904~1944) : 시인 독립 운동가. 경북 안동 출생. 항일 독립 운동 중 순국 • 대표작 : 「청포도」, 「절정」, 「꽃」, 「광야」 등	• 청포도 : 풍요롭고 평화로운 삶을 상징 • 손님 : 광복 또는 우국지사 • 주제 : 조국 광복의 신념
③ 「청포도」의 표현상 특징	④ 「청포도」의 문학적 가치
• 청각적 심상 : '주저리주저리 열리고', '알알이 들어와 박혀' 등 • 시각적 심상 : 푸른색과 흰색의 대비 • 영탄적 어조 : '아이야~마련해 두렴'	• 일제 강점기의 대표적 저항시 • 식민지 말의 암흑기를 밝혀 줌 • 윤동주와 함께, 삶과 작품 세계가 일치하는 시인

① 시상의 전개를 고려하지 않고 부분의 특징만을 들어 해석하고 있다. 작품의 맥락에 따른 주제 의식을 고려하며 읽도록 한다.
② 작품의 의미와 표현상 특징을 종합하여 평가하는 능력이 부족하다. 작품의 문학사적 의의를 고려하며 해석하도록 지도한다.
③ 시에 관한 지식을 잘못 적용하거나 잘못된 사실에 근거하여 해석하고 있다. 친일시 등을 예로 들어 강점기 문학의 다양성을 보여 준다.
④ 객관적인 근거 없이 주관적 인상에 따라 해석하고 있다. 의미상 중요한 부분이나 표현의 특징을 잘 보여 주는 부분을 찾는 연습을 하도록 한다.
⑤ 전기적 사실을 작품 해석에 기계적으로 적용하며 보편화된 견해를 반복하고 있다. 자신의 관점에서 작품의 가치를 평가하는 경험을 쌓도록 한다.

어낸 다른 해석이 가능하다는 것을 인정한 논리이다. 이렇게 보면, 표현 상의 특징은 '보편화된 견해'를 작품 이해의 전제로서 수용하면서도 유지될 수 있는 개인적 문학 체험의 대상, 곧 보편화된 견해를 변경시킬 수 없는 분편적인 문학적 단서를 가리키게 된다. 결국 이를 통해 이 문제는 어떤 작품에 대한 보편적인 이해의 내용인 보편화된 견해가 존재하지만 객관적인 해석적 단서가 있다면 그 해석의 결과가 작품의 전체 맥락을 생성하지 못하거나 또는 모순되는 경우라도 보편화된 견해와 독립하여 인정될 수 있다는 논리를 세우는 것이다.[18]

문제로 다시 돌아가 보면, <청포도>는 이미 이 문제에서 저항문학 작품으로 전제되어 있다. 이것은 이른바 '보편화된 견해'로서 작품 전체의 맥락을 구성한다. 하지만 <청포도>의 청각적 심상은 이러한 맥락을 고려할 필요 없이도 풀이될 수 있는 문학적 단서가 되는데, 이것이 이른바 개인적 문학 체험의 내용이다. 따라서 이 문제의 논리대로라면, 정작 문제가 되는 것은 저항문학을 도식적으로 적용하거나 지식으로 암기하지 말 것을 요구하는 내용으로 구성하고 있는데, 정작 이 문제를 통해 내면화하게 하는 것은 하지 말라는 바로 그것이다.

따라서 이 문제가 보여주고 있는 것은 다음과 같다. 저항문학의 도식적 이해는 실행 담론과 지배적 담론의 관계를 이항 대립적으로 설정한 데서 비롯된 담론 효과이다.

---

18) 이 부분이 좀 복잡해 보이기는 하지만, 위 문제와 관련하여 풀이하면 다음과 같다. 이 육사의 <청포도>는 시인의 전기적 사실이나 역사·사회적 배경에 비추어볼 때, '저항 시'라는 보편화된 견해로 귀결되지만, 이 저항시의 맥락과 무관해 보이는 표현상의 특징을 포착하여 객관적으로 기술할 수 있다면 그것은 독자의 '다양한 해석'으로서 인정되어야 한다.

2) 저항문학과 저항의 상상적 구성

협의의 '저항문학'이 프랑스 레지스탕스 문학을 지칭하고 있는 것에서 볼 수 있듯이 이 용어의 개념적 요체는 지배 세력에 대한 정치적 저항에 있다. 우리 근대문학에서는 심훈이나 이육사의 작품들이 여기에 해당한다. 하지만 이러한 맥락에서 보면, 윤동주의 작품이 저항문학으로 지칭되는 것은 지나치게 외연을 확장한 셈이 되는데, 이와 관련하여 참조해 볼 수 있는 것이 강점기 하의 프롤레타리아 문학이다. 일제강점기 하의 프롤레타리아 문학이 일제에 대해 정치적 저항의식을 강렬하게 드러냈음은 주지의 사실인데, 여기에 저항문학의 표지를 붙이는 경우는 흔치 않다. 이는 저항문학의 원래적 의미와는 달리 우리의 경우 탈정치적 저항을 저항의 요체로 이해하려는 경향이 있었음을 시사하는 것이다. 필자가 앞선 논문에서 이미 지적한 바와 같이 이 부분이 순수문학과 저항문학, 민족문학이 만나는 지점이다.[19]

일제강점기 말기의 일부 문학작품들에 주로 저항문학의 표지를 붙이는 문학사의 주류적 관점은 '말기'라는 극적 상황성에 주목하였다고 할 수 있겠는데, 이는 지배 주체의 지배성이 첨예화되었음을 가리키는 의미일 것이다. 하지만 그렇다고 하여 피지배 주체의 저항성이 첨예화해지는 것은 아니기에 이러한 지칭은 '느슨하다'기보다는 일관성이 부족한 것으로 보인다.[20] 말하자면 명분은 실효적 행위로서의 저항보다는 미학적인

---

[19] 문학사적 평가(저항시)와 감상의 대상(서정시)이 이질적인 윤동주의 경우가 대표적이다. 이와 관련하여 이 연구는 저항시가 일제강점기 말기라는 특수한 시점을 그 용어의 사용 맥락으로 두고 있었다는 점을 지적하면서, '저항'과 '순수', '참여', '민족' 같은 개념들이 각각은 뚜렷하게 변별된 의미 자질을 가지고 있음에도 불구하고 특정한 역사·사회적 맥락 속에서는 혼용되도록 규정되어 왔음을 논증하였다. 최지현, 앞의 논문 참조

[20] 오장환의 <북방(北方)의 길> 같은 작품이 아마도 그 경계에 있을 것이다. 이 작품은 임화에 의해 퇴폐적 분위기를 갖는 작품으로 평가되기는 했지만, 저항의 미학적 전략에

것으로서의 저항을 중시한 데 있다고 할 수 있다.

하지만 논리적 차원에서는 저항문학의 첫 번째 정의는 문학성이 아닌 저항의 실효성에 저항문학의 근본 성격을 부여한다. 또한 저항문학이 타자로서의 규정성—곧 무엇에 저항할 때에만 그 정체성이 확정되는 규정성—을 지니지 않게 하려면, 그 개념에서부터 저항의 내용이 담보되어 있어야 할 뿐 아니라 일정한 형식으로서도 규정되어 있어야 할 것이다. 이는 예컨대 정치적 문학, 혹은 정치문학이라는 상위 범주 논의를 가능하게 하는 바탕이 된다.

따라서 이 논의로부터 저항의 실효성을 중심에 두고 저항문학의 정의에 내재된 논점들을 도출해 볼 수 있다.

> 첫째, 형상화된 것으로서가 아닌, 선언 그 자체도 저항문학으로 규정될 수 있는가?
> 둘째, 소재로서의 저항과 변별되게 하는 저항문학의 특성은 무엇인가?
> 셋째, 저항문학의 실효성을 담보하는 저항의 형식은 무엇인가?

이제 이에 대해 우리는 저항문학을 다음과 같이 재개념화할 수 있을 것이다. 첫째, 저항문학은 선언적으로 가능하다. 어떤 특성을 지닌 문학은 다른 특성을 지닌 문학과 상호 배제적이지 않으며, 문학의 유형이나 분류 체계는 단일한 위계 구도 내에서만 존재하는 것은 아님을 받아들이는 조건에서 개념화를 시도해 볼 만하다. 저항의 진술을 저항으로서의 진

대한 수용 태도에 따라서는 저항문학으로 포함될 수도 있을 것이다. 이때 저항의 미학적 전략, 달리 말해 저항의 심미적 형상화를 어디까지 인정할 것인가, 혹은 저항성의 실현을 어떻게 판별할 것인가 하는 문제가 초점화된다. 그렇기 때문에 앞서 다루었던 저항의 첫 번째 정의는, 비록 그것이 다른 정의에 비해 명료해 보이기는 하지만 여전히 개념적 모호성을 지니고 있다고 할 수 있겠다.

술로 인정하고 이를 '저항의 상상적 구성'이라는 미학적 원리로서 규정하게 되는 논리화의 경로를 설정할 수 있다면, 벽시, 삐라시, 깃발시, 리플렛시 등과 같은 현장성이 강한 이른바 '뼈다귀시'들을 저항의 형식으로 수용할 수 있다.

둘째, 우리 문학의 어떤 부분에 대해 이 개념을 적용하려 할 때, 저항문학은 정언적 명제 형식으로는 규정되지 못한다. 저항문학을 원래의 맥락대로 썼을 때에는 제2차 세계대전 중의 독일의 정치적 지배에 대한 '저항'이라는, 정치적 저항을 핵심으로 한 명확한 함의가 존재한다. 하지만 이 개념을 확장하면 저항은 지배(혹은 지배 체제)의 성격에 따라 그 의미가 달라지게 될 것이므로, '저항문학은 지배 체제에 대한 저항의 문학 형식'이라는 일반화된 정의가 저항문학 그 자체와 동어 반복이 되어 버리는 문제가 발생한다. 이러한 까닭에 두 번째 정의의 실효성이 검증될 수 없는 것은 물론이고, 첫 번째 정의로 일제강점기의 저항문학을 규정하려 할 때에도 일제의 지배(혹은 지배 체제)가 무엇을 의미하느냐가 명확하지 않는 한 저항의 함의도 명확해질 수 없게 된다.[21] 따라서 저항문학을 정언적 명제 형식으로 정의하는 문학의 본체론적 규정 ─ 작품의 어떤 속성에 근거하여 저항문학 여부를 판단하는 것 ─ 을 포기하는 대신, 작품이 저항의 선언으로서 작용했는지에 따라 저항문학 여부를 판단하는 작용론적 규정을 따르는 것으로 문제틀을 전환한다.

셋째, 우리가 접근해 온 저항문학의 개념에 따르면, 그것은 타자의 형식 ─ 심지어는 저항문학이라는 개념까지도 ─ 을 통해 저항한다. 여기서 타자의 형식이란 한편으로는 저항문학이 지배의 언어를 통해 형상화된

---

21) 이로부터 저항문학이 왜 언제나 텍스트 확정과 관련한 논란 속에 있어 왔는지를 이해할 수 있다.

다는 점 때문이며, 다른 한편으로는 저항문학의 핵심인 저항의 주체가 지배 주체와 관계적 존재일 뿐 아니라 그로 인해 불가피하게 모순적이며 불완전하다는 점 때문이다. 완전한 저항적 존재란 어떤 의미로는 형용 모순이다. 완전성 내부에 저항의 요구가 발생하지 않는다. 반면에 저항 주체는 이미 지배적 담론에 의해 호명된 주체의 허위성을 '주체' 그 자체로 드러냄으로써 지배적 담론의 내부로부터 그것을 지양하기 위한 시도에 임할 수밖에 없다. 이는 저항 주체가 근본적으로 분열적임을 의미한다. 이러한 저항 주체의 특성은 저항문학에 내재된 한계이기도 하지만 저항문학의 추동력이라고 할 수도 있겠다.[22] 따라서 이 논리는 저항을 소재나 작품의 명시적 메시지로 보는 일부의 견해를 배제하는 대신, 자기 모순적 존재로서 주체의 형식을 형상화하는 데 성공하는 것, 바로 이것을 저항으로 규정하는 것을 의미한다. 그리고 이를 전제로 저항문학은 실제적이며 실효적이다.

4. 향유하기로서의 저항문학

저항문학이 우리에게 요구되었던 특별한 맥락이 있다. 이른바 문학사의 '암흑기'를 채움으로써 문학사를 자율적이며 연속적인 과정으로 이해하는 것. 이 맥락은 지식으로는 수용하고 실천 속에서는 방기했다는 점에서 보면 학교교육에서는 절반만의 성공이 되는 셈이고 학계에서는 더

---

22) 저항문학의 자기 모순성이란, 저항문학이 지배적 담론의 내부로부터 배태되며 지배적 담론을 지양함으로써 소멸하게 된다는 특성을 가리킨다. 풍자, 패러디, 해학 등이 저항의 주요 미학적 원리가 되는 것은 공히 이러한 형식들이 타자의 담론을 통해 타자의 문제틀을 지양하고 있기 때문이다.

이상 언급되지 않는다. '소극적 저항'이라 재평가된 '소극적 친일'은 친일 그 자체로 세밀하게 고찰되는 추세이다. 그리고 저항문학은 이제 저항의 실체가 무엇이냐에 따라 다른 대상을 갖게 된 상황에 놓였다.[23] 말하자면 기왕의 맥락은 실효성을 상당히 잃은 셈이다.

현실적으로는 저항문학이라는 용어가 가리킬 대상이 현저히 줄어들었고, 새로운 정의에 의해 새롭게 정의될 수 있는 대상이 생기는 상황에서 저항문학의 개념은 재규정을 필요로 하고 있다. 논리적으로 검토되기에 적당하지 않으며, 전략적 용어로 사용하는 것도 방법 중 하나이다. 그러하다면, 무엇을 위한 어떤 전략으로 삼을 것인가.

저항문학의 개념적 확장이 요구된다면, 저항의 외연을 넓히기에 앞서 저항의 체험 형식을 확대시키는 것에 대해 고민해 볼 필요가 있다. '서구의 지배에 대한 비서구의 정치적 저항으로서의 저항문학'이라는 규정 자체가 마치 오리엔탈리즘처럼 저항문학을 옭죄는 상황에서는 일본어로 문학하기, 일제하 출판 제도 속에서 문학하기, 일제하에서 작가로서 문학하기 등등이 저항문학의 외연을 위축시킨다. 그 틈을 찾아 틈새를 벌려 놓는 전략이 탈식민주의 담론에서는 매우 중요하게 고려되고 있는데, 여기서 대상을 자신의 질서 내에서 재구축하여 사용한다는 의미의 '전유(appropriation)' 전략이 특히 주목되는 부분이라 하겠다.[24]

그중 하나를 잠시 검토해 본다. 저항문학은 지금까지 창작 행위를 전

---

23) 식민사회의 이원 구조(프란츠 파농)에 대한 해석을 두고 전개된, 지배와 저항의 관계에 대한 탈식민주의 논쟁은 이와 관련하여 새겨볼 만하다. 이 논쟁을 음미해 보면, 저항의 근거가 어디에 있느냐에 따라 저항문학의 성격 규정도 달라질 수밖에 없다. 앞의 논쟁에 관해서는 박주식, 「저항의 정치학 : 탈식민주의 문학이론의 위상」, 『안과 밖』 1, 영미문학연구회, 1996 참조.
24) 전유는 폐기와 함께 아프리카 작가의 영어 사용과 관련한 아체베와 응구기의 탈식민주의 논쟁에서 핵심 개념으로 논의된 것이기도 하다.

제로 생산 과정에 주목하여 논의되어 왔다. 하지만 향유 과정 또한 저항 문학적 가능성을 가지고 있다. 즉, 영미 문학의 문학적 규범, 개념과 용어들, 문학작품들, 이런 것들에 이미 익숙해져 있는 것에 저항하는 것. 이것은 단지 아시아, 남미, 아프리카 문학으로 관심을 옮겨야 한다는 이야기는 아니다. 오랜 동안 서구적 문학관은 단지 문학 제도나 문학적 관습에 영향을 끼치는 것이 아니라 문학이라는 것 자체의 제도성에 영향을 끼쳐 왔다. 따라서 우선되어야 할 것은 다른 작품 읽기가 아니라 문학에 대한 시선 점검하기라 할 수 있다. (이러한 의미에서) 저항문학은 창작되는 것이라기보다는 다시 읽혀지는 것이 된다. 지배 대상과 피지배 주체, 그리고 지배의 속성과 저항의 방향, 그리고 저항의 메시지 ─ 이것들을 찾아 저항문학의 객관적 소재를 규정하는 것이 아니라 지배적 문학에 대한 저항의 맥락을 구성함으로써 저항문학의 계보를 만들어가는 것, 마치 전통 창조론처럼 다시 읽히는 문학사로서 저항문학을 범주화할 수 있다는 것이다.[25]

---

25) 예컨대 풍자의 시적 담화 방식으로 판소리 형식을 차용하여 만든 김지하의 <오적(五賊)>은 (풍자 문학을 저항문학으로 규정하지 않는 한) 창작 측면에서 저항문학에 넣기가 적절하지 않지만 그 작품의 수용 맥락이 확장될수록 저항문학으로서의 가능성 또한 확대되었다고 할 수 있겠는데, 이는 담시가 지닌 탈지배성과 전유성이 수용 맥락의 확장에 유리한 조건을 주었기 때문으로 판단된다. 이와 유사한 예가 1920년대 초반 '산문시' 형식의 일부 작품들, 예컨대 <나의 침실로>라든가 <빼앗긴 들에도 봄은 오는가> 같은 작품들이며, 심리주의적, 구체시적 경향성을 지닌 1930년대의 실험적 시 작품들, 예컨대 <오감도> 시 연작들이 또한 이에 해당하는 것으로 보인다.

참고문헌

권성우, 「임화, 혹은 세 가지 저항의 방식」, 『현대문학의 연구』 33, 한국문학연구학회, 2007, 35~62면.

김용직, 「일제말 암흑기 한국문학인들의 의식성향과 행동에 관한 연구」, 『한국문화』 10, 서울대 규장각 한국학 연구원, 1989, 1~35면.

김 철, 「두 개의 거울 : 민족 담론의 자화상 그리기」, 『상허학보』 17, 상허학회, 2006, 141~169면.

김흥규, 『한국 현대시를 찾아서』, 푸른나무, 1999.

박주식, 「저항의 정치학 : 탈식민주의 문학이론의 위상」, 『안과 밖』 1, 영미문학연구회, 1996, 309~344면.

송민호, 「일제말 암흑기 문학의 저항」, 『동방학지』 9, 연세대학교 국학연구원, 1968, 77~102면.

이경원, 「아체베와 응구기─영어제국주의와 탈식민적 저항의 가능성」, 『안과 밖』 12, 영미문학연구회, 2002, 66~85면.

이수현, 「"겨울 여자"에 나타난 저항과 순응의 이중성」, 『현대문학의 연구』 33, 한국문학연구학회, 2007, 257~280면.

최지현, 「한국 현대시 교육의 담론분석─1940년대 '저항시'를 중심으로」, 서울대학교 석사학위논문, 1994.

Harlow, Barbara, *Resistance Literature*, New York : Routledge, Chapman and Hall, 1987.

Macdonell, Diane, *Theories of Discourse*, 다이안 맥도넬, 임상훈 역, 『담론이란 무엇인가』, 한울, 1993.

Achebe, Chinua, *Hopes and Impediments*, 치누아 아체베, 이석호 역, 『제3세계 문학과 식민주의 비평』, 인간사랑, 1999.

Ngũgĩ wa Thiong'o, *Decolonising the Mind : the Politics of Language in African Literature*, 응구기 와 띠옹오, 이석호 역, 『탈식민주의와 아프리카문학』, 인간사랑, 1999.

제 3 장

일제강점기 제도권 문학교육

-교과서와 민간 독본의 양상을 중심으로-

구 자 황

숙명여자대학교 교양교육원

1. 머리말

지금도 그렇지만 식민지 조선에서도 돈이 없으면 공교육을 제대로 받기 어려웠다. 값비싼 학비와 극심한 취업난, 살인적인 입시경쟁은 식민지 교육에서도 낯선 풍경이 아니었다.[1] 식민지 조선의 교육열 혹은 자발적 계몽 기획은 이런 환경과 무관하지 않다. 다양한 독물(讀物)이 활발하게 생산·유통되면서, 특히 'Basic Rader'에 해당하는 텍스트가 등장하면서 식민지 대중독자 혹은 학습독자들은 근대적 지식을 구성하고 새로운 교양을 구획하기 시작했다.

물론 경로와 양태가 단일한 것은 아니다. 조선어독본처럼 독본이라는 이름을 단 '교과서'는 일제 교육당국의 검정 체제 하에서 공교육을 통해 자리를 잡았으며, 민간에서 발행된 각종 '독본(讀本)·강화(講話)류'는 출판시장을 통해 대안 교과서의 위상을 확보해 갔다. 이렇게 등장한 독본의 한 뿌리와 두 가지, 즉 제도권의 관찬 교과서와 제도권 안팎을 넘나들던 민간 독본들은 근대적 지식의 위계, 새로운 교양의 준거, 개성과 심미의 발견이라는 면에서 중요한 의미를 지닌다.

그런데 근대 전환기 각종 교과서와 민간 독본을 살펴보면, 근대 지(知)의 다양한 부문이 분리·결합하는 것을 알 수 있다. 또한 각각의 무게중심이 이동하는가 하면, 새로운 영역으로 분화되는 경우도 있다. 이러한 양상과 추이는 시대별로 흐름이 달라진다. 하지만 주제 영역 혹은 담론

---

1) 이경숙, 「1930년 조선총독부 "시험폐지" 규정과 교육담론」, 『정신문화연구』 104, 한국학중앙연구원, 2006.

중심으로 보면, 교양적·실용
적·심미적 회로의 세 영역으
로 구분할 수 있다.

이렇듯 일제강점기 교과서
와 민간 독본류는 제국이 기
획한 '교육이념', 그리고 그
안에서 살아가야 할 식민지

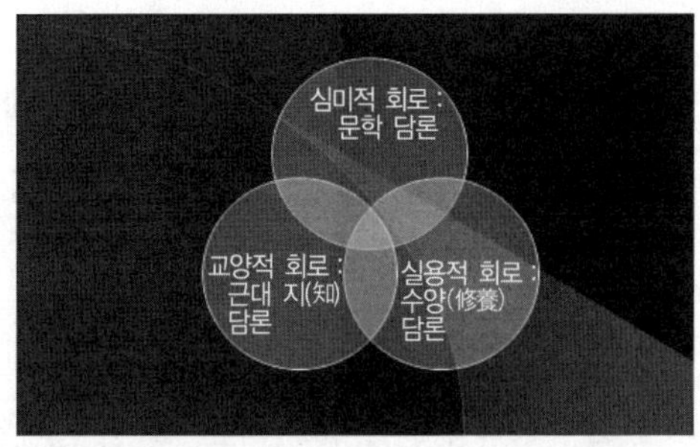

[그림 1] 일제강점기 교과서 및 독본의 주제 영역

주체의 '보통 문해력'[2]의 정체를 실증하는바, 그간 이에 대한 일련의 관
심은 근대의 제도·매체·교육의 관점에서 연구되어 왔으며, 대체로 문
학과 문학교육의 경계역(境界域)에서 연구의 지평을 확장해 왔다.[3]

이 글의 주된 관심은 일제강점기 문학 및 문학교육의 지평에서 산출
된 관찬 교과서와 민간 독본을 살펴보는 데 있다. 특히 주제 영역의 혼
종적 양상 가운데 이른바 '심미적 회로'에 주목하면서 문학담론이 형성
되거나 배제되는 원리, 그리고 문학교육이 대두하게 된 배경 등을 탐색

---

2) 대중들의 문해력 신장과 그들의 읽고 쓰기 관행이 어떻게 사적 영역을 창조하고 또한
   근대의 중요한 지표가 되는지에 대해서는 다음 두 책을 참조할 수 있다.
   Philippe Ariès & Georges Duby, *Histoire de la Vie Privée*, 필립 아리에스 & 조르주 뒤비, 이
   영림 역, 『사생활의 역사3 – 르네상스부터 계몽주의까지』, 새물결, 2002.
   천정환, 『근대의 책읽기』, 푸른역사, 2003.
3) 일제강점기 교과서 및 독본(讀本)·강화(講話)류에 대한 연구는 다음을 참고할 것.
   강진호 외, 『국어 교과서와 국가 이데올로기』, 글누림, 2007.
   강진호, 「'조선어독본'과 일제의 문화정치」, 『상허학보』 29, 상허학회, 2010.
   구자황, 「독본을 통해 본 근대적 텍스트의 형성과 변화」, 『상허학보』 13, 상허학회, 2004.
   구자황, 「근대 독본의 성격과 위상(2) – 이윤재의 『문예독본』을 중심으로」, 『상허학보』
   20, 상허학회, 2007.
   구자황, 「근대 독본문화사 연구 서설」, 『한민족어문학』 53, 한민족어문학회, 2008.
   윤여탁 외, 『국어교육 100년사』 1·2, 서울대출판부, 2006.
   허재영, 『일제강점기 교과서 정책과 조선어과 교과서』, 경진, 2009.
   허재영, 『통감시대 어문교육과 교과서 침탈의 역사』, 경진, 2010.

할 것이다. 아울러 편집주체에 따른 각종 텍스트의 차이를 비교한 후, 그 안에 드러난 문학적 혹은 문학교육적 의미를 궁구해보고자 한다. 이 과정에서 새로운 자료를 소개하고, 그것의 의미도 짚어 볼 것이다.

2. 교과서의 교양적·실용적 회로와 문학의 소거(消去)

일제의 교육정책은 교육령을 기준으로 몇 차례 변화가 있었지만 식민지 순응적 주체 만들기라는 근간 위에서 진행되었다. 따라서 다종 다기한 형태로 제출된 민간의 독본류는 식민지 공교육이 작동하는 방식, 특히 국어(일어)독본이 교과서로서의 지위를 갖게 되면서 표준적·제도적 매체로 기능하는 것과 맞물려 있다. 물론 식민지 후반으로 갈수록 일제강점기 관찬 교과서와 민간 독본의 길항은 더욱 복잡한 양상을 띤다. 이 과정에서 식민지 조선의 대중독자 혹은 학습독자들은 '근대적 앎에 대한 병목 현상'을 겪게 되는데, 여기에는 '실용(實用)·간이(簡易)'를 고수하는 일제의 교육기조가 깔려 있다. 즉 식민지 조선인들의 근대 지(知)에 대한 광범한 열망에도 불구하고, 일제는 순응적 식민 주체를 만들기 위해 최소한의 실용적·교양적 수준에서 교과서를 구성했던 것이다.

그런데 일제가 교육령 및 교과서 정책을 통해 '독본 생산의 시스템'[4]

---

4) 이글이 사용하는 '독본 생산의 시스템'이라는 용어는 누가 독본을 만드는가의 문제, 즉 독본 외부의 독자를 파악하거나 독본 그 자체를 둘러싼 제도에 초점을 두면서 사용하는 용어이다. 한편 '독본의 생산시스템'이라는 말은 독본 내부의 원리를 파악하거나 독본의 계보 및 교차를 살펴보기 위해 사용하는데, 이는 독본이 단원과 체제를 통해 어떤 독본을 지향하고 있는가에 관심을 둔다. 이러한 발상은 가메이 히데오(龜井秀雄)의 『메이지 문학사』(고려대학교출판부, 2006)에서 참조하였음을 밝힌다.

을 장악하면서 아이러니하게도 실제 교육 현장에서는 조선어 학습에 대한 불만이 급격히 늘게 된다. 조선어 교과서에 대한 불만을 노골적으로 표출하는가 하면 심지어 조선어 교수학습의 질을 문제 삼아 동맹휴업을 일으키기도 하였다. 이 과정에서 교과서의 질이 더 나아지지 않고 비슷한 내용이 반복되는 '독본의 정격화(定格化) 현상'이 나타난다.5) 흥미로운 것은 일제의 2차 교육령(1921) 이후 조선인의 공립학교 취학열이 급격히 증가하는데, 막상 단조로운 교과서와 일어를 교수용어로 사용하는 상황 때문에 일선 학교의 불만이 늘게 되고, 학교 밖의 출판시장을 통해 다양한 형태의 민간 독본들이 폭발적으로 늘어나면서 또 하나의 지적 생산과 유통이 본격화된다는 점이다. 아울러 이들이 보여준 '독본의 생산 시스템'이야말로 식민지 주체의 자발적 계몽을 더욱 추동하면서 텍스트를 통해 '보통 문해력 그 이상'을 운위하는 흐름을 만들어냈다는 점이다. 즉 교과서의 전유(專有)와 더불어 문학 장(場)이 활성화되고, 문학을 통한 계몽의 지평과 심미적 회로가 열리게 된 것이다.

여기서 근대 전환기 교과서의 양상을 교양적·실용적 회로의 측면에서 자세히 살펴보자. 소위 통감(統監)시대만 하더라도 역사와 지리는 별도의 교과목으로 존재했으며, 그 시수와 비중이 적지 않았다. 예컨대, <휘문의숙>이 <광성의숙>에서 이름을 바꾸어 새롭게 학교를 설립한 시기가 1906년 5월이었는데, 이 당시 <휘문의숙>의 중학교 교과과정은 아래와 같다.6) 보성중학 역시 교과과정은 비슷했다.7) 이는 1900년 대한

---

5) 1920년대 조선어독본을 중심으로 광범위하게 현상되는 독본의 정격화(定格化)란, 식민지 모국이나 조선총독부가 보증한 교육한도 및 기타 지정 조건이 관철되면서 텍스트의 체제나 제책 기술은 향상되지만 일본의 교과서를 직수입하거나 그대로 번안하면서 내용상의 특성이 없고 텍스트가 일정해지는 것을 의미한다. 이에 대한 자세한 설명은 다음을 참조할 것. 구자황, 「1920년대 독본의 양상과 근대적 글쓰기의 다층성」, 『인문학연구』 35(2), 충남대학교 인문과학연구소, 2008, 41~42면.

제국의 학부령 제12호 중학교 규칙에 의거한 것으로 당시 입학시험에서 산술, 역사, 지지(地誌)는 문대(問對) 과목, 즉 지금의 면접과목이었을 정도로 비중이 높았다.

[표 1] 〈휘문의숙〉 교과목 및 교과과정

학년	교 과 목
제1학년	수신(修身), 한문, 역사, 지지(地誌), 지문(地文), 물리, 산술(算術), 작문, 어학(영어), 번역(繙譯), 도서(圖書), 체조(體操)
제2학년	수신(修身), 한문, 역사, 지지(地誌), 지문(地文), 물리, 산술(算術), 작문, 어학(영어), 법제(法制), 생리(生理), 광물(鑛物), 체조
제3학년	한문, 만국(萬國)역사, 만국지지, 대수(代數), 기하(幾何), 물리, 화학, 생리, 직물(植物), 작문, 어학(영어), 법제, 상업, 용기화(用器畵), 체조
제4학년	서양역사, 외국지지, 대수, 기하, 물리, 화학, 생리, 동물, 어학(영어), 경제, 창가, 체조

그런데 조선총독부의 1차 교육령(1911)은 보통학교 교과과정에서 역사, 지리에 대한 내용을 『보통학교 국어독본』에 포함시켜 일본어로 교육하도록 하였다. 이것은 근대 전환기 공론장(公論場)을 주도했던 역사, 지리가 정치 담론의 촉매제가 되자 이를 제도적으로 제한하고, 공적 영역에서 민족주의 교육의 가능성을 차단하기 위한 것으로 풀이된다.8) 이와 같은 방침은 결과적으로 '국어(일어)독본'의 외연을 확장시켰고, 국어(일어)의 권위를 강화하는 방향으로 수렴되었다. 게다가 국어(일어) 독본의 내용 가운데 등장하는 역사, 지리의 상당 부분은 제국의 시선으로 다뤄지거나 일본의 역사와 지리로 대체되었다.

---

6) 휘문 70년사 편집위원회, 『휘문 70년사』, 휘문중고등학교, 1976, 92~93면.
7) 보성 80년사 편찬위원회, 『보성 80년사』, 학교법인 동성학원, 1986, 85~89면.
8) 1차 교육령이 시행되기 불과 1년 전, 조선총독부 학부가 발행한 『보통교육학』(1910)에서도 역사와 지리는 수신·국어·일어와 함께 8개 정식 교과목의 하나였고, 이를 위한 교수법까지 제시되고 있었다.

[표 2] 주요 단원 비교(1) 교훈 및 근대문물

권2	제1과	童子		권2	제3과	사(四)시(時)
권2	제2과	童子2		권2	제13과	엽서와 봉함
권2	제6과	懶者		권2	제14과	우편국
권2	제7과	懶者2		권2	제15과	주야
권2	제12과	馬		권2	제16과	기차
권2	제21과	욕심 많은 개		권2	제17과	정차장
권2	제24과	母心		권2	제18과	태양력
권3	제12과	연습 공		권3	제3과	기차발착
권4	제1과	正直之利		권3	제10과	시계
권4	제19과	玉嬉의 慈善		권3	제13과	순서
				권4	제17과	석탄과 석유

[표 3] 주요 단원 비교(2) 조선 지리 및 일본 지리

권4	제4과	조선의 지세(地勢)		권5	제3과	조선의 지세(地勢)
권4	제5과	조선의 해안(海岸)		권5	제18과	도쿄
권4	제13과	조선의 북경(北境)		권5	제27과	경성(京城)
권4	제14과	경성		권6	제5과	조선지리 문답
권4	제18과	평양		권6	제9과	혼슈와 시코쿠
권5	제2과	오대강(五大江)		권6	제16과	교토 구경 이야기
권5	제12과	평안남북도		권6	제18과	규슈와 대만
권5	제15과	함경남북도		권6	제19과	홋카이도와 사할린
권6	제3과	강원도		권6	제20과	이웃나라
권6	제9과	황해도				
권6	제13과	경기도				
권6	제16과	충청남북도				
권6	제20과	전라남북도				
권7	제4과	경상남북도				
권7	제5과	경상남북도2				

애초 조선어독본의 교수내용은 역사, 지리, 이과 등을 두루 포함하는 것이었다. 그런데 역사, 지리 교과목에서 없어지고, 관련 내용이 국어(일어)로 넘어감으로써 조선어 독본의 내용 역시 조선의 역사와 지리를 제대로 다룰 수 없었다. 그래서 생긴 빈자리에 일제가 대체한 것이 바로 순응적 주체를 위한 '교훈'과 실용·간이 수준의 '근대문물', 그리고 제국의 시선으로 편제한 '지리학'이었으며, 이 모든 것의 바탕이 되었던 '보통 문해력'이었다.9) 위의 표는 1911년 1차 교육령 시기의 첫 교과서였던 보통학교 조선어독본의 단원 구성인바, 교수 방향과 식민 교육의 정향을 구체적으로 확인할 수 있다.10) 예를 들어, 다음과 같은 시선은 우월적 지위에서 문명화의 대상으로 조선을 조망함으로써 제국에서 발신된 심상지리를 반영한 모습이라 할 수 있다.

우리들은 오늘 처음 이 산에 올라왔도다. 산상(山上)에서 멀리 바라보면 하천과 촌락과 삼림이 다 일제히 보이는도다. 가장 가까이 보이는 곳은 우리가 매일 노는 삼림이라. 일자형으로 길게 위이(逶迤)한 것은 근촌(近村)으로 가는 노방(路傍)에 열입(列立)한 장림(長林)이요, 그 월변에 보이는 일면의 초가지붕은 우리가 거생하는 가옥(家屋)이로다. 기숙한 누른

---

9) 대만의 연구에 의하면, 식민지 시기 일제의 대만 교육목표는 첫째, 일본어 교수, 둘째, 도덕교육 관철 실시, 셋째, 실학지식 및 생활능력 양성, 넷째, 일본국민정신 양성, 다섯째, 건강한 소년국민 양성이었다(陳虹文, 「日本植民統治下 臺灣敎育政策之分析硏究」, 진홍문, 「일본식민통치하 대만교육정책지분석연구」, 국립중산대학교 석사학위논문, 1988). 이와 관련해서는 일본에서 축적된 조선, 대만의 교육정책 비교 연구도 참조할 만하다(駒込武, 『植民地帝國日本の文化統合』, 고마고베 다카시, 오성철·이명실·권경희 역, 『식민지제국 일본의 문화통합』, 역사비평사, 2008, 3장).

10) 『보통학교 조선어독본』(1911)은 『보통학교 학도용 국어독본』(1907)을 토대로 자구 정정을 가하여 재출판 되었다. 식민 상황에 맞지 않는 자구를 정정하거나 일부 단원을 삭제한 형태인 것이다. 그런데 모태가 된 1907년 학부 편찬 『보통학교 학도용 국어독본』은 일본인 참여관이 관여한 독본이며, 대일본도서주식회사에서 인쇄를 했을 정도로 식민 시대의 교과서에 근접해 있었다. 삭제된 단원이 6과에 불과했다는 사실은 1907년의 교과서와 임시방편의 자구 정정본의 이데올로기적인 차이가 극심하지 않았음을 의미한다.

벼와 미숙한 푸른 벼는 노방(路傍)에 무성한 풀과 상교하여 포장을 편 것
과 흡사(恰似)하고 인마(人馬) 등(等)의 주래하는 것은 기암이가 움직이는
모양과 같도다.[11] (현대어 표기 — 인용자)

— 「山上眺望」, 『조선어독본』 1권, 1911

이렇듯 근대 지(知) 혹은 교훈 위주로 구성된 독본은 교양적·실용적
회로 안에서 두 가지 특징이자 한계를 보여준다. 우선 그러한 '독본의
생산시스템'으로는 개인의 표현, 개성의 발현을 구현하는 것이 어려웠다
는 점이다. 이것은 당시 조선어 독본이 생활글이나 소위 설명문에 비해
'소설'과 같은 허구와 감각의 세계를 문종이나 제재로 구성하지 못한 것
과 맥락을 같이한다. 즉 '소설'은 대한제국을 살아가던 이들에게 선명한
내포를 지닌 개념이 아니었다. 심지어 지리학과 연동 가능한 기행문의
출현조차 초창기 관찬 교과서에서는 찾아보기 어려운 형편이었다. 사정
이 이러함은 최초의 국어 교과서격인 『국민소학독본』(1895)만 보더라도
쉽게 간파할 수 있으며, 최남선의 『시문독본』(1916)에서도 감각세계가 글
쓰기의 주어가 되지는 못했다.[12] 말하자면 교과서 및 독본의 형성 초기,
다양한 문종에 비해 '소설' 제재가 눈에 띄지 않았던 것은 동서양을 막
론하고 공통적으로 발견되는 '소설'을 둘러싼 논의와 관련이 있다. 즉
허구의 세계에 빠져 헤매는 젊은 영혼에 대한 논쟁이 여전히 존재했고,
다소간의 필요를 인정하더라도, "학교 교과목으로 특히 교수할 정도의

---

11) 강진호·허재영 편, 『조선어독본』 1, 제이앤씨, 2010.
12) 신지연에 의하면, '감각세계가 글쓰기의 대상이 될 수 있다'는 의식이 의식과 소재의
    차원을 넘어 글에 배어들고 텍스트의 체제 및 개별 텍스트의 결을 직접 조직하는 과정
    을 볼 수 있게 한 것은 1910년대다(신지연, 『글쓰기라는 거울』, 소명출판, 2007). 그나
    마 이것도 문학 장(場)에서의 맹아적 현실일 뿐 당대 교과서나 독본의 단원으로 수용되
    지 못하는 형편이었다.

가치가 있는 것은 아니다"[13]라고 보는 시각이 많았기 때문이다.

　다음으로는 독본의 교양적·실용적 회로를 좇다 보면, 읽기 중심의 교수법이 갖는 문제가 고스란히 드러나는 것을 알 수 있다. 주지하는 바와 같이 독본은 그 자체가 읽기의 대상으로 구성된 것이다. 그러다보니 주석 중심의 전통적인 교육 방법을 답습하게 되었다. 이는 쓰거나 감상하는 등의 교육에 비해 상대적으로 읽기 교육이 용이했던 탓도 있다. 하지만 근본적으로는 과거제 폐지 이후 쓰기 전통을 구현할 수 없었던 교육 환경이 만든 결과이기도 하다. 따라서 이런 형편에서 교과서가 편집자의 의견이 적극적으로 구성된 형태로 나아가기란, 또 다른 형태의 창작 및 감상이 덧붙여지기란 쉽지 않았다. 쓰기 교육 역시 일본을 경유한 근대 수사학이 들어오기까지 독자적 위상을 갖기 어려웠다.

　새롭게 펼쳐진 읽고 쓰기의 환경에서 대중독자들이 의사소통의 절실함을 느꼈던 분야는 아마도 쓰기 쪽이었던 것 같다. 최남선이 발행한 일련의 아동 잡지, 즉 『붉은 저고리』, 『아이들보이』, 『새별』은 읽기와 함께 작문연습을 목적으로 한 것이었다. 실제 쓰기 연습란이 있을 정도다. 그런데 이러한 구체적이며 실질적인 작문연습 및 방법, 실제에 관한 부분이 『시문독본』에는 반영되지 못했다. 물론 최남선은 『시문독본』이 '학교교육을 받았음에도 적절히 자기표현을 하지 못하는 청춘'들을 위해 만든 것임을 강조하고 있다. 이것은 당시 많은 사회 성원이 쓰기의 사회적 중요성을 공감하였지만, 학교교육이 글쓰기를 배우고 싶어 하는 대중의 이해와 요구를 담아내지 못했음을 의미한다. 일본어를 위주로 한 식민지 공교육이, 타인과의 의사소통은 물론이고 확장된 공적 영역과 심화된 사

---

13) 히라타 유미(平田由美), 임경화 역, 『여성 표현의 일본 근대사』, 소명출판, 2008, 88면.

적 영역에서 분출하는 자기표현 욕구를 담아낼 수 없었던 것이다. 따라서 식민지 근대인이 경험하기 시작한 분열된 근대의 양상과 강요된 결핍은 'Basic Reader'로서의 독본을 넘어서서 자신과의 커뮤니케이션을 심화하는, 그리고 글쓰는 법 자체를 열망하기에 이르렀다. 조선어로 된 실용문— 근대적 서간(書簡)의 재발견과 같은— 과 '자아'를 표현하는 글을 잘 쓰기 위해서는 이처럼 정규 교과 외의 독서나 학습, 그리고 그것을 고유하게 실현하는 민간 독본을 필요로 했다. 그런 까닭에 문학을 포함하여 연설, 편지에 이르기까지 읽기와 쓰기에 관한 책은 1920~30년대에 걸쳐 꾸준히 발간되었던 것이다.

결국 일제강점기 공교육에서 조선어 교과서를 둘러싼 '독본의 생산 시스템'은 제국의 논리를 재생산 혹은 고착시키면서 조선을 일제의 시선으로 포획하는 기조를 텍스트 배면에 깔고 있다. 그리고 텍스트의 구성 원리로만 보면 비교적 철저하게 관철된 편이었다. 그러나 이러한 식민지 공교육의 지향과 의도가 다수의 학습독자들에게, 그것도 전일적으로 행사되었다고 보긴 어렵다. 단적인 예로, 당시 보통학교, 혹은 고등보통학교의 취학률과 1930년 국세(國勢)조사를 통해 드러난 문맹률만 보더라도 전일성에 대해서는 의문의 여지가 많다.

여기서 눈여겨 볼 것은 조선어독본의 계보와 '독본의 생산 시스템' 안에서의 교차 양상이다. 예를 들어, 당시 수학여행은 근대의 교육과 문화를 대표하는 표상이었는데, 사실상 이것은 총독부의 적극적인 지원과 기획 아래 이루어졌다.[14] 따라서 당시 수학여행의 본질은 근대 사회가 '전

---

14) 당시 학생들은 숙식, 이동, 관람에 있어 파격적인 할인혜택을 받으며 최장 12일간 수학여행을 다녀올 수 있었다. 초기 여행지는 조선의 명승지나 고적이었으나 차츰 일본과 만주 등지의 국외(?)로 확장하기도 하였다. 방지선, 「1920~30년대 조선인 중등학교의 일본·만주 수학여행」, 『석당논총』 44, 동아대학교, 2009, 177~178면.

통의 발명'15)이라는 견지에서 수행했던 것과 다르지 않다. 즉 일제가 교육의 장에서 실현한 공적 의례 가운데 하나였던 셈이다.

흥미로운 것은 기행문이라는 문종을 둘러싼 길항과 혼종적 양상이다. 물론 최남선이 개척한 숭고미의 발현과 '순례로서의 기행(문)', 이광수가 보여준 '심미적 묘사와 내적 성찰로서의 기행(문)'같은 것은 총독부가 발행한 조선어독본에서는 1930년대 중반까지 거의 드러나지 않는다.16) 그런데 이러한 두 갈래 경향이 하나로 합쳐진 현진건의 글, 즉 현진건이 한 달여 동안 고도(古都) 경주를 여행하고 쓴 기행문 일부인「불국사에서」는 총독부가 발행한 교과서에 수록되기 시작한다. 이것은 정확히 1931년, 당시 민간 독본의 대표격이었던 이윤재의『문예독본』에서 현진건의 글을 '기행문'으로 적시하며 수록한 이후에 일어난 일이다. 이렇게 볼 때, 일제의 의도와 상관없이 조선적인 것을 대폭 수용하고, 조선의 신문학적 성과를 조선어 교과서로 싣기 시작한 개정 2차 교육령(1929. 4. 19.)기의 교과서부터 일제강점기 문학 및 문학교육은 기억과 체험을 본격적으로 반영하였다고 보는 편이 타당하다.17) 따라서 다음과 같은 관찬 교

---

15) Eric J. Hobsbawm, *The Invention of Tradition*, 에릭 홉스봄, 박지향·장문석 역,「대량생산되는 전통들 : 유럽, 1870~1914」,『만들어진 전통』, 휴머니스트, 2004, 509~513면.

16) 서영채는 최남선과 이광수의 기행문이 다른 궤적을 보여주지만, 공히 1920년대 중반부터 유행하기 시작한 일제의 관광산업에 대한 비판에서 촉발되었음을 밝힌 바 있다. 서영채,「최남선과 이광수의 금강산 기행문에 대하여」,『민족문학사연구』24, 민족문학사학회, 2004 참조.

17) 강진호·허재영은 1929년 개정 2차 교육령의 특징을 실업교육과 사범교육의 강화로 보고 있는데, 특히 병참기지화의 전단계로 실업교육이 강화되고 그 대신 '조선적인 것'을 대폭 수용했다는 분석이다(「일제 식민지 정책과 조선어과 교과서」,『조선어독본』(전5권), 제이앤씨, 2010). 역사학계에서도 이것은 1927년 말 사이토[齋藤實] 총독 대신 야마나시[山梨半造] 총독이 잠시 들어서면서 취해진 통치전략의 부분적 수정과 맞닿는 것으로 보고 있다. 조선 현지의 특수성을 감안할 필요가 있다는 주장에 따라 교과서 개편 방향 역시 '조선의 민도와 풍습에 적합한 독특한 재료'를 싣게 하고 '조선의 민도풍습에 관한 사항'을 섞은 '조선적 색채가 농후한 교과서'를 추진·반영한 결과라는 것이

과서와 민간 독본의 혼종 양상 및 계보학적 차이를 밝히는 연구가 요청
된다 하겠다.

[표 4] 동일 단원 수록 비교

조선총독부 관찬 교과서	문종	민간 독본류
중등교육 조선어급한문독본(1936)		시문독본(1916), 조선어문경위(1924) 중등조선어작문(1928), 문예독본(1931)
장미와 목단		중등조선어작문, 조선어문경위
부여를 찾는 길에		문예독본, *이병기 작
불국사에서	기행문	문예독본 *현진건 작, 부분 발췌
귀성		시문독본
해운대에서	기행문	중등조선어작문(권3), 시문독본(권4)
공부의 바다	신체시	시문독본(권1)
주시경	위인전	중등조선어작문, 조선어문 경위 *권덕규 작
생활		시문독본(권1)
박연		시문독본(권1)
석굴암	기행문	문예독본 *현진건 작 「불국사에서」의 발췌
힘을 오로지 다함	논설문	시문독본(권2) *원출전 붉은 저고리
활발	논설문	시문독본(권2) *유영모 작
망군대		중등조선어작문(권5)
화계에서 해떠오름을 봄		시문독본(권2)
백두산 갓든 길에	현대시조	문예독본(상권) *변영로 작
내소와 개	수필	시문독본(권2)
용기		시문독본(권1) *원출전 붉은 저고리
의기론	논설문	문예독본(상권) *이광수 작, 원출전 조선문단

다(「동아일보」, 1928. 3. 16.; 김한종, 「조선총독부 교육정책과 교과서 발행」, 『역사교육
연구』 9, 역사교육학회, 2009).

3. 교과서의 심미적 회로와 문학교육의 등장

1) 작문 안의 문학 - 『중등조선어작문』의 경우

근대 독본의 외연은 앎의 재배치와 더불어 읽고 쓰기에 관한 텍스트를 대상으로 한다. 따라서 작문 혹은 작법에 있어서도 '자-구-장-편' 중심의 작문 전통에서 국문체 중심의 작문으로 전환되었다.[18] 이러한 작문 관련 텍스트 역시 문학을 키워드로 하는 넓은 의미의 독본이라 할 수 있는데, 독본 형성 초기에는 읽기 위주로 구성하다가 점차 읽고 쓰기를 병행하는 독본의 형태를 거쳐 별도로 쓰기를 다루는 '작문' 교재가 생겨났다. 다만 '조선어독본'과 같이 시수가 적더라도 교과목의 형태로 진행되었던 것과 달리 '작문'은 조선어 교수의 일환으로 수행되었기 때문에 일반적인 독본 텍스트에 비해 그 수가 많지는 않다. 따라서 부교재의 형태로 출판되는 경우가 많았는데, 대개 공교육의 외곽이나 민간 영역에서 자발적으로 기획되었으며, 현실적으로 필요를 느꼈던 현직 조선인 교원으로부터 제출되는 사례가 많았다.

『중등조선어작문』[19](1928)은 근대 독본, 특히 문학 혹은 문학교육 텍스트로는 뚜렷한 특징을 보여준다. 이 교과서는 같은 이름으로 된 몇 개의 판본을 확인할 수 있다. 원래 『중등조선어작문』은 배재학당 교사 강매(姜邁)[20]가 편찬한 5권 1책의 작문 교재로 1928년 창문사에서 간행되

---

18) 근대 전환기 작문론 및 글쓰기의 형성에 관해서는 다음을 참조하였다.
　　이정찬, 「근대 전환기 작문론 연구」, 서울대학교 석사학위논문, 2006.
　　배수찬, 『근대적 글쓰기의 형성과정 연구』, 소명출판, 2008.
19) 조한문교원회, 『중등조선어작문』, 창문사, 1928.
20) 강매(姜邁, 1878~1941, 호 槿園)는 1878년 충남 천안에서 태어나 나이 25세까지 한문과 유학을 공부하다, 1904년 서울에 올라와 근대교육에 입문하였다. 1907년 첫 번째 유

었다. 1931년 발행한 『수정 중등조선어작문』은 1928년판을 수정·증보
하여 박문서관에서 낸 것인데, 내용이나 편제상의 차이는 거의 없으나
개정된 철자법을 적용하였기 때문에 표기에 큰 차이가 있다. 표지 안쪽
에 한글학자 장지영이 교열을 보았다는 내용이 들어있다.

　　동명의 『중등조선어작문』은 1928년 창문사에서 간행한 것으로, 강매
의 이름으로 낸 판본과 표기상의 차이는 없다. 그러나 예문을 많이 추가
해 약 90페이지 정도 양이 늘었다. 편집 주체로 명기된 '朝漢文敎員會'는
당시 조선총독부가 발행한 교과서 <조선어급한문독본>을 주로 가르치
던 조선어 교원들이 일제 당국에 검정을 받기 위해 만든 단체가 아닌가
추측된다. 강매(姜邁) 역시 여기에 소속되었을 가능성이 높다.

[표 5] 중등조선어작문 판본 및 서지사항

저자	책이름	서지사항 (출판사 / 발행년도 / 면수)	비고
강매	중등조선어작문	창문사 / 소화3(1928) / 227면	연세대 도서관 소장본,1929년 재판, 저자 소속 '배재고보' 명기
조한문 교원회	중등조선어작문	창문사 / 소화3(1928) / 304면	국립중앙도서관 소장본, 〈예언〉 9개중 마지막 항목이 빠짐.21)
강매	수정 중등조선어작문	박문서관 / 소화6(1931) / 212면	연세대 도서관 소장본, '張志暎 교열' 사항 명기

　　이 책은 근대 전환기 여타의 작문서와 달리 국문체 중심의 예문과 각
종 작문 이론, 특히 수사법을 본격적으로 다루고 조선의 문학작품을 다

　　학 때 일본대학교 법과대학에 입학하여 3년간 수학하고, 1911년 떠난 두 번째 유학에
　　서는 일본대학 고등사범 수법과(修法科)를 졸업하였다. 그는 1912년 귀국하는 길로 배
　　재학당 교사로 부임하여 조선어와 작문을 교육하였다.
21) 다른 판본에 수록된 마지막 <예언>의 내용은 다음과 같다. "本書 編纂에 잇서서 各卷
　　의 修辭法 等은 日本中等作文法들에서 資料를 參考함도 잇섯슴으로 一言을 附記함."

양하게 반영하였다는 점에서 의미가 크다. 본문을 한글로만 표기하되 괄호 안에 한자를 병기하거나 주요 어휘를 한자로 표기한 국한문혼용체를 사용하였는데, 국한문혼용체를 사용한 경우라도 토씨만 한글로 표기하였고, 표기의 원칙 역시 조선총독부가 편찬한 교과서용법에 맞게 기술하였다. 기본적인 작문의 원칙은 물론이고, 여러 문종의 소개와 설명, 그리고 당대 문인들의 것으로 구성한 모범 예문의 수록 등 오늘날 작문 교재의 원형을 보여준다는 점에서 이윤재의 『문예독본』(1931)과 쌍벽을 이루는 텍스트라 부를 만하다. 무엇보다도 여러 문종을 통해 문학 제재를 작문 안에 오롯이 수용하고 있다는 점이 인상적인데, 특히 조선적 특수성의 강조와 시조의 수용, 근대 서간의 다양한 예시 등이 눈에 띈다.

본문만큼이나 짜임새 있게 서술된 예언(例言)도 이 책의 여러 특성과 목적을 충분히 가늠할 수 있게 해준다.

例 言

一, 本書는 特히 **中等程度의 朝鮮語作文上 知識 又는 活用上 能率를 增進**키爲하야 編纂함.

一, 本書는 中等程度 作文敎授에 準하야 編纂한 故로 **中等程度 朝鮮語作文 敎授參考用** 又는 同程度 **學生의 朝鮮語 作文 課習參考用**으로 使用함이 가장 適宜하리라 思惟함.

一, 本書는 五卷에 分하야 第一卷에는 作文의 基礎知識을 提供하고 第二卷 以上으로는 그程度를 漸次 向上케 하야 그 力量을 豊富케 함.

一, 第二卷 中에는 時調의 作法을 示하고 又는 **每卷 中에는 時調와 노래들을 編入**하야 讀者의 趣味를 增長케 하며 **書簡 及 其他 文例에는 特히 朝鮮 固有의 資料를 適宜 採入**하야 作文上 止息을 엇는 同時에 歷史 地理 風俗들에 關한 知識을 不知中 養成케함.

一, 每卷 中에는 **修辭法의 一般을 編入**하야 作文上 基礎知識을 增進케함.

一, 編纂상 關係로 練習卽題 宿題作文資料들을 編入지 못하엿슨즉 適宜
    한 處에서 此를 應用함이 조흐리라 함.

一, 本書의 **朝鮮語 使用에 對한 正音用法은 朝鮮總督府 編纂 敎科書用法에 準함**.

一, 本書 編纂에 際하야 그 資料를 多數 提供하신 諸氏에게 特히 感謝의
    意를 表함. (고딕 강조 인용자)

내용적으로는 학생이나 생활인의 실제글을 예문으로 활용한 것이 특
징이다. 하지만 필진이나 그 밖의 예문을 보면, 최남선, 이광수, 이병기,
권덕규의 글도 재수록하고 있다. 예를 들면, 1권 1과에 실린 최남선의
「공부의 바다」는 『시문독본』에 이미 수록되었던 것이며, 2권 4과에 수
록된 노래 「잔디밧」, 3권 16과에 일기문으로 소개된 박지원의 국역고전
「심양까지」 역시 『시문독본』에 실렸던 것이다. 이처럼 이광수의 논설과
기행문, 최남선의 기행문과 시조, 권덕규의 논설과 전기문 등은 대부분
재수록의 형태로 많은 단원에서 활용되고 있다. 따라서 이 책은 『시문독
본』(1916)에서 『문예독본』(1931)으로 이어지는 문학 교과서의 원형과 어
문민족주의의 계보를 살피는 데 유용하다.

홍미로운 것은 '조한문교원회' 명의로 낸 1928년판에 추가된 내용이
대개 시조(時調)나 편지와 관련된 부분인데, 이는 시조와 편지를 설명하
는 단원이 추가되기도 했지만 상당량의 시조와 편지를 예문으로 넣은
탓이다. 따라서 이 책은 어문민족주의 계보를 잇고 있다는 점 외에도 당
대 시조부흥운동의 양상을 반영하고 있다. 편지의 사례가 추가된 것은
그만큼 실용성을 강화하기 위한 맥락으로 풀이된다. 근대 우정제도의 발
달을 통해 새로운 의사소통시스템이 폭발적으로 확대되어가면서 편지는
식민지 조선의 작문과 문해력 교육에서 중심이 될 수밖에 없다. 이를
『중등조선어작문』은 구체적 예문을 통해 구현하고 있었던 셈이다.

또 하나 간과할 수 없는 이 책의 의미는 개인의 표현, 구체적 실감, 그리고 개성을 강조한다는 점이다. 이것은 작문교과의 교과용 도서가 지향하는 지점, 특히 조선인 교원들이 추구한 교수학습목표와 문해력 양상을 가늠할 수 있다는 점에서 중요하다.

文章은 원래 **自己의 感想을 文辭로 表現하는 것**인즉 換言하면 즉 自己라하는 그것을 文辭라는 記號에 依하야 表現하는 不過한 것넙니다. 그러함으로 우리가 古人의 文章을 볼지라도 或은 平坦하고 或은 綺麗하고 或은 悠遠하고 或은 優雅하고 或은 理智에 勝하고 或은 感情에 流하야 百人이면 百의 文章이 잇고 千人이면 千의 文章이 잇는 것은 우리의 品格 又는 學識 쏘는 習俗 境遇들이 各各 갓지 아니함에 달닌 것이며 쏘는 그 特有한 個性과 趣味들이 갓지 아니함으로써 文章도 自然 그 特有한 色彩를 發揮하는 것넙니다. 그러함으로 文章이 만일 **自己의 特有한 性能**을 發揮하지 못하고 空然히 他人의作品을 摸擬하려할진대 이는 眞所謂優孟의 衣冠에 不過하야 一分의 價値를 가지지 못할것넙니다. 그러함으로 文章을 쓰려하는者는 그 如何한 題目임에 不拘하고 摠히 **自己가 그題目의 主人公이되야 思想을 充分이生發하여야합니다.** (본문 제1권 제6과 중에서, 고딕 강조 인용자)

여기서 저자(들)이 강조하는 ‘자기의 사상과 견해’가 순전히 개인적 의미만을 강조한 것이라고 볼 수 없다. 왜냐하면 인용자가 강조한 부분이 ‘일상·실용·간이’만으로 그 대상을 한정하는 것이 아니기 때문이다. 또한 문장과 제목의 주인이 된다는 것도 단지 표현의 주체만이 아니고 주체적 인식을 의미하고 있기 때문이다. 물론 『중등조선어작문』이 설정한 것은 학생 독자들의 보통 문해력일 것이다. 그러나 작문을 통해 자아와 세계를 이해하는 주체적 작문론과 개성적 글쓰기를 운위하는 맥락에서는 ‘비판적 문해력’ 나아가 ‘문학능력’을 지향하게 되는 것이다. 이러한 문해력의 확장 및 문학능력의 신장이 우리에게 주는 의미는 근대적 주체의 개념 변화이다. 즉 우리는 일제가 표방한 '충량한 신민 양성'과는 별도로 '스스로를 타자와 구별하고 자기 자신을 자율적으로 규제하는 인간형'을 이 책을 통해 발견할 수 있다.

2) 작문 안의 창작 및 감상 - 『조선어작문학습서』의 경우

박기혁(朴璣爀)[22]의 『조선어작문학습서』(1931)[23]는 보통학교 학생들을 대상으로 만든 조선어 작문 교재다. 판권지에 따르면, 1931년 초판 발행 이후 재판(再版)이 1937년에 발행되었다. 저자가 학계 혹은 문단에서 활발하게 활동했던 인물이 아닌 점을 고려하면, 대중적으로 광범위하게 유통되었다기보다는 자신의 활동 지역을 중심으로 용처에 맞게 꾸준히 교재로 활용된 듯하다.

『조선어작문학습서』는 몇 가지 점에서 이전의 독본류, 특히 문학 혹은 작문 교과서와 구별되는 점이 있다. 무엇보다도 이 책은 다양한 문종을 다루고 있으며, 궁극적으로는 문학작품의 감상과 창작에 주안점으로 두고 있다. 독본은 본래부터 읽기와 감상의 대상이기도 하지만 동시에 쓰기와 창작의 전범을 제시하는 것이다. 따라서 이 책은 창작과 감상을 표방하며 읽기와 쓰기를 제시하고 있는 작문 교재에 포함된다.

---

22) 박기혁(朴璣爀, 1901~?) 현재 정확한 생몰 연대와 활동사항을 확인하기는 어렵다. 다만 경성제일고보 사범과를 졸업하고, 주로 강원도와 평안도 지역에서 교사로 근무한 흔적을 찾아볼 수 있는데, 책의 예문에 자주 등장하는 치악산, 원주, 구룡사 등의 지명과 학교생활에 관한 서술이 이를 반증할 뿐이다.

23) 박기혁, 『조선어작문학습서』(이문당, 1931). 이 책은 현재 독립기념관에 소장되어 있으며, <한국독립운동사정보시스템>을 통해 원문을 확인할 수 있다. 이 책의 소재와 자료의 가치를 소개해준 서울대 이정찬 선생님께 이 자리를 빌려 감사의 말을 전한다.

이 책은 내용이 쉽게 씌어져 있고, 체재 역시 간단하게 구성되어 있는데, 특히 서술방식은 마치 교실에서 강의하는 말을 그대로 옮겨 적은 듯하다. 일종의 '강화(講話)'인 셈인데, '작문에 대한 지식'을 나열한 형태가 아니라 '작문의 사례'를 들어가며 설명한다는 점이 특징이다. 더욱이 저자가 좋은 글이라고 뽑은 제재들뿐만이 아니라 좋지 않은 글의 사례까지 들어가며 상당량의 예문을 활용하였다는 점이 눈에 띈다. 순우리말 어휘나 색다른 표현이 자주 눈에 띄는데, 특히 강원도 사투리가 예문을 통해 가감 없이 사용되고 있으며, 경우에 따라서는 생생한 현장감을 적나라하게 서술한 부분, 예를 들면, "나는 작문시간이면 쓰지를 못하고 물끄러미 앉아있는 것을 볼 때마다 몹시 딱합니다."하는 대목처럼 저자의 정서나 느낌이 그대로 서술되는 경우도 있다.

이 책은 총 18단원으로 구성되어 있다. 하지만 크게 보면, 작문 이론에 관한 1부와 실제 작문 사례를 통해 문종과 특징을 설명하는 2부로 나눌 수 있다.

저자는 1부에 해당하는 1~8단원에서 재료, 계획, 표현, 묘사, 퇴고 등 작문 관련 이론을 설명한다. 또한 동시대 작문 교재에서는 좀체 보기 드물게 작문 절차에 관한 항목을 언급하고 있으며, <완전한 글이 되기까지>란 제목의 단원에서는 퇴고는 물론 '단락·구두점·기호'까지 자세하게 설명하고 있어 이 책의 주 독자층과 학교급에 대해 저자가 충분히 고려하고 있음을 알 수 있다. 그래서 그런지 책 전반의 이론적 논의 수준은 그리 높지 않은 편이다. 예컨대, "글은 다른 것이 아닙니다. 自己의 생각을 말(言語)로 傳할 것을 글자(文字)로 써놓은 것입니다. 簡單히 말하면 생각을 말로 말을 글자로 써 놓은 것입니다."는 식이다. 이는 "글이 곧 말이다"라는 이태준의 『문장강화』(1940)를 연상시킨다. 하지만 이태준은 이런 서술 다음에 곧바로 글과 말의 차이를 엄연히 구분하고, 과학적인 작법을 추가한 바 있다. 이에 비해 책의 저자는 정직과 진실을 갖춘 말이 곧 좋은 글(사상, 정감)을 구현한다는 소박한 인식을 드러내고 있는 셈이다.

9~18단원으로 구성된 2부는 이 책의 특징이 잘 드러나는 대목이다. 감상문, 추억문(수필), 사생문(묘사), 기행문, 논문(논설문), 설명문 등 다양한 문종을 예문과 더불어 설명하고 있다. 추억문은 오늘날의 수필에 해당한다. 사생문에서는 묘사의 요령과 사례를 제시하고 있고, 오늘날 논설문에 해당하는 논문을 별도로 설명하는 대목도 이채롭다. 실용적 작문을 위한 구성도 눈에 띈다. 편지, 일기, 동요 등은 이전의 <문예독본>류나 각종 작문 교재에 등장한 바 있다. 그런데 이 책에서는 작문 능력 향상을 위한 일상적 사례로 편지, 일기, 동요를 활용하고 있다. 편지를 통한 자아의 표현, 일기를 통한 삶의 성찰을 강조하고 있으며, 동요 감상과 작법의 소개에서는 글과 삶에 묻어나야 할 순수성을 필수 항목으로 거론한다.

무엇보다도 주목할 만한 대목은 이 책이 작문 학습서이면서도 바람직한 감상의 원리와 실제를 다채롭게 서술하고 있다는 점이다. 실제로 이 책의 제목인 『조선어작문학습서』 앞에는 작은 글씨로 '창작 감상'을 부기(附記)하고 있다. 여기서 창작은 표현과 같은 의미로 사용되고 있다. 즉, 개인의 생각과 느낌을 말이 아닌 글로 진실하게 표현하는 것이 창작이며, 이는 곧 개성적·문예적 글쓰기라는 인식이다. 그리고 감상은 이러한 개성적·문예적 글쓰기와 표현을 훈련하는 효과적인 방법이자 예비 단계로 여기면서 텍스트 전편을 통해 강조된다. 실제로 예문이 제일 많고 자세하게 활용되고 있는 대목도 감상과 관련된 단원이다.

> 우리는 그 作品을 읽음으로 作者의 魂을 찾어 自己의 魂과 군은 握手
> 를 하게하여 作者의 生命과 나의 生命을 融合시켜야 합니다. (…중략…)
> 作文을 熟達케 함에는 만히 씀과 함께 만히 鑑賞하여야합니다. 우리는 다
> 른 사람의 글을 鑑賞함으로 因하야 自己가 아직 經驗치 못하엿던 生活도
> 經驗할 수 잇스며 따라서 우리의 生命은 充實하여지며 生命은 점점 伸長
> 합니다. (띄어쓰기 인용자)

또한 저자는 각종 예문을 통해 생활 속에서의 관찰, 느낌, 생각, 순
서 / 구상 / 구성, 어휘 / 표현을 강조한다. 즉 보고 듣고 생활하는 속에서
자신의 생각하는 것을 써야 한다는 논리인데, 이때 보는 것은 단순히 사
물의 실체를 감각적으로 인지한다는 뜻이 아니고 마음으로 보아야 한다
는 의미에서 심미안에 가깝다. 결국 이것은 감수성(본문의 6단원에서는 이
를 '感受力'으로 지칭하고 있음)의 강조로 이어지면서 정서적 이해 및 표현
으로써의 작문에 이르게 된다.

이 책은 『어린이독본』(1928)처럼 당대 신문, 잡지 등에 수록된 문학작
품을 묶어 만든 민간 독본과는 성격이 다르다. 오히려 실제 교육현장에
서 사용된, 그러면서도 본격적인 편제를 갖춘 창작 및 감상을 강조한 문
학 교재이며, 동시에 문학작품을 쓰기와 연계한 작문 교재라 할 수 있다.
즉 『어린이독본』이 당대 아동 문학자들의 예문들로 구성된 독본 본연의
성격이 강한 텍스트라면, 박기혁의 『조선어작문학습서』는 교육 현장에
서 산출된 학생들의 글과 당대의 문학작품을 활용해서 쓰기로 수렴한
이른바 강화(講話) 형태의 작문 교재라 할 수 있다. 비슷한 시기 이윤재의
『문예독본』(1931)이 보여준 통일적이고 정제된 표기, 문종 및 작품 선별
의 기준에서 비교되는 측면이 있지만 학습자들의 눈높이와 현장의 특성
에 맞게 저술한 점을 기억할 필요는 있다.

이처럼 강매와 박기혁 등 일군의 조선인 교원들은 관찬 교과서와 달리 심미적 회로가 강화된 문학의 강조, 문학교육의 필요성 등을 통해 일제강점기 교과서의 다른 흐름을 보여준다. 이는 관찬 교과서가 문학을 다루지 않은 채 순응적 주체를 양산하는 시스템을 보여준 것이나 보통 문해력의 자장 안에 갇히고 만 것과 대비된다. 그런 점에서 앞으로 이러한 형태의 텍스트들은 더 발굴·복원하고 그 실체를 통한 의미 부여가 계속되어야 할 것이다.[24]

4. 맺음말

일제강점기 제도권의 문학교육은 관찬 교과서와 민간 독본, 심지어는 학교 밖의 무수한 척독(尺牘)류와 비동시성을 공유하며, 혼종·길항하는 양상을 보였다. 그러나 일제의 교육이념, 즉 '실용간이'와 '보통 문해력'의 표방은 교과서를 교양적·실용적 회로에 초점을 맞추는 결과를 낳았고, 결과적으로 이는 교과서에서 문학 관련 제재를 싣지 않는 것으로 이어졌다. 이러한 상황에서 당시 작문 관련 교과서가 학교 안에서, 문종과 제재에 대한 문제의식을 갖고, 더욱이 조선인 교사로부터 산출되었다는 점은 여러모로 음미할 만한 대목이다. 이글의 문제의식과 관련해 말하자면, 보통 문해력 이상, 즉 비판적 세계 인식과 정서적·심미적 인식의 요구가 교과서 안에서 구현되면서 또 다른 형태의 'Basic Reader'인 작문

---

24) 조선인 교사들의 교과서 집필 및 참여, 나아가 문학 교과서나 사전류에 대한 연구는 교과서 및 독본의 분화라는 측면에서, 그리고 그것을 둘러싼 실제 영향력의 측면에서 주목할 필요가 있다. 이종극의 『모던 조선어 외래어사전』 발간, 문세영의 『조선어사전』 편찬, 심의린의 「조선어독본 교수법」 연재에 관한 후속 연구가 여기에 속한다.

서 혹은 학습서가 문학을 매개로 심미적 회로를 만들어 나갔던 것이다.

이글은 새로 발굴된 자료와 제한된 텍스트를 대상으로 삼고 있으며, 이들을 개괄적으로 서술한 상태여서 여러 한계가 있다. 이점에 대해서는 후속 연구를 통해 보완할 것이다. 그럼에도 불구하고 분명한 것은 여기서 언급한 소위 심미적 회로의 문학 담론은 '문예적 글쓰기'를 강조하면서 실용적·계몽적 기능을 감당하였다는 점이다. 또 이것을 전제로 만든 다수의 민간 독본들이 출현하였다는 점을 주목해야 한다. 이것은 근대 독본의 자발적 계몽의 논리가 교육적·문학적 계기들을 통해 분화되는 독특한 경로를 보여주기 때문이다. 그리고 그 안의 감각과 논리가 실용적 글쓰기나 문예적 글쓰기가 공존하는 형태로 살아남았다는 점도 중요하다. 물론 이것이 문인들을 통해 전문화되면서 분화와 각축의 양상은 다소 복잡해진다. 독본의 전문화 혹은 분업화라 할 수 있겠는데, 동시에 이것은 식민지 근대의 분화이며, 독자의 분화라고도 할 수 있다.

이렇게 가려지고 조각난 근대 100년의 역사와, 앎의 체계들이 관찬 교과서와 민간 독본이라는 창(窓)을 통해 우리 앞에 놓여 있다.

참고문헌

강 매, 『수정 중등조선어작문』, 박문서관, 1931.
강진호·허재영, 『조선어독본』(전5권), 제이앤씨, 2010.
구자황·문혜윤, 『근대독본총서』(전7권), 경진, 2009/2011.
박기혁, 『조선어작문학습서』, 이문당, 1931 / 1937.
조한문교원회, 『중등조선어작문』, 창문사, 1928.

강진호 외, 『국어 교과서와 국가 이데올로기』, 글누림, 2007.
강진호, 「해방기 '국어'교과서와 탈식민주의-『초등 국어교본』을 중심으로」, 『문학교육
    학』 30, 한국문학교육학회, 2009, 97~126면.
강진호, 「'조선어독본'과 일제의 문화정치」, 『상허학보』 29, 상허학회, 2010, 115~147
    면.
구자황, 「독본을 통해 본 근대적 텍스트의 형성과 변화」, 『상허학보』 13, 상허학회,
    2004, 213~244면.
구자황, 「근대 독본의 성격과 위상(2)-이윤재의 『문예독본』을 중심으로」, 『상허학보』
    20, 2007, 197~230면.
구자황, 「근대 독본문화사 연구 서설」, 『한민족어문학』 53, 한민족어문학회, 2008,
    1~40면.
김한종, 「조선총독부 교육정책과 교과서 발행」, 『역사교육연구』 9, 역사교육학회,
    2009, 295~329면.
박진숙, 「식민지 근대의 심상지리와 『문장』파 기행문학의 조선표상」, 『'조선적인 것'의
    형성과 근대문화담론』, 소명출판, 2007.
방지선, 「1920~30년대 조선인 중등학교의 일본·만주 수학여행」, 『석당논총』 44, 동
    아대학교, 2009, 167~216면.
보성 80년사 편찬위원회, 『보성 80년사』, 학교법인 동성학원, 1986.
서영채, 「최남선과 이광수의 금강산 기행문에 대하여」, 『민족문학사연구』 24, 민족문
    학사학회, 2004, 242~280면.
오성철, 『식민지 초등교육의 형성』, 교육과학사, 2000.

윤여탁 외, 『국어교육 100년사』 1 · 2, 서울대학교출판부, 2006.

이경숙, 「1930년 조선총독부 "시험폐지" 규정과 교육담론」, 『정신문화연구』 104, 한국
학중앙연구원, 2006, 225~253면.

천정환, 『근대의 책읽기』, 푸른역사, 2003.

한기형, 「최남선의 잡지 발간과 초기 근대문학의 재편―『소년』, 『청춘』의 문학사적 역
할과 위상」, 『대동문화연구』 45, 성균관대학교 대동문화연구원, 2004, 221~
260면.

허재영, 『일제강점기 교과서 정책과 조선어과 교과서』, 경진, 2009.

허재영, 『통감시대 어문교육과 교과서 침탈의 역사』, 경진, 2010.

휘문 70년사 편집위원회, 『휘문 70년사』, 휘문중고등학교, 1976.

陳虹文, 「日本植民統治下 臺灣敎育政策之分析硏究」, 진홍문, 「일본식민통치하 대만교육
정책지분석연구」, 국립중산대학교 석사학위논문, 1988.

龜井秀雄, 『明治文學史』, 가메이 히데오, 김춘미 역, 『메이지문학사』, 고려대학교출판
부, 2006.

駒込武, 『植民地帝國日本の文化統合』, 고마고베 다카시, 오성철 · 이명실 · 권경희 역, 『식
민지제국 일본의 문화통합』, 역사비평사, 2008.

三ツ井 崇(마쓰이 다카시), 「식민지시기 조선에서의 언어운동 전개와 성격」, 임형택 외
엮음, 『흔들리는 언어들』, 성균관대학교 대동문화연구원, 2008.

平田由美, 『女性表現の明治史』, 하라타 유미, 임경화 역, 『여성 표현의 일본 근대사』,
소명출판, 2008.

Hobsbawm, Eric J., *The Invention of Tradition*, 에릭 홉스봄, 박지향 · 장문석 역, 『만들
어진 전통』, 휴머니스트, 2004.

제 4 장

일제강점기 비제도권 문학교육의 양상
─독서·동인·동인지·멘토·문예강연·현상문예─

전 봉 관

KAIST 인문사회과학과

1. 문학청년과 학교교육

일제강점기 문학은 시, 소설, 평론을 막론하고 학생들 사이에서 선풍적인 인기를 끌었다. 1939년 박영희는 "학생들이 읽는 과외 서적 중의 대부분이 문학서류(文學書類)다. 많은 학생들의 포켓에 시집이 들어 있는 것을 보게 되며, 전차나 가로(街路) 상에서도, 문예서적을 팔에 끼고 가는 학생을 또한 보게 된다. 학생들은 누구보다도 문예서적을 탐독한다."[1]라며, 문학에 심취한 당대의 학생 문화를 설명했다. 이러한 박영희의 지적에서, 일제강점기 문학은 상당한 인기를 끌었지만, 그것은 과외 활동의 결과이지, 학교교육의 산물이 아니었음을 알 수 있다.

1939년 당시 박영희는 39세에 불과했지만, 1921년 동인지 『장미촌』을 창간해 <적(笛)의 비곡(悲曲)> 등의 작품을 발표한 지 19년이 지난 중견문학가였다. 그 자신이 1세대 문학청년이었고, 태동기 한국 문단을 주도했지만, 박영희는 이렇듯 문학에 심취한 당대의 학생 문화를 긍정적으로 평가하지 않았다. 훌륭한 문학작품을 많이 읽는 것은 정서 발육을 순화시키는 데 이롭고, 감정과 생활을 향상시키며, 이지(理智)와 상상력을 자라게 한다는 점에서 좋은 일이지만, 재능과 노력도 없이 무턱대고 문학가가 되고자 한다면 타락하기 쉽다는 것이 그 이유였다. 일제강점기 학생들의 문학열은 단지 문학작품을 수동적으로 감상하는 데 그치지 않고, 왕성한 창작욕으로 이어졌지만, 정작 기성 문단에서는 그러한 현상

---

1) 박영희, 「학생과 문학」, 『문장』, 1939. 10, 148면.

을 긍정적으로 인식하지 않았던 것이다.

박영희는 학생들이 시인, 소설가, 평론가가 되고자 하는 이유는 세 가지라고 지적했다. 첫째, 작품을 읽는 동안 재미를 붙여서 자기도 작가가 되겠다는 유형, 둘째, 불운한 환경에서 고민하면서 자기의 고민을 표현해 보고 싶거나, 그 반대로 연애 시대에서 그 애연모사(愛戀慕思)를 표현하고자 하는 충동에서 붓을 드는 유형, 셋째, 문학적 천질(天質)을 갖고 있는 유형이 그것이다. 그러나 그는 남이 써놓은 것이 재미있다고 나도 할 수 있고, 또 해보겠다는 욕망으로 무작정 문학에 뜻을 둔 문학청년은 필연적으로 실패할 수밖에 없다고 보았다. 첫 번째 유형의 경우, 작품을 쓸 재능도, 고난을 뚫고 작품을 완성하겠다는 비장한 결의도 없어 성공하기 어렵고, 두 번째 유형의 경우, 자신의 고뇌나 희열을 표현하고자 하는 욕망이 사라지면, 문학에 대한 흥미도 잃게 되는 일시적 유희에 불과하다고 본 것이다.

문학작품을 읽다보면, 창작 욕구가 생기는 것은 자연스러운 일이며, 시인이나 소설가로 성장하지 않더라도 창작은 문학에 대한 이해의 폭과 깊이를 더할 수 있는 바람직한 경험이다. 그럼에도 불구하고 그 자신이 문학청년이었던 박영희가 문학에 심취한 학생 문화와 학생들의 창작열에 대해 그처럼 부정적인 평가를 내린 이유는 무엇이었을까? 가장 본질적인 이유는 학창시절 문학에 심취하다보면 학교 공부를 등한시하게 되고, 심각한 경우 학교를 그만두기 일쑤였기 때문이다. 박영희는 그렇게 된 원인이 한국 문단이 외국 문단에 비해서 학생들의 문학에 대한 지도가 대단히 무책임하고, 학생들 자신의 자기반성과 자기비판이 부족하기 때문이라고 보았다.

가령 우연한 기회에 장난으로 투고한 시 일편(一篇)이, 무책임한 편집자를 가진 신문이나 잡지에 등재되었다 하면, 그 학생은 자기 재질(才質)과 미래에 대한 결의도 없이, 일약 자신이 문학자가 되었으며, 시인이 된 모양으로 그의 생활에는 일대 변이가 일어난다. <u>학교에 결석 시간이 많아진다.</u> 머리를 더부룩하게 하며 학과 복습 시간이 무질서해지며, 보지도 않는 미려한 책을 손에 들고 거리로 다니며, 자주 다방에 출입하며, 레코오드에 두뇌를 산란하게 한다. 이러한 병세가 점점 깊어지면, 나중에는 <u>학교에서 배우는 모든 학과를 부정한다.</u> 문학자 예술가가 될 사람이, 아니, 이미 한 사람의 예술가로서 그러한 것을 배워서 무얼하나 하는 기괴한 생각이다. 따라서 평시에 존경하던 선생까지, 문학을 운위하는 선생 이외의 사람은, 일분(一分)의 가치도 없이 생각된다. 예술가에게 수리가 무슨 상관이 있느냐는 생각이다.

이 병세가 제3기에 들어가면, <u>학교를 중도에 퇴학하고 마는 것이다.</u> 현재에도 나는 그러한 병에 걸렸다가 완치된 사람을 많이 발견하며, 그들이 현실사회에서 취직을 구하려 동분서주할 때, 학교를 중도에 퇴학한 것을 한 없이 후회하는 것을 본다.[2] (밑줄 : 인용자)

박영희는 "건전한 정신, 확호(確乎)한 수양, 비장한 결의 없이 남이 써 놓은 것이 재미있다고, 쓸데없이 문학에 뜻을 두는 것은, 일생을 그르치는 위험한 일이다. 문학으로 해서, 뜻도 이루지 못하고, 정조를 짓밟히고, 가두에서 헤매는 여자가 얼마나 있는지 아는가? 문학으로 해서 타락하고 폐인이 되어서 울고 있는 장부(丈夫)가 그 몇인지 아는가."라며, 학생들의 문학열과 창작열이 학교교육에 대한 회의로 이어져 자칫 인생을 그르칠 수 있다고 경고했다. 그리고 문학에는 수학도, 화학도, 병리학도, 철학도, 경제학도, 정치학도 도움이 된다고 지적하며, 가급적이면 재능도 의지도 없이 문학을 하겠다고 덤비지 말고, 그래도 문학자의 길을 걸

---

2) 위의 글, 149면.

어야겠거든 겉멋만 부릴 것이 아니라 학교교육도 충실히 받을 것을 권고했다.

이처럼 신학문이 소개된 이후 문학은 청년들에게는 가장 인기 있는 분야였지만, 가정이나 사회에서는 청년들의 장래를 위해 문학을 그다지 권장하지 않았다. 1939년 당시 이광수의 <무정>이 20년 동안 8쇄, 이기영의 <고향>이 7년 동안 5쇄에 그칠 정도로3) 문학으로 생계를 유지하기 어렵다는 현실적인 이유도 있었지만, 그보다는 작품을 쓸 재능도 의지도 없이 겉멋만 흉내 낸 소위 ‘문학청년’들의 퇴폐 문화가 심각한 사회 문제를 야기했기 때문이었다. 밤낮없이 시집이나 소설책, 문예잡지를 읽다보면 학교 수업을 빼먹기 일쑤였고, 하루바삐 창작을 하겠다는 일념에서 학교를 중퇴한 경우도 드물지 않았다. 학교를 중퇴하면 열심히 창작에 매달리기보다는 요릿집이나 요정을 드나들며 퇴폐 문화에 젖어드는 경우가 많았다.

이러한 퇴폐적 ‘문학청년 기질’은 신문학 태동기부터 이어진 것이었다. 문학청년이 퇴폐 문화에 젖어든 것은 기성 문단의 문화를 흉내 낸 것일 뿐, 기성 문단의 문화가 건전하거나 진취적이지는 않았던 것이다. 박영희가 문학청년에게 겉멋만 부리지 말 것을 당부한 것은 자신이 걸었던 길을 반복하지 말 것을 주문한 것이지, 신문학 태동기인 1920년대 초반 건전했던 문학청년 문화가 1930년대 후반 갑자기 타락한 것은 아니었다.

일제강점기 학교에서 국어, 조선어, 영어 등 정규 교과목에서 부분적으로 문학교육이 이루어진 것은 사실이지만, 학생 사회의 ‘문학열’이 정

---

3) 윤규섭, 「현대소설 독자론」, 『문장』, 1939. 8, 137면.

규 교육을 통해 이뤄졌다고 보기는 어렵다. 박영희가 문학에 관심을 가진 것은 배제고보 2, 3학년 때 영어 교사 야마가타(山縣) 선생의 가르침 덕분이었다. 야마가타 선생은 영어 시간에 영어 교육은 제쳐 두고 셰익스피어, 스코트, 바이런, 셸리 등의 작품을 소개하는 데 열을 올렸다. 그러나 배제고보 영어 수업 시간에 문학교육이 이루어진 것은 교육과정과 무관한 교사의 취향 덕분이었을 뿐, 그 자체를 정규 교육이었다고 보기는 어렵다. 야마가타 선생을 통해 문학을 접한 박영희는 하이네, 다카야마 조규, 괴테 등의 작품을 밤을 새워 읽으며 문학에 대한 꿈을 키워갔고, 동급생 나도향, 김팔봉 등과 어울려 문학을 토론하고, 『시의 구락부』라는 등사판 동인지를 간행해 작품을 발표했다. 박영희는 "시상(詩想)이 성숙하여 갈수록 나는 게을러졌다. 머리가 길어지며 학과에는 등한해져서 1번(番)을 다투려던 경쟁심도 다 풀리고 어느 때나 평균 80점과 90점 사이에서 왔다갔다했다."라고 회고했다.[4] 그는 배제고보 졸업 시험도 치르지 않고 도쿄 유학을 떠날 만큼 학교 수업에 관심이 없었고,[5] 세이소쿠(正則)영어학교에서 1년 남짓 공부하다가 문학에 대한 열정을 이기지 못해 1921년 서둘러 귀국해 『신청년』, 『장미촌』, 『백조』 등의 동인지를 간행했다.[6] 박영희는 20세 전후의 문학청년이 주도하던 태동기 한국 문단의 분위기를 다음과 같이 기록했다.

그들은 그들의 감정과 정서의 요구에 따라 그대로 아무 구속 없이 자기 생활의 발전을 꾀하였던 것이다. 첫째로 낭만성의 생활화를 말할 수 있으니, 전래하는 완고한 도덕적 규범에서 벗어나서 <u>자연스러운 인간성</u>

---

4) 박영희, 「문학청년시대」, 『신동아』, 1934. 9, 133~134면.
5) 김팔봉, 『김팔봉 문학전집 Ⅱ』, 홍정선 편, 문학과지성사, 1988, 129~130면.
6) 위의 책, 540면.

의 정열을 표현하려는 문학 창조를 위하여, 먼저 그들은 그 분위기를 요
정(料亭)에서 미녀들과 더불어 만들려고 하였다. 더욱이 '데카단'(퇴폐파)
적 경향이 많아짐에 따라 그들의 요정 생활은 더욱 그 범위가 넓어졌으
며, 직접 데카단 문학자가 아니라 하더라도 그때의 문단적 기풍은 그러
한 데로 휩쓸려 들어갔던 것이다. 말하자면 유흥하는 생활면이 점점 커
갔던 것이다. 그들은 이 호화한 요정의 찬란한 전광(電光) 밑에서 미녀와
속삭이며, 혹은 노래하고 취하고 웃고 울고……하면서, 끝없는 정열을
자아내기도 하며, 또 인생을 생각하기도 하며 진리를 찾기도 하였으니,
그들의 유흥은 무위의 한사라기보다는, 문학의 생활화, 즉 문학적 분위
기를 고가(高價)로서 만들었던 것이었다. (…중략…) 『백조』지나 『조선문
단』지에 들어간 비용 중에는 이 유흥비가 책 발행비보다 많으면 많았지
결코 적지 않을 것이다.7) (밑줄 : 인용자)

박영희의 경우 영어 수업 시간에 문학에 대한 관심이 생겨났지만, 그
것은 교육과정에 의한 수업이 아니었다. 오히려 문학에 심취하면서 학교
라는 제도권 교육에서 점점 멀어졌으며, 그만큼 요정, 음주, 가무와 같은
퇴폐 문화에 가까워졌고, 그 자체를 '문학의 생활화'로 오해했다. 이러한
박영희의 문학 학습 과정은 일제강점기 시인, 작가들에게서 드물지 않게
발견되며, 문학청년 출신 문단의 개척자인 그가 학생들의 문학열을 긍정
적으로 보지 않은 이유도 그 때문이었다.

요컨대, 일제강점기 문학교육은 학교라는 제도 바깥에서 이루어지는
경우가 많았고, 설령 학교에서 교육이 시행된다 하더라도, 정규 교육과
정보다는 독서, 동아리, 동인지 등 교육과정 바깥에서 이루어지는 경우
가 많았으며, 학교교육의 일부였다기보다는 오히려 그것과는 길항 관계
였음을 알 수 있다. 이 글에서는 일제강점기 비제도권 문학교육의 양상

---

7) 박영희, 「초창기의 문단측면사」, 『현대문학』 제58호, 1959. 10, 124면.

을 문학가들의 문학 수업 회고를 통해 재구성해 보고자 한다.

2. 비제도권 문학교육의 양상

이기영의 문학 학습 과정은 일제강점기 비제도권 문학교육의 다양한 양상을 단적으로 보여준다. 이기영은 1896년 아산군 배방리에서 출생했지만, 두세 살 되던 해에 천안군 북일면 중암리로 이주해 그곳에서 성장했다. 무반 가문의 후예였던 부친 이민창은 식솔을 천안에 둔 채 서울에 머물며 심상훈[8]의 문객으로 있다가 무관학교에 다니고 있었다. 큰아들 이기영이 11살 되던 해까지 부친을 본 기억이 삼촌 결혼식뿐이었을 정도로 부친은 가정에 무관심했다. 아무리 양반 집안이라곤 하더라도, 가장이 없는 집에서 어린 삼촌과 조모가 머슴을 두고 농사를 짓다보니 살림살이는 몹시 궁핍했다.

이기영은 서당의 곡량(수업료)을 낼 형편이 못 돼 친척집에서 얻어온 책과 훈장의 배려로 동냥글을 배워야 했고, 붓 한 자루, 종이 한 장 못 사 썼다. 이기영이 11살 되던 해 모친은 2남 1녀를 남기고 장질부사로 세상을 떠났다. 이기영의 부친은 무관학교를 그만두고 향리로 내려와 안막의 부친인 천안군수 안기선, 무관학교 동창생인 심상욱 등과 천안사립 영진학교를 설립했다. 12살 되던 해 이기영은 부친이 설립한 학교에 입학했다. 그 시기 이기영은 처음 문학을 접하게 되지만, 학교교육 덕분은 아니었다.

---

8) 경기도관찰사, 선혜청당상 등을 지낸 수구파로 분류되는 조선 후기 문신.

모친이 별세한 후로 나는 가끔 자기도 모르는 무슨 생각을 혼자하기가 일쑤였는데, 어느 날 낮에 <u>집에서 글을 읽다가 우연히 반절을 깨쳤다.</u> 그러자 한 동리에 사는 고담(古談)을 즐기는 최덕춘이란 사람이 백지 두 권을 사놓고 조웅전을 베껴 달라기에, 나는 그것을 한글로 써서 한 권씩 나눠가졌다. 그 뒤로 나는 고대소설에 재미를 붙였다. <u>나는 마침내 동리 사랑으로 불려다니며 그들에게 소설을 낭독해 주었다.</u> 내가 이야기책을 잘 본다는 소문은 마침내 부친의 귀에까지 들어가서, 나는 나중에는 부친의 앞에서 소설을 낭독하였다. 부친은 나의 낭독이 듣기 싫지 않았던지 그 뒤로는 손수 책을 얻어드리고, 조모의 앞에서 집에서도 보게 하였다.

그래 나의 이야기책은 학교에 다니면서도 읽게 하였다. 나는 우리 동리뿐만 아니라, 산을 하나 넘어가는 친척의 집에까지 불려가서 이야기책을 보았다.[9] (밑줄 : 인용자)

이기영은 '우연히' 깨우친 한글 덕분에 사랑방 이야기꾼 노릇을 시작하면서 고전소설에 빠져들었다. 술과 친구를 좋아하던 부친이 빚으로 집을 빼앗기자, 이기영 가족은 친척집 행랑살이를 시작했다. 이사를 간 이후 이기영은 매일같이 친척인 부잣집할머니의 안방에 불려가 동네 마님들 앞에서 이야기책을 낭독했다. 할머니들 앞에서 낭독이 끝나면 사랑으로 건너가 동네 아저씨들 앞에서 이야기책을 낭독했다.

그 뒤에 나는—고대소설을 거지반 다 읽어보게 될 무렵이었다.— 신소설로 달려 붙었다. <추월색>, <모란화>와 이인직의 <치악산>, <두견성>을 읽으며 더욱 감심(感心)하였다. 그러다가 춘원의 <무정>을 읽어보고 나서 비로소 나의 신문학에 대한 동경은 절정에 달하게 되었는데 그때 내 나이는 20전후였다. <무정>을 읽은 이후로 나는 신소설도 집어

---

9) 이기영, 「나의 수업시대 3」, 『동아일보』, 1937. 8. 7.

치우고, 전혀 춘원, 육당의 작품을 애독하게 되었다.[10]

천안에서 보통학교를 졸업한 이기영은 논산 영화여학교 교원, 군(郡) 고원(雇員), 호서은행 점원 등으로 일했다. 어느 정도 돈이 모이자 본격적으로 문학 공부를 하기 위해 도쿄 유학을 떠나 세이소쿠(正則)영어학교에 입학했지만, 관동대지진 이후 학업을 포기하고 고향으로 돌아왔다. 이기영은 그해 겨울 소설가가 되겠다는 야심을 품고 집에 틀어박혀 <사(死)의 형(形)에 비(飛)하는 백조군(白鳥群)>이란 일천수백 매에 달하는 장편소설을 써서 친척집에서 '마실꾼'을 모아놓고 낭독했다. '마실꾼들'의 갈채에 용기를 얻은 이기영은 원고를 들고 『조선일보』, 『동아일보』를 찾아가 연재해 달라고 부탁했지만, 모두 거절당했다. 부친상을 당한 이후 호주를 승계한 이기영이 20대 중반이 되도록 소설가가 되겠다며 도쿄, 서울을 떠도는 동안 가족들의 생계는 그의 아우가 소작(小作)과 나무장사로 돌보았다. 이기영은 『개벽』의 현상문예 광고를 보고, 낙선을 한다면 문학을 단념할 각오로 <오빠의 비밀편지>를 응모해 3등으로 당선돼 문단에 데뷔했다. 요컨대, 이기영은 학교에서 정규 문학교육을 받지는 못했지만, '독서—이야기꾼—창작—현상문예'의 과정을 거쳐 문학을 배우고, 소설가로 성장한 것이었다.

문학의 학습 과정은 '감상—창작—평가—게재'의 과정으로 설명할 수 있다. '감상—창작—게재'의 과정은 혼자서도 가능하지만, 창작한 작품의 '평가'는 타인의 도움 없이는 불가능하다. 대부분의 문학청년들이 동인을 결성한 것은 '감상—창작—평가—게재'의 과정 모두에 동인의 도움을 받을 수 있기 때문이었다. 그러나 사실상 독학으로 문학을 공부한

10) 이기영, 「문학을 하게 된 동기」, 『문장』, 1940. 2, 7면.

이기영은 학습 과정에서 동인이나 멘토의 도움을 받을 수 없었다. '평가' 과정에서 반드시 필요한 타인이 이기영에게는 자신이 읽어준 이야기책을 듣던 청중이었던 셈이다.

1) 독서

어느 시대나 마찬가지겠지만, 일제강점기에도 가장 일반적인 문학교육의 방법은 독서였다. 그러나 신구 문화가 혼재되어 있고, 한국어로 창작된 근대문학 작품이 없었거나 부족했으며, 한국어와 일본어 이중언어 교육이 시행된 시대적 특수성 때문에 현재에 비해 독서의 양상은 훨씬 복잡했다. 문학청년들은 한국어로 창작된 근대문학 작품뿐만 아니라 한시, 고전소설, 신소설, 문예지, 일본문학, 일본어로 번역된 서양문학 등의 독서를 통해 문학을 학습했다.

이효석의 사례는 한문, 한국어, 일본어, 영어 등 다양한 언어를 통해 이루어졌던 일제강점기 문학청년들의 독서 양상을 단적으로 보여준다. 이효석은 일곱 살 전후 가정과 서당에서 한문을 배워 한시를 읽고 오언절구를 지어보기도 했다. 그는 한시 창작 경험이 시적 감흥을 표현했다기보다는 뜻을 전달할 문자를 찾기에 급급했기에 문학 공부라고 부르기도 민망했지만, '표현의 선택'을 배웠다는 점에서 전혀 무의미하지는 않았다고 기억했다. 그가 문학의 매력에 빠진 것은 10살 남짓해서 <추월색>을 읽으면서부터였다. 그는 추운 겨울날 머리맡에 병풍을 둘러치고 어머니와 나란히 누워 <추월색>을 번갈아가며 되풀이해서 읽었다고 한다.11)

그가 제일고보에 입학했을 때는 신문학의 초창기였던 만큼 학생들의 문학열은 지극히 뜨거웠다. 기숙사에 돌아오면 너나없이 문학 서적을 읽으며 밤을 지새우기 일쑤였다. 학과 공부에 시달리면서도 누구든 문학 서적을 수삼 권씩 지니지 않은 사람이 없었으며, 모이면 문학 이야기에 열중했다. 그들은 주로 일본어로 번역한 러시아 문학과 서양시집을 읽었다.

때마침 동경 문단에서는 시(詩)가 전성이어서 신조사판(新潮社版)이었든지 하이네, 괴테, 휘트먼을 비롯하여 트라우벨, 카펜터에 이르기까지 세계의 시인을 거의 망라하다시피 하여 출판한 수진시집(袖珍詩集 : 소매 속에 넣고 다닐 만큼 작은 시집)이 유행하여 왔었으니 그 수많은 시집들은 애독서 중에서의 가장 큰 부문이었다. 조금 특수한 부문으로는 에머슨과 니체를 거의 전공하다시피 하는 이도 있었다. 소설로는 하디, 졸라 등 영불의 문학도 읽히지 않은 바는 아니었으나 노문학의 열을 따를 수는 없었다. 푸쉬킨, 고골리를 비롯하여 톨스토이, 투르게네프 등이 가장 많이 읽혀서 <부활>이나 <그 전날 밤> 등의 이야기쯤은 입에서 입으로 옮겨져서 사내(舍內)에서는 거의 통속적으로 전파되게 되었다. 전체적으로 섭렵의 범위가 넓어서 기숙사는 참으로 세계문학의 한 조그만 문고였고 감상의 정도로 하여도 다만 제목만 쫓으며 수박 겉만 핥는 정도가 아니요 음미의 정도가 상당히 깊어서 소인(素人 : 비전문가)의 경지를 훨씬 뛰어넘은 것이었다. 진귀한 현상이었다. <u>지금에 문필로 성가(成家)한 분은 불행히 총중(叢中)에 한 사람도 없기는 하나</u> 특수한 편으로는 그 후 동경 모 서점에서 장편소설을 출판한 이도 있었다.[12] (밑줄 : 인용자)

제일고보는 한국 제일의 명문학교답게 학생들의 문학 감상의 폭과 깊이도 비전문가 수준을 훌쩍 뛰어넘었다. 경성제대 영문과 출신 현직 숭

---

11) 이효석, 「나의 수업시대 上」, 『동아일보』, 1937. 7. 25.
12) 이효석, 「나의 수업시대 中」, 『동아일보』, 1937. 7. 28.

실전문학교 영문과 교수 이효석의 진술이고 보면 근거 없는 과장은 아니었을 것이다. 인용문에서 주목되는 것은 일본어로 번역된 세계 문학작품을 그처럼 탐독하던 학생들 중에 문필가로 성가한 사람은 한 사람도 없었다는 것이다. 즉, 제일고보 기숙사에서 문학 서적을 읽으며 밤을 새우던 학생들은 전문적인 문학가가 되기 위해서가 아니라 그저 문학이 좋아서 문학 서적을 탐독한 것이었다.

이효석은 이러한 기숙사 분위기에 휩쓸려 소년소설 <쿠오레>, 구로이와 루이코(黑岩淚香)가 번안한 <레미제라블>, 이케다 슌게츠(生田春月)가 번역한 하이네 시집, 신조사(新潮社)에서 간행한 월간지 『문장구락부』 등 문학 서적에 빠져들었다. 기숙사에서 지낸 몇 해 동안 노트 한 권 가득 습작한 시로 채울 정도로 습작에도 열중했다. 때마침 연극단이 <레미제라블>, 톨스토이의 <산송장> 등을 무대에 올려 문학열은 더욱 고조되었다.

주위의 자극이 너무도 강했던 까닭에 이효석은 고보 3~4학년 때인 17~18살 무렵에는 세계 문학의 계보와 세계 문호들의 인명록을 웬만큼 꿸 수 있게 되었다. 그는 특히 체홉을 좋아했고, 일본어로 번역된 체홉의 작품은 거의 다 독파했다. 경성제대 입학시험을 준비하다가 이효석은 또 한 번 문학에 '미치게' 된다.

(경성제대) 예과의 수험(受驗)을 준비하던 마지막 학년 18세 때 준비 관계를 겸하여 영문으로 쉘리의 시를 탐독하게 된 것이 다시 시에 미치게 된 시절이었다. 글자 그대로 미쳤던 것이니 그의 <u>단시(短詩)를 기계적으로 모조리 암송하였던 것이다.</u> 진찜 멋을 알고 하였던지 모르나 술에나 취한 듯이 그의 시에 함박 취하였었다. (…중략…) 쉘리에게서 열정을 배웠다면 다음에 아름다운 꿈꾸는 법을 배운 것이 예이츠에게서였다. 그

에게 기울인 열(熱) 또한 쉐리의 경우에 떨어지지 않아서 수십 행, 수백 행 시를 따로 외우곤 하였다. 예이츠의 꿈 같이 아름다운 것은 없어 시인다운 시인으로 참으로 그는 고금(古今) 독보(獨步)의 감이 있다. 예이츠의 다음에 찾은 작가는 싱크였으니 그에게서 다시 아름다운 산문을 발견하게 되었다.13) (밑줄 : 인용자)

대학 입학시험 준비를 위해 영어 공부를 하다가 쉘리의 시에 매료돼 모조리 암기해버렸다는 이효석의 회고는 학생이 학습 대상에 애정을 가질 때 얼마나 놀라운 학습 능력을 발휘하게 되는지 보여주는 사례다. 물론 모든 학생이 수재 이효석과 같은 학습 능력을 발휘할 수 있다고 볼 수는 없지만, 입시 준비도 때로는 문학교육에 긍정적으로 활용될 수 있음을 보여준다.

이효석은 한시, 신소설, 일본어로 번역된 세계 문학을 거쳐 영문학을 원서로 읽는 식으로 독서 범위를 확대시켜 나갔다. 그러나 대부분의 문학청년은 서양문학을 원어로 읽을 실력을 기르지는 못했다. "초등학생으로부터 대학생에 이르기까지 읽고 배우는 책의 8~9할이 조선어 이외의 책"14)이라는 기록에서 볼 수 있듯, 대부분의 문학청년들은 일본문학이나 일본어로 번역된 세계 문학을 통해 문학을 공부했다. 한국어를 모국어로 사용하는 문학청년이 외국어로 문학을 공부하다보니 한국어로 창작하는 과정에서 심각한 문제가 생기곤 했다. 김동인은 자신이 처음 한국어로 소설을 구상했을 때의 당혹감을 다음과 같이 기억했다.

1919년 연말 『창조』 잡지를 간행하기로 작정하고 그 창간호에 실으려

---

13) 이효석, 「나의 수업시대 下」, 『동아일보』, 1937. 7. 29.
14) 이돈화, 「최근 조선에서 起하는 각종의 신현상」, 『개벽』 제1호, 1920. 6.

고 소설을 쓰려 원고지 앞에 앉기 이전에는 명치학원 중학부 재학 때 3학년생 회람잡지에 일본글로 소설을 한 편 써 본 경험밖에는 원고 쓰기에 전력이 없었다. (…중략…) <u>더욱이 과거에 혼자 머릿속으로 구상하던 소설들은 모두 일본말로 상상하던 것이라, 조선말로 글을 쓰려고 막상 책상에 대하니 앞이 딱 막힌다.</u>

　"가정교사 강엘리자벳은 가리킴을 끝내고 자기 방으로 들어왔다."

　이것이 나의 처녀작 「약한 자의 슬픔」의 첫머리인데 거기 계속되는 둘째 구에서부터 벌써 막혀버렸다.

　순 '구어체'로 '과거사'로 ― 이것은 기정 방침이라 "자기 방으로 돌아온다."가 이나고 "왔다"로 할 것은 예정의 방침이지만 <u>거기 계속될 말이 'カノ女'인데 '머릿속 소설'일 적에는 'カノ女'로 되었지만 조선말로 쓰자면 무엇이라 쓰나?</u> 그 매번을 고유명사(김 모면 김 모, 엘리자벳이면 엘리자벳)로 쓰기는 여간 군잡스런 일이 아니고 조선말에 적당한 어휘는 없고…….

　이전에도 막연히 이 문제에 대해서 생각해 본 일이 있다. 삼인칭인 '저'라는 것이 옳을 것 같지만 조선말에 '그'라 하는 어휘가 어감으로건 관습으로건 도리어 근사하였다. 예수교의 성경에도 '그'라는 말이 이런 경우 간간 사용되었다. 그래서 눈 꾹 감고 '그'라는 대명사를 써 버렸다.[15] (밑줄 : 인용자)

　삼인칭 대명사를 무엇으로 할 것인가의 문제는 한국어로 쓰인 근대 문학 작품이 거의 없던 시기의 특수한 문제라고 할 수 있지만, 작품 구상은 일본어로 하고 한국어로 번역하는 식의 창작 경험은 일제강점기 작가들이 지속적으로 경험한 어려움이었다. 김수영이 "나는 해방 후 20년 만에 비로소 번역의 수고를 덜은 문장을 쓸 수 있었다."[16]라고 고백

---

15) 김동인, 「문단 30년의 발자취」, 『김동인 문학전집』 제12권, 대중서관, 1983, 268~269면.
16) 김수영, 「시작노트(1966. 2. 20)」, 『김수영전집 2 : 산문』, 민음사, 1981, 302면.

한 것처럼, 그러한 경험은 해방 이전 중등학교를 다닌 세대에까지 이어
졌다.[17]

2) 동인과 동인지

동인과 동인지 활동은 독서와 함께 일제강점기 비제도권 문학교육의
주요한 양상이었다. 한국 근대문학이라는 양식이 확립되지 않았던 시기,
동인과 동인지는 한국 근대문학 형성에 결정적인 역할을 담당했지만, 문
단이 확립된 이후 동인과 동인지는 문학청년들의 문학 학습 공간으로
활용되었다. 문학이 인기를 끈만큼 동인과 동인지는 서울, 부산, 평양 등
대도시 학교뿐만 아니라 소도시 학교에까지 흔히 찾아볼 수 있었다.

통영에서 문학가의 꿈을 키워간 유치진의 사례는 일제강점기 동인과
동인지가 어떻게 결성되고, 어떠한 방식으로 운영되었는지 보여준다. 유
치진은 중학교 4~5학년 때[18] 철학을 공부하려 했다. 철학이 무엇인지
몰랐지만, 막연히 그것이 인생의 길을 밝혀주는 진리의 세계를 찾는 학
문이라는 생각했다. 그는 철학을 찾는 수단으로 쇼펜하우어, 니체, 요시
다(吉田絃二郎), 체홉 등 철학과 문학 서적을 탐독했다. 책을 정확히 이해
할 수는 없었지만, 그가 읽은 서적들은 그의 길을 밝혀주는 듯했다. 그

---

17) 김수영은 1945년에 15세를 기준으로 문단의 신구 세대를 구분하면서, 구세대의 경우
　　일본어를 통해 문학의 자양을 흡수한 사람이고, 신세대의 경우 영어나 우리말을 통해서
　　그것을 흡수한 사람이라고 설명했다. 구세대는 다시 우리말을 일본어보다 더 잘 아는
　　사람들과 일본어를 우리말보다 더 잘 아는 사람으로 구분할 수 있는데, 후자를 대표하
　　는 전봉건은 해방 이후 비로소 우리말을 공부했다고 시작 노트에서 밝혔다고 지적했다.
　　김수영, 「히프레스 문학론」, 위의 책, 200면.
18) 유치진은 1918년 통영공립보통학교를 졸업하고, 1920년 도쿄 유학을 떠나 토야마중학
　　교 2학년에 편입했다. 그가 통영에서 중학교를 다니지 않은 것을 고려하면, 보통학교의
　　오기로 보인다.

러는 동안 유치진의 주위에는 '토성회(土聲會)'라는 문학 동아리가 생겼
다.19)

　　토성회는 나의 고향의 우인(友人)과 선배로써 조직된 문학청년의 모임
이었다. 이 모임을 생각하면 부끄러운 일도 많지만 퍽도 그리운 일도 많
다. 이 그룹에는 각자의 생활에서 어떤 흠함(欠陷)을 느끼며 그 흠함을
희구하여 채우려고 애쓰는 청년― 그런 양 같은 청년만이 모였었다. (…중
략…) 그때의 멤버를 대강 생각하여 보면, 박명국, 김성규, 최두춘, 장노
제 그리고 나의 아우 치환 외 7~8명이었다. 문학청년의 하는 상습(常習)
으로 우리도 동인지를 가졌다. 제명을 '토성'이라 하여 처음에는 회람형
식으로 하다가 그 후 계간으로 1년쯤 발간하고 그리고 격월간으로 혹은
월간으로 발간하였다. 모두 등사(謄寫)로 하였었다.20) (밑줄 : 인용자)

동인지 『토성』에는 시가 많이 실렸지만, 수필, 소설, 평론도 없지는
않았다. 유치진은 그때 쓴 시는 시라고 부르기도 부끄러운 유치한 수준
이었지만, 기성작가가 된 후에는 그때와 같은 열정과 애착을 가지고 작
품을 쓰지 못했다며 문학에 대한 태도만큼은 진지했다고 회고했다. 그의
아우 유치환은 그때부터 상당한 시재(詩才)를 보이고 있었고, 어떤 친구
는 창작보다는 해석에 능해서 보잘것없는 작품도 그 친구가 해석하면
그 속에 무궁무진한 감격과 진리가 포함되어 있음을 발견했다고 한다.
『토성』은 3년 동안 유지되다가 동인들이 현실을 직시하고 각자 생활을
찾아 떠나가면서 폐간되었다. 유치진은 토성회 활동이 인생에서 누구나
겪게 되는 '낭만시기의 한 과정'이었다고 전제하면서, "나중에 상인이
되든, 시인이 되든, 사무원이 되든 사람은 우선 낭만 과정에서 감격과

---

19) 유치진, 「나의 수업시대 上」, 『동아일보』, 1937. 7. 22.
20) 유치진, 「나의 수업시대 中」, 『동아일보』, 1937. 7. 23.

정열과 동경과 이상의 세례를 받지 않으면 그 사람의 생활에는 깊이가 없고 뿌리가 없고 기름이 없는 것이 아닌가"하며 문학청년기 동인과 동인지 활동의 의미를 평가했다. 토성회 동인들은 상인이 되기도, 교원이 되기도 했지만, 최상기라는 동인은 "니히리스틱한 사조에 못 견뎌" 할복 자살했다고 한다.

진주에서 학교를 다닌 소설가 엄흥섭도 보통학교 시절부터 담임선생님께 <아라비안나이트>, <로빈슨 크루소>, <이솝 우화> 등을 빌려서 읽고, 형이 읽던 『신청년』, 『하이네 시집』, 『바이론 시집』, 『괴테 시집』 등도 따라 읽으며 문학에 심취했다. 보통학교 때부터 착실히 습작을 한 결과 중학교에 들어와서는 『동아일보』 문예부에 시를 투고해 게재되기도 했다. 엄흥섭은 문학을 좋아하던 친구들과 '학우문예회'라는 동인을 결성했는데, 전교생 대부분이 회원으로 가입했고, 매학기 동인지 『학우문예』를 간행했다.

> 처음 편집위원들은 회원의 투고를 정리해 가지고 밤을 새워 가며 등사(謄寫)했다. 부수가 200부 이상에 달했으므로 창간호 이후부터는 인쇄소에 넘겼다. 회비를 50전 받아가지고 그 인쇄비에 썼다. 국판 70~80매의 얇직한 책이 되었다. 표지도 목각 1도 인쇄다. 원고 배당표도 없이 무질서 상태로 첫 페이지부터 끝 페이지까지 전부 5호 활자로 2단에다 제판해 나갔다. 이 당시 편집위원들은 무슨 큰 벼슬이나 한 것처럼 우쭐거리고 뻐기고 다녔다.[21]

유치진, 엄흥섭의 사례에서 볼 수 있듯, 일제강점기 문학청년들의 동인과 동인지 활동은 서툴고 유치했지만, 진지한 토론이 있었고, 자발적

---

21) 엄흥섭, 「나의 수업시대 下」, 『동아일보』, 1937. 8. 3.

참여가 있었다. 일부 학교에서는 전교생이 회원으로 참여할 만큼 동인과 동인지 활동은 저변이 넓었다. 동인으로 활동한 회원 대부분이 문학 이외의 분야에서 직업을 찾았다는 것은 동인과 동인지 활동이 전문적인 문학가로 성장하기 위한 과정이었다기보다는 문학을 공유하고, 즐기고, 배우는, 학생들이 자발적으로 조직한 문학교육 공간이었음을 보여준다.

3) 멘토와 문예강연

일제강점기 학생들의 문학열이 단지 개인적 독서 경험이나 동인과 동인지 활동과 같은 또래집단의 영향만은 아니었다. 때로는 그들보다 일찍 문학을 배우고, 더 많은 문학적 지식을 지니고 있는 멘토의 도움을 받기도 했다. 모윤숙은 그 대표적 사례다. 어릴 때부터 '무재(無才)한' 아이였던 모윤숙은 함흥에서 보통학교 시절 집에 돌아오면 <심청전>, <장화홍련전>, <공상명월>, <조웅전> 같은 고전소설 등을 읽고 공상하곤 했다.22) 그는 좀처럼 공부에 취미를 붙이지 못하고, 여러 차례 학교를 그만둘 생각도 품었다. 보통학교 5학년으로 진급한 12살 때 서울에서 대학을 졸업한 젊은 여교사가 부임했다. 수신과 작문을 담당한 여교사는, 투박한 함경도 방언을 쓰는 나이 든 다른 교사들과 달리, 서울말을 쓰고 학생들에게 상냥하게 대했다. '서울깍쟁이' '안경쟁이' '꺽대'라는 별명을 부르며 그 여교사를 탐탁지 않게 여기는 학생들도 없지 않았지만, 모윤숙은 그를 남달리 따랐다. 여교사는 작문 시간에 소설 이야기를 해주고, 자기가 쓴 시를 읽어주기도 했다.

---

22) 모윤숙, 「어떻게 난 시인이 되었나」, 『신가정』, 1936. 3, 92~93면.

작문시간엔 흔히 소설 얘기를 해주고 자기가 쓴 시를 읽어주었다. 톨스토이, 투르게네프를 처음으로 그에게서 알았다. 그 후 나는 늘 작문에 유의하라는 말을 듣고, 사무실에 불려가 좋은 서적을 많이 얻어 보게 되었다. 7~8세 시(時)에 등불 밑에서 심청전을 읽고 울던 기억이 새롭거니와 그때에는 이 수신 선생을 따라다니며 그가 아는 소설 얘기는 모두 들으려 하였다. 그 선생은 나를 유달리 귀여워하고 머리를 쓰다듬으며 공부 많이 하고, 시집은 가지 말고 문학 공부를 열심히 하라 권하였다.

나는 학교에서 나오면 다른 동무 몰래 그 선생 하숙으로 떡도 싸가지고 가고 참외도 싸가지고 가서 그 선생의 책상 위에 놓았다. 그의 하숙은 바로 성천강변 어느 골목이었던가 한다. 석양이면 스틱을 집고 산책에 나서는 그의 뒤를 따라 좋은 소설을 말해 달라고 조르고 매달렸다. 달이 떠오르면 그는 달과 강에 대한 전설을 말하고 로렐라이의 슬픈 시도 읊어주었다. 학과 외에 이렇게 받는 지도와 격려는 확실히 나의 평생 중 큰 인상이 되지 않을 수 없었다.[23] (밑줄 : 인용자)

요컨대, 모윤숙이 '문학소녀'가 된 데에는 여교사의 과외 지도가 결정적 역할을 담당한 것이다. 개성 호수돈여고보에 진학한 모윤숙은 일본어로 번역된 세계 문학전집, 성경, 타고르의 시 등을 읽으며 문학의 꿈을 키워갔고, 학생회 문학부에서 활동하던 4학년 2학기 때는 교지 『호수』를 창간하기도 했다.

모윤숙이 사례처럼 교사가 문학 학습의 멘토 역할을 맡기도 했지만, 문학청년기를 보낸 형제, 친척, 이웃이 멘토 역할을 맡는 경우도 적지 않았다. 숙부 조명희의 영향으로 소설가의 꿈을 키워간 조벽암이 대표적인 사례다. 한일병합 이후 조벽암의 부친은 울분을 이기지 못해 가정을 돌보지 않고 술에 빠져 허송세월을 보냈다. 조벽암의 백부는 7살 난 조카를

---

23) 모윤숙, 「나의 수업시대 1~2」, 『동아일보』, 1937. 8, 10~11면.

고향인 충청북도 진천으로 데리고 내려가 공부시켰다. 낯선 시골 생활에서 인상적이었던 것은 숙부 조명희가 시내 뚝 잔디밭에 드러누워 책을 읽고 있는 모습이었다. 조벽암은 숙부의 책장을 넘겨가며 그림을 보는 것으로 소일했다. 조명희가 일본 유학을 떠나자 그가 보던 책들은 모두 조벽암의 차지가 되었다. 조벽암은 밤을 새워 한화사전(漢和辭典)을 찾아가며 책을 읽었다.

> 삼촌이 떠난 후의 나의 독서는 눈에 불이 나도록 하였다. 밤에 잠을 아니 자고 하였기 때문에 눈이 짓무르기까지 하였다. 사전 찾으랴 모르는 데 많으랴 숨어 읽으랴…….
> 삼촌의 책 중에는 와세다문학강의록이 많았다. 내가 본 것은 주까지 달려 제일 쉽게 여긴 이 책들이었다. 지금 생각하면 개 머루 먹듯 하였으나 어지간히 깐깐히 들러붙었던 것이었다. 삼촌이 떠나고 나니 어머니와 떨어져 울 때와 같이 아니 그 이상으로 서운한 것 같았다.[24]

조벽암에게는 이야기책을 좋아하는 숙모가 있었다. 숙모는 밤마다 이야기꾼을 데려와 이야기를 들었다. 숙부가 유학을 떠난 이후 한동안 조벽암은 숙모와 함께 <추월색>, <장화홍련전>, <조자룡전>, <춘향전>, <유충렬전>, <흥부전> 등 고전소설과 신소설을 듣는 재미에 빠져 지냈다. 이기영이 이야기꾼 자격으로 고전소설을 접한 것과 달리, 조벽암은 청자 자격으로 고전소설을 접한 것이었다. 진천에서 보통학교를 졸업한 조벽암은 제이고보에 입학해 서울로 돌아왔다. 그가 고보 3학년 되던 해 조명희가 도쿄 유학을 마치고 귀국해 서울에서 살림을 마련하고 『조선지광』, 『예술운동』, 『개벽』, 『조선일보』, 『동아일보』 등에 작품

---

24) 조벽암, 「나의 수업시대 上」, 『동아일보』, 1937. 8. 19.

을 발표했다. 조명희의 집에 가면 잡지와 소설이 많았기 때문에 조벽암은 하굣길에 숙부의 집에 들러 책을 읽다가 귀가하곤 했다.

조벽암의 백부와 부친은 막내 동생 조명희가 일본 유학을 마치고 돌아오면 군수나 도서기라도 할 줄 알았는데, "글 쓴네 하고 머리는 미친 년 모양으로 기르고, 밤낮 누워 책이나 글이나 쓰고 큰소리는 탕탕하면서도 밥을 굶어 쩔쩔 매는 꼴에 아주 격이 나서" 절연 지경에까지 이르렀다. 조명희는 조벽암이 학비를 쓰고 남은 돈을 건네받아 쓸 정도로 궁핍했다. 조명희는 그의 영향으로 문학청년이 된 조카의 대학 진학을 앞두고 문학을 하겠다는 조카를 눈물까지 흘려가며 뜯어 말렸다.

나는 삼촌을 누구보다 따랐다. 내가 고보 5년에 진급한 때이다. 하루는 나의 상급학교 선택 문제를 상의할 때에

"너는 어느 것을 제일 좋아하느냐?"

"문학이여요."

나는 솔직히 대답하였다.

"아서라 문학은 밥을 굶는다. 더욱이 조선서는."

"그렇지만 밥 굶는 것이 무서워서 설마 못 할까요?"

"하고 싶은 것을 못하는 것도 어려운 일이지만 밥을 굶는 것도 어려운 일이니까. 설마가도 두려운 일이니까."

하시며 포석(抱石)은 나를 물끄러미 쳐다보시고 어느 새에 나왔는지 모르게 굵은 눈물방울을 덤벙 볼을 씻어 흘리신다. 나도 속없이 따라 울었다. 한참 후 내 손을 덥썩 쥐시며

"증흡아! 정 문학이 하고 싶으면 고농(高農)을 가보아라. 농업하고 문학하고는 어느 점인지 다소 상통되어 밥 먹을 수도 있으니 그렇다고 내가 지금 굶는 것이 싫어서 그러는 것은 아니다만."

나는 말없이 삼촌 집을 나와 경복궁 담을 끼고 어슬렁어슬렁 걸었다.25) (밑줄 : 인용자)

유년기부터 따르던 멘토 조명희의 권고 덕분이었는지 조벽암은 경성제대 법학부에 진학했다. 그러나 조벽암은 대학 기간 내도록 법학 공부는 제쳐 두고 문학 공부에만 매달렸다.

문예강연은 멘토와 함께 지적되어야 할 선배에 의한 비제도권 문학교육의 또 다른 양상이었다. 문예강연의 효시는 1925년 2월 8일 천도교회기념관에서 개최된 파스큘라의 문예강연으로 알려져 있다.

> 문학을 연구하는 청년들로 조직된 문예사상연구단체인 '파스큘라'에서는 오는 8일 밤 7시경부터 시내 경운동 천도교회기념관 내에서 조선서 처음되는 문예강연회를 개최하리라는데 강연뿐만 아니라 시낭독과 각본 낭독이 있을 터이라 하며 입장료는 10전 평균이라는 바 연사 제씨의 씨명은 아래와 같다더라. 김석송, 민태원, 김억, 이상화, 박회월, 이성해, 박월탄, 연학년, 안석주, 금기진[26]

문예강연은 서울뿐만 아니라 지방 소도시까지 확대되었고, 문예강연이 열릴 때마다 문학청년들이 몰려들어 대부분 성공적으로 막을 내렸다. 문예강연은 새로운 문예 동향이나 문학적 지식을 전파하는 데 주요한 역할을 담당했다. 그러나 강연이라는 성격상 일회성에 그치는 경우가 대부분이어서 그 자체가 심도 있는 문학교육의 장이 되지는 못했을 것이다. 그럼에도 불구하고 문학의 최신 경향에 대한 정보가 부족했고, 정보의 소통 또한 원활히 이루어지지 않았던 시기 문예강연은 지방까지 문학열을 전파하는 데 중요한 기능을 담당했다.

---

25) 조벽암, 「나의 수업시대 中」, 『동아일보』, 1937. 8. 20.
26) 『동아일보』, 1925. 2. 7.

4) 현상문예

　현상문예 제도는 근대적 글쓰기를 보편화하려는 의도에서 『소년』 창간호(1908. 11.)부터 '소년문단'이라는 난을 통해 시도되었다. 본격적인 근대문학이 출발하기 이전이었던 만큼 시, 소설, 희곡 등 문학작품 외에도, 감회·견문·일기·과문(課文)·풍토지(風土誌)·선배 경력·시사(詩詞)·서한 등 거의 모든 종류의 글이 투고 가능했다. 그러나 투고자가 적었던 탓에 '소년문단'은 『소년』 제2호 이후에는 폐지되었다.

　현상문예 제도는 『청춘』 제7호(1917. 5.)에 '매호 현상문예'와 '특별 대현상' 두 분야로 작품을 모집한다는 광고가 게재되면서 재등장했다. '매호 현상문예'는 시조, 한시, 잡가, 신체시가, 보통문, 단편소설 등 6개 분야로 공모했고, 입선자에게는 50전에서 5원까지 상금이 주어졌다. '특별 대현상'은 '고향의 사정을 녹송(錄送)하는 문', '자기의 근황을 고지하는 문' '단편소설'로 나뉘어 공모되었고, 입선자에게는 1원에서 10원까지 상금이 주어졌다. 이렇듯 『청춘』이 현상문예를 도입한 것은 잡지 독자의 저변을 확대하고, 기존 독자를 유지하려는 데 있었다. 『청춘』의 현상문예에도 투고자는 많지 않았지만, 현상문예가 도입된 이후 잡지의 판매고는 급증했다. 작품을 투고할 만큼 창작 능력을 갖춘 독자가 많지는 않았지만, 능력만 갖춰진다면 작품을 투고하고 싶었던 잠재 투고자가 그만큼 많았음을 의미한다. 『청춘』 현상문예의 적극적인 투고자였던 방정환과 유광렬은 『청춘』 폐간 이후 『신청년』을 창간했고, 방정환은 『개벽』을 비롯한 잡지 발간에 주력했다.[27]

---

27) 한기형, 「최남선의 잡지 발간과 초기 근대문학의 재편」, 『대동문화연구』 45, 성균관대학교 대동문화연구원, 2004, 243~250면.

『청춘』에서 현상문예가 확립된 이후 거의 모든 신문·잡지는 현상문예를 통해 독자의 참여를 유도하고, 독자의 저변을 넓히고자 했다. 따라서 현상문예는 독서, 동인 및 동인지 활동을 통해 창작 능력을 기른 문학청년들에게 자신의 창작 능력을 검증받을 수 있는 또 다른 비제도권 문학교육의 장이었던 것이다. 계용묵의 문학 학습 과정은 일제강점기 문학청년들이 비제도권 문학교육의 장으로서 현상문예를 어떻게 활용했는지 보여준다.

계용묵은 보통학교를 졸업하고 서당에서 『대학』을 공부하다가 『창조』에 실린 이동원의 <몽영(夢影)의 비애>를 읽고 소설의 매력에 빠졌다. <치악산>, <심청전> 정도밖에 읽어본 적이 없었던 그는 <몽영의 비애>에 나타난 진실한 묘사, 산뜻한 표현에 크게 감동을 받았다. 『창조』, 『녹성』, 『현대』, 『삼광』, 『여자계』, 『학지광』, 『수양』, 『개척자』, 『권화』, 『서광』, 『삼우』 등 당시 도쿄와 서울에서 쏟아져 나온 문예지를 구해 읽고 습작한 작품을 투고해 보기도 했다. 그러나 그가 투고한 잡지는 죄다 창간호가 종간호로 끝났기 때문에 작품을 게재할 기회를 얻지 못했다. 맥이 풀려 창작에 손을 놓고 있는 사이 『개벽』, 『서울』, 『학생계』 등의 잡지가 지속적으로 발간돼 다시 투고할 용기를 얻었다.

그러나 『개벽』과 『서울』은 어쩐지 좀 엄숙한 것 같아 거연이 투고를 못하고 『학생계』의 학생문단에 투고를 시작하였다. 그러나 처음의 그 학생문단 규정에는 소설이 없었으므로 주로 논문을 투고 발표케 되니 논문에 맛이 들려 그 후 소설이 모집이 발표되었을 때에도 소설은 쓰지 않고 논문만 자꾸 썼다.
그때의 같은 투고객으로 현 문단에 중진의 자리를 차지하고 있는 김동환, 이태준, 김상용 제씨는 지금껏 지면(知面)이 없어도 어쩐지 사이가 가까운 것 같고 씨 등의 이름을 지상으로 볼 때마다 예날 그 시절 『학생계』의 학생문단 페이지가 눈앞에 선이 나타나곤 한다.

얼마 동안 학생문단에 발표를 하고 나니 그 무대가 학생이나 하는 유지(幼遲)한 자리인 것 같애 <u>무대를 신문으로 옮겨 『조선일보』 개방란이라는 데 한 동안 맛을 들여오다 『조선문단』이 이광수 씨의 주재로 창간이 되면서 소설을 모집하되 그 규정에 추천 2차면 문단에 소개한다는 것이 부쩍 내 마음을 흔들어 다시 소설의 붓을 들었다.</u> 그리하여 한 편이 써지기까지에는 벌써 제1회로 최서해가 <고향>의 추천으로 나오고, 채만식 씨의 <세 길로>의 입선, 한설야, 박화성 이렇게 자꾸 쓸려 나오는데 어떻게도 응모가 급하든지 그 소설 <상환(相換)>이 끝나기가 바쁘게 점심도 못 먹고 5리 밖의 우체통을 달려가 쓸어넣었다. 그리하여 그것의 발표를 보게 된 것이 해지(諧紙) 제7호(5월호)로 어떻게도 기쁘든지 지금도 그 호수 월수까지 잊히지 않고 똑똑이 기억에 남아 있다.[28] (밑줄 : 인용자)

계용묵의 회고에서 볼 수 있듯, 신문·잡지의 현상문예는 문학청년들의 창작 능력을 검증받는 제도로 기능해왔고, 각기 다른 지방에서 활동하는 문학청년들을 연결시켜주는 네트워크 기능까지 담당했다. 그러나 잡지 종수가 늘어나고, 현상문예가 남용되면서 수준 이하의 작품조차 게재해 재능 없는 문학청년에게 헛된 꿈을 심어주는 부작용을 낳기도 했다. 1935년 『동아일보』는 현상문예의 부작용을 사회면에서 고발하기도 했다.

문학청년이라고 하였다고 그것은 결코 문학자 혹은 문사를 말함이 아님은 물론이다. 연령으로 보아 문학소년의 역(域)을 탈(脫)한 이른바 <u>문학청년</u>을 말함이다. 이러한 문학청년들은 제가 쓴 '글'이 활자화되는 데에

---

28) 계용묵, 「나의 소설수업」, 『문장』, 1940. 2, 211면.

일종 등용문이나 열리는 듯이 기뻐한다. 그 '글'이 잘 되고 잘못된 것은 <u>가리지 않고 어떠한 기회든 얻어서 활자화시키려고 한다. 그런데 조선의 문단은 그러한 귀여운 열망을 잘 만족시켜준다. 그뿐 아니라 걸핏하면 '신인'으로서 '추천'하여 준다.</u> 그리하여 문자 그대로의 '그린 보이'가 '문사연(文士然)'하고 '문학자연(文學者然)'한다. 이것은 어디로 보든지 그 당자(當者)를 위하여서나 또 조선의 문단을 위하여서나 애석한 일이라고 하지 않을 수가 없다. 온갖 학문이 그러함과 같이 각고 노력하여 수업한 뒤에 비로소 득달할 수 있는 것이다. 이름을 내기에 급할 것이 아니라 역량을 함양하는 기초공작에 전심하는 바 있어야 한다. 요새 각 잡지를 통하여 보는 새파란 '신인'들의 글을 볼 때마다 이 느낌은 더욱 깊어가는 것이다.[29] (밑줄 : 인용자)

문학적 재능을 갖추지 못한 문학청년들에게 헛된 꿈을 심어주고, 수준 이하의 작품조차 게재한 것은 현상문예의 역기능이었다. 그러나 그러한 역기능에도 불구하고 현상문예는 전문적인 문학교육을 받지 못한 문학 청년들에게 자신이 창작한 글을 평가받을 수 있는 기회를 제공했고, 작품을 발표할 지면을 할애해 주었으며, 동년배들의 문학적 수준을 가늠해 볼 수 있는 장을 마련해주었다는 점에서 순기능이 더 컸다.

3. 비제도권 문학교육의 의미

지금까지 작가들의 문학 학습 과정을 통해 '독서-동인-동인지-멘토-문예강연-현상문예'로 이어졌던 일제강점기 비제도권 문학교육의

---

29) 오메가, 「偵察機 : 문학청년을 戒함」, 『동아일보』, 1935. 2. 26.

양상을 살펴보았다. 당시 근대문학은 새롭게 등장한 신문화였고, 그런 만큼 청년들에게 선풍적인 인기를 끌었다. 문학을 공부하도록 유도해야 할 학교와 사회가 도리어 학생들의 문학열을 가라앉혀야 할 정도로 학생들의 문학열은 뜨거웠다. 청년과 문학청년의 구분이 무의미할 만큼 거의 모든 청년이 문학작품을 탐독했고, 수동적으로 문학작품을 감상하는 데 그치지 않고 밤을 새워 습작하고, 동인지를 간행해 작품을 발표하고, 동인들과 어울려 창작한 작품을 토론하고 평가했다. 그리고 문학작품을 읽고 쓰고 싶다는 청년들의 열정에서 비롯된 그 모든 과정은 청년들의 자발적 참여에 의해 진행되었다. 체계적인 문학교육을 뒷받침할 교육과정도 교과목도 없었지만, 학생들은 비제도적 문학교육을 통해 열악한 조건을 극복했던 것이다.

일제강점기 학생 사회에서 문학의 인기와 그것을 뒷받침했던 비제도권 문학교육의 다양한 양상들은 오늘날 문학교육을 정상화시키는 데 큰 시사점을 준다. 일제강점기 문학청년이 문학을 빌미로 일탈행위를 일삼고, 문학청년의 문학적 열정을 장려해야 했을 문단과 학교에서 도리어 그것을 가라앉히려 한 것은 아무리 비제도권 문학교육이 활발하다 하더라도, 그것을 제도 안으로 수용해야 할 이유를 설명해 준다. 다시 말해 아무리 학생들이 자발적으로 문학작품을 읽고, 쓰고, 토론한다 하더라도, 그것을 뒷받침할 교사와 교육과정이 없다면, 문학은 학생들의 정서 함양에 부정적인 영향을 끼칠 수 있음을 보여준다.

일제강점기 활발했던 비제도권 문학교육은 오늘날 문학교육에서 독서의 중요성을 일깨워준다. 아무리 교육과정과 교사가 훌륭하다 하더라도, 교과서에 실린 작품만으로는 문학교육이 이루어질 수 없다. 교과서에 실을 수 있는 문학작품이란 다양한 문학적 경향 가운데 극히 일부일 뿐이기 때문이다. 폭넓은 문학에 대한 이해를 위해서 학생 개개인이 처한 상황과 취향에 맞는 다양한 작품을 읽게 할 필요가 있다. 그렇다면 어떻게 문학작품을 읽게 할 것인가? 독서 과제를 내거나 독서 기록부를 수행평가에 반영하는 등 강제적인 방법을 이용해볼 수도 있겠다. 그러나 그보다는 학생 개개인이 처한 상황과 문학적 취향에 맞는 문학작품을 소개해 문학 그 자체를 부담 없이 즐기게 하는 것이 더 나은 방법일 것이다.

또한 일제강점기 비제도권 문학교육은 창작 경험이 문학교육에서 얼마나 중요한지 일깨워준다. 창작 교육은 문학교육에서 빠뜨릴 수 없는 요소이지만, 입시 교육의 부담이 크고, 성적을 객관적으로 입증해야 하는 실제 학교교육 현장에서 제대로 실시되기 어려운 것이 현실이다. 그리고 시, 소설, 수필을 창작하게 하고, 거기에다가 점수를 부여하는 것이 과연 교육적으로 의미가 있는 것인지도 별도의 논의가 필요할 것이다. 그럼에도 불구하고 문학에 대한 흥미와 이해를 높이기 위해서 창작 교육이 필요하다면, 일제강점기 동인, 동인지, 현상문예와 같은 비제도권 교육을 통해 진행해보는 것도 하나의 대안이 될 수 있다. 이때 교사는 교육과정을 전수하고, 시험을 통해 점수를 부여하는 제도화된 교사가 아니라 그저 문학적 흥미와 관심을 북돋아주고 학생들의 부족한 지식을 메워주는 멘토의 자격으로 참여할 수 있을 것이다.

일제강점기와 오늘날은 사회적·정치적 상황과 매체 환경과 교육 제도 등 모든 것이 상이하기 때문에 직접적으로 비교해 우위를 판단할 수는 없다. 그럼에도 불구하고 일제강점기와 비교할 때, 오늘날은 문학을 교육하고 학습하기에 더없이 좋은 환경이다. 한국어로 번역된 제대로 된 세계 문학 전집 하나 없던 상태에서 고전은 판본을 골라서 읽을 수 있고, 주목할 만한 신간은 6개월 이내에 한국어 번역본을 구해 읽을 수 있다. 외국어 실력도 향상되었고, 신용카드 한 장과 클릭 몇 번이면 구하지 못할 외국 작품도 없다. 한국문학 작품만으로 문학 공부가 가능할 정도로 지난 100년 동안 한국 문학 수준도 크게 향상되었고, 축적된 작품도 늘었다. 개선의 여지는 남아 있지만 문학교육을 위한 교육과정과 교과목도 확립되었고, 부족하나마 시수도 확보되어 있다.

그럼에도 불구하고 문학에 대한 관심은 일제강점기에 비해 오늘날이 훨씬 떨어지는 것도 사실이다. 일제강점기 문학은 이제 갓 생성되기 시작한 신문화였지만, 오늘날은 문학보다 학생들의 흥미와 관심을 끌기 쉬운 다양한 문화 양식들이 새롭게 등장했기 때문에 일제강점기 문학의 인기를 오늘날 되살리기를 기대하기는 어렵다. 그러나 일제강점기 활발했던 비제도권 문학교육의 양상은 오늘날 문학교육을 정상화시키기 위해 가장 선행되어야 할 문제는 학생들에게 문학의 즐거움을 일깨워주는 것이라는 사실을 알려준다.

참고문헌

계용묵, 「나의 소설수업」, 『문장』, 1940. 2.

김소엽, 「나의 소설수업」, 『문장』, 1940. 5.

모윤숙, 「나의 수업시대」, 『동아일보』, 1937. 8. 10~8. 12.

모윤숙, 「어떻게 난 시인이 되었나」, 『신가정』, 1936. 3.

박영희, 「문학청년시대」, 『신동아』, 1934. 9.

박영희, 「초창기의 문단측면사」, 『현대문학』 제58호, 1959. 10.

박영희, 「학생과 문학」, 『문장』, 1939. 10.

박화성, 「여류작가가 되기까지의 고심담」, 『신가정』, 1935. 12.

백　철, 「현대 여학생과 문학」, 『신여성』, 1933. 10.

안회남, 「여성과 문학」, 『문장』, 1939. 10.

염홍섭, 「나의 수업시대」, 『동아일보』, 1937. 7. 30~8. 3.

오메가, 「偵察機 : 문학청년을 戒함」, 『동아일보』, 1935. 2. 26.

유치진, 「나의 수업시대」, 『동아일보』, 1937. 7. 22~7. 24.

윤규섭, 「현대소설독자론」, 『문장』, 1939. 8.

이기영, 「나의 수업시대」, 『동아일보』, 1937. 8. 5~8. 8.

이기영, 「문학을 하게 된 동기」, 『문장』, 1940. 2.

이효석, 「나의 수업시대」, 『동아일보』, 1937. 7. 25~7. 29.

장혁주, 「나의 수업시대」, 『동아일보』, 1937. 8. 13~8. 15.

조벽암, 「나의 수업시대」, 『동아일보』, 1937. 8. 19~8. 21.

구자황, 「근대 독본문화사 연구 서설」, 『한민족어문학』 53, 한민족어문학회, 2008,
　　　1~40면.

김동인, 『김동인 문학전집』 제12권, 대중서관, 1983.

김수영, 『김수영전집 2 : 산문』, 민음사, 1981.

김팔봉, 『김팔봉 문학전집 Ⅱ』, 문학과지성사, 1988.

소영현, 『부랑청년 전성시대』, 푸른역사, 2008.

윤여탁 외, 『국어교육 100년사 Ⅰ』, 서울대학교출판부, 2006.

정우택, 「『문우』에서 『백조』까지」, 『국제어문』 47, 국제어문학회, 2009, 35~65면.
천정환, 『근대의 책읽기』, 푸른역사, 2003.
하정일 외, 『한국 근대문학의 형성과 문학 장의 재발견』, 소명출판사, 2004.
한기형, 「최남선의 잡지 발간과 초기 근대문학의 재편」, 『대동문화연구』 45, 성균관대
학교 대동문화연구원, 2004, 221~260면.

제 2 부

문학교육에서 바라본 한국전쟁의 기억과 체험

암호화(暗號化)화된 전쟁 기억과 해호화(解號化)로서의 문학교육　김동환

전후 소설에 나타난 남성성의 문제와 문학교육적 함의　노지승

신자유주의적 생존경쟁과 한국전쟁의 소설적 전유　차혜영

전후 모더니즘 시의 가치 인식과 문학사 교육　박윤우

암호화(暗號化)화된 전쟁 기억과 해호화(解號化)로서의 문학교육

김 동 환
한성대학교 한국어문학부

1. 문제 제기

1) 교육의 한 제어 기제로서의 전쟁

6·25 전쟁이 현상적으로 종료된 지 60년이 다 돼 가지만 전쟁은 여전히 강력한 후경으로 자리 잡고 있으면서 우리 교육을 제어하는 한 기제로 작용하고 있다. 보수와 진보로 통칭되는 교육적 이념의 양분화의 뿌리는 전쟁의 직접적인 결과물인 분단의 산물로 인식될 수 있을 것이며, 교과서 편찬의 과정에서 자기 내적 및 외적 검열의 준거의 하나가 전쟁을 원인(遠因)으로 하여 형성된 금기임을 부인하기 어려울 것이다. 우리 교과서의 역사를 달리 표현하여 '금기의 역사'라 부를 수 있으며[1] '성(性)'과 '이데올로기'라는 두 금기가 중핵적인 것임에 동의할 수 있다면, 6·25 전쟁이 후자의 작동을 가능케 하는 전경(前景)이 된다는 점에 대해서도 쉽게 동의할 수 있을 것이다.

교육 내적인 측면에서도 전쟁은 유의미하게 다루어져야 한다. 우리의 현재적 삶과 의식을 지배해 온 실제적인 현상이라는 점에서도 그렇고, 인류 보편의 가치 측면에서 다루어져야 할 대상이라는 점에서도 그렇다. 전쟁은 사랑, 죽음과 더불어 문학과 예술의 영원한 중심 주제였음을 보아서도 교육 내용의 한 대상으로서의 의미를 충분히 지니고 있다고 할 수 있을 것이다.

---

1) 교과서의 역사를 '금기의 역사'로 본 맥락에 대해서는 다음 논의 참조
   김동환, 「초본과 문학교육」, 『문학교육학』 26, 한국문학교육학회, 2008, 279~303면.
   김동환, 「<문장>지와 국어교육」, 『한국근대문학』 20, 한국근대문학회, 2009, 7~39면.

그럼에도 현재의 교육 현장에서 6·25 전쟁의 교육적 대상화의 양상
은 빈약하다. 전체적인 교과에서도 그러하고 국어교과에서도 그러하다.
전쟁이 우리의 삶은 물론이고 국어 문화에도 심대한 영향력을 미친 현
상임을 감안할 때 국어교과에서 밀도 있게 접근해 가야 할 대상이어야
한다고 믿는 입장에서 많은 아쉬움을 갖게 된다. 이번 학술대회의 기획
주제에 따른 논의의 출발점을 여기에서 마련하고자 한다.

2) 교육 현장의 양상들

국어교육의 자장 내에서의 6·25 전쟁 교육의 양상을 살피기 위해 두
가지 자료를 제시해 본다. 하나는 현직 국어교사를 대상으로 한 몇 가지
설문조사의 결과이다.[2] 다른 하나는 전쟁을 직접 겪은 교사의 전쟁 교
육과 관련된 태도에 대한 증언 자료이다. 설문의 결과와 증언 자료의 내
용을 정리하면 다음과 같다.

설문에 응한 교사들은 전쟁의 명칭에 대해 '한국전쟁' 40%, '6·25
전쟁' 51%(무응답 9%)의 비율로 응답했다. "1950년 6월 25일에 발발한
그 전쟁을 어떻게 부르는 것이 적절하다고 보는가?"에 대한 답이었다.
10% 정도의 교사들은 이유까지 밝혔는데 그 대부분은 '한국전쟁'으로

---

2) 이 설문은 경기도 교육청 국어과 1급 정교사 연수(2010. 8. 4 서울대 국어교육과)에 참여
   한 교사 170여 명을 대상으로 이루어졌다. 170여 명 중 130명이 응답해 주었다. 응답해
   준 선생님들께 감사를 드린다. 응답자들의 기본적인 사항은 다음과 같다.

교직 경력		연령대		재직교	
4년 미만	37%	20대 후반	43%	중 학 교	46%
4년차	42%	30대 초반	41%	고등학교	54%
5년차	14%	30대 중반	11%		
6년차	5%	30대 후반	3%		
7년 이상	2%	40대 이후	2%		

부르는 것이 부적절한 근거에 대해서였다. 이 명칭은 단순한 선택의 문제가 아니라는 점에서 6·25 전쟁에 대한 교사들의 인식의 양상을 엿볼 수 있다.

"중고등학교 시절에 그 전쟁에 대한 교육을 받았는가?"라는 질문에 대해서는 '어느 정도는 받았다' 51%, '별다른 기억은 없다' 43%, '충분히 받았다' 5%, '받지 않았다' 1%의 응답률을 보였다. 전쟁 교육이 의식 형성에 의미 있는 영향을 주지 않았다고 판단하는 것으로 해석할 수 있는 대목이다.

"'그 전쟁'에 대한 교육의 필요성"에 대해서는 '적극적일 필요는 없지만 의무적으로 이루어져야 한다' 53%, '적극적으로 이루어져야 한다' 35%, '필요에 따라 이루어지면 된다' 9%, 기타 3% 등의 응답률을 보였다. 자신들이 받은 교육보다 강화될 필요가 있다고 보는 시각이 드러나는 것으로 판단된다.

"'그 전쟁'에 대한 교육이 이루어져야 한다면 어느 교과에서 주로 담당하는 것이 바람직하다고 보는가?"에 대해서는 '교과 전반' 59%, '사회과' 29%, '국어과' 2%, 기타 10%의 응답률을 보였다. 6·25 전쟁이 전반적으로 이루어져야 한다고 생각하는 것으로 나타나는데 국어나 사회 이외의 교과 중 예술 교과와 외국어 교과를 제시한 것도 눈에 띈다. 일부 부기된 내용을 통해 추정하자면 국내외 전쟁 영화나 드라마 향유의 영향으로 판단된다.

"국어과에서 '그 전쟁'에 대한 교육을 다루게 된다면 어떤 제재를 통하는 것이 바람직하다고 보는가?"에 대해서는 '복합적으로' 59%, '문학 텍스트' 30%, '매체 텍스트' 8%, '비문학 텍스트' 3%의 응답률을 보였다. 다양한 속성의 텍스트를 통해 전쟁 교육을 다루는 것이 필요하다는 생각을 엿볼 수 있는데, '영화'와 같은 텍스트의 필요성을 부기한 응답이 상당수에 이른다.

이어진 "복합적으로 제재를 구성한다면 그 비중은 어떻게 하는 것이 좋다고 보는가?"에 대해서는 '문학─매체─비문학' 39%, '매체─문학─비문학' 19%, '문학─비문학─매체' 14%, '비문학─문학─매체' '매체─비문학─문학' 각 10%, '비문학─매체─문학' 8%의 응답률을 보였다. 문학의 비중 순위가 필자의 예상보다 낮은 것으로 나타났다. 확대 해석한다면 전쟁 교육에 적절한 '교과서용 문학 작품'이 빈약하다는 판단이 작용하고 있다고도 할 수 있을 것이다.

"'그 전쟁'에 문학 작품을 통해 접근해 간다고 할 때 어떤 작품을 추천하겠는가?"에 대해서는 다음과 같은 빈도로 응답했다(숫자는 복수 응답 수).

중 학 교 : 기억속의 들꽃 37 / 수난이대 30 / 학 12 / 장마 9 / 흰 종이
수염 8 / 학마을 사람들 7 / 목넘이 마을의 개 4 / 태극기 휘
날리며·공동경비구역 각 2 / 오발탄·휴전선·몽실언니·
국군묘지 앞에서·너와 나만의 시간 등
고등학교 : 장마 46 / 유예 31 / 비오는 날 19 / 광장 15 / 학 15 / 엄마
의 말뚝 12 / 병신과 머저리 12 / 태백산맥 11 / 오발탄 9 /
나목·그 많던 싱아는─ 각 6 / 휴전선·초토의 시 각 4 /
나무들 비탈에─·어둠의 혼·불신시대 각 3 / 노근리 그해
여름·마당깊은 집·목넘이 마을의 개·그 여자네 집·태
극기 휘날리며·웰컴 투 동막골·불꽃·일기·종군시 등

이 양상을 보면 현재 교과서에 실려 있는 작품들이 높은 빈도를 보이는데, 국정『국어』교과서의 영향력이 압도적이며 교사들의 대중매체 체험이 상당하게 작용하고 있음을 볼 수 있다. 국정 교과서 제재가 아닌

<유예>가 높은 빈도수를 보인다는 점, 교사 자신의 학습보다 교수 경험이 더 크게 작용했음도 드러난다. 그러나 많은 응답자들이 대상 작품을 자신 있게 추천할만한 독서경험이나 인식이 부족함을 부기로 '고백'하고 있음은 아쉬운 대목이 아닐 수 없다.

이 설문 결과를 통해 전쟁 교육의 한 축이자 '매개자'가 될 교사의 직·간접 '경험'과 '기억'의 양상에 대해 판단할 수 있는데, 교사—학생으로 이어지는 교육적 재생산의 구조를 고려할 때 이후 세대에서 전쟁 교육이 의미있게 이루어질지에 대한 우려를 떨쳐 버리기 어렵다는 생각이 든다.[3]

두 번째 자료는 필자가 3년 정도에 걸쳐 간헐적으로 수집한 것들[4] 중에 포함된 국어 교사의 증언 자료이다. 해당 내용 중 두 경우만 정리해서 제시하면 다음과 같다.

> 나는 13세 때에 전쟁을 경험했다. 남도지방에서 살던 나에게 전쟁은 처음에는 의외로 단순했다. 많은 피난민들을 겪으면서 세상에는 참 다양한 사람들이 있구나, 이런 것을 느끼게 해 준 사건이었다. 그러나 '빨치산'과 연관되는 지역적 특성 때문에 점차 깊숙한 생각을 갖게 되었다. 어릴 때 읽었던 외국의 전쟁 이야기와는 사뭇 다른 점을 느끼기 시작했다. 전쟁 속에 피어 난 사랑, 영웅적 존재로서의 장군들의 모습은 정말 남의 나라 이야기였다. 슬프고 이해할 수 없는 이야기들로 내 기억이 채워져

---

3) 설문 대상 교사들이 한 기수의 연수자들로만 구성되어 있다는 점은 약점이자 강점이 될 수 있을 것이라고 본다. 대상자가 지나치게 한정적이라는 점에서는 약점이나 이후 문학 교육의 중추적 담당자가 될 현재적인 교수 주체라는 점에서는 장점이 될 수도 있을 것이다. 상당한 기간 동안 이들의 영향력이 교육현장에 미치게 될 것이기에 현재의 양상에 대한 접근이 필요하다고 보았다.

4) 한성대학교의 '전쟁과 평화 연구소'의 한 연구에 참여하면서 얻게 된 채록 자료이다. 관련 연구 결과에 대해서는 다음 참조.
김귀옥·김동환 외, 『전쟁의 기억 냉전의 구술』, 선인, 2008, 189~219면.

갔다. 26세에 국어교사가 되면서 나는 내 기억을 점차 감추어야 했다. 60년대 중반 이후에 수업 시간에 전쟁을, 내가 겪은 전쟁을 이야기 할 수 없었다. 교과서에서 전쟁을 말하는 단원도 없었고, 교육과정에도 없었다. 한번은 어떤 희곡인가를(차범석의 '고구마' / 1965년 작 / 2차 『중학 국어』 소재—인용자 확인) 가르치면서 내 기억을 실어 보았다. 전쟁과는 관련 없는 이야기였지만 '고구마'와 얽힌 기억을 떠올리며 전쟁을 이야기했다. 슬픈 이야기였다. 다음 날 교장으로부터 호된 질책을 받았다. '전쟁 같은 것을 가르쳐서는 안 된다, 학생들의 정서에 맞지 않는다. 굳이 가르치려면 공산주의를 이기자는 방향으로 하라'는 것이 요지였다. 그 이후 내 기억은 시간과 더불어 교육현장에서 점차 희미해져 갔다.

— 2006년 당시 79세, 전직 국어교사

내 고등학교 국어 선생님은 학도병 출신이었다. 전쟁 당시에 20세의 대학생이셨다. 나와 선생님은 1960년대 말에 한 지방 도시 학교에서 만났다. 그 때 나는 17살이었고 선생님은 30후반에 접어들고 있었다. 열정적인 선생님은 늘 우리에게 전쟁에 대해 이야기하고자 하셨다. 전쟁은 인간이 성숙할 수 있는 계기이자 삶을 이해할 수 있는 곳이라는 요지였다. 교과서의 수필(이은상의 <피어린 육백리> / 2차 『고등국어』)에 대해 공부하면서 적이 된 친구와의 인연을 이야기하셨다. '인공 때'라는 말로 표현하며 적개심만을 강하게 내세우시는 부모님이 직접 겪고 이야기해 준 전쟁과는 사뭇 다른 것이었다. 그 차이 때문에 혼란스러웠다. 그리고 그 후 나는 70년대 말에 국어교사가 되었다. 나는 학생들에게 전쟁을 이야기하는 것이 조심스러웠다. 여전히 부모님과 선생님의 경험과 기억의 차이, 내가 이러저러해서 배운 지식들, 그리고 교과서의 전쟁 모습들 간의 간격 때문에도 그러했다. 내가 교과서 단원 내용 외에 덧붙여야 할 내용은 이런 식이었다. '내 선생님께서 기억하고 계셨던' '내 부모님께서 겪고 들려주신 이야기에 의하면'. 그런데 선생님이나 부모님의 경험이나 기억은 늘 같았던 것 같은데 내 '기억'은 늘 조금씩 달라져 가고 있었다.

— 2006년 당시 54세

이 증언 자료들은 전쟁 교육의 내용과 방법에 대한 한 시사점을 던져 주고 있다. 체험과 기억, 그리고 재생산된 기억들이 그것인데, 외적 시간의 개입에 따른 문제를 고스란히 드러내주고 있다. 현장 교사들의 설문 응답에 따른 문제와 더불어 오늘 이 시점에서 우리가 전쟁 교육의 필요성에 대해 공감하고 생산적인 논의를 해야 한다면 무엇을 어떻게 논해야 할지를 말해주는 것이라 판단된다.

3) 대상과 방법 개념으로서의 '기억'

필자는 이 시점의 한국 사회의 구성원들에게 전쟁은 '기억', '기억 + 지식(학습)', '지식(학습)'의 세 가지 형태로 자리 잡고 있을 것이라는 가설을 설정한 바 있다.[5] 전쟁이라는 현상으로부터의 시간적 경과와 담론구조의 영향을 고려한 때문이었다. 전쟁 교육에서도 이러한 가설의 구조는 여전히 유효할 것으로 판단하고 있다. 그것은 앞서 살펴본 자료에서 확인할 수 있듯이 교육의 구성체인 교사와 학생 모두에게서 전쟁은 체험의 대상으로 존재할 수 없는 현상이기 때문이며, 움직일 수 없는 시간적 거리가 이미 개입하고 있기 때문이다.

전쟁을 직접 겪은 세대가 현장에서 교육을 할 수 있는 물리적 시간은 이미 경과하였고, 앞의 증언 자료 두 번째에서와 같이 직접 체험자로부터 교육적 원천을 대물림 받은 경험을 바탕으로 삼을 수 있는 층도 매우 제한적인 시점이다. 이러한 시점에서는 교과서의 영향력이 최대치에 이를 수밖에 없을 것이다. 어떤 제재를 통해 어떤 방법으로 교육이 이루어

---

5) 위의 책, 190면.

지는가에 따라 그 교육적 결과는 사뭇 달라질 것이기 때문이다. 이번 학술대회의 주제와 같이 문학교육의 효용성이 다시금 주목되는 대목이기도 하다.

전쟁 교육에서 경험과 기억이 핵심어로 등장하게 되는 것은 필연적 현상이다. 다른 현상과 마찬가지로 전쟁이라는 현상은 그것이 하나의 언어적 표현행위로 전화되는 순간부터 '기억'이라는 정신현상이 작동하게 된다. 그런데 전쟁이라는 현상은 특히 공적인 표현물을 통해 기억으로 전화되는 양상이 매우 '선택적'이라는 점이 특징적이다. 전쟁은 광범위한 집단적 현상이며 공적인 형태로 표현되는 과정에서 직·간접으로 작용하는 요인들이 많고 크기 때문이다.6)

기억이라는 정신현상 활동은 대상과 방법의 차원에서 전쟁 교육, 특히 문학교육의 한 범주로서의 교육에서 주요한 기제로 작용하게 된다. 언어적 표현물을 통하게 된다는 점에서 '전쟁에 대한 기억'들이 교육의 내용이 될 것이며, 교육의 과정에서 기억에 의한 교수 학습이 한 몫을 차지하게 될 것이기 때문이다. 그렇다면 이 논의과정에서는 형성된 기억, 매개로서의 기억, 결과로서의 기억 등이 주요 대상이 될 것이다. 이를 다시 분류한다면 체험으로부터 생산된 기억과 교육의 과정에서 재생산된 기억으로 나눌 수 있을 것이다. 전쟁 교육에서는 공동체의 구성원으로 성장하

---

6) 선택적 기억이라는 용어는 필자가 다음 논의들을 살피는 과정에서 만들어 본 개념이다. 특히 월남가족과 월북가족의 경우를 예로 들어 '말하기와 침묵하기'의 양상을 고찰한 조은의 논의에서 시사받은 바가 크다.
조은, 「전쟁과 분단의 일상화와 기억의 장치」, 김귀옥 외, 앞의 책, 63~102면.
H. Bergson, *Matière et mémoire*, 앙리 베르그송, 홍경실 역, 『물질과 기억』, 교보문고, 1991.
윤택림, 『구술사 기억으로 쓰는 역사』, 아르케, 2010.
비교역사문화연구소, 『기억과 전쟁』, 휴머니스트, 2009.
남수영, 『이미지시대의 역사기억』, 새물결, 2009.

는데 필요한, 바람직한 기억의 재생산이 되어야 할 것이라는 전제에서, 그리고 교육의 한 방향성을 제시해 본다는 목표 하에 이 논의를 진행해 나가고자 한다.

2. 전사(前史)로서의 국어과 교과서에 표상된 기억들의 양상

전쟁 교육의 한 방향성 탐색을 위해 그동안 우리 국어교육에서는 전쟁의 기억들이 어떤 양상으로 자리잡고 있었는지를 국정 국어 교과서의 변천과정을 중심으로 살펴보고자 한다.

1) 집합적 기억과 기억의 공백

국어 교과서 중 처음으로 전쟁에 대한 접근을 시도하고 있는 것은 전시(戰時) 교과서에서이다. 현재까지 알려진 바로는[7] 전쟁 당시 문교부는 초등학교용 9종, 중학교용 3종 등 총 12종의 전시 교과서를 발행했다. 초등학교용은 『전시생활1(1·2학년용)』, 『전시생활2(3·4학년용)』, 『전시생활3(5·6학년용)』 등으로 나누어 각각 3종의 교과서를 제작했다. 1·2학년용으로 『비행기』, 『탱크』, 『군함』 등 3종, 3·4학년용 『싸우는 우리나라』, 『우리는 반드시 이긴다』, 『씩씩한 우리겨레』 등 3종, 5·6학년용

---

[7] 전시 교과서와 관련된 자료는 필자가 확인한 외의 경우 다음 저작들을 참조하였음. 특히 전갑주가 최근 공개한 자료들은 중요한 의미를 지니고 있다.
이종국, 『한국의 교과서 출판 변천 연구』, 일진사, 2001.
윤여탁 외, 『국어교육100년사 Ⅰ, Ⅱ』, 서울대학교출판부, 2006.
강진호 외, 『국어교과서와 국가 이데올로기』, 글누림, 2007.
전갑주, '나와 6·25', 조선일보, 2010. 3. 12.

『우리나라와 국제연합』, 『국군과 유엔군은 어떻게 싸워왔나』, 『우리도 싸운다』 등 3종이다. 중학교 교과서는 『침략자는 누구냐?』, 『자유의 투쟁』, 『겨레를 구원하는 정신』 등 3종으로 '전시독본'이라는 말이 덧붙여져 있다.

그런데 이들 교과서들은 기억의 측면에서 본다면 전쟁에 대해 집단적 기억을 유도하고 있다는 점을 지적할 수 있다. 아직 사물과 현상에 대한 인식 능력이 떨어지는 학생들에게 '현재 벌어지고 있는 전쟁'에 대해 '기억해야 할 방향'을 분명하고도 강력하게 전달하고 있다. 구체적인 내용의 예를 들어보면 이렇다.

초등학교 교과서에서 철수와 영이를 등장시켜 대화를 시키고 "군함 위에서 비행기가 떠오릅니다. 공산군을 쳐부수러 북쪽 하늘로 기운차게 날아갑니다. '만세! 만세!' 영이와 철수는 만세를 불렀습니다."라는 표현으로 마무리를 하는 방식들을 취하고 있는 것은 저학년용이다. 김 일등병 부대가 514고지를 넘어 '중공 오랑캐'를 무찌르는 과정을 실감나게 그리거나 '국군과 유엔군은 어떻게 싸워왔나?'라는 제하에 전쟁의 배경과 진행 과정을 소개하면서 '우리 군대는 어째서 후퇴하며 싸우게 되었던가'를 시작으로 '뜻밖의 침략을 막기 위하여 → 승리의 진군 → 한발짝 앞에 놓인 조국의 통일 → 새로운 침략자 중공군이 몰려오다' 순으로 소제목을 설정해 전황을 상세히 서술하고 있는 방식을 취하고 있는 것은 고학년용이다. 중간 중간에 삐라를 연상케 하는 그림들을 큼직하게 그려 넣기도 했다.

중학교 교과서는 전쟁에 대한 접근 시각이 보다 구체적으로 제시되고 있다. '침략자는 누구냐?'에서는 "흉물 김일성이가 초상집 개와 같이 자주 소련을 드나들다가 지령을 받아 6월 25일 고요한 강산을 포성으로 뒤흔든 것"으로, '자유의 투쟁'에서는 6·25전쟁을 '단순히 국군과 공산군과의 전쟁이 아니라 중공과 소련 세력이 번지는 것을 막기 위한 것'으로 규정하고 있다.

이 같은 전시 교과서는 '우리'라는 말을 매우 빈번하게 사용하면서 전쟁에 대한 기억을 형성시키고 있다. 거의 대부분의 내용들이 개인으로서는 파악하기 어려운 맥락에 놓여 있는 사항들을 제시하고 그것을 바탕으로 집단적 의식을 유도하고 있다. 학생들의 기억이 집단적 성격을 띠게 될 것임은 굳이 설명하지 않아도 될 것이다.

전쟁에 대한 접근은 전시 교과서 이후 1차 교육과정기(1955~1964)까지 발행된 교과서들에서는 두 편의 시와 한 편의 편지를 제외하고는 거의 공백에 가깝다. 필자가 현재까지 확인한 바로는 1952년에 발행된『중등 국어 2-Ⅰ』에 실린 유치환의 <원수의 피로 씻는 지역─서울 재탈환의 날에>와, 같은 해에 발행된『중등 국어 3-Ⅱ』에 실린 모윤숙의 <국군은 죽어서 말한다─나는 광주 산곡을 헤매다가 문득 혼자 죽어 넘어진 국군을 만났다>, 1953년에 발행된『중학 국어 2-Ⅱ』에 실린 이명온의 <일선에 있는 아들에게> 정도가 전쟁에 대해 언급하고 있을 뿐이다. 그외 사설 한편(같은 해 2-Ⅰ 교과서)을 통해 '전시에 미신행위와 사교를 물리치자'는 논지로 전쟁에 대한 언급을 하고 있을 정도이다.[8]

---

8) 1952년『중등 국어 2-Ⅰ』에 실린 오영진의 시나리오 '바다'는 밀수를 하는 '중화인민공화국 무리들을 소탕하는 한국 해군'의 무용담을 다루고 있고, 1954년『중학 국어 1-Ⅱ』에 실린 강소천의 '방패연'은 '38선을 만들어낸, 일제 36년보다 더 무서운 해방 후 5년'에 대한 적개심을 드러내는 소년의 이야기를, 같은 교과서에 실린 정비석의 '애국가의 힘'은 '38선 이북 동포들에게 애국가를 들려주는 감격의 장면'을 그려내고 있다는 점에서 전쟁과 무관하지는 않으나 우회적이고 간접적이라는 점에서 고려의 대상으로 삼지 않았다.

이들 교과서와 제재들은 전쟁의 후기에 편찬된 교과서임을 감안한다면 '매우 개인적인 감정의 격정적 토로'의 차원의 것이지 교육적 차원에서의 전쟁 기억의 형성과는 거리가 먼 것들이다. 이 시나 편지들에 쓰인 '우리의 군병'이나 '국군' '젊은이'는 실체라기보다 형해화된 우상에 가깝기 때문이다.

전쟁에 대한 접근을 시도하는 표현물이 전쟁 후 거의 10년 넘게 공백을 보이는 것은, 전시와 달리 전쟁에 대한 개인들의 기억이 강렬하게 주체적으로 작용할 시기인데다, 교과서에 게재하기 적절한 표현물(텍스트)을 찾기 어려웠던 사정이 작용한 것으로 판단된다. 교육정책의 주요 기조 중의 하나가 반공 이데올로기였음을 감안할 때[9] 다른 이유를 통해서는 전쟁에 대한 접근이 공백에 가깝다는 점이 설명되기 어렵기 때문이다. 전쟁에 대한 의식 형성의 바탕이 될 기억들의 전승 작용[10]이 제대로 이루어지지 않게 되는 계기를 제공하게 되었다는 측면에서 문제적인 시기였다.

2) 가공되거나 위장된 기억

전쟁 기억의 공백기를 거치고 난 후 1960년대 중반에서 1980년대 초반까지도 전쟁에 대한 바람직한 기억들을 재생산하는 데 필요한 교육적 방안들은 여전히 적극적으로 고려되지 않고 있었다. 그런데 이 시기에

---

9) 이에 대해서는 강진호 외, 『국어교과서와 국가 이데올로기』, 글누림, 2007; 정재찬, 『문학교육의 사회학을 위하여』, 역락, 2003 참고.
10) 교육에서 기억의 전승은 중요한 의미를 지닐 것이다. 앞서 살펴본 증언 자료에서도 전승의 문제가 드러나고 있다. 이 시기는 교과서를 통해 전쟁에 대한 기억의 전승이 가장 유의미하게 진행될 수 있었던 시기라는 점에서도 주목된다.

국어 교과서에서는 이와 관련하여 문제적인 인물 두 사람이 적극적인 역할을 담당하고 있었다. 이은상과 유치진이다.

이은상의 교과서 내 역할은 전시 교과서부터 시작해서 1980년대 초반의 교과서까지 주요한 필자로 자리매김되고 있다. 그리고 전쟁에 대한 기억의 형성에 상당한 영향을 끼친 것으로 판단된다.

우선 전시 교과서에서 이은상의 역할은 후경(後景)에 가깝다. 앞서 살펴본 전시 교과서 중 중학교용의 각권 뒷면에는 그의 시 <낙동강>과 <조국에 바치는 노래>가 실려 있다. <낙동강>의 내용은 다음과 같다.

> 보아라 신라 가야 빛나는 역사 / 흐르듯 담겨있는 기나긴 강물 / 잊지
> 마라 예서 자란 사나이들아 / 이 강물 네 혈관에 피가 될 줄은 / 오호 낙
> 동강 오호 낙동강 / 끊임없이 흐르는 / 전통의 낙동강 승리의 낙동강

이 시는 원래 노랫말로 6·25 전쟁 당시 낙동강 전선에서 혈전을 벌이고 있을 때 국민들의 사기를 진작하기 위해 만든 것이며 3절(전통의 낙동강, 승리의 낙동강, 희망의 낙동강)의 가사에 윤이상이 곡을 붙였다. 당시 국민학교 조회 시간에 이 노래를 부르기도 했으며 이 노래를 주제곡으로 해서 1951년에 제작해 52년에 개봉한 영화 <낙동강>이 탄생하기도 했다.11) 한편 <조국에 바치는 노래>는 전시 교과서의 후경 역할을 벗어나 1954년 『중학 국어 1-Ⅱ』에 제재로 자리잡게 된다.

이은상이 본격적으로 교과서 무대에 등장하는 것은 1952년에 발행된

---

11) 이승기, '추억의 봉래극장', 연합신문, 2005. 11. 17.
부산일보 2010. 5. 4 기사
그런데 이후 이은상 시비(낙동강변 소재)와 『조국강산』에 실릴 때는 뒤 3행이나 마지막 구절(승리의 낙동강)이 삭제되어 있다. 이를 통해 이 시가 교과서에 실리게 된 것이 전쟁 수행과 관련된 의미를 부여받았기 때문임을 짐작할 수 있다.

『중학국어 1-Ⅰ』에 실린 <화랑 소년 관창>과 <가고파>를 통해서이다. 이후 교과서의 주요 필자로 자리잡게 되는데 1965년 고등학교 국어 교과서에 실린 <피어린 육백리>가 그 절정에 해당한다.12)

<피어린 육백리>는 이후 4차 교과서(1984)까지 이어지면서 전쟁 기억의 형성에 영향을 미치게 된다. 이 기행수필은 10일간의 여정으로 이루어진 것으로 이 중 10일째 해당하는 내용이 교과서에 실리게 된다. 수십 편의 삽입시가 들어 있는 이 글에서 전쟁의 기억은 '감각적 현재화'의 양상을 보이고 있다. 10년이 지난 시점에서 전쟁은 한 시인의 서정적 글쓰기를 통해 고스란히 재현되는 듯 보인다. 그러나 거기에 담긴 전쟁 기억은 그 원천이 되는 전쟁의 모습이 철저하게 글쓰는 시점의 시인의 정서에 맞춰 재구성되고 있다는 점에서 온전하지 못하다. 삽입시의 존재가 말해주듯이 기억되어야 할 상황이나 장면들은 파편화되어 감정의 틀에 의해 다시 조립되고 있는 형국이다.

이성적이고 냉정해야 할 전쟁의 기억은 자연이라는 객체를 기반으로 한 '조국의 찬송가'13)로 흡수되면서 현재적으로 가공되고 있을 따름이다. 이러한 제재를 통한 전쟁 교육은 결국 전쟁에 대한 왜곡된 기억을 재생산하는 쪽으로 이어졌을 것으로 판단된다.

유치진은 1952년 발행된 『중학 국어 3-Ⅱ』에 실린 '원술랑'을 통해 교과서에 데뷔하게 된다. 광복 후 47년 2월까지 은둔에 가까운 모습을 보이다가 1947년 2월 <조국>으로 재기한 이래 가장 공적인 등장이라 할 수 있다.14) 이후 2차(1965) 중학교 교과서 Ⅰ, Ⅱ에 <별>과 <사육

---

12) 시조 <고지가 바로 저긴데>(1, 2, 3차 교과서)롤 통한 전쟁 기억의 형성에도 영향을 미친 것으로 볼 수 있으나 그 영향력은 <피어린 육백리>에 미치지 못하는 것으로 판단하였다.
13) 이은상, 『조국강산』, 평화당인쇄, 1974, 머리말.

신>이, 3차(1975) 고등학교 국어교과서1, 2에 <조국>과 <청춘은 조국과 더불어>가 연달아 실리면서 이은상과 더불어 주요 필자로 급부상하게 된다.

<청춘은 조국과 더불어>는 전쟁의 모습을 '애정(愛情)'이라는 감정 영역 속으로 전이시켜 형상화함으로써 바람직한 전쟁 기억과는 거리가 먼 미달형 기억을 재생산하는 데 기여하게 된다. 이는 '조국'을 통해 독립운동의 기억을 '모성(母性)' 속으로 전이시킨 것과 대비된다. 애정 관계로 인한 갈등 구조의 해결을 위기에 처한 조국에 대한 애국심으로 해결한다는 식의 접근은 형성 단계에 있는 학생들에게 전쟁의 모습이 지극히 개인적이고 파편화된 현상의 하나로 인식될 수 있도록 할 수 있다는 점에서 부정적 기억의 재생산 구조에 기여하는 것으로 볼 수 있다.

'자연'과 '애정'이라는 대상으로의 전이를 통한 전쟁의 형상화는 두 문인의 경력과도 무관하지 않을 것으로 판단된다.[15] 조심스럽기는 하지만 두 문인의 두 작품은 과거의 경력을 대중들의 기억 속에서 지우고 굳건한 반공과 조국애의 수행자로 인식되는 결과를 가져왔을 개연성을 부인하기 어려울 것이다. 이런 측면까지 고려하다면 이들 작품에 나타난 전쟁의 기억은 가공되거나 위장된 기억으로, '바람직한 기억'[16]의 재생

---

14) 김성현, 「해방 후 유치진의 연극이론 전개 과정과 남한 극계의 형성」, 『문학권력과 정전의 탄생』, 문학과비평 연구회 심포지움 자료집, 2003.

15) 이런 맥락은 '친일'의 문제와도 맞닿아 있을 것이다. 매우 선정적으로 들릴 수 있을지 모르나 '교과서를 통한, 반공을 앞세운, 친일 경력의 세탁'이라는 표현도 생각해 볼 수 있는 대목이다.

16) 분석적이고 논리적인 접근을 해가야 하는 논문에서 이러한 용어가 적절하지는 않다는 지적이 가능하다. 이 논의가 지닌 약점이기도 하지만 보다 보편적이고 학문적인 성격을 띤 개념을 현재로서는 제시하기가 쉽지 않다. '생산적 기억'이나 '활성화될 기억' 등의 용어를 떠올려 보았으나 그리 적합한 것은 아니라는 판단이다. 필자가 잠정적으로 설정한 것은 '이 시대의 시민으로서, 공동체의 구성원으로서 갖추어야 할 현실인식에 기여할 수 있는 기억' 정도의 의미이다. 추후 논의를 통해 적확한 개념을 설정해 보고자 한다.

산과는 거리가 있는 경우로 보는 것이 타당할 것이다.

3) 추상화되고 암호화된 기억

앞서 살펴본 작품들과 달리 전쟁 교육의 측면에서 긍정적인 기억의 재생산의 가능성을 열게 되는 작품들이 교과서에 실리게 되는 것은 4차 국어교과서(1984)에서야 이르러서이다. 황순원의 <학>이 4차 『고등 국어 3』에 실린 이후 하근찬의 <수난이대>와 <흰 종이 수염>이 각각 6차 『고등 국어 상』과 7차 『중학 국어 1-2』에, 윤흥길의 <기억 속의 들꽃>과 <장마>가 각각 7차 『중학 국어 2-1』과 『고등 국어 상』에 실리게 된다.

이 소설들은 앞선 시기의 작품들과 달리 전쟁에 대한 접근이 보다 의미 있게 이루어지고 있다는 점에서 전쟁 교육의 한 가능성을 엿볼 수 있게 한다. 그런데 이 소설들을 다루는 방향에서는 기대치와는 거리가 있어 보인다. '학습활동'이라는 내용을 통해 이 점을 확인해 보기로 한다.

〈흰 종이 수염〉
- 등장인물의 갈등 이유
- 사건의 전개와 감정 변화
- 배경과 주제

〈수난 이대〉
- 당대의 삶을 상징적으로 대표
- 작품이 상징하는 바
- 작품 결말이 지니는 전통성
- 전형적인 인물의 심리

〈기억 속의 들꽃〉
- 중요 사건 정리
- 성격 추측
- 제목의 이유
- 행동의 이유
- 글쓴이의 말하고자 하는 바
- 전쟁이 벌어지는 곳에 있다면 나의 삶의 변화는?

〈장마〉
- 구렁이의 상징적 의미 알아보기
- 외할머니 행동의 이유를 상황맥락과 관련하여 알아보기
- 할머니가 말할 (유언으로) 내용 추론해보기

위의 내용들을 살펴건대 학습활동을 통해 학생들이 수행하게 되는 학습은 전쟁 교육과는 거리가 멀다. 대부분 단원의 목표에 따라 이루어지며 단원의 목표가 전쟁이라는 현상과의 접합점이 크다 하더라도 너무 폭넓게 제시되고 있다. 전쟁 교육의 측면에서는 그 접근방향이 추상화되고 있는 셈이다.

예를 들어 〈장마〉 같은 경우 교사들은 전쟁 교육의 대상으로 매우 비중 있게 생각하고 있으나 실제 교과서에서는 다른 측면에서 접근할 것을 요구하고 있다. 단원의 목표가 '상황에 따라 말하고 쓰기'로 되어 있다 보니 전쟁과 관련된 문제는 애써 피해가고 있는 형국이 되고 있다. 소설사에서 〈장마〉가 차지하는 비중을 감안할 때 교육적 효용성이 매우 낮은 편이라 할 수 있다.

중학교용 작품으로 교사들의 추천 빈도가 가장 높았던 〈기억 속의 들꽃〉 역시 "삶과 문학"이라는 대단원명에도 불구하고 삶에 대한 접근이

추상화되어 있다. 삶의 모습을 인물의 행동을 통해 파악하는 정도에 머물고 있다. 중학교 학생들임을 감안하더라도 적극적인 접근이 아쉬운 대목이다.

다음으로 논의할 수 있는 부분은 '상징'의 문제이다. 예를 들면 <장마>에서 '구렁이의 상징적 의미' <기억 속의 들꽃>에서 '쥐바라숭꽃'이나 '반지'의 상징성 등에 대해 접근하고 있는데 이 상징들이 일차적인 차원에서 의미 해석의 대상이 되고 있음을 지적할 수 있다. 이는 <수난이대>나 <흰 종이수염>에서 인물이나 삶의 모습을 상징과 전형성의 측면에서 바라볼 것을 요구하는 맥락과 상통한다. 어느 쪽이든 텍스트 내적 체계를 통해서 확인 가능한 상징성과 전형성을 파악하는데 머물 수밖에 없는 접근이 이루어지고 있다.

문학교육 특히 소설교육에서 상징체계에 대한 이해는 중요한 활동의 목표이다. 그러나 그 상징이 전쟁이라는 현상과 관련되는 것이라면 문제가 달라진다. 구조적 차원의 유추나 논리적인 추론에 머물러서는 작품이 지닌 함량을 최대치에 이르게 하기에는 어려움이 많다. 전쟁과 관련된 체험, 경험, 전승된 기억 등이 부족하다면 그 상징은 하나의 장치에 불과하게 된다. 더욱 작가들조차 전쟁에 대해 조망하거나 통찰하기가 매우 어려운 일이라서 고도의 추상화나 상징화를 통해 전쟁을 형상화하게 되는 것이기에 학생들이 그 작품들을 통해 전쟁의 이해에 다다르기란 더욱 어려운 일이 아닐 수 없다. 인물의 침묵도 소설적 기억 방식의 하나라는 지적을 참조한다면[17] 그 어려움은 가중될 것이다.

현재와 같은 교과서에 실린 소설 작품들을 통해 제시되는 전쟁에 대

---

17) 심진경, 「이야기꾼의 두 가지 존재방식」, 『Paran21』 여름호, 2003, 89~120면.

한 이해는, 학생들에게는 일종의 암호 풀기와 같은 것이라는 판단을 하게 된다. 편찬자들이 학생들의 수준과 학습능력을 고려하여 고르고 고른 작품들이지만 전쟁에 대한 기억의 재생산구조 속에 놓여보지 못한 학생들에게는 전쟁을 형상화하고 있는 하나의 상징 또는 상징체계는 기호를 넘어 암호에 가깝게 느껴질 것이라 본다. 전쟁에 대해 지식(학습)의 결과물을 통해서만 접근해 갈 수 있는 필자 같은 경우에도 <장마>의 구렁이에 대한 해석은 난감할 수밖에 없다. 작가의 다른 작품인 '완장'에 등장하는 '완장' '죽창' 등의 기호에 대해서는 어느 정도 파악이 가능하지만 그나마 소년 시절에라도 전쟁을 겪은 작가의 기억으로 이야기되는 '구렁이'는 난해하기만 한 기호이자 암호이다.

최근의 교과서들에 실린 작품들이 추상화되고 암호화된 기억에 의지하고 있다고 보는 것은 물론 교육적 측면에서이다. 성인 독자들은 여러 기제를 동원해서 그 기억에 다가갈 수 있는 여지가 있기 때문이다. 그러나 학생들의 입장에서는 그러한 기제를 마련하기가 쉽지 않다. 현재의 학생들의 부모 세대는 물론이고 교사 세대도 이제 전쟁의 기억을 고스란히 전해줄 수 있는 세대가 아닌 것이 일차적인 어려움의 근거이다. 그래서 학생들에게 전쟁에 대한 바람직한 기억의 형성은 암호의 해독이라는 장애를 넘어서야 가능하리라 판단된다.

3. 기억의 전승을 위한 문학교육의 방향성

문학교육의 목표란 논자에 따라 충분히 다양하게 설정될 수 있을 것이다. 이 논의에서는 '공동체의 문화 전승'[18]이라는 기능적 목표에 주목하는 입장이다. 한국 사회에서 전쟁은 그 정체성이 부정적이든 긍정적으로 형성되었든 문화적 원천19)으로서의 의미를 지니고 있다. 그럼에도 불구하고 정작 교육의 현장에서는 교육내용으로서 별다른 위상을 갖고 있지 못하며 방법적 모색도 거의 이루어지지 않고 있다.

이러한 현상은 우리 교육 또는 교과서를 제어하고 있는 몇 가지 금기 중의 하나가 이데올로기이며 그 이데올로기의 근원이 전쟁이었기에 전쟁 자체에 대한 접근이 매우 조심스러웠기 때문에 빚어진 것으로 볼 수 있다. 그러나 이제는 그러한 금기로부터 벗어날 수 있어야 하며 일정한 정도의 환경 변화가 이루어졌다는 판단이다. 국정교과서의 폐지도 그 환경 변화의 하나로 볼 수 있을 것이다. 이제 전쟁의 기억이 공동체의 문화 전승이라는 문학교육의 목표에 따른 교육내용으로 적극적으로 수용되고 그에 따른 방법적 모색이 필요한 때이다. 그리고 그 방법적 모색의

---

18) 이 목표는 여러 차례의 교육과정에서 반복되어 설정되어 왔다. 그런데 가장 높은 단계에서 제시되고 있는 만큼 구체적인 전승의 내용이나 범위 등은 찾아보기 어려웠다. 필자가 생각하는 전승의 한 양상에는 기억도 포함된다. 구체적인 현상에 대한 기억이나 아주 낮은 단계로는 '작품을 읽은 기억'도 상정할 수 있다. 예를 들어 작품성이나 작가, 문학사적 평가의 측면에서 논란의 대상이 되곤 했던, 정비석의 '산정무한'이 국어교과서에 지속적으로 실리게 된 연유에 대해 이렇게 접근할 수도 있을 것이다. 할아버지-아버지-나로 이어지는 세대 간에 공통된 대화의 화제로 '나도 산정무한을 배웠다'는 기억을 들 수 있으리라는 생각이다. 이 세대 간에, 그 작품에서 무엇보다 먼저 떠오르는 현란한 수사나 감성적 문체 등을 기억하는 독자들로 참여하는 대화의 장이 형성할 수 있다면 이 역시 문화 전승으로서의 '기억'의 양상으로 볼 수 있을 것이다. 이런 발상은 다음 책의 저술과정에 참여하면서 얻게 된 것이다.
  김대행 외, 『문학교육원론』, 서울대학교출판부, 2000.
19) 이러한 접근은 문화에 대한 정의를 어떻게 내리느냐에 따라 달라질 수 있을 것이다. 여기서는 수많은 문화 논의 중, 문화를 산물(product), 관념(idea), 행동(behaviour)의 세 분야로 나누고 있는 Tomalin & Stemplski의 견해와 문화교육의 내용을 지식, 경험, 수행, 태도로 설정한 김대행의 견해를 근저로 삼았다.
  B. Tomalin, & S. Stempleski, *Cultural Awareness*, Oxford University Press, 1994.
  김대행, 「언어교육과 문화인식 : 한국어교육에서의 문화교육의 내용과 방법」, 국제한국언어문화학회 5차 학술대회 자료집, 2008. 5.

핵심은 앞서 제시한 기억 전승의 장애의 일차적인 원인인 암호의 '해호화'에 놓여야 할 것이라고 본다.[20] 이제 거칠게나마 그 방법적 모색의 한 방향을 제시해 보고자 한다.

1) 지식과 맥락의 활성화

현재 시점에서 전쟁은 현저하게 추상화된 맥락으로 작용하고 있다. 그 속성상 실체를 파악하기도 어렵지만 실체의 일부라도 경험한 세대들도 점차 현실에서 멀어져감에 따라 매개자의 역할을 수행하는 주체들의 존재감도 희미해져 가고 있다. 교육현장의 상황은 그 정도가 더욱 커지고 있다. 교사와 학생 모두가 실체로부터 멀어져 있다. 그러다보니 기억 전승의 양상은 밀도가 현저히 떨어지고 있다. 국어교육의 현장에서 문학작품에 기댈 수 있는 것이 최대치로 설정될 수밖에 없는 듯하다. 그러나 앞서 살펴본 바와 같이 문학작품의 속성상 또는 교육적 환경 상 교사나 학생들에게 암호화된 대상으로 수용될 가능성이 크다고 보았다.

---

20) 이와 관련해서 외국의 한국문학 연구자들이 가진 다음과 같은 견해는 이 전쟁 기억의 전승이 우리 문학교육의 범주를 벗어나 한국문학의 세계화와도 관련이 됨을 말해주고 있다는 점에서 주목할 필요가 있다. 물론 우리 사회에서의 전쟁의 교육적 대상화가 오히려 잘 이루어지지 않고 있음을 반성적으로 되돌아보게 한다는 점을 우선적으로 생각해야 할 것이다.
"한국문학을 처음 접했을 때는 남북분단이 한국문학에 있어 중요한 주제라는 것을 실감했고, 다른 작품들을 읽으면서 다양한 주제를 다루는 흥미롭고 열린 문학이라는 것을 느꼈다."(프랑스 파리 통번역대학원에서 소수언어 특별과정을 맡고 있는 주느비에브 루포카르)
"중국 학생이 한국어과 대학원까지 나와도 한국문학을 번역하기에는 부족함이 있다. 가령 한국의 수난사를 한 편의 소설로 녹여 넣은 하근찬의 '수난이대'의 경우 한국의 역사와 문화를 이해하지 못하면 제대로 번역하기가 쉽지 않다."(중국 지린대 교수 권혁률)
이 언급들은 2009년 9월 서울에서 열린 제3회 세계번역가대회에 앞서 이루어진 기자회견에서 제시된 것이다. 연합뉴스 2009. 9. 22 기사 참조.

이런 판단에서 이 논의에서는 전쟁이나 전쟁을 다룬 문학작품의 수용과 관련된 지식과 맥락의 활성화가 우선적으로 필요하다고 본다. 지식과 맥락이라는 개념을 동원하는 것은 현행 교육과정에 토대를 두고 논의를 진행하는 것이 필요하다는 판단에서이다.

이 논의가 구상한 지식과 맥락의 활성화는 크게 다음 두 가지이다.

첫째, 작가의 부활이다.

현재 우리 교과서는 '작가의 부재' 상태라고 할 수 있다. 문학 텍스트이든 비문학 텍스트이든 글쓴이에 대한 정보는 3~4줄 정도로 형해화되어 있다. 그나마 문학 텍스트는 조금 나은 편이다. 그러나 3~4줄 정도의 건조하고 압축적으로 기술된 정보는 최소한의 기능을 하기에도 어렵다. 특히 전쟁을 다룬 문학작품의 경우 체험과 기억의 소산이라는 점을 염두에 둔다면 더욱 작가에 대한 접근이 필요하다.[21]

현행 교육과정에서는 '문학작품에 나타난 사회문화적 상황과 관련지어 창작동기와 의도를 파악한다.'(9학년 문학) '문학 작품에 드러난 작가의 개성을 이해한다'(10학년 문학)는 성취기준을 두어 작가에 대한 접근 통로를 열어두고 있기는 하다. 그러나 이 성취기준들은 작품에 국한된 접근을 유도 하고 있어서 이 논의가 필요로 하는 접근과는 거리가 멀다.

전쟁을 다룬 작품을 창작하는 데 작용했을 관여 요소들, 전기적 사실들, 가치관이나 세계관, 창작적 경향 등의 내용들을 밀도있게 제시할 필요가 있을 것이다. 필자 개인의 생각으로는 적어도 해당 작가는 교과서

---

21) 교과서에서의 작가의 부활은 비단 이러한 측면에서만 필요한 것은 아닐 것이다. 필자는 '작가론과 국어교육'이라는 논의를 진행하고 있는데, 한 시대의 언어적 통찰력과 감수성, 수행능력의 최대치를 보여준다고 해도 무리가 없을 작가들의 능력을 인정한다면 국어교육에서 작가에 대한 보다 적극적인 수용이 필요하다는 전제하에 진행하고 있다.

의 한 쪽 정도를 할애하여 집중화시켜 다룰 필요가 있다고 본다. 그렇다고 설명적 텍스트로 구현할 일은 아니다. 작가의 경험담, 일화, 인터뷰, 비평 등을 다양하게 조직하여 제시할 필요가 있다. 그래야 암호화된 전쟁의 기억을 수용하고 재생산할 수 있는 최소한의 여지가 마련될 수 있을 것이다.

둘째, 문학사적 논의 결과의 자료화이다.

논자에 따라 다양한 접근이 가능한 부분이지만 전쟁문학 – 전후문학 – 분단문학 – 분단극복문학 등으로 이어지는 문학사적 논의 결과22)를 적극적으로 교과서에서 수용하여 제시할 필요가 있다. 전쟁과 같은 현상을 다룬 문학작품들은 개별적인 차원이 아니라 집단적인 작품군의 하나로 다루어지는 것이 타당하다고 본다. 전쟁이라는 현상 자체가 매우 복합적이면서 광범위한 영향관계를 형성하고 있는 것이기에 그러하며, 단편 중심의 교과서 편제의 속성을 감안할 때 그러하다는 판단이다.

문학사적 논의 결과는 지식 또는 맥락의 속성으로 자료화되어 제시될 수 있을 것이다. 학생들이 작품에 접근하기에 앞서 선학습해야 할 지식의 양태로 주어지거나 활동에 필요한 맥락의 양태로 주어질 수 있을 것이다.23) 문학사적 흐름에서 해당 작품이 차지하는 위상이나 의미망에 대

---

22) 문학사와 관련하여 논의의 구상과정에서 주로 참조한 것은 다음 저작들이다.
　　김윤식·정호웅, 『한국소설사』, 예하, 1993.
　　김재용·이상경·오성호·하정일, 『한국근대민족문학사』, 한길사, 1993.
　　민족문학사 연구소, 『새 민족문학사 강좌』, 창작과비평사, 2009.
23) 현행 교육과정의 지식과 맥락에 대한 논의가 활발하게 이루어지고 있는데 필자는 지식과 맥락을 어떤 단계에서 주어지느냐에 따라 구분하는 것이 바람직하다는 생각을 가지고 있다. 지식은 본격적인 학습 이전에, 맥락은 활동 단계에 주어지는 것이라 구분하는 것이 바람직하다고 본다.

한 정보 제공은 작품의 수용, 특히 자기화 또는 내면화가 밀도 있게 이루어질 수 있도록 해 줄 것으로 기대하고 있다.

이러한 지식과 맥락과 활성화는 고도로 상징화된 기호 체계로 이루어진 작품들의 수용이 보다 수월하게 이루어질 수 있게 할 것이며 기억의 재생산 구조에도 긍정적으로 작용할 수 잇을 것이라 본다.[24]

2) 보완 텍스트를 통한 확장

추상화와 암호화된 기억으로 이루어진 텍스트에, 불충분하게 형성된 매개자의 기억들이라는 장애 요소를 넘어 바람직한 전쟁 기억의 재생산으로 나아가려 할 때 상정해 볼 수 있는 또 하나의 접근은 텍스트의 확장일 것이다.

우선 텍스트의 구성적 다양성을 확보하는 일이다. 기억의 전승이 교육의 주요한 틀이어야 함에도 불구하고 온전하게 이루어지지 못한 것이 우리 교육의 현실이다. 여기에는 앞서 살펴본 전사의 이면에서 충분히 읽어낼 수 있었겠지만 교육적, 사회적, 정치적 제어 기제들이 작용하고 있었다. 반공을 이야기하면서도 정작 전쟁을 피해가게 되는 상황적 요인들, 전쟁 에 대한 침묵과 표명이 극명하게 엇갈리며 존재하는 요인들, 보편성으로 설명하기에는 너무 특수한 전쟁의 양상들로 인한 논리들이 어우러지면서 이런 현실을 배태해 낸 것이다. 그렇다면 기억의 전승은

---

24) 여기에 덧붙일 수 있다면 통합교과로서의 국어교과의 성격을 감안하여 범사회교과적 지식의 수용이 있을 것이다. 6 · 25 전쟁에 대한 교과서적 지식의 활용도 의미 있는 작용태가 될 것이라 본다.

또 다른 방식으로 추구될 필요가 있을 것이다.

논의의 진전을 위해 다음 작품의 일부를 살펴보기로 하자.

"사람이나 좀 똑똑히 쳐다보면서 얘기해요. 빨리 될 수 있소?"

그 녀석은 박씨 앞에 삿대질을 하듯이 또 거쉰 소리를 질렀다. 검초록색 잠바에 통이 좁은 깜장색 바지 차림의 서른 남짓 되어 보이는 사내였다. 짧게 깎은 앞머리가 가지런히 일어서 있고 손에는 올이 굵은 깜장 모자를 들었다. 칼칼하게 야윈 몸매지만 서슬이 선 눈매를 지녔고, 하관이 빠르고 얼굴색도 까무잡잡하다. 앞니에 금니 두 개를 해박았다. 구두가 인상적으로 써늘하게 생겼다. 구둣방에 진열되어 있는 구두는 구두에 불과하지만 일단 사람의 발에 신기면 구두도 그 주인의 위인과 더불어 주인을 닮아가게 마련이다. 끝이 뾰족하고 반들반들 윤기를 내고 있다.

헤프고, 사근사근하고, 무르고, 게다가 병역 기피자인 박씨는 대번에 꺼칠한 얼굴이 되었다. 처음부터 나오는 것이 예사 손님 같지는 않다.

"글쎄, 앉으십쇼. 빨리 해드릴 테니."

"얼마나 빨리 되어? 몇 분에 될 수 있소?"

"허어, 이 양반이 참 급하기도."

"뭐? 이 양반? 얻다 대구 반말이야? 말조심해."

앉았던 손님 두엇이 거울 속에서 힐끗 쳐다보았다. 그리고 거울 속에서 눈길이 부딪칠 듯하자 급하게 외면을 하였다. 세발대의 두 소년도 우르르 머리들을 이편으로 내밀고 구경을 하고 손이 빈 민씨와 김씨도 구석 쪽 빈 이발의자에 앉아 묵은 신문을 보다가 말고 몸체만을 엉거주춤히 돌렸다.

청년은 다시 이발소 안을 둘러보다가 그 눈길이 주인에게 가 멎었다. 주인도 여전히 양말 신은 두 발을 두 손으로 주무르면서 마주 올려다보았다.

"당신은 뭐요?"

"주인이오."

"주인이면 주인이지, 그 앉아 있는 꼴이 뭐요? 도대체에 이 사람들 정신이 있는 사람들인가. 때가 어느 땐지도 모르고, 이 사람들이."

"술 냄새가 약간 났으나 옳기는 한 소리인 것 같아서 주인도 후닥닥
일어나 섰다."25)

이 소설에서 작가는 전쟁이 어떻게 사회 구성원들의 의식 속으로 파
고들었는지를 '언어'를 통해 보여주고 있다. 의식의 측면에서가 아니라,
그리고 개인의 사화(私化)된 기억에서가 아니라 공동의 언어로 전승되고
있는 양태를 통해 전쟁의 모습을 형상화하고 있다. 이 사회에서 위력을
발휘하며 작용하고 있는 일종의 권력언어26)들이 실상 전쟁이 남긴 산물
들임을 통해 전쟁에의 접근통로를 열어놓고 있는 셈이다. 전쟁이 누군가
의 이야기이며 엿보기, 엿듣기의 대상이 아니라 나의 삶에 영향을 주고
있는 원천인 점을 알게 될 때 전쟁에 대한 이해는 보다 구체적으로 이루
어질 수 있을 것이라고 판단된다.

이러한 작품들과의 만남을 통해 학생들은 보다 구체적으로 암호의 해
독에 나설 수 있을 것이다. 즉 현재적인 삶의 모습과 연관되는 작품들과
의 접합이 분명하게 이루어져야 교과서 소설들을 통한 전쟁 기억의 재

---

25) 이호철, 「어느 이발소에서」, 『창작과 비평』 창간호, 1966.
26) '권력 언어(language based in the power)'라는 용어는 필자가 한국 현대 소설의 내적 형
    식의 문제를 검토하는 자리에서 제기한 바 있다. 그 내용을 간단하게 정리하자면 권력
    언어란 권력 관계에 의해 형성되거나 그 관계를 표현하는 언어라 할 수 있다. 문제는
    권력 관계를 어떤 범주에서 설정하느냐에 달려 있다. 이 논의와 관련되는 권력의 속성
    은 이렇게 정리할 수 있다. 권력이란 한 사회를 이끌어 가는 요소로 누구나가 그것을
    얻기 위해 노력하고 있다. 물론 이때의 권력은 우리가 흔히 발견하게 되는 정치적 권력
    만을 의미하지 않는다. 현재 국어교육의 주요한 바탕인 언어문화적인 측면을 고려할 때
    많거나 적거나 간에 다른 사람들의 시선이 나를 향하고, 나에게 동조를 하고, 나의 영
    향력 아래 놓이게 되고, 나의 어떤 요소를 부러워할 때 권력 관계가 형성된다. 제도에
    의한 힘, 경제력, 지식, 건강한 육체, 유머 감각 등도 그 예가 될 것이다.
    졸고, 「한국 소설의 내적 형식과 문학교육」, 『문학교육학』 6, 한국문학교육학회, 2000,
    141~157면.

생산이 긍정적으로 이루어질 수 있으리라 판단하는 것이다. 이와 함께 과거의 기억에만 머무르는 소설 외에도 그 기억들이 현재적으로 작용하는 양태를 형상화하는 소설들도 고려할 수 있을 것이다. 소년의 기억을 물리적 시간만 훌쩍 뒤로 물린 채 고스란히 제시하는 방식으로 형상화된 전쟁은 역시 엿듣기의 대상에서 크게 벗어나지 못할 것이다.

예를 들어 문순태의 '철쭉제' 같은 경우는 어릴 적의 전쟁 기억이 성인이 된 현실에서 어떻게 전화되면서 삶을 지배해 온 굴레와 같은 인식에서 벗어나 성숙된 의식을 가질 수 있는지를 여로구조를 통해 잘 보여주는 작품이다. 소년의 기억이 지닌 위험성이 어떤 것인지, 그리고 전쟁에 대한 개인의 기억이 어떻게 전환해 갈 수 있는지를 보여줌으로써 암호와 같은 작품들의 해호화(解號化)에 도움을 줄 수 있을 것으로 판단된다.

일기나 수필 같은, 보다 완화된 단계의 형상적 언어[27]를 사용하는 텍스트의 수용도 고려할 수 있다. 높은 단계의 형상적 언어들을 사용하는 작품들이 상징 등의 기호체계와 맞물리면서 암호에 가까운 텍스트성을 보인다는 판단에 따른 것으로, 앞장에서 제시한 교사들의 설문 결과에서도 이러한 텍스트의 필요성에 대한 지적이 나온 바 있다. 이런 텍스트들은 학습자들의 접근성과 수용성의 측면에서 경쟁력을 지니며 '기억'의 재생산구조와도 밀접하게 연관되는 구성 원리를 보인다는 점에서도 의미를 지닐 것이다. 교사들이 제안한 복합 매체적인 성격의 텍스트의 제시도 필요하다. 특히 학습자들이 쉽게 접근해 갈 수 있는 영화나 드라마는 선택적 학습활동의 자료로서도 유용할 것이다.

---

27) 여기에서는 'figurative language'의 번역어에 해당하는 의미로 사용하였다.

교과서의 구성적 한계 때문에 많은 수의, 분량의 작품을 다 제시할 수
는 없겠지만 보다 강화된 활동 중심의 방향성에 기댄다면 이와 같은 보
완 텍스트의 활용은 충분히 가능하리라 본다. 대체로 이해와 적용으로
이루어지는 활동 구조에서 이해와 적용 텍스트를 서로 보완 텍스트로
구성하는 방식이 그 예가 될 것이다.

3) 구술 자료의 활용

다음으로 제시해 보고자 하는 것은 '전쟁 기억의 구술 자료'의 도입
이다. 앞서 제시한 설문에서 마지막 항목은 구술사의 도입 필요성에 대
한 것이었다. "'그 전쟁'을 직접 겪은 당사자들의 '구술 자료'를 활용하
여 '그 전쟁'에 대해 접근해 가는 방법에 대한 생각"을 묻는 질문에
84%가 필요하다고 응답했으며 많은 응답자들이 자발적인 부기를 주었
다. '생생한 체험' '살아있는 목소리' '간접적인 경험' '현실성과 현장
감' 등의 이유를 덧붙였다. 물론 '편파성'에 대한 우려도 빼놓지 않고
지적해 주었다.

구술사에 대한 연구는 최근에 이르러 더욱 활발하게 이루어지고 있
다.[28] 구술사를 통해 필자는 거의 대부분 지식(학습)의 수준으로 유지해

---

28) 이 논의에서 참조한 주요 성과들은 다음과 같다.
　김귀옥, 「지역 조사와 구술사 방법론」, 『한국사회과학』 22, 서울대학교 사회과학연구원
　2000, 37~75면.
　김성례, 『한국 여성의 구술사, 젠더 경험 역사』, 서강대학교 출판부, 2004.
　숙명여자대학교 아시아여성연구소, 『한국여성인물사 1, 2』, 숙명여대출판부, 2004,
　2005.
　윤택림 외, 『문화와 역사연구를 위한 질적 연구방법론』, 아르케, 2004.
　윤택림, 『구술사 기억으로 쓰는 역사』, 아르케, 2010.

오던 전쟁에 대한 이해가 매우 큰 폭으로 전화된 경험을 갖고 있다. 교사들 또한 구술사의 기능과 속성에 대해 상당수가 잘 이해하고 있었으며 그 이해를 바탕으로 구술자료의 활용을 적극적으로 제기하고 있었다. 이같은 태도는 그동안의 전쟁 교육의 매개로 작용했던 소설 작품들에 대한 아쉬움과 교과서적 접근의 문제에 대한 의견 표명으로 판단된다. 구체적으로 교과서 내 학습 자료나 매체화한 보충 자료로 제시하는 것이 바람직할 것이라는 제안까지도 하고 있다.

구술사에는 분명 한 개인의 목소리가 강하게 담겨 있고 특수한 기억들로 채워져 있을 가능성이 크다. 그러나 현재적인 아픔과 문제로 받아들이고 있는 당사자들의 기억도 이제 얼마의 시간이 흐르면 사라지게 되고 우리 사회가 공유하는 전쟁에 대한 기억들은 점차 형해화된 것으로 나아갈 개연성이 크다. 그런 측면에서 온전한 기억의 존재방식인 구술사의 적극적인 도입을 제안하고자 하는 것이다.[29]

앞서도 말했듯이 한국의 작가들이 역량이 부족하여 전쟁 문학의 높은 경지에 나아가지 못한 것이 아니라, 6·25 전쟁 자체가 지닌 본질적인 속성 때문에 유년의 기억이나 아주 부분적으로 절연된 극한 상황을 형상화하는('유예'와 같은) 쪽에 머물러 있을 수밖에 없었을 것이라고 보는 필자의 입장에서는 소설의 암호화나 그 해호화로서의 문학교육은 상호 작용이 불가피한 것이라 보는 것이다.

---

29) 구술사를 수용하는 과정에서 고려해야 할 중요한 문제 중의 하나는 구술 자료가 내포하고 있을 개연성이 큰 개인적 편견과 같은 요소들이다. 구술사 작업의 속성 상 현재 일반적으로 접할 수 있는 자료들은 전쟁의 과정에서 빚어지는 공권력이나 지배집단의 폭력의 문제와 연관되는 측면이 많이 있다는 점에서, 학습자들이 균형감각을 유지할 수 있게 해줄 장치의 마련이 병행되어야 한다는 지적이 있었다. 이 논의를 구체화해가는 단계에서 충분히 고려하고자 한다.

4. 맺음말

한국 현대 사회의 구조적 정체성의 토대를 형성한 한 현상으로서의 의미를 지니는 6·25 전쟁은 공동체의 지속과 발전을 지향하는 교육의 자장에서 적극적으로 수용해야 할 대상이다. 그리고 이는 국어교육에서 보다 효율적으로 이루어질 수 있다고 보았다. 광복 이후 3년의 기간을 접어두면 현대사의 출발과도 같은 6·25 전쟁의 교육적 대상화는 매우 현실적이어야 할 필요도 있는 국어교육의 입장에서 충분히 유의미한 요소일 것이기 때문이다.

국어교육의 목표의 하나로 공동체의 문화 전승이 설정되어 있는 만큼 그 효율적 달성을 위한 방법적 모색이 보다 밀도 있게 이루어져야 할 것이다. 그럼에도 불구하고 우리 국어교육에서는 현대적 문화의 원천에 해당한다고 볼 수 있는 6·25 전쟁에 대한 접근에 대한 방법 모색은 그리 적극적이거나 심도 있게 이루어지지 않았다.

전쟁 후의 국어교육의 설계 당시부터 6·25 전쟁은 제반 외부 요인 및 내적 요인으로 인해 직접적인 대상이 되지 못했다. 그 결과 이제 교사와 학생 모두 전쟁에 대한 기억의 재생산 구조로부터 벗어나 있는 상황에 가까이 가있는 국면에 접어들었다. 원천에 대한 기억이 반드시 필요한가라는 반문도 가능하겠지만 그 원천이 일상문화를 제어하는 한 기제로서 작용해 왔으며 앞으로도 작용할 개연성이 매우 높은 상황에서는 다른 판단을 해야 할 것이다.

기획주제로 주어진 것이기는 하지만 '기억'이라는 존재는 사실 문학교육의 내용 요소로 구체화하기에 어려움이 많은 것은 사실이다. 그러나 그 기억을 하나의 공동체적 원리로 인식하고 접근한다면 사정은 달라질

것이다. 보다 다양한 논의를 통해 6·25 전쟁의 교육적 대상화에 따른
방법의 모색들이 활발하게 이루어질 수 있기를 기대한다.

강진호 외, 『국어교과서와 국가 이데올로기』, 글누림, 2007.

권순긍, 『역사와 문학적 진실』, 살림터, 1997.

권혁준, 『문학이론과 시교육』, 박이정, 1997.

김귀옥·김동환 외, 『전쟁의 기억 냉전의 구술』, 선인, 2008.

김귀옥, 「지역 조사와 구술사 방법론」, 『한국사회과학』 22, 서울대학교 사회과학연구원, 2000, 37~75면.

김동환, 「<문장>지와 국어교육」, 『한국근대문학연구』 20, 한국근대문학회, 2009, 7~39면.

김동환, 「초본과 문학교육」, 『문학교육학』 26, 한국문학교육학회, 2008, 279~303면.

김동환, 「한국 소설의 내적 형식과 문학교육」, 『문학교육학』 6, 한국문학교육학회, 2000, 279~303면

김성례, 『한국 여성의 구술사, 젠더 경험 역사』, 서강대학교 출판부, 2004.

김성현, 「해방 후 유치진의 연극이론 전개 과정과 남한 극계의 형성」, 『문학권력과 정전의 탄생』, 문학과비평 연구회 심포지움 자료집, 2003.

남수영, 『이미지시대의 역사기억』, 새물결, 2009.

동국대학교 한국문학연구소 편, 『전쟁의 기억 역사와 문학』, 월인, 2005.

민경남, 「중고등학교 분단소설 교육의 개선방안연구」, 경희대학교 석사학위논문, 2008.

변학수, 『문학적 기억의 탄생』, 열린책들, 2008.

부산일보 2010. 5. 4 기사.

비교역사문화연구소, 『기억과 전쟁』, 휴머니스트, 2009.

숙명여자대학교 아시아여성연구소, 『한국여성인물사 1, 2』, 숙명여대출판부, 2004, 2005.

심진경, 「이야기꾼의 두 가지 존재방식」, 『Paran21』 여름호, 2003.

윤여탁 외, 『국어교육100년사 Ⅰ, Ⅱ』, 서울대학교출판부, 2006.

윤택림 외, 「문화와 역사연구를 위한 질적 연구방법론」, 아르케, 2004.

윤택림, 『구술사 기억으로 쓰는 역사』, 아르케, 2010.

이승기, 「추억의 봉래극장」, 연합신문, 2005. 11. 17.

이승희, 『한국 사실주의 희곡, 그 욕망의 식민성』, 소명출판, 2004.
이종국, 『한국의 교과서 출판 변천 연구』, 일진사, 2001.
전갑주, 「나와 6·25」, 『조선일보』, 2010. 3. 12.
정재찬, 『문학교육의 사회학을 위하여』, 역락, 2003.
조희정, 「교과서 수록 현대 문학 제재 변천 연구」, 『국어교육학연구』 24, 국어교육학
　　　회, 2005, 435~481면.
차혜영, 「국어 교과서와 지배 이데올로기」, 『상허학보』 15, 상허학회, 2005, 99~128면.
Bergson, H., *Matière et mémoire*, 앙리 베르그송, 홍경실 역, 『물질과 기억』, 교보문고,
　　　1991.
Tomalin, B. & Stempleski, S., *Cultural Awareness*, Oxford University Press, 1994.
* 교과서 및 작품 관련 자료는 본문 참조.

제 6 장

전후 소설에 나타난 남성성의 문제와 문학교육적 함의

―서기원·손창섭 소설을 중심으로―

노 지 승

인천대학교 국어국문학과

1. 전쟁과 젠더 그리고 문학교육

극한의 비일상적 체험인 전쟁은 그 누군가의 기억 속에 트라우마로 자리 잡을 수밖에 없고 문학은 그 트라우마를 재현한다는 점에서 문학은 누군가의 기억에 의해 재구성된 역사이다. 한국 전쟁의 경우 발발한 지 60년이 지나 그것을 직접 체험한 사람들은 하나 둘 줄어들고 있지만 50년대는 물론 휴전이 된 이후 지금까지도 한국사회를 만성적인 '피난사회'로 만들었다는 언급처럼[1] 전쟁은 한국 사회를 지독한 경쟁과 결핍으로 구조화했다. 이른바 근원적 악이라 할 수 있을 만큼 한국사회를 본질적으로 변화시킨 사건이기에 한국 전쟁은 분단국가에서 현재를 살고 있는 사람들의 삶에 여전히 영향력을 행사하고 있는 것이다. 한국 전쟁이라는 트라우마가 시대마다 형식을 달리하여 반복적으로 출현할 수밖에 없는 이유는 여기에 있다. 이러한 관점에서 보면 50년대 이후 한국 문학은 간접적으로 '전후문학'의 범주에 들고 있다고 해도 과언이 아니다.

전쟁을 제재로 다룬 작품들이 교과서에 반복적으로 등장할 수밖에 없는 이유도 넓게는 이러한 이유에서 기인한다. 그런데 교과서는 조금 특별한 유형의 '문학사(文學史)'이다. 그것은 제도로서 성인이 되기 이전에 '읽어야 할' 그리고 '기억해야 할' 작품을 수록하고 있다는 점에서 그러

---

1) 김동춘, 『전쟁과 사회』 개정판, 돌베개, 2009, 121면. 김동춘은 전쟁 중 민중들의 비난 체험은 단지 일회적인 것이 아니라 만성적인 사회 현상으로 구조화되어 한국 사회를 '피난사회'로 만들었다는 뼈아픈 지적을 한다.

하다. '기억할 만한' 문학사적 가치와 '읽을 만한' 교육학적 가치가 만나는 지점에 놓인 작품들이 바로 교과서에 수록된다. 이 두 가치가 때때로 충돌할 경우도 있다는 점이 교과서를 특수한 문학사로 만든다. 문학사적으로 의미 있다고 평가되더라도 지나치게 선정적이거나 파괴적이거나 잔인한 작품은 교육적으로 매우 신중하게 접근되어야 하기 때문이다. 대체로 교과서에 수록되는 작품들은 문학사적 가치와 교육학적 함의를 동시에 갖추고 있거나 이것이 충돌할 경우 적절한 지점에서 타협할 수 있는 작품으로 선정되고 있다.

기존의 국어교과서에 수록되어 있는 현대 소설 중에서 50년대와 전쟁 제재는 대체로 두 가지 분류가 가능하다. 하나는 50년대의 시점에서, 전쟁과 전후 사회를 소재로 창작되어 발표된 작품을 대상으로 하는 것이며 다른 하나는 50년대와 전쟁을 기억으로서 다루는 60년대 이후의 작품을 대상으로 하는 것이다. 건국기로부터 7차 중등 교과서까지 수록된 작품들 중에서 50년대와 전쟁 그리고 전후 사회를 다룬 작품들은 크게 이 두 가지의 범주에 속하고 있다. 7차 중등 교과서에 실린 소설들[2]만을 대상으로 할 경우, 이범선의 <오발탄>(1959), 하근찬의 <흰 종이 수염>(1959)이 전자의 범주에 속하고 70년대에 발표된 윤흥길의 <장마>, <기억 속의 들꽃>이 후자의 범주에 속한다. 구인환의 <숨 쉬는 영정>(1977) 역시 여전히 진행되고 있다는 분단과 전쟁의 아픔을 그리고 있다는 점에서 50년대와 뿌리 깊게 연관되어 있다고 할 수 있다. 이들 작품들은 성인이든 소년이든 전쟁이라는 극한의 비일상이 주는 고통을

---

2) 중등 교과서에 수록된 현대문학 제재는 조희정, 「교과서 수록 현대문학 제재 변천 연구」, 『국어교육연구』 24, 국어교육학회, 2005, 435~448면에 정리되어 있는 것을 바탕으로 하였다.

그려내고 있다는 점에서 일관적이라 할 수 있다. 그 고통의 내용은 대체로 가치 상실과 궁핍, 전쟁으로 인한 가족의 불화와 이산(離散)으로 모아질 수 있는데 이러한 고통의 내용은 반드시 '누구의 고통인가'라는 질문을 내포하고 있다. <오발탄>은 무기력하기만 한 '지식인'의 고통이며 <흰 종이 수염>이나 <장마>, <기억 속의 들꽃>은 전쟁으로 인한 세상의 부조리를 일찍 깨닫게 되면서 겪게 되는 '어린 소년'의 성장통이다. 즉 고통의 내용에는 반드시 그 주체가 기입되어 있다고 할 것이다.

이러한 특정한 '주체'는 수용적 맥락으로 보자면 독자가 작품을 읽으면서 사건을 대리 경험하게 되는 눈(eye)의 소유자이다. 독자들은 지식인의 눈으로 혹은 어린 아이의 눈으로, 군인의 눈으로 전쟁이 끼친 영향을 보면서 그것을 대리체험하게 된다. 기존의 문학교육에서 누락된 주체의 눈 혹은 해석적 주체의 눈이 있다면 그것은 바로 '젠더(gender)'의 눈이라 할 수 있다. 특정한 사건을 남성의 시선으로 혹은 여성의 시선으로 대리 체험하고 그 시선과 그 시선을 소유한 인물의 정체성에 어떠한 특징이 있는가를 읽어내는 것이다.

실제로 1950년대 전후 문학은 이러한 젠더 정체성의 문제로 읽어내었을 때 새로운 해석의 지평이 열릴 수 있다. 특히 전후에 등장한 신세대 소설가라고 할 수 있는 손창섭, 장용학, 이범선, 서기원, 오상원 등에게서 이 지점은 두드러진다. 이 글에서는 이것의 정체를 밝히기 위해 '남성 정체성'의 변화라는 점에 착목하여 전후 소설을 읽어내면서 이러한 젠더 주체에 초점을 맞추어 작품을 읽고 해석하는 것이 문학교육에 있어서 어떠한 함의가 있는지를 언급하고자 한다.

그렇다면 왜 전후 문학에 있어서 이러한 새로운 해석의 시선이 필요한 것인가. 그것은 전쟁 체험이 젠더 정체성에 어떤 영향을 주기 때문이다. 전쟁과 젠더에 관해 와카쿠카 미도리는 모든 전쟁이 여성을 배제한 남성 동맹에 의해 수행되며 남성들의 유대감과 동지의식을 전제로 하고 있다고 말한다.3) 전쟁 수행의 이데올로기에는 젊은 남성들에게 영웅의식을 고취시켜 전쟁터에 나가게 하고 이를 기피하는 남성들을 비겁한 사람으로 몰며 전쟁에 참여하지 않는 여성들을 타자화하는 논리가 깔려 있다는 것이다. 와카쿠카의 이러한 언급에는 전쟁이 사회적 구성물로서의 '젠더' 정체성에 영향을 행사한다는 점이 암시되어 있다. 전쟁을 통해 남성들은 이미 그들의 정체성의 일부로 존재해 있던 남성들의 동지의식과 남성다움을 증폭시킬 것을 요구받는다.

다른 한편으로 전쟁이 여성들의 삶에 많은 변화를 초래한다는 점은 이미 잘 알려진 바이다. 후방에서 남성들의 빈자리를 메우기 위해 남성들의 일을 하기 시작하면서 여성들은 더 이상 사적(私的) 영역에만 머물 수 없게 된다. 더욱이 한국 전쟁 후, 기혼 여자의 10분의 일이 미망인이라는 통계4)가 의미하듯 남성 대신 전후 생업 전선에 뛰어든 미망인들의 존재는 전후 사회의 혼동과 고난을 상징하는 것이기도 하다.

전쟁이 개시되고 그 전쟁을 수행하기 위한 이데올로기로서의 남성다움이 강화되듯이 전쟁은 전통적인 젠더 이데올로기와 젠더 정체성을 한층 굳건히 하는 듯하다. 그러나 이러한 공고함은 전쟁 '후'에 균열과 혼란을 보인다. 이 점은 여성과 남성 모두에게 해당된다. 19세기 미국의 남북 전쟁 당시 남부 상류층 여성들이 전쟁 전에 자신들이 지니고 있던 상류층다움이 위기에 처하자 남부여성성의 의미를 재정립하고 새로운

---

3) M. Wakakuwa, *戦争とジェンダー : 戦争を起こす男性同盟と平和を創るジェンダー理論*, 와카쿠카 미도리, 김원식 역, 『사람은 왜 전쟁을 하는가 : 전쟁과 젠더』, 알마, 2007 제3장 '남자다움'과 전쟁 시스템 참조.
4) 이임하, 『전쟁미망인, 한국현대사의 침묵을 깨다』, 책과함께, 2010, 23면.

자아의식을 갖게 되었듯,[5] 한국의 미망인들도 여성성 혹은 여성적 역할의 고통스러운 재정립을 겪었다. 그런데 '남성'들은 어떠한가. 한국 전쟁의 체험이 남성들에게 어떤 변화를 주었는가. 이러한 질문을 갖고 대개는 남성인 전후 작가들의 소설을 읽게 되면 그 소설들이 드러내는 실존적 고민 혹은 전쟁의 아픔이 남성적 정체성의 변화 혹은 균열에 직접적인 관련을 갖게 된다는 점을 알 게 된다. 이러한 변화와 균열은 전쟁 전에 등단했던 기성작가들보다 전후에 등장한 젊은 신세대 작가들에게서 보다 본질적이다.

그렇다면 전쟁은 '남성'들을 어떻게 변화시켰고 소설은 이러한 젠더 정체성의 문제를 어떤 형식으로 다루고 있는가. 우선 전쟁에 참여함으로써 가해자인 동시에 피해자가 되었던 '제대군인'들에 주목하여 이야기를 풀어나가 보자. 다음은 60년대 김승옥의 소설 <재룡이>의 일부이다.

> 일하기를 싫어하는 게으름뱅이가 되고 이상한 잠버릇을 가진 잠꾸러기가 되었다는 정도로만 변해주었다면 아직도 다행이었을 것 같다. 노파로서는 가장 믿고 싶지 않고 그런 만큼 차라리 돌아오지 않았더라면 하는 생각이 들 만큼 엄청난 재룡이의 변화는 그가 인정머리 없고 사납고, 세상 무서운 줄 모르고 날뛰는 사람이 되어버렸다는 것이었다. 설상가상으로 술과 계집에 환장하기조차 한 것 같아 보였다.[6]

김승옥의 <재룡이>(1968)는 시골의 머슴인 '재룡이'가 서커스 구경 갔다가 갑자기 헌병에 의해 납치되다시피 군대에 끌려간 후 전쟁터에서 사투를 벌이다가 귀향하는 이야기이다. 제대군인이 되어 고향에 돌아온

---

5) D. G.Faust, *Mothers of invention*, 드류 길핀 파우스트, 박현숙·안혜원 역, 『시련에 맞선 여성들—미국 남북 전쟁 시대 남부 특권 계급 여성들의 이야기』, 솔과학, 2008, 23면.
6) 김승옥, <재룡이>, 『김승옥 전집2』, 문학동네, 1995, 217~218면.

그에게 더 이상 이전의 부지런하고 순박한 모습을 찾을 수 없다. 그는 게으르고 사납게 되어 술과 여자를 밝히며 더 이상 헌병 따위는 무서워하지 않는 모습으로 변화되었다. '재룡이'의 남성다움은 과도하게 증폭된 나머지 아무도 그를 제어하지 못할 정도로 폭력적인 모습을 보이게 된다. 소설은 픽션이지만 개인들의 생생한 체험과 기억을 드러낸다는 점에서 이미 역사이다. 1960년대 후반의 소설 <재룡이>가 포착한 50년대적 현실은 '전쟁'이라는 명분 아래 개인에게 가해진 국가의 공권력이 한 시골의 무지렁이를 어떤 '괴물'로 만들고 있는가에 관한 것이다.

1950년대에 문학과 현실에 있어서 귀향한 '제대군인'의 문제는 너무나 중요한 것이었지만 50년대 문학은 60년대 후반에 발표된 <재룡이>에서와 같이 철저하게 외부적 시선으로 제대군인 '재룡이'의 문제를 그려내지는 못했다. <재룡이>에서 마을 사람들은 시골 무지렁이 제대군인 재룡이에 대한 연민보다는 그의 변화를 낯설어하는 태도를 보이고 있으며 그의 문제를 철저하게 '남'의 문제로 다루고 있다. 이와는 달리 50년대에 있어서 돌아온 '제대군인'은 전쟁 그 자체이기도 했고 과거라기보다는 '현재' 전후 사회가 당면한 가장 큰 혼란스러움이기도 했다. 한국전쟁과 여기에 참여한 군인들을 객관화할 만한, 혹은 거리를 둘 만큼의 시간적 거리가 확보되지 않았기 때문이다. 많은 제대군인들이 살길이 없어서 각종 범죄를 일으키거나 스스로를 비관하여 자살하기도 했는데 50년대에 있어서 제대군인들이 내면적으로 겪었을 절박함은 '자애를 베풀어 달라는' 다음과 같은 호소에 잘 녹아들어 있다.

조국의 통일을 위해서 싸웠던 우리 젊은 제대 군인은 오늘도 하루살이와 같이 거리에서 헤매고 있다. 이것이 통일 완수를 이룩하지 못했다는

죄의 대가인가 그렇지 않으면 우리가 금일의 실업자 되기 위한 길을 自
招한 것인가. 거리에는 눈부신 사치품이 흘러넘치고 있지만 이것을 애용
하는 사람은 그 누구이며 많지도 않은 우리의 工場은 문을 닫히게 되는
이 현실이 무엇에 결함이 있는 것인가. (…중략…) 국민들이여! 위정자들
이여! 우리에게 자애 깊은 손길을 베풀어다오! 그리고 職場을 다오! 수
은 상이용사들이여! 제대장병들이여! 우리는 다같이 우리의 노력과 땀으
로 값있는 삶을 개척하자!7)

50년대 전후 소설은 위의 인용문이 보이는 바와 같은 제대군인들의
절망스러움, 막막함, 절박함을 기반으로 하고 있다. 영웅적 사명감으로
'통일'을 위해 싸웠지만 돌아오는 것은 냉대와 차별과 궁핍뿐이었다. 이
는 제대군인들만의 문제가 아니다. '전쟁'을 어떤 방식으로든 경험한 모
든 남성들 역시 '제대군인'들과 유사한 문제들을 공유한다. 전후 대부분
의 남성들이 실업자로 거리를 배회하거나, 건달로서 주먹을 휘두르며 살
거나 직업이 있어도 지독한 세궁민이거나 매춘부 여성에게 기생해서 살
거나 혹은 '대학생'으로 위장한 병역 기피자였다고 해도 과언이 아니다.
'제대군인'의 문제는 이들 남성들이 처한 위기감을 상징적으로 드러내고
있었던 것일 뿐, '유일한' 문제는 아닌 셈이다.

이러한 역사적 배경에 가반하고 있는 50년대 전후 소설들은 남성들로
하여금 스스로의 남성적 주체됨에 의문을 던지게 하는 서사적 구조를
갖고 있다. 여기에는 두 가지의 방향성이 있다. 하나는 '군인'을 중심으
로 전쟁을 통해 성립된 군사적 남성성의 균열을 보여주고 있는 소설들
이다. 서기원의 소설들이 이러한 대표적인 사례라 할 수 있다. 다른 하
나는 '남성'으로의 정체성 구축에 실패하다시피 한 남성인물을 중심으로

---

7) 「讀者의 소리－제대군인에게 직장을 다오」, 『조선일보』, 1955. 6. 28.

남성다움 자체의 결여와 남성 공동체에 대한 본질적인 회의를 보여주는 소설들이다. 손창섭의 여러 소설들이 바로 이러한 유형을 대표한다고 할 수 있다.

2. 폭력적 남성성과 성찰적 남성성
─〈암사지도〉, 〈이 성숙한 밤의 포옹〉, 〈전야제〉

서기원 소설들뿐만 아니라 전후 소설들에서 (제대) 군인들은 가장 문제적인 남성성을 보여준다. 이들의 문제는 열패감에 사로잡혀 있다는 것인데 이 열패감은 주로 여성에 대한 폭력으로 표출된다. 추식(秋湜)의 〈인간제대〉(『현대문학』, 1957. 7)에서 제대군인이 자신의 울분을 아내에게 쏟아 부어 결국은 아내를 살해하는 경우도 이러한 경우이다. 이 소설의 주인공이 겪는 전쟁과 아들의 죽음 그리고 실직 등 일련의 상황들은 감당하기 어려운 시련이기는 하지만 이 시련에 무너진 한 개인이 열패감과 피해의식을 왜 하필 '아내'에게 쏟아내는 것일까. 이러한 인물들은 자신의 주체됨이 흔들리거나 상실될 때 그것을 곧 남성다움의 상실 혹은 남성으로서의 위기로 받아들이기 때문이다. 주체됨을 곧 남성됨과 등치시키는 전략은 남성 중심 사회에서 자연스러운 것으로 받아들여져 왔던 믿음이며8) 약자에게 행사하는 폭력은 이러한 믿음이 붕괴되면서, 상

---

8) 이 글에서 남성성 혹은 남성다움이란 차별화된 사회공간에서 유래한 역사적 구조들로, 행위자들이 경험에 의해 습득됨으로써 사회적으로 재생산되는 특질이기도 하다. 남성의 특징을 구성하는 자질들은 지배, 위, 능동, 강함, 높음 등이다. 윤리적 측면으로서의 남성성은 남성으로서의 위신을 지키며 명예를 보전해야함을 의미하지만 동시에 남자로서 기대되는 성적임 힘 역시 포함하고 있다.

실된 남성성을 보상하려는 심리와 연동되어 있다.

이러한 맥락에서 보면 서기원의 소설들의 남성 인물들은 남성 공동체의 균열과 폭력적 남성성을 반성적으로 바라보면서 동시에 '건전한' 남성성과 남성 공동체의 회복을 추구한다. 이때의 건전한 남성성이란 공동체의 의해 인증되고 발현되는 '우정'과 여성에 대한 남성의 '책임감'에 기반을 두고 있다. 서기원의 등단작인 <암사지도>에서 형남은 제대 후 갈 곳이 없던 차에 군대 전우였던 상덕을 찾아간다. 고압적인 중대장 밑에서 미대생이었던 형남과 법대생인 상덕은 대학생이라는 데 서로 동질감을 느껴 친해진 사이였다. 군대라는 남성공동체 속에서 두 사람은 서로를 의지하는 사이가 되었고 그러한 인연은 제대 후에까지 이어진다.

한편 상덕의 집에는 영화관에서 우연히 만나 상덕을 따라온 후 살림을 돌보며 그의 동거녀 최윤주가 살고 있다. '윤주'는 50년대 소설은 물론 영화나 잡지 등에서 종종 문제화되었던 '아프레 걸'의 한 유형이다. 전통적인 여성들과는 달리 성의식에 있어서 자유분방한 여대생, 양공주, 유한마담 등이 포함되는 아프레 걸[9]은 모든 것이 무너져 버린 전후 사회의 특징을 잘 표현하고 있는 여성 인물 유형이다. 윤주의 경우 자유로운 성의식 때문이라기보다는 전쟁으로 인해 모든 것을 잃고 어쩔 수 없

P. Bourdieu, *Domination masculine*, 피에르 부르디외, 김용숙 역, 『남성지배』, 동문선, 2003, '신체의 사회적 구축' 참조.

9) 아프레 걸은 성적으로 자유분방한 전후의 여성들을 가리키는 말로 전후파(戰後派)를 의미하는 프랑스어 아프레 게르(apre gurre)에서 나온 것이다. 아프레 게르는 아프레 걸(girl)로 바뀌어 통용되었다. 아프레 걸이란 용어는 특정한 집단이나 지시대상이 있다기보다는 전통적인 여성 범주에서 벗어난 부정적인 다양한 여성들을 가리키는 용어로 사용되기도 하였다. 전후 '아프레 걸'에 대한 이러한 언급은 최미진, 「1950년대 신문소설에 나타난 아프레 걸」, 『대중서사연구』 18, 대중서사학회, 2007, 123면; 김은하, 「전후 국가 근대화와 '아프레 걸' 표상의 의미」, 『여성문학연구』 16, 한국여성문학학회, 2006, 191면을 참조하였다.

이 거리를 배회하는 여성이었고 그녀가 살아남을 수 있는 유일한 방법
은 집이 있는 독신남자를 따라가는 것이었다. 동시기 손창섭 소설에서의
<생활적>의 '춘자'나 <피해자>의 '순실' 역시 처지는 약간씩 다르지만
전쟁 후 이들 여성들이 목숨을 보전할 수 있는 유일한 방법으로서 남성
과의 동거를 택하게 된다는 점에서 '윤주'와 비슷한 처지에 놓여 있다.

한편, 형남과 상덕의 우정 혹은 남성적 연대의식은 전쟁터라는 절박한
상황에 그들이 처해 있었기 때문이기도 하지만 군대 생활 때부터 종종
'여자'를 공유함으로써 다져진 것이었다. 그들에게 있어서 '여자'의 공유
는 그들 연대감의 한 증거이기도 했다. 그러한 그들 남성들 사이에 금이
가기 시작한 것은 바로 윤주 때문이었다.

> "임마! 춘천서 교대루 놀던 일을 잊었니? 놀랄 일이 어디 있어."
> "그런 여자와 미스 최가 같단 말이냐?"
> 형남은 공연히 목이 메었다.
> "다를 게 뭐가 있어! 생각해 봐. 최형이 내 뭐란 말야. 내가 뭐 그 애하
> 고 평생 살겠다던가? 너를 기껏 생각해서 하는 제안이다."10)

형남은 윤주에게 욕정을 느끼지만 윤주가 친구인 상덕의 여자인지라
그 욕정을 사창가에 드나들면서 해소하게 된다. 이를 눈치 챈 상덕은 형
남에게 윤주를 공유하자고 제안하고 형남은 그럴 수 없다고 거절한다.
상덕은 시니컬한 태도로 윤주가 자신의 와이프도 아니며 "여자란 사는
본능밖에" 없으므로 윤주도 형남을 거절할 이유도 없고 형남이 지나치
게 순진하다며 조소한다. 형남 역시 자신의 욕망을 이기지 못하고 윤주
를 범하고자 그녀의 방에 들어간다. 윤주는 형남을 거절하면서 그 사실

10) 서기원, <암사지도>, 『현대문학』, 1956. 11.

을 상덕에게 말하겠다고 말한다. 정작 이 사실을 알게 된 상덕은 형남 앞에서 그를 거절한 윤주를 탓하면서 "형남이나 나나 똑같은 존재로" "형남을 모욕한 것은 자신을 모욕한 것이라고" 말한다.

상덕의 태도는 일견 윤주를 공유함으로써 형남과 자신의 연대를 유지하려는 의도를 갖고 있는 것처럼 보인다. 그러나 그의 이러한 표면적인 태도와는 달리 그의 표정은 암컷을 독점한 것에 뿌듯해하고 이를 다른 수컷에게 과시하는 얼굴이었다. 두 남자의 관계가 파탄나기 시작한 것은 형남이 상덕의 표정에서 이러한 '잔인한 기쁨'을 읽어내는 순간이었다. 형남은 이후 상덕이 외박하기만을 기다려 윤주를 강간할 계획을 갖게 된다. 그것은 "윤주에 대한 욕망이라기보다는 그네를 짓밟지 않고서는 자기가 사내자식이랄 수 없이 못난 놈이 된다는" "열등의식" 때문이었다.

<암사지도>에서 상덕은 자신의 행위가 갖는 폭력성을 인지하지 못하는 남성의 전형이다. 형남이 상덕과 심리적으로 멀어지게 되는 것은 이러한 상덕의 폭력성이 형남에게 거울 역할을 하게 되면서이다. 상덕의 이러한 폭력적인 남성성은 바로 그가 군대에서 체득한 군사적 남성성의 다른 이름이기도 하다. 여성을 철저하게 성적인 도구 이상으로 보지 않는 상덕의 모습을 거울삼아 형남은 남성으로서의 역할에 어떤 깨달음을 얻기 시작한다. 바로 윤주와의 관계에서 그녀에게 정서적으로 밀착하여 그녀를 '창녀'가 아닌 사랑하는 여자로 여기면서 그녀의 보호자로서의 책임감을 갖기 시작한 것이었다.

> 형남은 윤주에게 측은한 생각이 들었다. 문득 윤주를 우선 이 사람답지 않은 생활에서 벗어나게 할 것을 생각했다. (…인용자 중략…) 형남의

뇌리엔 이 집이 아닌 어디 조그마한 셋방에서 그와 윤주와 밥상을 끼고 웃어 대는 광경이 선명하게 떠오르는 것이다. 결국 소원은 그것인 것이 다.11)

이쯤에서 형남은 폭력적 남성성을 거의 대부분 벗어난다. 그가 꿈꾸는 삶은 오갈 데 없는 가엾은 한 여자를 구원해주고 돌보면서 부부와 같은 일상을 누리는 것이었다. 이러한 공상은 윤주가 임신하게 되었다는 사실을 알고부터는 태어날 아이에게 '아비 노릇'을 하는 것으로 확대된다. 한 여자의 남편이 되어 가정을 돌보고 아이에게 아비노릇을 하면서 평범한 가장의 역할을 상상하는 그에게서 성욕에 사로잡힌 폭력적인 남성의 모습은 거의 지워져 있다. 전후 50년대에 남성들이 이러한 평범한 가장의 역할을 하기 힘든 시기라는 점을 고려해 볼 때 이러한 상상은 현실화되기 힘든 것이지만 적어도 폭력적인 남성성에서 벗어난다면 점에서는 상대적으로 윤리적인 면모를 갖추고 있다.

책임감 있는 가부장적인 의무 역시 가부장제가 남성들에게 강박적으로 부여한 의무이지만 전후의 사회에서 이러한 가부장의 책무를 깨닫고 실천하기 어려운 극한의 상황이라는 점을 고려해 볼 때 이를 '성찰적' 남성성이라 부를 수 있을 것이다. 물론 이러한 성찰성은 전후라는 상황이라는 특수성 속에서만 한정적으로 붙여질 수 있다. 가부장적 책무와 의무는 한편으로 가족 성원에 대한 가부장의 소유와 지배 그리고 가족 성원의 복종을 동시에 내포하고 있기 때문에 남성성에 대한 깊이 있는 반성적 성찰이라기보다는 폭력적인 남성성으로부터 반성적이라는 의미에서만 부분적으로 '성찰적'인 것이다.

11) 서기원, <암사지도>, 『현대문학』, 1956. 11.

서기원의 다른 소설 <이 성숙한 밤의 포옹>에서도 <암사지도>에서와 같이 거울의 역할을 하는 폭력적인 남성성은 다음과 같이 묘사된다.

> 김상사의 MI총에 가슴팍을 뚫린 중머리의 적병의 군복에서도 같은 냄새가 났다. 김상사는 주먹밥을 먹다가 말고 밥풀이 붙은 손으로 총을 잡고는 적의 포로를 단방에 쏘아 죽였다. 그는 총구를 적병의 가슴에 바싹 붙인 해 방아쇠를 당겼다. 둔탁한 폭발음과 함께 적병의 몸뚱이는 뒤로 튕겨졌다. 그 몸이 땅 위에 떨어지기 전에 상처에서 치솟은 핏덩어리는 김상사의 허리를 적시었다.[12]

전쟁은 남성성의 폭력적인 모습을 극대화시킨다. 전쟁은 성욕, 식욕, 살인 욕구 등 온갖 욕망들이 날것으로 튀어나오는 세계이다. '나'는 연인인 상희로부터 죽어가고 있다는 편지를 받고 지체 없이 탈영함으로써 이러한 날것들의 세계로부터 도피한다. 남성성의 폭력성이 극대화될수록 남성들 간의 유대감은 오히려 붕괴된다. 전쟁 수행을 위해 군인들의 유대의식은 강화되어야 하지만 오히려 전쟁이라는 극한의 상황이 이를 붕괴시키면서 성찰적 남성성의 가능성이 보이는 셈이다. 이 소설에서도 여성에 대한 연민과 사랑이 <암사지도>와 마찬가지로 폭력적 남성성을 성찰하는 계기가 되고 있음을 알 수 있다.

서기원의 또 다른 소설인 장편 <전야제>에는 전시 중에도 와해되지 않는, 건전한 남성 공동체의 모습이 그려져 있다는 점에서 특징적이다. 그 만큼 이 소설에는 남성 간의 유대를 망칠 정도의 폭력적인 남성성이 보이지 않기 때문이기도 하고 다른 한편으로는 이 남성들이 한 여성을 두고 다투지도 않기 때문이다. 두 남성과 한 여성의 삼각관계의 구도라

---

12) 서기원, <이 성숙한 밤의 포옹>, 『사상계』, 1960. 6.

는 점에서 측면에서 <전야제>는 <암사지도>나 <이 성숙한 밤의 포옹>과 동일하다. 그러나 이 여성은 두 남성과의 사이에 어떤 균열을 내지 않는다. <전야제>의 지숙은 그녀를 동시에 좋아하는 두 남자 성호와 영규 사이에 놓여 있지만 두 남성은 이러한 애정의 경쟁 관계보다는 우정이라는 더욱 강한 남성적인 유대감으로 얽혀 있기 때문이다. <전야제>는 이런 점에서도 남성적 유대의식을 와해시키는 전쟁의 폭력성에서 벗어나 남성들 간의 평화로운 공존을 희구하는 소설이다. 이 점은 다음과 같은 장면에 잘 드러나 있다.

> "잔치가 벌어졌네요."
> 지숙이는 앞치마를 풀고 앉았다. 그녀는 애써 쾌활하게 보이려고 했다. 그러나 침침한 방 속에서 셋이 벌이고 있는 밤의 향연은 흡사 상갓집에서 밤을 드새고 있는 흉흉한 공기에 감싸여 있는 듯했다. 한 사람은 몇 시간 후엔 부대로 돌아가 이내 전선으로 달려가야 한다. 한 사람은 탈주병이며 도망병이고 다른 사람은 폐를 앓고 있는 몸인데도 겁도 없이 마구 술을 들이키고 있다. 그들 셋은 어떻게 저처럼 한데 어울릴 수 있는 공통점을 지니고 있는 것일까.13)

이 장면은 이 소설의 제목이기도 한 그야말로 세 남성의 '전야제'이다. 지숙의 오라비 채 소위, 그리고 지숙을 좋아하는 두 남자 성호와 영규는 비록 밝은 분위기 속에서는 아니지만 잠깐이나마 전쟁을 잊고 평화로운 모습으로 술잔을 기울인다. 이들 관계에서 지숙의 존재감은 미미하다. 성호는 영규가 지숙을 좋아한다는 사실을 알고 있지만 그는 영규와의 우정을 그르치지는 않는다. 지숙이 폐병환자인 영규보다 자신을 더

---

13) 서기원, <전야제>, 『사상계』, 1961. 4.

좋아한다는 사실을 알기 때문이다. 그래서 승자인 성호는 영규와 그 모친에게 같이 피난갈 것을 권유하기도 하면서 자신의 우정을 강조할 수 있었다.

서사 장르에서 여성은 남성 공동체 혹은 남성들 간의 유대의식에 흠집 혹은 균열을 가져오는 인물로 자주 등장한다. 형제(兄弟), 친구가 동시에 사랑하는 여성 심지어는 부자(父子)가 동시에 사랑하는 여성들은 남성들 간의 관계를 망가뜨린다. 서사는 그들 남성들이 동시에 사랑하는 여성 즉 팜므 파탈들의 부도덕함을 처벌함으로써 남성들의 관계를 보호하거나 혹은 삼각관계에 수반되는 남성들의 심리적 에너지를 그려왔다. 서기원의 <전야제> 역시 이러한 한 여자를 사이에 둔 두 남자의 심리적 갈등을 그리고 있고 궁극적으로는 남성적 유대감을 유지하려는 서사적 지향점을 갖고 있다. 그러나 이 소설에 다른 점이 있다면 이러한 지향점을 형상화하기 위해 팜므 파탈을 등장시키거나 여성을 처벌하지도 않는다는 것이다. 그보다는 성숙하지 않은 남성, 즉 폭력적인 남성성을 보여주고 남성 인물로 하여금 이를 회의하게 만듦으로써 성찰하는 남성상을 바꾸어낸다는 점에서 특징적이다. <암사지도>와 <이 성숙한 밤의 포옹>이 그 대표적인 예이다.

3. 호명의 실패와 남성성의 붕괴－〈미해결의 장〉, 〈혈서〉

서기원 소설의 남성들이 성찰하는 남성성 그럼으로써 '상대적으로' 성숙한 남성성을 보인다는 점은 몇 가지 부가적인 설명이 필요하다. 첫째 그의 소설에서 형상화하는 건전한 남성성은 어디까지나 폭력적 남성성에 대비된 상대적인 건전함이다. 이는 전쟁이 극대화시킨 폭력적 남성성에 대한 대안으로서의 남성성을 의미한다. 이들 인물이 '건전하거나' '성숙하게' 보이는 것은 폭력적인 남성 인물과의 대비를 통해 얻어지는 일종의 착시효과 때문이다. 성찰적이라고는 하지만 여전히 여성을 보호의 대상, 지배와 소유의 대상으로 여기는 가부장제적 한계를 그대로 갖고 있다.

둘째 다소 긍정적으로 묘사되는 남성 인물들조차도 그 가부장의 책무를 깨닫게 되는 성찰이 완성된 형태로 존재하지 않는다. 단지 지향점만을 갖고 있을 뿐이며 그것을 현실화시킬 방법에 있어서는 여전히 무력하기만 하다. 서기원 소설의 남성들은 이러한 책무를 수행할 수 있는 방법을 알지 못한다. 오상원의 <황선지대>(1960)에서도 여성들과 가정을 이루고 싶어했던 정윤, 곰새끼 등이 가정을 꾸리기 위해 필요한 돈을 갖기 위해 미군부대 창고를 터는 일탈적인 방식을 택함으로써 그들의 현실적인 무력함을 다른 방식으로 예증한다.14)

1950년대는 앞서 언급했듯이 많은 청년들―제대병이거나 탈영병이거나 혹은 병역기피자거나 아니면 병역이 불가능한 병자의 범주에 속하는 그들이 가정을 부양하는 책임감 있는 가부장으로서 살아가는 것이 거의 불가능하거나 매우 어려운 것이었다. 서기원 소설의 남성인물, 제대군인이거나 탈영병인 이들이 이러한 시대적 상황에서 책임감 있는 가부장의 모습을 되찾길 원하는 것은 어쩌면 당연한 일일지도 모른다.

서기원의 소설과 좋은 대조를 이루는 것은 손창섭의 소설이다. 손창섭 소설의 남성 인물의 문제성에 대해서는 이미 많은 선행연구들이 있었다.

---

14) 이들은 모두 여성들과의 '정상적인' 삶을 꿈꾼다. 여기서 정상적인 삶인 전쟁으로 인해 파괴된 안정적인 가정의 형태를 이루며 사는 삶이다.

손창섭 소설의 남성 인물에 대한 선행연구들은 주로 정신분석적 접근을 해 왔고[15] 그 결과, 각각의 연구 의의에도 불구하고 이러한 인물형들이 지시하고 있는 사회적 현상들을 설명하는 데에는 부족한 점이 있었다. 남성성이라는 키워드로 보았을 때 손창섭 소설 역시 그의 개인사적 독특함 혹은 개인의 콤플렉스로만으로는 수렴되는 않는 50년대 전후소설의 보편성에 기반하고 있음을 알 수 있다.

서기원 소설이 성찰하는 남성성을 보여주었다면 손창섭의 소설은 성인 남성으로 호명되는 것에 실패한 인물이 등장한다는 데 있어서 특징적이다. 서기원 소설의 남성인물은 폭력적 남성성과 거리를 두었지만 그에 대안이 되는, 보다 건전한 남성성을 적극적으로 현실화하는 데는 역부족이었다. <암사지도>, <이 성숙한 밤의 포옹> 등의 '형남'이나 '나'는 '여성'을 통해 평범하지만 현재로는 성취할 수 없는 세계를 막연하게 갈망하는 축이었을 뿐이다. 특히 이러한 남성 인물들조차도 폭력적 남성성을 완전히 극복하고 있지 못하다는 점도 한계로 지적될 수 있다. 이와는 달리 손창섭 소설에서의 남성은 이러한 긍정적인 '가치'조차 갖고 있지 않다. 이른바 손창섭 소설에서 중요한 의미항이 되는 '허무주의'[16]도 어떤 가치도 긍정하거나 신뢰하지 않는 데서 비롯된다고도 할

---

15) 주로 정신분석학으로 손창섭 소설의 남성 인물과 그에 대응되는 여성인물에 대해 분석한 주요한 연구로는 다음과 같은 글들이 있다.
양현진, 「손창섭 소설의 환상적 타자성 연구」, 『현대소설연구』 33, 한국현대소설학회, 2007.
공종구, 「손창섭 소설의 기원」, 『현대소설연구』 40, 한국현대소설학회, 2009.
조두영, 『목석의 울음―손창섭 소설의 정신분석』, 서울대 출판부, 2004.
김형중, 『소설과 정신분석』, 푸른사상, 2003.
이 논저들은 모두 손창섭 소설의 남성 인물에 대한 정신분석적 접근 방식을 보여주었다는 데 그 의의가 있다.
16) 조현일은 50년대 대표적인 전후 작가인 손창섭과 장용학은 '허무주의'를 작품 속에 형상화했다고 보았다. 손창섭이 니체적 개념을 빌려서 '어떤 위안도 발견하지 못하는 불

수 있다. 이 몰가치, 무의미가 과연 무엇을 의미하는가. 여기에 젠더적이라는 혹은 '남성적'이라는 수식을 붙여 보면 이 허무는 세상의 일반적인 가치에 대한 것이기도 하지만 무엇보다 남성성에 대해 어떤 의미를 부여하지 않는 것이기도 하다. 특별히 이러한 무의미와 몰가치가 '여성'과의 관계 그리고 남성으로서의 역할과 책임에 대해 더욱 두드러지게 제시된다는 데 이 심증은 강하게 더해진다.

앞서 언급했듯이 전쟁은 남성성을 과도하게 폭력적으로 만들기도 하지만 다른 한편으로는 지나치게 무력하게 만들기도 한다. 손창섭 소설의 남성 주인공들은 군사적 남성성을 반성적으로 혹은 비판적으로 바라보는 시선 역시 갖고 있지 않은 무기력한 인물들이다. 이러한 측면을 잘 보여주는 소설이 바로 <혈서(血書)>(1955)이다. <혈서>에도 세 명의 청년으로 이루어진 예의 남성 공동체가 등장한다. 전쟁으로 갈 곳이 없어진 대학생 달수, 충청도 부호의 아들로 시를 쓰며 국문과에 다니는 규홍, 그리고 전쟁에서 한쪽 다리를 잃은 준석이 한 집에서 동거하고 있다. 이 중에서 폭력적인 언사를 서슴지 않고 과도하게 자기주장을 강요하는 사람은 준석이다. 그는 군인이 아니라 군속으로 전방에서 다리가 잘려졌지만 마치 상이군인인 양 행세하며 자신이 절대선이라고 생각하는 폭력적 남성성을 무기처럼 휘두른다. 준석은 마치 국가가 자신에게 어떤 사명감을 부여한 듯, 만만한 달수를 대학생을 가장한 병역기피자라 거칠게 비난한다.

운한 자의 허무주의'라면 장용학의 경우는 보다 적극적인 허무주의로서 가치의 파괴를 본질로 하는 '능동적 허무주의'라고 언급한다. 조현일, 『전후 소설과 허무주의적 미의식』, 월인, 2005, 37면.

“이 육실할 자식아. 너는 국적이다. 병역 기피자니까 너는 국적이나 같
다. 이 자식 어디 견뎌봐라. 내 당장 경찰서에 고발하구 만다. 너 같은
건, 너 같은 악질은 문제없이 사형이야 사형. 내 당장 가서 고발하구 올
테다.”

준석은 일어서 나가려고 하는 것이다. 그제야 규홍이가 따라 일어서며
준석의 소매를 붙잡았다.

“아냐 못 참어. 절대적 못 찾어. 이건 내 개인 문제가 아냐. 국가적 문
제야. 이런 가짜 대학생을. 이런 기피잘 그냥 둬”[17]

준석은 국가와 자신을 등치시켜 생각한 나머지 국가가 자신에게 무슨
권력을 위임한 것처럼 규홍과 달수를 제압함은 물론 그리고 이들과 한
집에 살아가는 식모 창애를 성적으로 지배한다. 준석의 이러한 태도에
비해 상대적으로 규홍과 달수는 준석의 폭력에 아무런 힘을 발휘하지
못한다. 준석의 폭력에 대해 이들은 어떤 비판적 태도를 보이지도 못하
고 그에게 휘둘리면서 스스로 이에 대항하는 태도를 보이지도 않는다.
준석이 달수에게 병역기피자라고 강하게 몰아붙이며 그의 손가락을 자
를 때 피해자 달수는 물론 이를 바라보는 규홍도 무기력하기만 하다.

전쟁이 민족과 민족 혹은 국가와 국가 사이의 분쟁이라면, 전쟁 수행
에 있어서 군인들을 전쟁터로 호출하는 국가 혹은 민족이 반드시 존재
한다고 볼 수 있다. 비록 한국전쟁의 경우처럼 많은 군인들이 타의에 의
해 국군과 인민군이 되었다고 할지라도 강제적으로 동원된 이들에게 국
가(민족)과 스스로를 등치시켜 국가(민족)의 이익이라는 대의에 복무하게
하는 것이 전쟁 동원의 이데올로기이다. 전쟁 동원에서 있어서 가장 효
과적인 수사는 군인들을 후방의 어머니와 아내와 누이를 지킬 남성으로

---

17) 손창섭, <혈서>, 『현대문학』, 1955. 1.

호명하는 것이며 그럼으로써 군인들을 아들의 위치에 그리고 국가는 적
군을 살상할 수 있는 힘을 위임한 아버지의 위치에 놓인다. 전쟁으로 다
리를 잃은 준석의 경우 위임된 권력은 훨씬 왜곡되고 과장된 형태로 드
러나 있다. 자신의 장애를 무기 삼아 국가의 적자(嫡子)임을 자임하면서
다른 남성에 대한 무한의 폭력을 행사하는 것이다. 이러한 인물 역시 서
기원 소설에서와 마찬가지로 전쟁에 의해 증폭되는 폭력적인 남성성을
전형적으로 소유하고 있는데 손창섭 소설에서 이들은 '가장(家長)' '아버
지'로서 등장한다.

　<미해결의 장>은 '아버지'의 위선과 이에 대응되는 '아들'의 무기력
이 잘 드러나 있다. 국가가 국민들에게 가하는 '동원'이라는 폭력이 사
적인 공간인 가정에서 그대로 반복되어 있다. <미해결의 장>에서 대학
생인 '나'는 아버지('대장')에게 시시때때로 손찌검과 폭언을 당한다. 법
대를 졸업하고 미국으로 유학을 가면 '장관자리 하나는 떼어 놓은 당상'
이라고 여기는 아버지의 기대를 무너뜨렸기 때문이다. '나'를 비롯한 온
가족은 아버지의 욕망에 의해 학생으로 그리고 구제옷을 수선해 파는
일에 동원된다. 그리고 아버지는 또한 아들로 하여금 자신이 속해 있는
'진성회' 회원이 될 것을 요구한다.

　아버지가 속해 있는 진성회 회원들의 삶의 모습은 위선과 모순으로
가득 차 있다. 진성회의 결성 취지는 '국가, 민족과 인류를 위해 진실하
고 성실한 일'을 하는 자못 엄숙한 것이지만 이러한 엄숙성과는 어울리
지 않게 실은 이들은 가정 내에서는 이미 가부장으로서의 권위를 상실
한 이들이다. 문선생은 매춘부인 누이(광순)의 수입에 의존해서 살고 장
선생 역시 아내의 수입에 의존해 살면서 아내 몰래 부엌일을 한다. 이들
은 '나'의 아버지인 '대장'이 분수에 어울리지 않게 자식들의 미국 유학

을 꿈꾸면서 아들을 학대하는 모습과 닮아 있다. 이들 위임받은 자들의 모순에 대한 '나'의 태도는 의식적인 저항이나 비판과는 거리가 멀다. 그저 그것을 '운명처럼 감수할 뿐'이다.

한편 '나'가 위안을 얻는 존재는 여대생 출신의 창녀 광순이다. 광순은 그에게 어떤 부담도 주지도 않고 그를 편안하게 맞아주며 심지어는 그에게 가끔 용돈도 쥐어준다. '나'는 광순이 떠난 그녀의 이부자리에서 편안하게 낮잠을 즐긴다. '나'는 아버지의 폭력을 피해 광순이의 집에서 유아와 같은 퇴행 상태에 빠져든다. 성인 남자보다는 '아이'의 상태로 퇴행함으로써 진성회 멤버들과는 달리 '나'는 아버지(국가와 민족)의 위임 혹은 호명을 부인한다. 아버지의 요구를 부인하고 그의 바람을 저버림으로써 나아가 민족이나 국가 등의 거대한 아버지의 존재를 부정하는 것이다. <혈서>의 규홍과 달수 <미해결의 장>의 '나'가 모두 군대와는 거리가 있는 학생이라는 점에서 이러한 퇴행이 가능하다.

<미해결의 장>에서 이러한 유아적 상태, 즉 아버지의 호명을 저버린 유아적 상태의 남성이 가는 곳이 창녀들의 품이란 점은 의미심장하다. 서기원 소설에서 그랬듯이 남성 주인공이 절박한 상황에서 찾게 되는 사람이 매춘부로 그려지기 때문이다. 물론 손창섭 소설—<미해결의 장>의 '나'가 서기원 소설에서처럼 창녀를 성적인 대상으로 취급하기보다는 모성적 푼근함을 가진 하나의 '장소'로 여기고 있다는 점에서 같은 '창녀'일지라도 다르다. 호명되기를 거부한 유아적 남성은 창녀를 성적인 대상으로 취급하지 않기 때문이다. 그렇다면 이들 작가들의 전후 소설에서 '창녀'란 과연 어떤 의미가 있는 것인가.

한국 근현대 소설사에 통틀어 여성들이 가장 비참하게 묘사되는 시대는 아마도 1950년대 소설일 것이다. 50년대 장편 대중소설들이 급변해

가는 풍속들 속에서 바람난 여성, 위험한 여성들을 다루었다면 단편소설을 중심으로 한 소위 고급 문학들은 남성의 몰락과 상실감을 다루면서 한편으로는 이 남성들의 성적 파트너로서 '창녀'들을 등장시키는 데 열중했다고 해야 할 것이다. 50년대 전후 소설에 많은 매춘부 여성이 등장하는 것은 분명 역사적 사실과 관련을 갖고 있다. 전쟁 기간 중에 군인들을 대상으로 한 위안부들이 생겨나고[18] 전쟁이 끝난 뒤에도 피난 중에 가족과 헤어진 여성, 남편이나 아버지가 사망하거나 군대로 가 생계가 막막해진 여성들이 생존을 위해 성매매 여성이 되었다. 전후 소설들이 묘사한 바와 같이 직업적인 매춘부는 아닐지라도 거리를 떠돌면서 남성을 따라나서는 여성들이나 가족의 돌봄을 받지 못해 성적인 위험에 상존해 있는 여성들-<암사지도>의 윤주나 <혈서>의 창애와 같은 인물들을 포함하면 광범위하게 정조를 보호받지 못하는 여성들의 수는 실제적으로 많았던 것으로 보인다. 전후 소설에서 여성들이 가장 비참하게 그려지는 것은 물론 이러한 역사적 팩트에서 기인한다. 그러나 이러한 역사적 사실로서의 '창녀'가 표상(representation)으로의 '창녀'로 등장할 때 그것은 누군가의 욕망에 의해 표상되어 있는 창녀이다. 특히 전후 소설에서 창녀는 남성 인물들의 남성성 상실과 직결되어 묘사된다.

서기원과 손창섭 소설에서 공통적으로 드러나는 바에 의하면 상실감에 사로잡힌 남성들이 곧잘 찾게 되는 곳은 창녀들의 방이다. 이들은 창녀들을 찾아가서 그녀들에게 의존하는 경향을 보인다. 특별히 '창녀'여야 하는 것은 이들이 가장 손쉽게 접근할 수 있기도 하거니와 자신보다

---

18) 이임하, 「한국 전쟁과 여성성의 동원」, 김득중 외, 『죽엄으로써 나라를 지키자』, 선인, 2007, 207면. 이임하에 따르면 한국 전쟁기의 위안부의 규모에 대해 적게는 10만 명 많게는 50만 명 이상으로 추정할 수 있다.

낮고 만만한 존재를 성적으로 지배함으로써 일종의 심리적 보상을 받기 때문이다. 위축된 남성성이 여성들을 지배함으로써 심리적 보상을 받게 되는 행동은 인류학적인 근거를 갖고 있다. 지배적인 위치를 더 이상 누리지 못하게 된 남성들이 정복적인 성행위나 폭력 행위를 통해 남성다움을 과시하게 되는 마치스모(machismo) 현상[19])처럼 성적 우월성을 통해 위축된 남성성을 보상받게 되는 그러한 행위인 것이다. 매춘부들이야말로 이들의 남성다움을 폭력적으로 확인받을 수 있는 만만한 존재들이다. 제대군인, 탈영병, 병역 기피자 등 전쟁이 만든 남성 패배자들이 매춘부를 통해 자신의 존재감을 확인받는 것도 이러한 마치스모의 변형된 현상일 것이다. 이러한 마치스모의 현상은 서기원의 소설에 잘 묘사되어 있지만 창녀가 창녀이기를 거부하는 순간 그리고 남성의 성적 지배를 부정하는 순간에 이러한 마치스모는 중지되고 남성은 뭔가 스스로를 되돌아 볼 기회를 갖게 된다.

손창섭의 <미해결의 장>에서처럼 성인 남성으로 호명되기를 거부하는 '유아' 같은 남성들 즉 가부장제에 있어서 인정받지 못하고 밀려난 남성 타자들에게 있어서 매춘부의 역할은 일반적인 마치스모 현상에서 보이는 성적 지배와는 다르다. 여성을 지배함으로써 남성성을 새롭게 구성하려는 것이 아니라 스스로 매춘부의 '아이'가 됨으로써 남성성을 갖추지 못한 자신을 자학한다. <미해결의 장>의 '나'는 광순을 지배하는 것이 아니라 그녀의 아이가 되어 돌봄을 받음으로써 스스로를 매춘부보

---

19) 조혜정, 「남성다움의 구성과 재구성 : 사회적 기능과 존속 기제를 중심으로」, 『한국의 여성과 남성』, 문학과지성사, 1990, 255면. 마치스모란 말의 발생지는 라틴 아메리카이다. 라틴 아메리카의 급격한 도시화와 국가 행정의 부상으로 자치권을 잃은 농촌의 남성들에게 나타나는 것으로 남성에 대한 이미지는 그대로 남아 있으나 그 이미지에 실제로 뒷받침 받고 있지 못하기 때문에 생기는 갈등상황에서 성행위나 폭력행위를 통해 자신의 남성다움을 과시했던 현상에서 비롯되었다.

다 더욱 낮은 자리에 위치시킨다. 매춘부에 정신적으로 의존함을 드러냄으로써 남성성이 결여된 모습을 자학적으로 현시하는 것 즉 뒤집혀진 마치스모 현상을 통해 전후의 마치스모적 현상을 무의미하게 만들어 버린다.

4. 결론을 대신하여
─젠더 정체성과 전후 소설의 수용적 맥락화

처음에 제기했던 질문을 다시 반복해 보자. 50년대 전후 소설이 문학 교육에 있어서 왜 중요하며 그것도 왜 하필 '젠더적 주체'라는 관점으로 독해됨으로써 갖게 되는 문학교육적 의의는 무엇인가. 젠더적 주체 구성의 문제는 표상으로서의 소설과 팩트로서의 역사 사이의 유비관계를 설명하는 데 젠더 정체성을 키워드로 한 독해의 방식은 매우 유용하다고 할 수 있다. 다음과 같은 설명 방식에 주목해 볼 수 있다.

한국 전쟁은 전쟁을 수행하게 할 강력한 남성성을 구성하게 하지만 동시에 폭력적인 남성성을 극대화시킴으로써 종국에 가서는 남성성의 폐해를 보여주었다고 할 수 있다. 즉 남성적 정체성이 근대 사회에 있어서 건설적인 자기 구성의 힘을 가지고 있는 데 반해서 50년대 한국 사회는 이러한 남성성의 파괴적 힘을 여실히 보여주었다. 전시의 폭력은 물론이거니와 이승만 정권 하에서 제대군인들은 '제대장병보도회'나 '애국참전동지연맹' 등의 '단체'에 포섭되어 사적인 폭력 장치로 이용됨으로써[20] 폭력적인 남성성의 전형을 보여주었다. 이러한 역사적 상황에서 소설은 제대군인을 붕괴된 남성성을 상징하는 캐릭터로 그려냄으로써 나아가 남성성을 회의적으로, 반성적으로 그려내기 시작했다.

60년대 군사 정권이 등장한 이후, 전후 소설에서 폭력적 남성성으로 묘사된 제대군인들은 국민으로서 혹은 남성으로 다시 그들의 위상을 정립하고자 노력하는 모습으로 등장하게 된다. 이는 60년대 이후, 산업화에 걸맞은 근대적 주체 즉 건전한 남성성의 모습이 요구되는 것과 동일한 맥락이다. 제대군인을 표상하는 데 있어서도 이는 확연히 드러난다.

이러한 50년대와는 달리, 5 · 16 쿠데타의 주역인 박정희의 경우 그 자신이 군인이기 때문에 제대 군인의 범죄와 일탈의 문제는 그에게 매우 민감한 것이었다. 5 · 16 혁명 직후 이범선 소설을 원작으로 한 영화 <오발탄>(유현목 감독)이 제대군인들이 은행강도가 된다는 내용을 담고 있다는 이유로 상영 금지되었다는 사실은 널리 알려져 있다. 제대군인에 대한 군사정권의 입장에 결을 맞춘 영화는 다름 아닌 신상옥 감독의 <쌀>이다. 신필름사에서 제작한 신상옥 감독의 <쌀>은 도시의 부랑아로 떠돌던 제대군인이 농촌으로 귀향하여 농민들을 배고픔에서부터 해방시킨다는 내용을 담고 있다.[21] 이 영화의 내용은 50년대와는 달리 막장인생을 살고 있던 제대군인들이 새롭게 재건의 주체로서 호명되는 있는 순간을 판타지처럼 그려내고 있다.

---

20) 후지이 다케시는 이 글에서 1950년대 이승만 정권 시절 제대군인들의 존재 양상을 밝히면서 50년대에 비해 60년대의 제대군인들은 국가에 의해 포섭되기 시작하였다고 말한다. 후지이 다케시, 「돌아온 '국민' : 제대군인의 전후」, 김득중 외, 『죽엄으로써 나라를 지키자—1950년대 반공, 동원, 감시의 시대』, 선인, 2007.

21) 1963년 신상옥 감독의 <쌀>에는 도시에서 부랑자 취급을 받던 제대군인이 귀향하여 농민들을 설득하여 수로를 만드는 사업을 벌인다. 그 마을이 굶주림에 만성적으로 시달리는 것을 물 부족 때문이라는 판단에서다. 이러한 사업을 완수하기까지 그는 많은 우여곡절을 겪지만 5 · 16 쿠데타 이후 현역 군인들의 적극적인 지지와 협조로 물길을 만드는 데 성공하게 된다.

　제대군인들은 <쌀>에서 보여지듯, 60년대 표상의 영역에서 재건 주체로서의 건전한 남성성의 상징이기도 했지만 그것은 초기 군사정권 시기에 갖는 일시적인 것이었고 다른 한편으로는 특히 문학의 영역에서 이들은 여전히 광폭하게 묘사되었고 더욱 심하게 타자화되어갔다. 이 점에 대해서는 더욱 심도 있는 논의가 필요하지만 일단 문학의 장에서는 이러한 재건적 남성 주체로서의 군인 표상에 대해 비판적이었던 것으로 보인다. 즉 문학이 지배 이데올로기로부터 자유롭지도 않지만 다른 한편으로는 이에 저항적인 기능을 수행하고 있었기 때문이다. 앞서 언급했던 김승옥의 <재룡이>는 물론, 까치소리만 들리면 광폭하게 발작하고 끝내는 살인하게 되는 김동리의 <까치소리>에서와 같이 제대군인은 괴물로 표상되었다. 60년대 소설에도 이어지는 이러한 괴물스럽고 분열적인 제대군인의 모습은 50년대 소설이 이루어낸 제대군인의 형상화 규범을 확대 재생산하면서 60년대라는 정치적, 사회적 맥락 속에서 재배치된다.

　50년대 전후 소설의 경우, '제대군인' 혹은 전후 남성들은 전쟁의 상흔을 온몸으로 체현하면서도 다른 이들에게 가해자가 되기도 하는 분열된 남성 주체의 모습을 형상화한다. 이러한 분열적 남성성은 앞서 언급했던 50년대의 역사적 맥락(context)을 떠나서는 이해될 수 없다. 이러한 이해에 있어서 젠더적 정체성이라는 키워드는 역사적 사건과 문학적 표상을 대응시키는 생산의 맥락에 대한 이해를 가능하게 한다. 이러한 생산의 맥락은 해당 텍스트들이 어떤 사회적 배경에서 생산되었는가 하는 역사적 맥락이며 텍스트 생산의 맥락이기도 하다. 이 생산의 맥락은 다름과 같은 수용적 맥락으로 변형됨으로써 맥락 간 대화가 가능하다.[22]

---

22) 최인자, 「문학독서의 사회·문화적 모델과 '맥락' 중심 문학교육의 원리」, 『문학교육학』 25, 한국문학교육학회, 2008. '맥락'이란 텍스트의 수용과 생산에 개입하는 사회, 문화

첫째 독자들은 남성성과 국가 그리고 소설의 기능에 대해 성찰하게 된다. 1950년대 전후 소설의 남성 인물들은 낭만적인 연애소설의 주인공들은 아니다. 폭력적이고 분열되어 있는 남성성의 모습을 통해 전쟁 이데올로기와 국가 폭력과의 관련에 있어서 어떤 기능이 있었는지를 맥락화할 수 있다. 이들 소설들은 지배 이데올로기에 대해 저항적인 면모를 보이기도 하지만 한편으로는 남성 중심적인 표상의 방식을 그대로 갖고 있다는 점에서 지배 이데올로기를 재생산하는 이중적 측면도 있다. 독자는 각각의 텍스트가 사회에 작동하는 국가 지배 이데올로기에 대해 어느 지점에서 순응, 타협, 저항의 측면을 갖고 있는지 맥락화할 수 있다. 서기원 소설은 폭력적인 남성상에 대해 저항함으로써 남성 중심적, 국가 이데올로기에 대해 잠시 회의하는 듯하지만 본질적으로는 이러한 지배 이데올로기를 긍정하는 입장에 놓여 있다. 손창섭 소설의 경우는 이에 비해 지배 이데올로기에 대한 전복적 요소를 갖추고 있기는 하지만 결과적으로는 저항적이라기보다는 무기력하게 타협하는 남성상을 그려낸다.

둘째, 전후 소설은 젠더 정체성이 고정적인 것이거나 개인을 완벽하게 호명할 수 있는 것이 아니라 항상 개인에게 어떤 트러블을 일으킬 수 있다는 것을 보여줌으로써 현대 사회의 '젠더' 문제에 대한 성찰을 가능하게 한다. 젠더는 인간의 정체성에 있어서 핵심적인 구성요소이다. 그러므로 인간 본질의 많은 요소들이 젠더를 통해 투시될 수 있다. 전후 소설뿐만 아니라 인간의 욕망을 드러내는 서사 장르는 젠더라는 투시경을

적, 물리적 요소를 해석하는 데 관여하는 정보이다. 최인자는 맥락 중심의 독서교육의 원리로 네 가지 범주를 제시한다. 맥락화, 수용맥락 탐구, 맥락 간 대화, 맥락변형이 그것이다. 이 중에서 맥락 간 대화는 텍스트 생산의 맥락과 수용 맥락 사이에서 벌어질 수 있고 수용맥락들 간에서도 이루어질 수 있다.

통해 특정한 독자를 해석의 장으로 끌어들일 수 있다. 전후 소설은 특히 '남성' 독자에게 매우 유용한 텍스트가 될 수 있는데 한국의 남성들에게 '군대'는 매우 중요한 의미를 갖고 있기 때문이다. 따라서 풍부한 수용적 맥락화가 가능한 지점이다. 즉 전쟁이 남성성을 어떻게 호명하고 어떻게 분열적으로 만들었는지 그리고 이러한 분열적인 남성성에 대해 어떻게 반성적으로 임할 것인지에 대해 자신의 맥락을 부여할 수 있다. 이러한 젠더를 통한 맥락화는 이 글에서 연급하고 있는 소설들뿐만 아니라 여타의 50년대 소설을 이해하는 데 있어서 보편적인 키워드로 적용될 수 있다. 본고에서 다루지 않았지만 선우휘의 <테러리스트>나 <불꽃> 같은 소설들도 이러한 남성 정체성의 측면에서 분석될 수 있음은 물론이다.

문학은 인물을 재현함으로써 구조적으로 인물과의 동일시를 이루게 하고 그럼으로써 다른 인물의 관점에서 사건을 체험할 수 있게 한다. 이러한 체험을 통해 수용자는 스스로를 이해함은 물론 타자에 대한 이해를 확장하게 된다. 50년대 전후소설을 읽고 인간의 아름다움과 숭고함을 느끼는 독자는 그다지 많지는 않을 것이다. 그보다는 전쟁이라는 극한의 상황에 인간을 밀어 넣음으로써 인간의 가장 어두운 면을 재현하고 이 어둠을 보는 독자로 하여금 자신들 내부의 어둠과 타자의 어둠—그 중에서 특히 깨지기 쉬운 남성의 정체성[23)]에 질문하게 하는 것이 젠더(gender)를 통한 1950년대 전후 소설의 문학교육적 의의라 할 것이다.

---

23) D. Schwanitz, *Männer : eine Spezies wird besichtigt*, 디트리히 슈바니츠, 인성기 역, 『남자―지구에서 가장 특이한 종족』, 들녘, 2002, 제2장 남자의 깨지기 쉬운 자아 참조. 슈바니츠에 의하면 남자는 그 안의 여성적인 것들을 억제하면서 인위적으로 만들어지는 존재이다. 따라서 항상 '남성임'을 입증해야 하고 그것을 확인해야 하는 처지에 놓인다고 파악한다. 남자의 역할은 허구이며 행동을 통해 획득한 신분 상태이기 때문에 깨지기 쉬운 정체성을 갖고 있다는 것이다.

참고문헌

「讀者의 소리-제대군인에게 직장을 다오」, 『조선일보』, 1955. 6. 28.

김동춘, 『전쟁과 사회』 개정판, 돌베개, 2009.

김은하, 「전후 국가 근대화와 '아프레 걸' 표상의 의미」, 『여성문학연구』 16, 한국여성문학학회, 2006, 177~209면.

공종구, 「손창섭 소설의 기원」, 『현대소설연구』 40, 한국현대소설학회, 2009, 159~184면.

김형중, 「소설과 정신분석」, 푸른사상, 2003.

양현진, 「손창섭 소설의 환상적 타자성 연구」, 『현대소설연구』 33, 한국현대소설학회, 2007, 151~174면.

이임하, 『전쟁미망인, 한국현대사의 침묵을 깨다』, 책과함께, 2010.

이임하, 「한국 전쟁과 여성성의 동원」, 김득중 외, 『죽엄으로써 나라를 지키자』, 선인, 2007.

조두영, 『목석의 울음-손창섭 소설의 정신분석』, 서울대 출판부, 2004.

조혜정, 「남성다움의 구성과 재구성 : 사회적 기능과 존속 기제를 중심으로」, 『한국의 여성과 남성』, 문학과지성사, 1990.

조현일, 『전후 소설과 허무주의적 미의식』, 월인, 2005.

조희정, 「교과서 수록 현대문학 제재 변천 연구」, 『국어교육연구』 24, 국어교육학회, 2005, 435~448면.

최미진, 「1950년대 신문소설에 나타난 아프레 걸」, 『대중서사연구』 18, 대중서사학회, 2007, 119~153면.

최인자, 「문학독서의 사회·문화적 모델과 '맥락' 중심 문학교육의 원리」, 『문학교육학』 25, 한국문학교육학회, 2008, 427~449면.

후지이 다케시, 「돌아온 '국민' : 제대군인의 전후」, 김득중 외, 『죽엄으로써 나라를 지키자-1950년대 반공, 동원, 감시의 시대』, 선인, 2007.

Midori, M., 戰爭とジェンダー : 戰爭を起こす男性同盟と平和を創るジェンダー理論, 와카쿠카 미도리, 김원식 역, 『사람은 왜 전쟁을 하는가 : 전쟁과 젠더』, 알마, 2007.

Bourdieu, P., *Domination masculine*, 피에르 부르디외, 김용숙 역, 『남성지배』, 동문선, 2003.

Faust, D. G., *Mothers of invention*, 드류 길펀 파우스트, 박현숙·안혜원 역, 『시련에 맞선 여성들-미국 남북 전쟁 시대 남부 특권 계급 여성들의 이야기』, 솔과학, 2008.

Schwanitz, D., *Männer : eine Spezies wird besichtigt*, 다트리히 슈바니츠, 인성기 역, 『남자-지구에서 가장 특이한 종족』, 들녘, 2002.

제 7 장
신자유주의적 생존경쟁과 한국전쟁의 소설적 전유

―6·7차 교육과정기 국어·문학 교과서를 중심으로―

차 혜 영

한양대학교 한국언어문학과

1. 문제제기

본고는 우리가 한국전쟁을 기억, 전유하는 방식과 국어 및 문학 교과서의 소설작품과의 연관성을 살펴보는 주제 하에, 특히 '실존주의적 전쟁 전유의 인식효과'에 대해 살펴보고자 기획되었다.

이는 1950년대 생산된 전후 세대의 실존주의 소설과 이후 특정한 시기에 중고등학교 교과서에 실려 교육되는 소설이라는 별개의 문제가 중첩되는 영역이라고 할 수 있다. 이는 실존주의 소설 자체에 대한 문제이면서 동시에 현재 한국사회가 한국전쟁을 어떻게 전유하는가, 어떻게 기억할 것인가를 선택하는 것과 긴밀히 관련되어 있다는 점에서 한 사회의 지배 이데올로기와 교과서와의 관계에 대한 문제이기도 한 것이다.

그리고 현재 교과서에 실린 전쟁 소재 소설 중 '실존주의적 소설'이 압도적 다수를 차치하고 있는 것이 사실이지만, 그것은 다른 부류의 소설(반공적 휴머니즘, 수난사적 민족주의 계통의 사실적 소설, 분단소재 성장소설)들과 공존하며 배치되어 있고, 이런 공존 속의 배치가 '한국전쟁의 상(像·representation)' 혹은 '한국 전쟁에 대한 우리시대의 공통감각'을 만들어내고 있다는 점에서 '전후 실존주의' 규명에 국한될 수 없는 문제이기도 하다. 즉 이 문제는 이 부류 소설이 만들어내는 미적·인식적 효과의 차원, 당대 소설에 대한 그 당대 문단의 평가와 이후 누적·변모된 문학사적 위상, 그리고 바로 지금 이 시기에 선택되고 배치된 우리 시대의 이데올로기라는 세 가지 문제가 중층 결정되는 영역인 것이다.

본고에서는 이를 살피기 위해 2장에서 6·7차 교육과정기 국어·문학교과서의 한국전쟁 소재 소설의 분포양상을 개괄하고, 3장에서 이 소설들을 세 부류로 나누어 미적·인식적 효과 및 그것이 만들어내는 이데올로기적 효과의 차원에서 분석하고, 4장에서 현 시기 교과서의 소설배치가 만들어내는 이데올로기의 문제를 살펴보고자 한다.

2. 6·7차 교육과정기 한국전쟁 소재 소설의 분포와 특징 ─ 다양성과 개방성

잘 알려져 있다시피 우리의 교과서 개정은 교육과정 개편을 통해 이루어졌다. 1차 교육과정은 1955년, 2차 교육과정은 1963년, 3차 교육과정은 1973년, 4차 교육과정은 1981년, 5차 교육과정은 1987년, 6차 교육과정은 1992년, 7차 교육과정은 1998년에 이루어졌던 것에서 보듯, 전쟁 직후, 5·16 군사쿠데타, 10월 유신, 5공화국의 집권, 87년 민주화운동과 정권변화 등 정권이 새로이 출범할 때마다 교육과정이 개편되었고 이에 따라 해당시기 교과서에 실리는 작품도 변화를 보인 바 있다.

국어교과서를 갖고 어떻게 가르쳐야 하는가가 아니라, '가르쳐야 하는 것'으로 만들어진 교과서가 어떤 이데올로기에 의해 구성되었는가를 분석하는 방식에서 접근했을 때, 한국 교과서 소설은, 역사적으로 이효석의 「사냥」, 황순원의 「소나기」와 「학」, 심훈의 『상록수』로 대표되는 '순수'와 '민족주의'적 성향을 가장 심층적인 핵심 이념으로 함유하고 있다고 볼 수 있다. 이런 순수와 민족이라는 소설에서의 핵심적 이데올로기 혹은 미학경향이 3차와 4차 교육과정기에 양적 확대와 질적 변이를 통해 한국적인 것, 한국적인 미학의 이미지 확장을 통해 '한국문학의 상'을 정립했다고 볼 수 있다. 이는 3차와 4차, 유신 체제하의 개발독재의 근대화 프로젝트가 진행되면서, 반공주의는 경제적 우월감에 기초한 휴머니즘과 결합하고, 민족주의는 호국문예로 확장되었으며, 순수문학은 과거, 전통, 전원의 무구함이라는 내용으로 지속 변주어왔다고 할 수 있다.[1] 이런 1~4차 교과서가 보인 순수와 휴머니즘의 결합쌍, 반공주의와 민족애의 결합쌍, 그리고 「학」, 「학마을 사람들」로 대표되는 무구한 민족적 공동체에 대한 신화적 상징은 이 시기 이후 5차, 6차 7차 교육과정[2]까지 지속되는, 교과서적 전쟁 문학의 핵심을 구성한다고 할 수 있다.

이런 지속과정에서 큰 변화를 보이는 것은 6차 교육과정부터이다. 6차 교육과정은 '수능', '초등학교'로 대표되는 외형상의 제도적 변화를 포함하여, 국어과에서도 독서, 작문, 문학 등 선택과목이 늘어나면서 다양화 다변화된다. 이런 다양화 다변화 속에서 국어교과서에는 앞 시기의 순수·휴머니즘 경향의 소설들과 함께, 그것과 이질적인 경향을 가진 하근찬의 「수난이대」를 포함한 다양한 전후 소설들이 실린다는 점이 특기할 일이다. 특히 1950년대 당대 문단에서 가장 많이 발표되고 가장 활발

---

1) 1~4차기 국정교과서 시기의 국어교과서에 대해, 필자는 다른 지면을 통해 현대소설의 정전화와 반공, 민족, 순수 이념이 결합되는 문제(차혜영, 「한국현대소설의 정전화 과정 연구─중·고등학교 국어교과서와 지배 이데올로기의 관련성을 중심으로」, 강진호 외, 『국어교과서와 국가 이데올로기』, 글누림, 2008)를, 그리고 비문학 지면─설명문, 논설문, 방송드라마, 기행문 류─에 관철되는 이데올로기의 문제(차혜영, 「국어교과서와 지배 이데올로기─1~4차 교육과정기 중·고등학교 교과서를 대상으로」, 『상허학보』 15, 상허학회, 2005, 99~128면)를 살펴본 바 있다. 본 연구는 이런 기존 연구의 연장선상에서 6·7차 교과서를 대상으로 한다.
2) 5차 교육과정은 1987년 6월 항쟁 이후 짧은 기간(1987~1992) 유지되었고, 6차 교육과정은 1992년에, 7차 교육과정은 1998년에 시작되었다. 현재까지 7차 교육과정이 이어지는 가운데, 2007년 약간의 개편이 이루어진 바 있다.

하게 논의되었던 전후세대의 소설과 실존주의적 전쟁 전유 소설들이 6·7차 교육과정에서 처음 등장하고 7차 교육과정에서 압도적 다수를 차지하면서 등장한다. 당대 문단에서의 창작 및 비평, 학계에서의 연구, 그리고 교과서에 게재되어 정전목록으로 채택되는 것이 동시적으로 일어나는 것이 아님은 분명하다. 그러나 적어도 한국문학이 전쟁을 최초로 전유했던 가장 당대적인 문학이 이토록 뒤늦게, 그러면서 압도적으로 많이 실리고 있다는 것은 문제적으로 살펴야 할 주제라고 할 수 있다. 그리고 7차 교육과정은 6차에서 대폭 변화되고 다양화된 선택가능성 속에서 특히 70~80년대 작품을 상당수 수록하고 있다는 점 역시 특징적이다. 이 중에서 한국전쟁을 소재로 했거나 분단현실을 소재로 소설목록을 제시하면 다음과 같다.

6·7차 『국어』 교과서 분단소설의 수록 현황

학년	단원명	작품
7학년 1학기		
2학기	문학과 독자	흰 종이수염(하근찬) 숨쉬는 영정(구인환)
8학년 1학기	삶과 문학	기억속의 들꽃(윤흥길)
2학기		
9학년 1학기	한국현대문학의 이해	오발탄(이범선)
2학기		
10학년 국어(상)	읽기의 즐거움과 보람	그 여자네 집(박완서)
	생각하는 힘	장마(윤흥길)
국어(하)		

6·7차 고등학교 『문학』 교과서에 수록된 한국전쟁 소재 소설

작가	작품	종류	발표연도
김원일	어둠의 혼	단편	1973
장용학	요한시집	단편	1955
	비인탄생	단편	1956
박경리	불신시대	단편	1957
	시장과 전장	장편	1964
박완서	엄마의 말뚝	단편	1980
	나목	장편	1970
	세상에서 제일 무거운 틀니	단편	1972
	그해 겨울은 따듯했네	장편	1982
	그 산이 정말 거기 있었을까	장편	1995
선우휘	불꽃	중편	1957
손창섭	비오는 날	단편	1953
오상원	유예	단편	1955
윤흥길	장마	단편	1955
이범선	오발탄	단편	1959
	학마을 사람들	단편	1957
이청준	병신과 머저리	단편	1966
이호철	닳아지는 살들	단편	1962
	탈향	단편	1955
전광용	꺼삐딴 리	단편	1962
	사수	단편	1959
최인훈	광장	장편	1961
하근찬	수난이대	단편	1957
황순원	나무들 비탈에 서다	장편	1960
	학	단편	1960
	너와 나만의 시간	단편	1964
박용준	용초도 근해	단편	1953

이상의 작품목록을 본다면, 6~7차 교육과정에서 한국전쟁을 전유하는 방식은 일단 '다양성'이라고 할 수 있다. 이 중, 7차 교육과정에서 새

로 선정되어 수록된 작품은 「너와 나만의 시간」, 「탈향」, 「사수」, 「엄마의 말뚝」, 「세상에서 제일 무거운 틀니」, 「그해 겨울은 따뜻했네」, 「그산이 정말 거기 있었을까」(7차 교육과정의 중간에 개정 삽입)이다. 이렇듯 70~80년대 작품이 새로 선정되었고, 50~60년대 전쟁 소재 소설은 6차와 7차가 거의 비슷하다고 할 수 있다.

1~4차까지 지속된 반공주의와 휴머니즘이 결합된 전쟁전유방식에서 각각, 5차에는 「수난이대」, 「흰 종이 수염」, 「오발탄」에서 보이는 '리얼리즘적인 수난사로서의 민족주의적 관점'이, 6차에서는 '실존주의적 경향의 전후 소설'이, 7차에서는 박완서로 대표되는 70년대 이후 산업화 시대에 나온 '분단소재의 성장소설'이 새롭게 추가적으로 등장한다고 할 수 있다. 이를 통해 볼 때 6·7차 과정기 한국전쟁 소재 소설에서 압도적 다수를 차지하는 것은 '실존주의적 전후소설'과 '분단 소재 성장소설'이라고 할 수 있다. 이러한 양적 대표성에서는 뒤처지지만, 두 시기에 공히 전쟁을 전유하는 다양한 소수 시각도 골고루 배치되어 있다는 점도 지적할 필요가 있다. 그것은 한국전쟁 당시 구세대 작가의 소설(박영준의 「용초도 근해」, 안수길의 「제3인간형」), 4·19 이후 60년대 시점에서 한국전쟁을 기억하고 전유하는 부류의 소설(최인훈의 「광장」, 전광용의 「꺼삐딴리」, 이호철의 「닳아지는 살들」, 이청준의 「병신과 머저리」) 등 매우 다양하다는 것이다.

6~7차 과정의 이런 특징은 굳이 교과서만이 아니라, 문학사 및 연구사와 문단에서도 한국전쟁을 전유하는 거의 대부분의 유형(80년대 장편 대하소설을 비롯한 몇 가지 경우를 제외한다면)이라는 점에서, 적어도 현재 교육과정에서는 한국전쟁과 관련해 문학사적 실재에 입각한 다양성과 개방성을 취하고 있다고 볼 수 있을 것이다.

따라서 7차 교육과정까지의 전개과정에서 교과서 소재 소설과 한국전쟁의 이념적 전유관계는, 이데올로기의 계속적인 추가 과정이라고 할 수 있다. 즉 앞서 있었던 것이 배제되고 새로운 것이 들어가기보다는 기존의 것에 새것이 추가되었고, 결과적으로 후대로 올수록 이데올로기적 다양화와 개방화로 귀결되었다고 할 수 있다. 이는 6~7차 교육과정에서 문학교과서가 18종이라는 점에서 보듯, '제도 자체가 만들어낸 선택가능성 속의 다양성과 개방성'이라고 할 수 있을 것이다.

다음에서는 6~7차 교육과정에서 추가되고 확연하게 부각된 위 세 가지 전쟁전유 방식(소수의 60년대 세대 및 50년대 구세대의 전쟁 소재 소설, 다수를 차지하는 전후 세대의 실존주의 전후 소설, 새로이 추가된 산업화 시대의 분단 소재 성장 소설)의 소설을 그 인식적 효과의 차원에서 분석하고자 한다.

3. 교과서 소설 속 한국전쟁 전유의 인식적 효과[3)]

1) 윤리적·인식론적 대상으로서의 전쟁, 50년대 구세대와 60년대 세대의 전쟁 전유(소수)

먼저 양적으로 다수를 차지하지는 않지만, 한국전쟁, 혹은 분단이라는

---

3) 3장에서 교과서 속 한국전쟁 소재 소설을 일단 임시로 소수, 다수, 추가로 분류했다. 즉 등장하는 작품의 총 량을 주제별로 분류한 것이다. 그러나 이 소수·다수의 분류가 빈도와 일치하지는 않는다. 예컨대 「광장」은 60년대 4·19세대의 전쟁 전유 유형에 속하고, 이 부류는 작품 수는 적지만, 대부분의 출판사에서 공통적으로 싣고 있다는 점에서 학생들에게 가장 자주 노출되는 작품이다. 반면에 가장 다수를 차지하는 전후세대의 실존주의 소설은 전체 작품수의 총량은 많지만, 출판사별 게재 빈도는 많지 않다. 그리고 7차에서 추가된 박완서의 소설들 역시 새롭게 등장했고 이점에서 지금 현재적 시대의식과 긴밀하게 관련된다고 해석할 수 있지만, 그것이 꼭 학생들에게 노출되는 빈도와 일치하지는 않는다. 본고에서는 일단 빈도를 제외하고, 주제별 작품 수로 나누었음을 밝힌다.

소재를 전후세대와 다르게 사유하는 시각을 보이는 소설로서, 교과서에 실린 작품을 들자면, 한국전쟁 당시 구세대 작가의 소설(박영준의 「용초도 근해」, 안수길의 「제3인간형」), 4·19 이후 60년대 시점에서 한국전쟁을 기억하고 전유하는 소설(「광장」, 「꺼삐딴 리」, 「닳아지는 살들」, 「병신과 머저리」)을 들 수 있다. 이들 소설들은 전후세대와 동시적으로 혹은 직후에 그 전후 세대의 실존주의를 공격했던 대안적 전쟁전유방식이었다고 할 수 있다. 그리고 그것은 전후 세대의 실존주의가 보이는 사적 개인의 불안과 허무주의와는 대별되는 안정된 시각, 6·25를 역사화하거나, 그 현시점에서 해석하고 의미화하는 나름의 렌즈를 갖고 있다고 할 수 있다.

구세대 작가의 전쟁 소설4)로 박영준의 「용초도 근해」를 들 수 있다. 이 소설은 휴전과 더불어 시작된 포로교환을 소재로 하고 있다. 3년간 인민군 포로수용소에서 포로 생활을 하고 석방되어, 판문점을 거쳐 인천 근처의 용초도에 집결한 뒤 고향으로 귀환하는 도중, 주인공 용수가 바다에 투신자살하는 이야기이다. 1953년 「전선문학」에 발표된 이 소설의 줄거리는 이후 60년대 최인훈의 「광장」과 유사하지만, 주인공을 자살로 이끈 동기가 사뭇 다르다. 주인공이 자살을 한 이유는 "자기가 죽을 때까지 옆을 떠나지 않을 김정갑의 그림자가 무서웠"기 때문이다. 그는 포로수용소에서 살아남기 위해 전우 김정갑을 인민재판하는 일에 끼어들어 6개월의 감옥행이라는 과한 벌을 청한 것이다. 전쟁, 포로수용소, 자살의 과정에서 결정적인 것은 친구를 사지로 내몬 자신을 용서할 수 없

---

4) 구세대, 즉 50년대 시점에서 해방이전에 등단해 기성작가로 존재하던 작가의 전쟁전유 양태를 대표적으로 보여주는 것은 잘 알려져 있는 대로 염상섭의 「취우」이다. 전쟁을 취우, 즉 지나가는 소나기라고 표현하는 제명에서 보듯 삶에서 본질적으로 지속되는 먹고 사는 문제, 돈, 인간의 욕망과 사랑 등 일상의 문제와 소나기처럼 지나가는 전쟁을 대비해, 전쟁이 허물 수 없는 인간 삶의 핵심적 본질을 놓치지 않고 포착하고 있다는 점에서 구세대 작가의 노련한 현실인식이라고 평가된다.

는 윤리의식이 중심적인 것이지, 전쟁이라는 상황, 이념, 그 상황으로 개인을 내몬 역사에 대한 사유는 찾아볼 수 없는 것이다. 안수길의 「제3인간형」 역시 마찬가지이다. 조운, 석, 미이라는 세 사람의 인간성, 인격을 전쟁이 어떻게 변모시켰나를 보여주고 있는 이 소설은, 미이라는 철없고 감상적인 여자가 전쟁을 통해서 간호장교로 변화하는 인격의 성숙에 초점이 맞추어져 있다. 이렇게 본다면 구세대 작가에게 전쟁은 소재나 배경으로 머물 뿐, 결국은 개인적 윤리의식이라는 전쟁보다 상위의 가치체계에 의해 안정감 있게 배치되고 해석되고 있다고 할 수 있는 것이다. 이들 소설에서 전쟁은 모든 것이 무너지는 극한 상황이 아니라, '그럼에도 불구하고 지킬 것은 지켜야 하는 상황'인 것이다.

「병신과 머저리」(이청준, 1966)에서 의사이자 소설가인 형은 수술실패로 한 소녀를 숨지게 한 후, 병원 일을 그만두고 소설쓰기를 시작한다. 형이 쓰는 소설은 6·25 때 패잔병으로 남아 있다가 동료를 죽이고 도망치는 형의 자전적인 이야기이다. 화가인 동생은 형의 소설에 이끌리면서 붓을 들지 못하고, 또 애인인 혜인과의 사랑도 머뭇거리는 이야기이다. 나가 처한 현재의 무능(그림 / 사랑)과 형이 연루된 두 번의 살인(6·25 전쟁 / 의료과실) 사이에서, 50년대 청년과 60년대 청년의 차이를 말하고 있다. 50년대 청년이 과거의 상처를 극복하고 긍정적인 현실대응을 펼칠 수 있었던 것은(자신이 가해자임을 승인하고 반성하는 자의식적 글쓰기) 자신이 가해자임을 승인하고 반성하는 것으로 활력을 찾으려했기 때문이다. 반면 동생인 60년대 청년인 나는 '환부다운 환부가 없는 환자'로서의 예술가로서의 모습을 보인다. 안타까운 심리적 동요만 있을 뿐 형과는 달리 현실과 화해하지 못하는 '머저리' 같은 동생의 자의식이 주조를 이루는 소설이지만, 이 소설은 60년대에 한국전쟁이 '정리될 수 있는 과거문제'

라는 인식의 거리감을 보이고 있는 것이다. 60년대 세대가 보기에 50년대 전후 세대는 환부가 분명한 아픔을 앓고 있는 '병신'일 뿐이고 그래서 그 환부를 치유하고 극복할 수 있는 건강한 가능성을 담지하고 있다고 보이는 것이다.

「닳아지는 살들」(이호철, 1962) 역시 60년대에 전쟁이 전유되는 방식을 보여준다. 전쟁이라기보다는 전쟁이 만들어낸 분단 현실이 이미 내밀하게 삶을 지배하는 현실을 음습하고 답답한 분위기와 함께 보여준 이 소설에서, 전쟁의 공포에 강박되어 있는 것은 70이 넘은 치매 노인뿐이고, 이 노인세대는 '꽝당꽝당' 소리와 함께 곧 사라질 운명이다. 「꺼삐딴리」가 보여주는 기회주의적 생존방식과 그 속에서 혁명, 전쟁, 일제, 로스케, 미국이 동일화되는 것은, 물론 희화화의 형식을 통해서이긴 하지만, 한국전쟁이 삶의 다양한 배경 중 하나로 후면화되는 양상을 보여준다고 할 수 있다. 「광장」이 보여준 '문제적 대상으로 한국전쟁과 이념을 설정하는 태도'는 이런 '인식적 거리화'의 산물이라고 할 수 있을 것이다.[5]

2) 신자유주의적 생존 경쟁의 전면화,
전후세대의 실존주의적 전쟁 전유의 현실효과(다수)

사실상 인간이 겪는 전쟁은 6·25나 2차 대전 같은 개별적인 '그 전쟁'이 아니라 '전쟁하는 것'으로 실재하는 것[6]이다. 그것은 규모, 크기와

---

5) 이 부류 소설은 이미 언급한 대로, 등장하는 작품의 총량에서도 소수이지만, 등장하는 빈도에서도 「광장」을 제외하면 소수를 차지한다. 이는 다음 절에서 대표적인 「유예」류의 실존주의 소설이 등장하는 총수는 물론 빈도에서도 자주 노출되는 것과 대비된다. 그만큼 한국전쟁을 대하는 '인식적 거리감'은 소수이며 부차적인 위상을 갖는다고 할 수 있다.

6) R. Bogue, *Deleuze and Guattari*, 로널드 보그, 이정우 역, 『들뢰즈와 가타리』, 새길, 1995,

상관없이 언제나 인간이 직면하는 인생 최대의 위기이자 극한상황이다. 가공할만한 대량살상과 물적 파괴, 그리고 삶의 전반의 뿌리뽑힘, 그에 따른 정신적 가치체계의 붕괴 등, 전쟁이 인간에게 미치는 폭력의 양상은 거의 죽음에 준한다고 할 수 있다. 이처럼 극한의 폭력 앞에서 인간이 느끼는 일차적인 반응, 감정은 공포이다. 삶과 죽음의 엇갈리는 찰나의 경계에서, 그리고 그 삶과 죽음을 선택할 수 없는 절체절명의 순간에 놓인 인간에게 윤리나 가치의식 같은 것은 그 의미를 잃고 만다. 한국전쟁을 경험하고 그것을 형상화한 전후 세대의 소설에 공통적으로 흐르는 정서는 이런 공포체험이라고 할 수 있다. 이런 50년대의 문단을 김병익은 다음과 같이 지적하고 있다.

> 피난지에서 수복된 서울에서 당시 지식인들이 발견할 수 있었던 것은 인간의 안팎에 놓인 광활한 '폐허'뿐이었다. 이 폐허의 군상에 두 개의 바람이 불어왔다. 전통적 윤리가 파괴되는 아프레 게르의 퇴폐성과 부조리한 상황 속에 참담한 비극성을 느끼는 실존주의… 그러나 이 두 개의 바람은 '절망'이란 하나의 진원에서 생겨난 것이었다. 그리하여 50년대 한국인은 찰나적인 들뜬 사람과 가없이 침울한 사람으로 극화되고, 앞의 도피적 향락주의는 세태소설로 묘사되며 뒤의 침통한 비관주의는 실존주의 소설로 반영된다.[7]

전후 세대는, 전쟁의 폐허 속에서 아무것도 발견할 수 없었고, 그래서 모든 것을 새로이 시작해야 하는 고아나 화전민으로 자신을 인식한다는 점에서 공통점을 갖는다. 6·25 직후에 등단한 이들 전후 세대는 손창섭, 장용학, 오상원, 이호철, 박경리, 이범선, 선우휘, 서기원, 하근찬, 오

116~117면.
7) 김병익, 『한국문단사』, 일지사, 1980, 208면.

영수, 강신재, 김성한, 정한숙, 박연희, 유주현, 김광식 등을 꼽을 수 있다. 이들이 각기 다른 문학적 경향을 보이면서도 전후세대로서의 보편성 속에 묶일 수 있는 것은 전쟁체험을 중심으로 하는 이런 '폐허'의식이나 화전민의식이라고 할 수 있을 것이다.

한국전쟁의 와중에 유입되고 강렬하게 회자된 실존주의를 당시 수용과 유입의 경로나 적절한 수용이었는가의 여부, 서구에서의 2차 대전 이후의 실존주의와 한국에서의 6·25 전쟁 이후의 실존주의의 비교나 그에 따른 폄훼는 그다지 중요한 일은 아닐 것이다. 당대 문단에서 창작하는 문인들에게 중요했던 것은 전쟁, 또는 전쟁 직후의 주체·세계를 '상황 속에 내던져진 존재'라는 실존주의적 화두로 전유함으로써 당대의 자기와 세계를 형상화하는 구조틀로 삼았다는 사실 자체일 것이다. 이 구조틀은 세계, 현실을 소위 '극한상황'으로, 그 세계에 대응하는 주체를 '개체'로 설정하는 틀이라고 할 수 있다. 따라서 이들이 전쟁을 왜 역사적으로 해석하거나 분석하지 못했는가? 왜 인식의 대상으로 총체화하지 못했는가?를 비판하거나 그것을 요구하는 것보다는, 그럼 대체 전쟁을 무엇으로 인식했는가를 묻는 것이 먼저일 것이다. 그리고 소설이 전쟁을 바로 그렇게 그림으로써 만들어내는 현실효과[8]는 무엇인가를 묻는 것이

---

[8] 굳이 '언어학적 전환(linguistic turn)'이나 보르리야르의 '시물라크르'를 떠올리지 않더라도, 텍스트가 실재를 반영하는 차원과 함께, 텍스트가 실재, 또는 실재의 이미지를 형성·구축함으로써, 역으로 현실자체·현실속의 주체를 축조하기도 한다는 점은 부연할 필요가 없을 것이다. 본고에서는 재현텍스트가 만들어내는 현실효과, 실재효과(reality-effect)와 그 현실재현이 만들어내는 인식효과(cognitive effect)를 광범위하게 지칭하고자 한다. 결국 소설 속에 형상화된 허구로서의 '전쟁상'이 다양한 형상화 기제를 통해, 당대(1950년대)의 객관적 실재인 것 같은 효과를 만들어내는 차원, 그 효과가 지금 현재의 실제의 현실 인식과 연관되는 차원을 논의해보고자 한다. 이는 물론 감각적인 차원에서 문자텍스트보다 사진이나 영상 등 시각자료에 더 긴밀하게 해당되는 것이지만, 재현매체로서의 소설 역시 이런 효과 속에 놓인다고 볼 수 있을 것이다.

먼저일 것이다.

앞서 본 50년대 구세대에게 전쟁은 '지나가는 소나기'이거나, '아무리 그래도 인간적 윤리나 품위를 잃어서는 안 되는 환경이나 배경 같은 것'이었다고 할 수 있다. 60년대의 시각으로 보는 전쟁은 이념적으로 해부되거나 대결해야 하는 '문제적 대상'이거나, 극복하고 처리해야 할 과거 문제라고 할 수 있다. 즉 해석과 접근법이 무엇이든, 일종의 인식론적 '문제'로 설정되는 것이다. 그렇다면 소위 실존주의적 경향의 전후 소설들에서 전쟁은 무엇인가? 그것은 '재앙으로서의 전쟁', '공포체험'이라는 것으로 볼 수 있을 것이다. 주체가 내던져 졌다고 말하는 그 극한 상황이라는 것이 인간이 '대재앙'을 만났을 때의 공포라는 것이다.

> 역사적인 대 사건이 문예사조에도 커다란 영향을 준다는 것을 인정한다면 소위 전후파로 규정되는 50년대와 제3세대로 명명된 60년대 작가의 변모는 6·25와 4·19의 성격차이를 고려하지 않을 수 없을 것이다. 어느 일요일 새벽의 기습이 일으켰던 한국전쟁은 그 자체로서 대재난(catastrophe)이었고 적어도 개인이 예감할 수 없었던 외부의 타박(打撲)인데 대해 2·28, 3·15, 4·19 등 잇따른 데모로 터진 학생운동은 이미 예기된 바였고 적어도 개인이 그렇게 되어지기를 소망한 내부의 진통이었다. 10년을 간극한 이 두 개의 사건에 보이는 인간의 느낌과 반응은 따라서 상이할 수밖에 없었다. 불의의 타격이 일으키는 효과는 경악과 비명이며 현실에의 저주와 패배주의이며 관념으로의 도피와 허무주의와의 결속이었다.[9]

60년대 문학세대들이 50년대 전후 세대의 문학을 평가하는 이러한 관

---

9) 김병익, 「60년대 문학의 위치」, 『사상계』, 1969. 12, 조현일, 『전후소설과 허무주의적 미의식』, 월인, 2005, 20면 재인용.

점하에 김주연은 "전후세대가 '생애의 충격'만을 중시할 뿐 문학이 언어로 된 하나의 질서라는 점을 잊고 있었으며 결국 현실에 기초하지 않은 외래사조, 뿌리 없는 각종 언어들이 구호처럼 거리를 뒹굴었다"고 비판한 바 있다.[10] 전후세대와 그들의 소설의 본질은 이런 60년대 세대의 진단에서 드러나듯, '생애의 충격'으로서의 전쟁체험이라고 할 수 있다. 이는 김병익의 위의 글에서 보이듯, 대재앙으로서의 전쟁체험, 즉 인간의 의지나 이성과, 이념과는 무관하게 갑작스럽게 발생하는 무차별적 폭력의 체험이라고 할 수 있다.[11] 이런 공포체험 하의 정신적 무질서와 분열의 면모를 보이는 전후세대의 소설들이 교과서에 6~8편 정도(「유예」, 「너와 나만의 시간」, 「사수」, 「비오는 날」, 「불신시대」, 「탈향」 이외에 장용학의 소설 등) 실려 있는데, 이는 특정시기 특정 경향의 소설로 볼 때 매우 많은 수라고 할 수 있다.

먼저 전방에서의 체험을 그린, 「유예」, 「너와 나만의 시간」, 「사수」를 먼저 살펴보도록 하자. 재난, 재앙으로서의 전쟁에 맞닥뜨린 주체(개인)은 위축되고 분열되며, 이 때문에 자신 앞에 마주한 대상(전쟁, 상황, 재앙)을 기술할 수 있는 거리감, 그리고 서사화 할 수 있는 질서를 갖지 못한다. 이들 소설에서 전쟁은, 적과 나와의 싸움으로 설정된 서사의 단순화, 그 싸움에서 제반 연루 상황과 관계성을 배제하고 게임처럼 기호화되어 전유되고 있는 것이 공통적인 특징이다. 「유예」는 사형장으로 향하는 군인이 죽음 직전에, 부대의 전멸과정을 회상하는 소설이고, 「너와 나만의 시간」은, 부상당한 군인을 부축하고 남쪽으로 퇴로를 찾아가는 세 군인

---

10) 김주연, 「새시대 문학의 성립 : 인식의 출발로서의 60년대」, 『아세아』, 1969. 2.
11) 조현일은 이런 대재앙으로서의 전쟁체험이라는 관점 하에 그것이 만들어내는 특유의 미의식을 손창섭과 장용학의 전후 소설을 대상으로 논한 바 있다. 조현일, 『전후소설과 허무주의적 미의식』, 월인, 2005, 20면.

의 배반과 죽음, 생존의 과정을 그린 소설이다. 「사수」는 어린 시절의 두 친구가 사수와 사형수로 만나 총을 겨누는 과정을 그리고 있다. 이 소설들은 모두 나와 대상(추위, 배고픔, 누적된 피로, 부상당한 동료, 옛 친구, 총탄…)과의 '싸움으로만' 관계가 단순화 되어 있으면서, 그 관계는 매번 사느냐 죽느냐 하는 절체절명의 무게를 갖는다.

「유예」는 전쟁에서 죽음 직전에 놓인 인물들의 의식과 행동반응을 매우 건조하게 서술하고 있는 단편이다. 소설에서 서사적 관계는 '관계'라고 할 수 없을 만큼 최소한으로 소거되어 있다. 상반되는 욕망도 이해관계도, 갈등도, 인물도 거의 삭제되어 있다. 개인이 놓인 6·25 전쟁이라는 사회적 상황이 앞뒤로 단절되고, 소설을 채우는 것은 죽기까지 유예된 한 시간 동안 계속 죽음을 향해 치달아온 과정에 대한 단편적 기억, 그에 대한 사물화된 건조한 진술, 죽음에 맞닥뜨린 상황속의 즉자적 행동대응이다. 이 과정에서 지속적으로 '끝'을 강조하는 종말의식을 드러낸다.

> 누가 죽었건 지나가고 나면 아무것도 아니다. 그들에겐 모두가 평범한 일들이다. 나만이 피를 흘리며 흰 눈을 움켜쥔 채 신음하다 영원히 묵살되어 갈뿐이다. 전 근육이 경련을 일으킨다. 추위 탓인가… 퀴퀴한 냄새가 코에 스민다. 나만이 아니라 전에도 꼭 같이 이렇게 반복된 것이다.
> 싸우다 끝내는 죽는 것, 그것뿐이다. 그 이외에는 아무것도 없다. 무엇을 위한다는 것, 그것도 아니다. 인간이 태어난 본연의 그대로 싸우다 죽는 것. 그것뿐이라고 생각하였다.[12]

---

12) 오상원, 「유예」, 『한국현대문학전집7 – 오상원, 서기원』, 신구문화사, 1981, 187면, 오상원의 「유예」는 18종 문학 교과서 중 10종에 게재되어 있다는 점에서, 이 부류 다른 소설들보다 가장 많이 노출되는 소설이다. 물론 본고에서 인용하는 부분이 문학교과서에 게재되는 부분과 반드시 일치하는 것도 아니고, 개개의 수업시간에 해석되고 교육되는 내용이 본고에서의 이데올로기적 방향과 일치된다고 말할 수는 없을 것이다.

　아무렇지 않은 듯 건조하게 반복되는 기계적인 문장, 이것이 반복적으로 환기하는 '죽음', '끝', '그것뿐'이라는 말은 역설적으로 이 극한 상황의 순간을 영원한 무시간성으로 느끼는 심리적 공황상태를 동반한다. 「너와 나만의 시간」에서는 구체적으로 "어디까지 가면 된다는 한정된 길도 아니었다. 그저 무턱대고 걸음을 옮기고 있는 것이었다."로 예시되기도 한다. 공통적으로 삶과 죽음이 엇갈리는 절체절명의 '순간'이 '영원히' 이어질 것 같은 시간감각을 보이는 것이다.

　또한 전쟁에 대한 심리묘사는 위 인용문에서처럼 사실상, 동물적 감각으로 자연세계를 인지하는 것이 주조를 이룬다. 눈, 추위, 자연, 냄새, 근육, 기아, 갈증, 피로, 몽롱함… 등과 같은 본능적인 감각묘사가 대부분을 차지하는 것이다. 주체가 느끼는 감정, 의식적 판단은 거의 진술되지 않고, 감각반응과 살기 위해 행한 몇 가지 행동(걷고, 구르고, 구렁이를 잡아먹고, 갈증에 물을 찾아 먹고…)이 서술되고, 전쟁에 대한 거리화된 의식이나 상황의 인지판단(적진에 포로로 잡힌 상황…)은 오히려 꿈이나 환각처럼 제시된다.

　이런 방식의 전쟁 전유는, 단지 6·25라는 사회적, 역사적 사건에서 사회적, 역사적 의미를 담아내지 못한다는 차원에 그치지 않는다. '죽음과 삶'이 순간적이고, 우연적으로 뒤바뀌는 상황에서, 그 사건에 연루된 주체―개인 역시 한갓 동물로서의 생존에의 본능적 감각과 죽음을 결단하는 초인적 자유(「유예」)가 아주 순간적이고 우연적으로 뒤바뀌며 공존한다는 것이 더 심층적인 문제라고 할 수 있다. 즉 이런 상황에서는 살기 위해 적을 죽이는 것과 살기 위해 부상당한 동료를 죽이거나 버리는 것이 아무렇지 않게 동일화(「너와 나만의 시간」)된다.

　또한 그 사건 속에 연루된 개인은 그 사건을 영원한 무시간성과 순간적 찰나성이 동시에 경험되는 시간의식을 통해 전유하는 것 또한 특징적이다. 「유예」에서 죽음까지 유예된 시간, 그리고 소설의 전과 후, 사살 직전과 사살 직후의 시간 사이의 순간은, 사실상 소설 전체, 그러니까 이들 수색대원이 북으로 북으로 진격하면서 하나씩 하나씩 죽어나가고, 눈과 기아와 추위에 쓰러져온 영원히 끝나지 않을 것 같은 무한의 시간이기도 하다. 이런 시간성이 소거되는 현상은 주체가 경험하고 기술하는 심리의 차원만이 아니다. 이런 재앙으로서의 전쟁관은 개인주체들이 대하는 모든 전쟁이 똑같다는 특징을 함유한다.

> 선임하사, 그는 이차 대전시 일본군에 소집되어 남양전투에 종군하다 북지(北支)로 이동, 일본항복과 더불어 포로생활 이 개월을 거쳐 팔로군, 국부군, 시조가 변전되는 대로 이역을 표류하다 고국으로 돌아와서 다시 군문으로 들어선 것이었다.13)

인용문에서의 선임하사는 역사를 '인간이 인간을 학살해온 기록'이라고 인식한다. 실제 그의 삶은 전쟁 자체가 영원히 반복되는 인간조건임을 몸으로 체험해온 것이다. 그에게 전쟁은 그야말로 보편적 인간조건인 것이다. 그리고 그런 그이기에 '인간으로서의 살아있다는 느낌'은 적을 죽이는 바로 그 '순간'이다.

> 난 전투가 제일 재미있소. 전투가 일어나면 호흡이 벅차고, 내가 겨눈 총구에 적의 심장이 아른거릴 때마다 희열을 느낍니다… 사람이란 별게 아니라 곧 싸우는 것을 의미하고, 싸우다 쓰러지는 것을 의미합니다.14)

---

13) 위의 책, 190면.
14) 앞의 책, 190면.

이는 주인공의 말이 아니라 선임하사의 말이지만, 전쟁을 극미시화해서 죽고 죽이는 동물적 전투로 전유하고, 그리고 거기서 느껴지는 감각적 반응을 전면화하는 것, 그리고 싸움 자체를 보편적 인간조건으로 설정하는 점에서 소설 전체의 주조에 해당된다고 할 수 있다. 이렇게 본다면 '전쟁에 대한 극미시화된 시선'과 그 전쟁이 영원이 끝나지 않는 '보편적 인간조건'이라는 시선은 동전의 양면이라고 할 수 있다.

따라서 이들 전후 실존주의적 경향의 소설에서 보이는 극한상황으로서의 전쟁, 재앙으로서의 전쟁인식은, '역사적 사회적 의식이 부재'하다거나 '허무주의적'이라는 작가의 세계관의 차원에 국한될 수 없는 것이다. 이런 진단과 평가를 넘어 주목해야 하는 것은 그 상황 묘사가 만들어내는 효과이다. 즉 전쟁을 재앙으로 보는 의식은, 그 시간성과 대상성, 그 대상을 인지하는 주체의 차원에서 특정한 명제로 단순하게 귀결된다는 것이다. 전쟁이라는 예외적이고, 특수한 상황을 보편적이고 절대적인 인간조건으로 전제한다. 이 죽고 죽이는 전쟁이 영원하다는 의식은, 역설적으로 삶 자체, 일상적 삶, 평범한 삶 자체도 죽고 죽이는 싸움이라는 의식으로 등치된다. 이것은 전장을 대상으로 한 실존주의적 경향의 소설과 후방 또는 전후 현실을 소재로 한 소설에서 공통적으로 관류하는 것이라고 할 수 있다.

그리고 이런 '삶=영원한 싸움'의 조건에서 개인주체는 두 가지 방식으로 정체성이 표출되는데, 그것은 감각과 행동, 즉 살아남기 위한 감각적 촉수의 전면화, 그 살아남기 위한 행동선택에서 '모든 가치의 무화(용인)'이라는 정체성 표출방식이 그것이다. 구체적으로 전쟁상황에서 주체의 반응은 주변 세계를 자신이 살아남을 수 있느냐 죽느냐에 관여되는 지형지물, 적의 동태, 먹거리 구하기 등과 관련된 자연 및 주변 등에 대한 동물적, 감각적 반응위주로 선택 서술해 간다. 또한 이 상황에서 선택하거나 행한 모든 행동들은 '살아남기'라는 전제하에 모든 것이 용인된다. 예컨대 「너와 나만의 시간」에서 이틀 동안 구렁이를 잡아 나누어 먹은 것이 전부인 상황과 현중위가 부상당한 주대위를 버리고 혼자 도망치는 것, 그것을 주대위나 김일등병이 당연하게 용인하는 것이 그것이다.[15] 전장이 모든 가치를 무화시키고 이 때문에 살아남기 위한 어떤 행동도 용인해 버리는 것이다.

결국 전후 실존주의 경향의 소설들이 단순히, '전쟁이라는 극한 상황에서의 실존'의 문제를 다룬 것으로 볼 때, 어렴풋이 전제하게 되는 것이 '전쟁=극한상황=예외적 상황'이라는 결합쌍이지만, 극한상황 속 인지구조(재난에 직면한 인간의 인지구조 및 그에 따른 서술효과)가 그 상황을 '영원하고 보편적인 자연조건'으로 인지하도록 하는 효과를 만들어내는 것이다. 이 효과는 "전쟁터에서 혈혈단신 혼자서 살아남아야 한다."는 매우 단순한 명제로 수렴된다. 이는 엄밀히 말해 '실존주의'이기보다는 '생존주의'라고 해야 할 것이다. 그리고 이 생존주의, 그러니까 생존경쟁을 전면화하는 서바이벌 게임의 논리는 영원하고 보편적인 인간 조건이라는 인지효과를 동반하면서 현재의 교과서를 통해 늘 현재적으로 실재한다고 할 수 있는 것이다.[16]

---

15) 이런 경향은 오상원의 다른 소설 「백지의 기록」이나 황순원의 「너와 나만의 시간」, 그리고 서기원의 소설에서도 유사하게 나타난다. 이런 행동들이 이후에 죄의식을 형성하지만, 그럼에도 그 전쟁=삶의 국면을 '그런 것이다'로 설정하는 전제가 바뀌지는 않는다.

16) 그리고 이런 인식과 전제가 전쟁뿐만이 아닌, 삶의 상황에도 그대로 전이된 것이 후방을 대상으로 한 전후소설들에서 나타난다. 손창섭의 소설들, 교과서에 실린 「비오는 날」을 포함하여 「사연기」, 「생활적」, 「인간동물원초」 등 대부분의 소설들은, 이렇게 동물적 생존으로 정향된 인간들을, 그렇게 삶이 무한 반복될 것 같은 무시간성 속에서 매우 낯선 시선으로 바라보는 주인공 초점화자의 서술로 채워져 있다고 할 수 있다. 그의

전후세대의 '후방'을 배경으로 한 소설에서도 이런 생존경쟁의 정당
화 논리가 전제되어 있다. 실존주의적 경향의 병적 징후를 보이는 소설
은 물론이고, 문학사적으로 '건강한 출발'의 면모를 보이는 '변화'로 평
가받는 작품 역시, 같은 인지효과의 논리적 전제에 기초해 있다고 할 수
있다.

이호철의 「탈향」은 다른 실존주의적 전후소설과 달리 건강한 출발을
보여주는 것으로 평가되어왔다. 그러나 이호철의 60 · 70년대까지 이어
지는 문학활동을 고려하지 않고 본다면, 이 소설 역시 전후 소설이 수
렴되는 단일한 명제 '전쟁터에서 혈혈단신 혼자 살아남아야 한다', 그
리고 '그러기 위해서는 무슨 짓도 용인할 수 있다.'는 것을 잘 보여주는
소설이라고 할 수 있을 것이다. 이 소설은 중공군의 참전으로 인해 일
어난 1 · 4후퇴 당시 LST(Landing ship for tank=전차 양육함)에 올라 부산에
떨어진 한 고향마을의 네 청년인 광석, 두찬, 하원, 나의 이야기이다. 같
은 고향 출신으로 낯선 부산에서 함께 지내지만, 이들은 그악스러운 현
실에서 각자 생존에의 욕망으로 뿔뿔이 흩어질 수밖에 없는 현실을 보
여준다.

(그들은 처음에는) 중공군이 밀려온다는 바람에 무턱대고 배위에 올라
타긴 했으나, 도시 막막하던 것이어서 바다위에서 <u>우리 넷이 만났을 때
는 사실 미칠 것처럼 반가웠다.</u>

이 한 달 사이에 두찬이는 두찬이대로 광석이는 광석이대로, 남모르게

소설에 나타나는 각종 불구자들은, 보이지 않을 정도로 미약하게 설정된 작가 손창섭의
저항, 그러니까 그 동물적 생존의 상황이 적어도 '정상이 아니다'라는, '인간이라면 그
래서는 안된다'라는 의지를 미약하게 상징하는 것으로 읽을 수 있을 것이다.

제각기의 배포가 서게 된 것은(배포랄 것 까지는 없지만) 그들을 탓할 수
만은 없는 일이었다. 쉽사리 고향을 못 돌아갈 바엔, 늘 이러고만 있을
수는 없다. 다른 변통을 취해야겠다. 두찬이와 광석이는 나머지 셋 때문
에 괜히 얽어매여 있는 것처럼 스스로를 생각하게 된 것이었다. <u>자연 우
리 사이는 데면데면해지고 흘끔흘끔 서로의 눈치를 살피게끔됐다.</u>

애당초 나는 두찬이처럼 심술이 세다거나 광석이처럼 주변이 좋다거
나 하원이처럼 겁이 많다거나 그 어느 편도 아니었다. <u>나는 이젠 우리
넷 사이가 어떻게 돼도 좋았다……</u>

그러나 누가 알랴! 지금 내 마음 속에서 일어나는 돌개바람 같은 것
을…… 아! 어머니 <u>이미 내 마음은 하원이를 버리고 있는 것이다.</u> 순간
나는 입술을 악물었다.17)

두 달 사이에 일어난 변화를 시간 순으로 보여주는 위의 네 개의 인
용문은, 고향 출신 젊은이들이 서로를 버리고 각자 살 길을 찾아나서는
'탈향' 선언이다. 돌아갈 수 없는 세계에 감정적으로도 도덕적으로도 매
이지 않겠다는, 현실과 정면으로 마주서겠다는 생에의 의지를 결단하는
것이라 할 수 있다. 이는 구세대가 보이는 안이한 도덕성이나 다른 전후
작가들의 허무주의와 달리, 현실주의적 태도와 생에의 의지가 결합된 출
발로 읽힐 수 있는 것은 분명하다. 그러나 이 현실주의적 출발이란, '삶
(현실)'을 서로가 서로를 버릴 수 있는, 그래야 살아남는 '동물적 생존경
쟁의 전쟁터'로 전제한다는 점에서 앞서의 전제들과 동일한 지반에 있다
고 할 수 있다. 그리고 개체적 존재로서의 인간을, 앞서 전방을 소재로
한 소설들에서 '감각'에 국한시켰다면, 이 소설은 '행동과 그 행동의 정

---

17) 이호철, 「탈향」, 『소시민(한국소설문학대계 39)』, 동아출판사, 1995, 311~324면.

당화'까지 함께 수행하는 인식과 결단의 주체로 설정되어 있다는 점에서, 더 일관된 인식적 질서를 만들어내는 효과라고 할 수 있다. 극한 상황에서의 실존의 문제가 기실은 '전쟁(같은 현실)에서 혼자 살아남아야 하는 주체·객체 전제'가 더 확장되고 견고해진 것이라고 할 수 있다.

　박경리의 「불신시대」가 보여주는 전후의 타락한 현실 ― 남편은 유엔군의 폭격으로 죽고, 외아들은 의사의 어처구니없는 무관심 때문에 죽고, 그 외로움을 비집고 서로를 사기 치는 친인척, 천주교·불교 신자와 종교인들이 판치는 현실 ― 역시 마찬가지이다. 진영이 아들의 사진을 불태우며 "그렇지 내게는 아직 생명이 남아있었지, 항거할 수 있는 생명이"라며 새로운 생에의 의지를 다짐하는 것은 또 다른 출발의 의지지만, 그 출발은 바로 이 '전쟁터보다 더한 현실' 위에서 이루어질 수밖에 없음은 변함없는 사실이라고 할 수 있다.

　이처럼 전후세대의 소설을 '어설프게 수입된 실존주의'라는 그늘을 걸고, 작가의식에 대한 평가가 아니라 '소설이 생산하는 현실효과'라는 차원에서 보면, 전후소설은 동일한 전제로 수렴되고 확산되고 있다고 할 수 있다. 그 전제는 언급했듯이 '전쟁터에서 혼자서 살아남아야 한다.'는 것이다. 이는 실존이 아닌 생존을 제1의 가치로 표명하는 것이다. 전쟁터에서의 공포체험, 혹은 전쟁터 같은 현실에서의 다양한 공포체험에서의 결말들은 다만 '살아야 한다는 것'이거나 '살기 위해선 어쩔 수 없었다.'거나 라고 할 수 있기 때문이다. 전쟁의 상황 하에서는 인간의 모든 의식적, 이성적 행위가 무의미하다는 허무의식으로 표명되건(손창섭, 서기원, 오상원의 「백지의 기록」이나 황순원의 「나무들 비탈에서다」 등에서 보이는 전후 방황하는 청년들의 모습), 아니면 박경리의 「불신시대」나 이호철의 「탈향」처럼 그악한 이기와 무도덕성의 전후 세태 속에서 그럼에도 불구하고 살아야 한다는 생에의 의지를 벼리고 세우는 결말이건, 전쟁을 바라보는 동일한 관점, 그래서 그 전쟁에 강박된 채 삶(세계)를 바라보는 동일한 관점에 기초해 있는 것이다. 그것은 '삶=세계=전쟁'이라는 인식, 개인은 그 세계에서 궁극적으로 '혼자'라는 단독자 의식, 바로 그 세계 속에서 '살아남아야 한다'는 의지 같은 것이다. 전쟁을 겪음으로써 누구에게도 의지할 수 없음을 알아차리고 "혈혈단신 물려받은 유산도 없이 우리는 우리의 새로운 작업을 개시해야 하는"[18] 의식인 것이다. 이는 굳이 실존주의의 대표작가로 여겨지는 손창섭 장용학 이외에도 대부분의 50년대 전쟁 소재 소설이 보여주는 공통점이고, 위에서 보았듯 문학교과서에도 골고루 포진해 있다.

실존주의적인 전후 소설이 보이는 이런 '개별자에 대한 집착'은 90년대 문학연구에서 비판의 초점이 되었었다. 비판의 내용은 주로 리얼리즘에 근거한 것으로, 개인의 폐쇄된 자의식을 비판하거나 역사적 전망의 부재, 현실에 대한 객관적 총제적 접근의 부재, 인식의 추상성등을 비판한 것이었었다.[19] 이렇게 본다면 실존주의 소설은 50년대는 물거품처럼 유행되고, 60년대 이후에는 세대론적 관점에서 현실을 형상화할 언어의 부재라는 차원에서 문단차원에서 폐기되고, 90년대에는 리얼리즘 및 문학사적 관점에서 전후 현실에 대한 총체적인 접근과 전망의 부재를 이유로 비판되어왔다고 할 수 있다. 그리고 1990년대 후반과 2000년대에

---

18) 이어령, 「우상의 파괴」, 한국일보, 1956. 5. 6.
19) 이와 같은 시각을 보여주는 연구서로는 대략 문학사와 비평연구회 편, 『1950년대 문학연구』, 예하, 1991, 한국현대문학연구회, 『한국의 전후 문학』, 1991. 4, 문학과 논리, 『한국 전후문학의 형성과 전개』, 태학사, 1993, 송하춘·이남호 편, 『1950년대의 소설가들』, 나남, 1994 등이 있다.

는 문학교과서 속에서 한국전쟁을 바로 그 실존주의적으로 전후세대적으로 기억하도록, 전유되도록 압도적으로 배치되어 있는 것이다.

3) 굶주림과 원초적 자기보존 욕망,
7·80년대 분단소재 성장소설의 전쟁 전유(다수)

교과서에 실린 분단소재 성장 소설은 김원일의 「어둠의 혼」, 박완서의 「엄마의 말뚝」, 윤흥길의 「기억 속의 들꽃」, 「장마」 등이고, 2007년 개정된 중학교 교과서에 수록된 박완서의 「그 산이 정말 거기에 있었을까」도 여기에 포함될 수 있을 것이다. 전후세대의 전쟁 소재 소설 다음으로 가장 많은 수를 차지한다고 할 수 있다. 특히 박완서의 소설이 압도적으로 많은 양을 차지하고 있다.

분단 소설에서 성장소설 특히 유소년 화자 시점이 보여주는 독특성, 즉 이전까지 강렬하게 잔존해있던 반공주의적 억압체계를 비껴가면서, 분단현실을 거리화하는 방법적 기제로서의 역할에 대해 높이 평가된 바 있다.[20] 그러나 이 부류 성장 소설을, 분단문제라는 거시적 주제가 아니라, 상황 속의 인간을 설정·묘사하는 틀, 그 인간이 사건과 관계와 결말을 만들어가는 플롯의 차원에서 본다면, 이 부류의 소설들은 의외의 공통성을 보여주고 있다고 할 수 있다. 그것은 인간이 처한 가장 결정적인 상황, 특히 전쟁과 분단이 만들어내는 상황을 '굶주림'을 중심으로 서술한다는 것이다. 그래서 이시기 성장 소설의 유소년 화자는 엄밀히 말해 '굶주리는 아이'라고 할 수 있다.

---

20) 이는 김윤식의 문학사적 논의 및 강진호, 『현대소설사와 근대성의 아포리아』, 소명, 2004에서 주로 윤흥길의 「장마」에 대한 논의를 통해 상론된 바 있다.

　　김원일의 「어둠의 혼」(1973)은 전쟁 중 아버지의 월북과 이후 분단 현실에서의 지난한 삶으로 점철된 김원일의 자전적 사실을 소재로 한 것으로 알려져 있다. 전쟁(분단), 유기당한 아이, 이념에 휩쓸린 아버지라는 세 가지 변수에서 성장의 서사는 굶주리는 아이의 눈을 통해 원초적 자기보존에의 파토스를 향하고 있다. 전쟁과 아버지의 죽음이 임박한 상황에서 주인공 아이가 명료한 감각을 통해 서술해나가는 것은 배고픔이다. "경찰을 피해 잽싸게 나타났다 사라지는 아버지의 요술을 미처 깨닫기 전에 아버지가 돌아가신다는 것이 슬플 뿐, 나는 당장 해결해야 할 절박한 괴로움에 떤다. 배가 지독히 고프다", "뱃속에서 꼬르륵 소리가 난다. 배가 고프면 그런 소리가 났다. 나는 더 참을 수가 없다. 오늘도 점심을 굶었다.", "나는 이젠 배가 아프거나 고프지 않다. 빨리 걸으면 배가 잠에서 깰는지 모른다.", "울고 싶어진다. 울면 배가 고파진다.", "나는 초등학교적 반에서 늘 첫째나 둘째를 했고, 분선이는 다섯째를 맴돈다. 밥만 양껏 먹을 수 있다면 나는 늘 첫째를 할 수 있고, 분선이는 부급장을 할 수 있다."와 같은 구절에서 보듯이, 아이의 시선을 통해 명료한 상황, 그래서 가장 절박한 문제는 굶주림을 해결하는 것이다. 이는 전쟁과 분단, 아비의 좌익이념과 월북, 그로인해 벌어진 '사회적 관계상황'에 대해 '모른다'라고 반복되는 적극적 무지 표명과 대쌍을 이룬다. 즉 아버지의 좌익이념 선택과 전쟁이라는 상황에서 "사람들은 말했다. 빨갱이 짓을 하면 무조건 죽인다고… 그런데 아버지가 왜 그런 일에 나서게 되었을까에 대해서는 아무도 말해주지 않는다.", "아버지가 왜 목숨 걸고 도망쳐야 하는지 나는 알 수 없다." 처럼 아버지의 '사회적 상황'은 '알 수 없는 미친 짓이고' 다만, "우리 집은 왜 가난할까, 하고 생각해본다. 어머니의 말처럼 모두 아버지 탓이다."처럼 굶주림의 원인을 지목할 때만 분명해진다.

‘전쟁과 굶주리는 아이’의 결합쌍에서, 아이라는 지위는 이처럼 인식적 판단이 요구되는 상황에서 ‘나는 모른다’는 방패막이로, 굶주림의 원인을 아비(이념)에게 돌림으로써 아비가 위치하는 공적 영역, 사회적·정치적 영역을 지우고 ‘자식을 먹여살려야 하는 존재’로만 자리매김하는 효과를 만들어낸다. 정치적 공적 영역이 ‘무지’와 ‘미친 짓’으로 지워지고 난 후, 오로지 경제적 생존, 원초적 자기보존에의 파토스만이 전면화되는 것이다.21) 이는 비단 「어둠의 혼」에 그치지 않는다.

정도는 작지만, 윤흥길22)의 「장마」에서 삼촌을 밀고함으로써 서사 전체를 비극으로 만들었던 것도 달콤한 ‘과자의 유혹’이었고, 박완서의 「그해 겨울은 따듯했네」(1982)에서 서사 전체의 발단이 되는, 7살짜리 여자아이가 5살짜리 동생을 유기해버리는 원인은 아이의 ‘끝없는 식탐’ 때문이었다. 이런 ‘먹어야만 살 수 있는 존재’로서의 인간을, 잠재적 원경이 아닌 가장 근본적 인간관으로 분명하게 주장하는 것이 가장 최근(2007)에 교과서에 실린 박완서의 소설 「그 산이 정말 거기 있었을까」이다. ‘자전적 기록’임을 강하게 주장하며, 당대를 복원하겠다는 의지를 밝히고 있는 이 소설에서, 작가는 기존까지 자신의 유사한 소재의 소설들에

---

21) 필자는 다른 지면에서 분단소재 성장 소설을 ‘70년대 개발독재 시대의 성장 소설의 서사와 당대 지배이념과의 구조적 상동성’을 주제로 살펴보았었다. 김원일의 「어둠의 혼」에 대한 언급은 여기서 분석된 내용과 일치함을 밝혀둔다. 차혜영, 「성장소설과 발전이데올로기」, 『상허학보』 12, 상허학회, 2004, 129~163면.

22) 국어 교과서에 실린 윤흥길의 「기억 속의 들꽃」 역시 이런 맥락에서 볼 수 있을 것이다. 일종의 어린이판 「취우」라고 할 수 있을 이 소설은, 피난길에 우연히 마을에 들어온 어린 소녀가 금반지를 갖고 있다고 알려지면서, 그 어린 소녀를 둘러싼 어른들의 약삭빠른 이해관계와 주인공 소년의 서정적 추억이 얽혀있는 소설이다. 전쟁기간 동안, ‘전쟁과 상관없이 유지 존속되는 일상성’, 그리고 그 일상성의 힘이 금반지와 이해관계를 둘러싸고 전개된다는 점에서 그 서정적 정조와 달리, ‘먹고사는 존재로서의 인간’을 원경으로 전제하고 있다고 할 수 있다.

서 반공주의의 억압에 가려졌던 오빠의 죽음을 섬세하게 복원하기도 하고, 한국전쟁기를 통과해 나오는 여성 생존서사의 끈질긴 생명력을 보여주기도 한다.[23] 그런데 이런 여러 이데올로기의 그늘을 걷어치우면서, 맨살의 육성으로 강하게 말하는 것이 다음 대목이라는 것은 매우 의미심장하다.

> 나는 이불 속에서 외롭게 절망과 분노로 치를 떨었다. 이놈의 나라가 정녕 무서웠다. 그들이 치가 떨리게 무서운 것은, 강력한 독재 때문도 막강한 인민군대 때문도 아니었다. 어떻게 그렇게 완벽하고 천연덕스럽게 시치미를 뗄 수가 있느냐 말이다. <u>인간은 먹어야 산다는 만고의 진리에 대해. 시민들이 당면한 굶주림의 공포 앞에 양식 대신 예술을 들이대며 즐기기를 강요하는 그들이 어찌 무섭지 않으랴. 차라리 독을 들이댔던들 그보다는 덜 무서울 것 같았다.</u> 그건 적어도 인간임을 인정한 연후의 최악의 대접이었으니까. 살의도 인간끼리의 소통이다. 이건 소통이 불가능한 세상이었다.[24]

위의 인용부분은, 인민군과 국군이 번갈아 점령하는 서울에서 죽어가는 오빠와 가족들이 삶을 연명하는 과정에서, 인민군이 동원한 예술공연을 관람하면서 박완서가 느끼는 대목이다. '굶주림의 공포 앞에 예술을 들이대면서 즐기기를 강요하는 그들'에게 오히려 극악무도한 비인간성을 느끼는 것이다. 이 배고픔, 먹어야 사는 존재로서의 현실적 인간규정은 말하자면, 분단시대를 이끌어온 반공 이데올로기를 넘어서서 도달한 박완서의 최종심급이라고 할 수 있다. 이렇게 본다면 굶주림 앞에서의

---

23) 「엄마의 말뚝」, 「목마른 계절」, 「나목」 등이 이에 해당된다. 이 부류 소설들에서 반공주의 억압의 길항 관계에 대해서는 강진호의 「반공주의와 자전소설의 형식―박완서론」, 강진호, 앞의 책 참조.
24) 박완서, 『그 산이 정말 거기 있었을까?』, 세계사, 2008, 52면.

자기보존 욕구, 그리고 그것을 제일의적 인간조건으로 설정하는 방식, 그리고 그것을 무엇보다 진실이고 사실이라고 의제설정하는 방식은 이 부류 분단소재 성장 소설에서 매우 일관되고도 강하게 관류하는 관점이라고 할 수 있다.

그렇다면 현재 국어교과서에 가장 많이 실려 있는 두 부류의 소설 — 전후세대의 실존주의 소설과 산업화 시대를 배경으로 한 분단소재 성장 소설 — 이 함께 어울리며 만들어내는 효과는 자명하다. 죽기 아니면 살기의 무한 생존경쟁을 원초적이고 보편적인 인간조건으로 설정하고, 인간존재의 가장 본질적 고유성, 인간다움을 오로지 먹고사는 경제적 생존에서 찾는 인식효과가 그것이다. 여기서 문제는 실제 현실에서 먹고사는 일이 실제로 중요한지 여부가 아니라, 국어·문학 교과서가 전쟁을 바로 이런 방식으로 특권적으로 전유하고, 기억하고, 함께 공유하도록 선택, 배치되어 있다는 것이다.

4. 6·7차 교육과정기 한국전쟁 소재 소설의 배치와 전유효과
─결론을 대신하여

이상 본고에서는 2장에서, 6·7차 교육과정기 국어·문학교과서를 대상으로, 한국전쟁 소재의 소설의 분포양상을 살펴보고, 그것이 우리 문학사에서 존재해온 전쟁전유의 다양한 시각을 거의 망라하고 있다는 점에서 다양성과, 문학 18종 교과서에서 보듯 자유로운 선택가능성 속에서 개방화되어 있는 제도적·형식적 특징을 확인하였다. 3장에서는, 이런 제도적 형식적 다양성과 개방성과 상반되게, 교과서 소재 소설이 만들어내는 한국전쟁 전유의 인식효과가 수렴되는 지점을 분석했다.

구체적으로 소수의 양을 차지하는 50년대 구세대와 60년대 4·19세대의 전쟁 전유가 보이는 인식론적·윤리적 가치관과 대비되어, 가장 압도적 다수를 차지하고 있는 전후세대의 실존주의 소설과 산업화 시대에 나온 분단소재 성장 소설 두 종류의 인식효과와 그 두 종류가 상승적으로 결합하여 만들어내는 세계관과 인간관을 살펴보았다. 그리고 그것은 경제적 생존에 기초한 원초적 자기보존 욕구의 전면화와 삶을 무한경쟁이 만들어내는 전일적 서바이벌 게임으로 전유하는 신자유주의적 이데올로기임을 살펴보았다.

한국전쟁을 소설로 전유하는 교과서 소재 다수 소설이 상승적으로 결합하면서 만들어내는 이런 인식효과는, 문학사적 가치 평가나 개별 작가·작품연구, 그리고 분단 문제에 대한 인식의 변모 등 연구사적 논제와는 일정정도 차이를 갖는다고 할 수 있다. 잘 알려져 있다시피 실존주의적인 전후 소설은 50년대는 물거품처럼 유행되고, 60년대 이후에는 세대론적 관점에서 비판·폐기되었고, 90년대에는 리얼리즘 및 문학사적 관점에서 전후 현실에 대한 총체적인 접근과 전망의 부재를 이유로 비판되어왔다. 그리고 2000년대에는 국어·문학교과서 속에서, 한편으로는 분단소재 성장 소설과 압도적 양으로 결합하고, 한편으로는 가치론적 인식론적 문제 영역으로서의 한국전쟁(50년대 구세대와 4·19세대의 전쟁 전유)을 소수화, 후면화, 과거화하면서 배치되어 있다. 이런 배치를 통해 죽기 아니면 살기의 무한 생존경쟁을 원초적이고 보편적인 인간조건으로 설정하고, 인간존재의 가장 본질적 고유성, 인간다움을 오로지 먹고사는 경제적 생존에서 찾는 인식효과를 만들어내는 것이다.

그리고 이런 '내용'상의 인식효과는 18종이나 되는 교과서 중 자유롭
게 선택할 수 있는 자율성과 개방성, 다양성이라는 '형식' 안에 위치하
고 있기에, 어떤 특정한 '이데올로기'라기보다는 자연스럽거나 우연적이
거나 혹은 삶 자체가 가진 자명성처럼 보이기 쉽다. 마치 무한경쟁 속에
서 나 혼자만은 무슨 수를 써서든 살아남아야 하는 절체절명의 위기감
속에서 '생존경쟁'이 신자유주의 시대의 '다양성과 자유'를 짝하고 있는
것과 같이 말이다. 그러나 이런 이데올로기가 옳으냐 그르냐의 문제 너
머, 적어도 '과거 소설 텍스트'의 '현재적 배치'가 이런 실재효과를 만들
어내는 것은 분명하다고 할 수 있다. 이 때문에 오상원의 「유예」처럼,
문학사적 연구에서는 전후세대만의 세대적 특수성이나 예외성으로 논의
될 법한 공포체험이, 교과서 배치 속에서는 감각적 현재성(공시적 보편성)
을 강화하는 기묘한 효과를 만들어내기도 한다고 볼 수 있다.

참고문헌

중·고등학교 국어교과서.

문학교과서 18종.

강진호 외, 『국어교과서와 국가 이데올로기』, 글누림, 2008.

강진호, 『현대소설사와 근대성의 아포리아』, 소명, 2004.

김병익, 「60년대 문학의 위치」, 『사상계』, 1969.

김병익, 『한국문단사』, 일지사, 1980.

김주연, 「새시대 문학의 성립 : 인식의 출발로서의 60년대」, 『아세아』, 1969.

문학과 논리, 『한국전후문학의 형성과 전개』, 태학사, 1993.

문학사와 비평연구회 편, 『1950년대 문학연구』, 예하, 1991.

송하춘·이남호 편, 『1950년대의 소설가들』, 나남, 1994.

이영석, 「'언어로의 전환'과 노동사의 위기」, 『영국연구』 1, 영국사학회, 1997, 71~
    99면.

이찬행, 「'실재', 그 숭고한 이름」, 『트랜스토리아』, 박종철 출판사, 2002.

조현일, 『전후소설과 허무주의적 미의식』, 월인, 2005.

차혜영, 「국어교과서와 지배 이데올로기－1~4차 교육과정기 중·고등학교 교과서를
    대상으로」, 『상허학보』 15, 상허학회, 2005, 99~128면.

차혜영, 「성장소설과 발전이데올로기」, 『상허학보』 12, 상허학회, 2004, 129~163면.

차혜영, 「한국현대소설의 정전화 과정 연구－중·고등학교 국어교과서의 지배 이데올
    로기의 관련성을 중심으로」, 강진호 외, 『국어교과서와 국가 이데올로기』, 글
    누림, 2008.

한국현대문학연구회 편, 『한국의 전후 문학』, 태학사, 1991.

Bogue. R., *Deleuze and Guattari*, 로널드 보그, 이정우 역, 『들뢰즈와 가타리』, 새길, 1995.

제 8 장

전후 모더니즘 시의 가치 인식과 문학사 교육

박 윤 우
서경대학교 국어국문학과

1. 서론

"문학사는 문학만의 역사가 아니다."[1]라는 얼핏 자기모순적으로 비칠 수 있는 개념 규정은 문학교육에서 작품의 해석과 수용이 사회문화적 맥락에 대한 관련을 통해 이루어지지 않으면 안 됨을 역설적으로 부각시킨다. 문학활동을 통한 가치의 체험이 삶의 영역에서 인식적 구성물로서 구체화되기 위해서는 그 대상이 지닌 본질적이고도 역사적인 속성을 충실히 이해하고 수용하며 공유 내지 비판하는 과정을 거쳐내야 하기 때문이다.

이처럼 문학작품의 단순 집적이 문학사의 실체가 아니듯이, 문학사의 관점에서 문학작품을 바라보고 해석하며 수용하는 일은 끊임없는 외부와의 조회 과정 속에서 이루어짐으로써 그 교육적 효용을 기할 수 있다. 그런 의미에서 문학사 교육에서 지식의 문제 역시 단순한 문학적 지식으로서 장르론적 접근이나 작가와 작품을 둘러싼 사실의 이해를 넘어설 때 의의를 갖는다.

문학교육에서 논의할 수 있는 '가치'의 문제는 물론 문학의 본질적인 특질이나 고유의 자질에 대한 일정한 체험과 인식을 대전제로 한다. 이 때의 특질이나 자질들은 모두 일종의 '미적'인 범주의 형상적 대상 속에 구현된 것이다. 그런데 가치란 누군가가 어떤 대상에 대해 관심을 가질 때 존재할 수 있다는 점에서 단순히 객관적인 것도 아니며, 체험자의 주

---

1) 김대행 외, 『문학교육원론』, 서울대출판부, 2000, 155면.

관적 소유물만도 아닌, 일종의 관계적인 대상이다. 그러므로 어떤 작품에서 수용자가 감동을 받고 마음에 든다는 표현을 하거나, 냉담한 혹은 거부의 의사를 표시하는 것과 같은 긍정적/부정적 반응은 모두 가치의 문제가 그 대상의 평가적 본질 혹은 속성을 의미하는 것이자, 그에 대한 일정한 평가하기의 행위를 동시에 포괄함을 뜻한다.[2] 따라서 텍스트의 미적 가치는 주체에 의해 판단 혹은 평가되는 관계적 가치이자, 주체의 가치는 텍스트와의 대화를 통해 성장해간다는 점에서[3] 텍스트의 수용과 해석 과정은 곧 가치화의 과정으로부터 분리될 수 없다.

문학적 가치의 질서로서 문학사를 대할 때 견지해야 할 중요한 시각은 특정한 문학사의 실체는 그 '가치'의 내용과 형태로서 정신적 산물인 민족공동체의 역사적 삶을 토대로 구성된다는 점이다. 그러므로 문학사 교육이 사회문화적 맥락과의 관련을 통한 문학의 이해를 추구하는 과정에서 무엇보다 필요한 관점은 사회역사적 주체를 정립하는 일이다. 그렇게 함으로써 형성된 이 사회역사적 주체는 심미적 주체의 확립에 보다 구체적인 현실성을 기할 수 있는 가치론적 역할을 하는 데 기여할 수 있다.

문학작품에서 '역사'를 기억 혹은 발견하고, 탐구하는 일은 어떻게 이루어지는가? 역사를 기억하는 일, 특히 민족공동체를 이루는 사회구성원들의 집단 기억은 구성원의 주체적 삶의 현실과 밀접히 관련을 맺으면서 치유와 저항, 정당화와 계몽 등의 기능을 수행하게 된다.[4] 구체적 삶

---

2) Melvin Rader & Bertram Jessup, *Art and Human Values*, 멜빈 레이더·버트람 제섭, 김광영 역, 『예술과 인간가치』, 이론과실천, 1992, 34면 참조.
3) 김미혜, 「관계적 가치의 체험으로서의 시 읽기와 시 교육」, 김은전 외, 『현대시교육의 쟁점과 전망』, 월인, 2001, 72면.
4) 최호근, 「집단기억과 역사」, 『역사교육』, 85, 역사교육학회, 2003, 187면.

에 대한 재현적이자 인식적이며 형상적인 담론으로서 문학작품은 그 기억 주체의 인식적 산물이라는 점에서 이러한 '역사'를 일정한 방식으로 반영한다. 특정 시공간 속에 구현된 서사나 그 속의 인물, 서정적 주체의 인식과 그를 둘러싼 상황 등이 그것이다. 이처럼 개인적 체험의 기억에 의해 재구성되는 특정 시공간상의 삶의 역사에 대한 창조적 기록으로서 문학작품을 통해 역사 자체가 아니라 추체험하는 독자의 현실에 조회된 '기억된 역사' 혹은 '기억의 역사'를 발견하고 탐구할 수 있는 것이다.

한국 현대문학사 속에서 '전후시'의 위상과 의미는 어떻게 규정할 것인가? 사회문화적 맥락 속에서 시작품과 시사를 대할 때 탐구 혹은 발견해야 할 핵심 요소는 물론 작자의 인식(의도)을 포괄하는 것이다. 다만 문학사 교육의 관점에서 텍스트를 통한 가치 인식과 체험, 즉 가치화를 수용의 궁극적 목표로 삼는다면, 시 텍스트에 내재한 미적 가치 및 그에 대한 판단은 가치관과의 상호작용을 통해 구체화될 수 있다는 점을 감안해야 할 필요가 있다.

'전후시'의 경우 민족 분단과 동족상잔의 전쟁이라는 역사적 상황의 맥락에서 시사적 위상을 가늠할 수 있지만, 보다 중요한 것은 왜 '모더니즘 시'인가, 또 그들의 당대 현실에 대한 인식을 어떻게 미적 가치의 판단과 연결시킬 수 있는가, 그리고 다시금 이를 통해 역사적 맥락 속에서 작품의 시사적 가치를 내면화하고 의미화할 수 있는가의 문제일 것이다. 이러한 문제의식은 문학사 교육의 장에서 각기 문학사적 지식의 문제, 문학사의 맥락을 통한 시 텍스트의 해석의 문제, 그리고 그 수용 과정에서 형성되는 관계적 의미망으로서의 가치화를 통한 문학사 교육의 궁극적 지평에 대한 모색으로 대응될 수 있다.

이러한 관점에서 본고에서는 문학사적 실체로서 전후 모더니즘 시를 대하는 관점과 방법에 대해 재검토함으로써, 시 텍스트 수용의 과정에서 해석과 가치평가의 상호관련적 접근을 모색하여 문학사 교육에서 가치 인식과 체험의 문제가 가지는 역할과 의미를 탐구하는 데 초점을 둘 것이다.

2. 전후 모더니즘 시의 맥락 이해

1) '전후시'의 시사적 위상에 대한 인식

1950년대 시문학은 흔히 '허무주의'로부터 자유롭지 못한 것으로 평가된다. 그러나 특히 '전후시'는 대체로 1930년대의 모더니즘 시가 추구했던 현대문명에 대한 단순한 반응(예찬 혹은 비판)의 측면과는 달리, 서정성의 회복을 궁극적 목표로 했다는 점에서 이 시기 시의 허무주의적 성향이 지닌 본질이 무엇인지를 엿볼 수 있는 중요한 단서를 제공한다.[5] 말하자면 '전후시'는 한국전쟁으로 인해 형성된 당대의 사회역사적 현실의 맥락에 대한 이해 속에서 작품의 의미와 가치가 형성되지 않을 수 없는 것이며, 그런 까닭에 전후의 비극적 인간조건을 드러내고 극복의 지평을 모색하기 위한 다양한 정신적 시도가 그 내용성을 구성하게 된다.

[가]
　시에 있어서 전쟁이란 무엇인가? 그것은 특정한 시기의 비극적 체험인가? 아니면 주제 내지 소재에 그치는 것인가? 그런데 아뽈리네르에 있어

---

5) 박윤우, 『한국현대시와 비판정신』, 국학자료원, 1998, 12면.

서 전쟁은 그 비극적인 분위기를 드러내지 않았다. 그것은 전장에서 피어나는 화염과 포연의 현대적인 그림을 제공하는 데 그치고 있다. 그와 똑같지는 않지만 김수영의 <조고마한 세상의 지혜>에 동원되고 있는 전쟁도 역시 전쟁에 의해 구성될 수 있는 현대적인 이미지와 시적 감수성의 한 측면만을 표출시키고 있을 따름이다.

이와 정반대의 입장에 놓이는 작품으로 우리는 김춘수의 <부다페스트에서의 소녀의 죽음>을 제시할 수 있다. 거기에서는 전쟁의 비극을 고발하고 그 비참상을 최대한 조명하고자 하는 시인의 노력이 엿보인다. 전봉건의 <봐리아시옹4>는 김수영과 김춘수의 중간에 놓이는 작품일 것이다.

시에 구축된 이러한 '전쟁'의 상이한 지형들은 무엇을 의미하는 것일까? 그것은 사람들마다 그에 대한 감정의 차이를 말해주는 것일까? 그렇지 않으면 단지 표현의 차이에서 연유하는 것일까? 여기서 필자의 생각은 그도 저도 아니라는 데 관심이 쏠린다. 그러한 차이점에는 시인 개개인들이 지니고 있을 개성적 태도나 그들의 체험의 차이 이외의 요소들이 게재해 있을 것이다. 개인들에 의해 결정되는 몫 너머에 그러한 차이들을 결정짓는 객관적인 구조들이 존재할 것이다.

(…중략…)

50년대가 남긴 문학적 유산을 찾기 위해서는 바로 그러한 것들에 주목해야 할 것이다. 그런데 이 시기를 문학사적으로 자리매김하기 위해서 30년대로부터 관류하고 있는 유파라든지 사조 등을 관찰해보면 그것은 모더니즘의 흐름이 대세로 나타나고 있다. 이 시기 시인들 중에서 전쟁을 외면한 사람은 그러한 유파나 사조와 관계없이 전체적으로 퍼져 있다. 그에 비해 일부의 모더니즘 성향의 시인들은 전쟁을 현대의 어떤 문제들의 심화이며, 현대인의 상처의 심화로 인식하고 있었다. 박인환은 그러한 모더니즘 성향의 한 시인이었다.[6]

---

6) 한계전, 「전후시의 모더니즘적 특성과 그 가능성」, 김재남 외 편, 『문학과 논리』 3, 태학사, 1993, 107~109면.

이 글은 얼핏 전후 모더니즘 시의 전반적 흐름을 개관하는 듯 보이지만, 근본적으로는 시작품이 생산된 당대의 맥락을 시인의 측면과 관련시켜 이해하고자 하는 의도를 가지고 있다. 시인(혹은 시인의 의식)과 시적 구조(혹은 표현) 사이에 일정한 거리를 만들어놓았음을 초점화한다는 점에서 이러한 관점은 작품이 지닌 문학사적인 의미망, 즉 특정 문학작품이 가지는 현재적 가치를 사회역사적인 맥락에 비추어 조명할 수 있는 가능성을 열어준다.

문학작품이 지닌 현재적 의미란 문학의 역사성이 특수하게 나타난 양상으로서 문학의 존재 형태를 규정한다. 문학작품은 특히 역사적 사실 혹은 현실에 대한 일정한 거리두기의 본질을 가지고 있다는 점에서 흔히 그 고유한 미적 차별성을 강조하게 되지만, 그것이 작품을 초역사적인 존재로 만드는 것은 아니다. 흔히 작품이 가지는 다양한 해석가능성을 준거로 이른바 '무고갈성'[7]이라는 표지를 전면에 내세우는 경우, 이것은 문학작품의 생산에 관여하는 사회역사적 맥락을 고려하지 않은 채 무정형의 해석을 양산할 위험이 있다.

그러므로 텍스트의 해석적 개방성은 단순한 관념론상의 영향사적 지속성에 대한 성찰로만 국한되어서는 안 되며, 텍스트와 현대적 텍스트 해석자의 상호연결된 역사적이고 사회적인 전체적 과정 속에 이루어져야 한다.[8] 작품의 가치가 현재적이라는 것은 그것들이 무역사적인 영원한 가치를 지니기 때문이 아니라, 그 작품이 생산된 시대와 그것이 지속

---

7) 시문학의 내적 무한성과 무제한의 회귀성이라는 낭만주의 이론에 연결되는 이 용어는 노버트 매클렌부르크에 의하면 다가성(多價性) 내지 복합성이라는 준거로 오직 대상의 형이상학적 신비화와 추상화만을 정당화하는 오류를 내포한다(Nabert Mecklenburg, *Kritisobes Interpretieren : Untersuchungen Zur Theorie du Literaturktitik*, 노버트 메클렌부르크, 허창운 역, 『변증법적 문예학과 문학비평』, 동서문화사, 1991, 97~98면 참조).
8) 위의 책, 99면.

적으로 읽히는 후대의 시공간적 거리 사이를 이어주는 가교 역할을 하기 때문이다.

이런 점을 감안할 때, 위에서 인용한 비평적 텍스트를 통해 우리는 박인환의 시에서 우울의 정조와 절망의 그림자를 읽고, 김수영의 시에서 소시민의 무기력한 일상에 대한 소묘와 탈출의 몸짓을 보는 일, 그리고 김춘수의 존재에 대한 집착이나 전봉건의 심미적 언어 탐구, 김종삼의 시대에 조응하는 인간주의적 언어 구사, 김규동의 날카로운 이미지와 즉물적 표상 등을 찾아내는 것과 같은 일이야말로 곧 특정 시대의 역사적 현실에 조응한 문학적 상상력의 실체를 확인할 수 있는 수용과정이라는 점을 확인할 수 있다.

2) 문학사적 지식으로서 모더니즘에의 접근 방법

문학적 지식의 확대 혹은 집적물로서 문학사적 지식에 대해 거부감을 가질 수도 있으나, 그것을 문제해결적 지식으로서, 그리고 하나의 문화적 삶의 단위적 총체이자 민족문학의 역사적 실체에 대한 인식론적이며 가치론적인 이해의 도구로서 대한다면 문학사적 지식은 필요불가결한 것이다.9) 그러나 양식의 역사 속에서 정신의 역사를 발견하는 일로서 문학사적 탐구를 결여할 때 지식은 단지 지식으로 머물 따름이다.

그런 의미에서 최소한 중등과정의 문학교육에서는 '모더니즘'이라는 문학적 양식 혹은 사조 역시 문학론의 차원에서부터 접근하기보다는 문

---

9) 구인환 외, 『문학교육론(제5판)』, 삼지원, 2007, 344~345면 참조. 이에 따르면 문학사는 다양한 개별 문학 양상들이 상호 충돌하고 조정되는 과정을 거쳐 이루어진 일종의 질서화된 체계라는 점에서 볼 때, 문학사 이해에 동원되는 지식은 문학사상 드러나는 여러 문제들에 대한 이해와 판단을 가능하게 하는 역할을 한다.

학사의 차원을 토대로 한 이해를 우선하여야 할 것이며, 한국현대문학의 역사적 특수성을 전제로 한 변화의 측면에 주목함으로써 현재적 의미와 가치를 획정하는 데 그 의의를 두어야 한다. '모더니즘'이 무엇인가에 대한 이해는 그 과정에서 오히려 보다 자연스럽게 확보할 수 있기 때문이다. 다음의 비평적인 글을 참고해 보자.

[나]

　확실히 한국 모더니즘 시운동이 전쟁과, 전후적 분위기의 연장선상에서만 수용된 것이라 하면 그것은 망발이라 할 터이다. 한국시사의 경우 모더니즘이 수용된 것은 일찍이 1930년대의 일이었으며, 그 전사에 이어지는 후기 모더니즘 시운동이 이미 전쟁 이전부터 배태되고 있었음을 감안해야 하기 때문이다. 앞서 지적한 바 있는 사화집『새로운 도시와 시민들의 합창』발간이 그 후기 모더니즘의 전쟁 이전 존재사실을 증거하는 바인데, 하지만 이와 같은 문학사적 사실의 인지에도 불구하고 한국의 후기 모더니즘 시운동이 전쟁과 함께, 혹은 전후적 분위기의 확산과 함께 그 본격적 전개를 보인다고 하는 사실에 대해서 역시 많은 논자들이 동의하는 바이다.

　50년대 모더니즘 시운동의 기축이 되는『후반기』동인의 결성 자체가 전쟁 기간 중에야 이루어진 것이라 함을 간과해서는 안 될 것이며, 한편 이 동인 그룹의 활동 반경과도 무관하게 50년대 시사에 있어서 모더니즘 시작업이 시단의 중심권으로 육박해갈 수 있었던 것, 그것은 시단의 범주를 넘어서는 모더니즘 수용의 문화적 분위기가 당시 사회 전체를 팽팽하게 감싸고 있었기 때문에 가능했다는 사실을 감안해야 하기 때문이다. 바로 이 점을 지적하는 데는 앞서 인용한 박인환의 <목마와 숙녀>를 상기시키는 것만으로도 그 전후적 분위기의 일단이 어떠한 것이었는가를 시사해주는 효과를 갖겠거니와, 기실 우리가 하나의 문학사적 현상이 되는 문학운동을 이해함에 있어서 관건이 되는 것은 무엇보다 그 사회사적 조건일 것이라는 점에서, 모더니즘 시운동과 전후적 분위기라는 그 문화

운동의 사회적 조건이 맺는 상관관계에 대해서는 앞으로 더욱 주도면밀한 분석이 가해져야 할 것이다.[10]

이 논의에서 확인할 수 있듯이 1950년대의 모더니즘 시운동은 이미 일제하에 형성된 그것으로부터 이어진 것이라는 점과, 그럼에도 불구하고 '전후문학'으로서의 특수성이 그 성격을 규정한다는 점은 문학사적 지식의 활용을 위한 대전제가 된다. 그러나 보다 중요한 것은 양자 사이의 동질성이 아닌 이질성의 측면이다. 즉 1950년대 시의 출발과 그 정신사적 궤적이 민족 분단과 동족상잔의 전쟁이라는 측면과 긴밀하게 관계되었다는 점에서 전후의 급격하게 변모된 현실 상황에 대한 일정한 대응으로서 전후 모더니즘 시는 전위성과 현재성을 그 본질로 삼았던 바, 이는 30년대 모더니즘 시의 관념적이고 가공된 도시적 감수성이나 이국 취향의 표현과 정서와는 일정하게 차별성을 갖는 것이다. 전쟁이 초래한 정신적 위기의식에 대한 비판적 인식은 부정정신이라는 특징적 국면을 형성한 동시에, 그러한 부정적이고 모순된 현실로부터 비껴서거나 넘어서는 의식적 지평을 확보하려는 내면의식을 강화시키기도 하였다는 점이야말로 1950년대의 모더니즘 시가 지닌 본질적 특징이다.[11]

그러므로 흔히 모더니즘을 이미지의 측면에서 설명하려는 관점에서 시사를 바라본다 하더라도, 이 시기 모더니즘 시인들이 보이는 이미지 편향의 원인과 의미가 무엇인지를 밝히는 과정을 생략한 채 작품에 접근한다면 문학사적 문제해결의 실마리는 찾을 수 없을 것이다. 이때 예컨대 흄(T. E. Hulme)의 고전적 태도가 서구 근대시의 주정적이고 낭만주

---

10) 한형구, 「1950년대의 한국시」, 문학사와 비평연구회 편, 『1950년대 문학 연구』, 예하, 1991, 87면.
11) 박윤우, 앞의 책, 34~35면 참조.

의적인 시관으로부터 결별하여 사실과 대상을 냉정하게 바라보는 이미지즘 시의 기틀이 되었음을 참조하는 일은 전후 모더니즘 시가 현실의 냉혹함을 어떻게 바라보고 대응했는가를 이해하고 평가하는 데 중요한 사유의 틀이 될 수 있다.[12] 이러한 관점은 역으로 이들 시가 왜 하필 내면적 정신세계를 전경화하는 데 주력했으며, 그것이 왜 현실을 부정하고 유토피아를 지향하는 데 불가피한 가치로 부상하게 되었는지를 설명할 수 있는 근거로 활용될 수 있는 것이다.

3. 전후 모더니즘 시의 해석적 수용과 가치화

1) 역사의 기억과 전후 모더니즘 시의 해석가능성

가장 오랜 기간 중등 문학교육에 영향력을 끼친 제7차『문학』교과서 18종을 기준으로 볼 때, 전후 모더니즘 시에 해당하는 작품이 수록된 예는 매우 낮은 빈도를 보인다. 이 역시 김춘수(<꽃>, <꽃을 위한 서시>, <이중섭2>, <샤갈의 마을에 내리는 눈>)와 김수영(<눈>, <폭포>, <푸른 하늘을>, <풀>)의 작품에 집중되어 있고, 김규동의 경우 <나비와 광장> 한 편만이 수록되어 있을 뿐이다. 문학론의 측면에서건, 문학사적 측면에서건 소설에 비해 홀대를 받는 셈이다.[13] 그 이유를 단순히 이 시기 시가 보여주는 비극적 정서의 비교육성에서 찾는다면 문학교육의 가능성을 왜곡하는 셈이 된다. 그것은 오히려 우리 현대시사상의 모더니즘의 발전

---

12) 송기한,『한국 현대시와 근대성 비판』, 제이&씨, 2007, 264~267면 참조.
13) 소설의 경우는 장용학, 손창섭, 이호철, 이범선, 오상원, 하근찬, 박경리, 강신재 등 다수 작가의 작품들을 수록하고 있음과 대비된다.

과정에 대한 충분한 탐색과 '전후문학'으로서 전후 모더니즘 시의 특징적 국면을 문학교육의 자장에 수용할 수 있는 근거를 확보하지 못한 탓으로밖에 볼 수 없다.

이러한 문제점은 전후 모더니즘 시의 해석적 토대로서 역사적 측면과의 관계 설정을 통해 돌파구를 찾을 필요가 있다. 문학작품을 통해 구현되는 삶의 구체적 혹은 관념적 형상들이 당대적 현실과 현실인식의 소산이라는 점을 승인한다면, 또한 구현된 문학작품의 언술들은 모두 그 역사성에 대한 기억들이다. 시 장르의 경우 구체화된 삶의 현실성이 서사적으로 대상화되는 소설에 비해 오히려 발화자의 직접적인 언술에 의해 그 인식의 내용성이 전면으로 드러나기 때문에 이때의 기억은 곧 당대의 사회역사적 주체의 기억으로 수용될 수 있다.

이런 맥락에서 볼 때 특히 동족상잔의 전쟁에 대한 경험이라는 민족공동체 구성원에게 부여된 집단적 기억은 우리와 더 이상 유기적 관련이 없는 단순한 역사적 과거와 달리 활동적인 과거, 우리의 정체성을 계속 구축해나가는 과거를 의미하며, 다양한 집단적 표상을 통해 현재에 대한 직접적 영향력을 행사하는 기억의 대상이 된다.[14] 그러므로 기억이 지닌 이러한 집단적 성격은 공간의식에 의해 매개된 생생한 기억으로서 전후 세대 우리 사회의 구성원에게 구체적인 정체성을 제공하는 계기로 작용한다. 전후 분단 체제의 고착과 같은 민족사적 갈등 국면이 대표적인 예라 할 수 있다.[15]

따라서 문학사적 시각에서 텍스트를 해석한다는 것은 곧 그 작품이

---

14) 오경환, 「집단 기억의 역사 : 집단 기억의 역사적 적용」, 『아태 쟁점과 연구』, 한양대학교 아태지역연구센터, 2007, 88면.
15) 권영민, 「전후세대의 문화의식과 가치관」, 안청시 외 엮음, 『전후세대의 가치관과 이념』, 집문당, 1987, 77면.

담지하고 있는 역사성과 역사적 기억의 실체를 인식하고 체험하는 동시에, 그 언술의 의미를 현재적 관점에서 공유하고 평가하는 일과 통한다. 다음의 예는 시대와 시대적 주체의 인식적 상관성이라는 문학적 주제를 문제 삼는 경우, 이러한 관점을 어떻게 시의 해석에 적용할 수 있는지를 살피는 데 유용한 자극이 된다.

[다]-a

35. 다음 작품의 시인이 마지막 행을 어떻게 조직하고 구체화했을지 생각해 보았다. 작품 전체의 의미 맥락에 부합하지 않는 것은? [2.5점]

> 아무도 그에게 수심을 일러 준 일이 없기에
> 흰 나비는 도무지 바다가 무섭지 않다.
>
> 청무우밭인가 해서 나려 갔다가는
> 어린 날개가 물결에 저려서
> 공주처럼 지쳐서 돌아온다.
>
> 삼월달 바다가 꽃이 피지 않아서 서글픈
> <u>나비 허리에 새파란 초생달이 시리다.</u>

① 구조적인 통일성을 갖추려면, 1연과 3연이 대응관계를 갖도록 구성해야겠어. 아무것도 모르는 순진한 '나비'의 심상을 고통스럽고 피로한 현실을 깨달아버린 연약한 '나비'의 심상으로 전환시켜 대비해야지.

② 시의 회화성을 강화하려면, 정서를 직접 환기하기보다는 심상을 감각적으로 드러내야겠어. 어린 나비에 감정이입한 시적 주체의 정서적 체험 내용을 '시리다'라는 감각적 심상으로 나타내야지.

③ 소재의 의미를 부각하려면, '바다'의 착각을 '바다'의 심상 변화를 통해 드러내야겠어. 2연에서 '바다'의 심상에 의망이라는 의미를 부여했으니 3연에서는 '새파란 초생달'을 통해 고통의 의미를 부각해야지.

④ 주제를 선명하게 보이려면, '바다'가 갖는 이중적 의미를 대비시
  켜야겠어. '나비 허리'에 걸린 '새파란 초생달'이라는 심상의 결합
  을 통해 **인정 없는 시대의 냉담함과 시적 주체의 서글픈 소외감**을 나타
  내야지.
⑤ 이질적인 소재를 통합시키려면, '바다'와 '나비'로부터 떠올린 심상들
  이 서로 의미적 유사성을 갖도록 해야겠어, '공주'에서 '나비 허리'를
  떠올리게 하여 '나비'의 연약함을 이끌어내고, '청무우밭'에서 파도를
  거쳐 '새파란 초생달'을 떠올리게 하여 '바다'의 날카로움을 이끌어내
  야지.

— 2009 중등교원임용고사 모의평가 1차 문제지

예비교사를 대상으로 한, 즉 어떻게 가르칠 것인가를 문제 삼은 것이
라는 단서가 붙기는 하지만, 30년대의 대표적인 모더니즘 시로 인정되
는 김기림의 <바다와 나비>를 제재로 한 위 문항의 출제의도(혹은 영역)
는 시적 표현의 구조요소에 대한 이해도 측정으로부터 자유롭지 못하다.
텍스트에 관한 문학사적 지식을 논외로 한다면, '나비'가 바다에 내려가
물에 절고 마음의 상처를 입는 이유를 일반 독자의 입장에서 문맥화하
기는 여간해서 어렵다. 심상의 문제를 정서와 연결시키고, 화자와 시인
의 인식으로 확장하는 일은 텍스트 해석의 수준에서조차 반드시 필요한
과정이다. 그러나 답지 ④에서처럼 왜 인정 없는 시대이며, 소외감의 원
인이 어디에서 비롯된 것인지를 알지 못한 채 이루어지는 해석은 몰역
사적인 동시에 무정형적인 데 머물 수밖에 없다.

비판적 해석은 개별 작품을 그 자체로서 취급하는 것이 아니라, 합당
한 기준들을 발견하기 위하여 그것을 보다 광범위한 문학적 맥락과 역
사적 맥락 속에 위치시킴으로써 설득력을 확보한다.16) 만일 다른 모든

것을 텍스트에 대해 외적인 것으로 취급하고 작가의 의도를 유일하게 내재된 기준으로 보아 그것을 밝혀내는 일을 해석의 궁극적 목표로 삼는다면 미적 판단의 객관성이라는 문제는 실종된 채 거꾸로 '시대성'이라는 조건이 특정한 내용성을 지닌 개념 혹은 관념과 동일시로써 해석의 아노미 현상에 대한 수동적 굴복을 당연시하게 되는 결과를 초래할 수도 있다.[17]

그러므로 어떤 작품을 그것이 생성된 사회역사적 현실과 대비시킴과 동시에 그 작품과 같은 시대에 나온 다른 작품들, 그리고 작품 자신의 영향사적 상관관계를 지닌 작품 등과 비교하는 일은 보다 현실적이고 생생한 체험으로서의 해석가능성을 부여하는 데 중요한 역할을 한다. 그리고 이는 학습자로 하여금 단순히 문학사적 이해의 범주를 넘어서 작품의 가치에 대한 내면화의 평가적 관점을 확보하는 데까지 나아가도록 할 수 있다.

[다]-b
현기증 나는 활주로의
최후의 절정에서 흰나비는
돌진의 방향을 잊어버리고
피 묻은 육체의 파편들을 굽어본다.

기계처럼 작열한 심장을 축일
한 모금 샘물도 없는 허망한 광장에서

---

16) 노버트 멕클렌부르크, 앞의 책, 104면.
17) 그 전형적인 현실적 오해의 실례를 2009년 수능 언어영역 문제에 대한 기성 시인이 자신의 의도와는 전혀 상관없는 답을 유도했다고 하여 지상 반론을 펼친 경우에서 찾을 수 있다.

어린 나비의 안막(眼膜)을 차단(遮斷)하는 건
투명한 광선의 바다뿐이었기에——

진공의 해안에서처럼 과묵한 묘지 사이사이
숨가쁜 제트기의 백선(白線)과 이동하는 계절 속
불길처럼 일어나는 인광(燐光)의 조수에 밀려
이제 흰나비는 말없이 이즈러진 날개를 파닥거린다.

하얀 미래의 어느 지점에
아름다운 영토는 기다리고 있는 것인가.
푸르른 활주로의 어느 지표에
화려한 희망은 피고 있는 것일까.

신(神)도 기적도 이미
승천하여 버린 지 오랜 유역(流域)——
그 어느 마지막 종점을 향하여 흰나비는
또 한 번 스스로의 신화와 더불어 대결하여 본다.

— 김규동, 〈나비와 광장〉 전문

이 시는 작품의 중심 소재로 등장하는 '흰나비'의 행동에 대한 묘사를
축으로 상징적이고 암시적인 의미를 전달하고 있다는 점에서 김기림의
예시와 닮아 있다. 시인이 표현하려는 시적 의미는 시적 상황의 실제 의
미를 앎으로써 파악할 수 있다고 할 때, 이 시에서 사용된 '활주로', '피
묻은 육체', '묘지', '제트기' 등의 소재들과, '돌진하는 흰나비'와 그를
가로막은 '투명한 광선', '번지는 불꽃' 등을 통하여 전쟁의 극한 상황에
직면한 시인의 특정한 인식을 담고 있음을 알도록 하는 일이 가능하다.
그리고 이 시의 화자가 이러한 비극적 현실에서 벗어나려는 의지를 시

화했음을 참조하게 되면, 이 시에서 구조화된 감각적인 소재와 색채의 이미지가 오히려 보다 적극적이고 즉물적으로 비정한 현실에 대한 비판적 인식을 형상하고 있음을 생각할 수 있는 것이다. 이렇게 되면 이 시가 전쟁으로 인해 비인간화된 문명사회에 대한 비판적 인식과 질서와 평화를 회복하고자 하는 휴머니즘의 정신을 바탕으로 함으로써 전후의 시대 상황과 시대 인식을 반영한다는 설명은 타당성을 획득하게 된다.

이처럼 비판적 해석의 과정을 거칠 때 문학사적 지식은 단지 외부에서 '수혈'되어야만 하는 성질의 것이 아니라, 오히려 사회문화적 맥락과의 조회 과정을 통해 내적이고 자발적으로 생성되는 것으로서 가치화의 대상으로서 활용될 수 있을 것이다.

2) 가치의 내면화와 문학사 교육의 지평

문학사를 통한 문학교육은 결정론적 시각이 아닌 변증법적 상호작용의 과정성 자체에 더 큰 의미를 부여해야 한다는 입장[18]은 어떤 의미에서는 문학사 교육이 학습독자로서의 수용자들로 하여금 개인적 문학사가로서의 역할을 담당할 수 있도록 유도해야 함을 암시해준다. 이렇게 볼 때 문학의 가치란 곧 미적 가치를 형식화하는 작품의 수용과정에서 재구조화되는 삶의 제반 가치들에 대한 인식과 체험을 통해 최종적으로 구현되는 것이라 할 수 있다. 따라서 관계적 의미망으로서의 가치화를 통한 문학사 교육의 궁극적 지평에 대한 모색이라는 문제는 그러한 가치 인식과 체험들의 총화를 생산해내도록 하는 절차로서 문학사적 지식

---

18) 구인환 외, 앞의 책, 341면.

과 텍스트들의 상호관련, 사회역사적 주체로서 수용자의 현실적 조회의 과정을 필요로 한다.

그러므로 문학교육을 삶의 교육과 관련시키고자 하는 교육관은 결국 문학사에 대한 인식을 그 내용으로 삼음으로써 보완되며 궁극적으로 실현될 수 있는 성질의 것이다. 그런 의미에서 기왕의 교육과정상에 문학사 교육의 내용으로 제시된 한국 문학의 범위와 역사에 대한 이해의 측면들, 혹은 문학의 위상에 대한 통찰을 위한 문학의 문화적 본질에 대한 이해의 측면들은 문학의 미적 가치가 인간 가치에 대한 인식의 과정을 동반하지 않고서는 그 본연의 목적을 달성할 수 없을 것이라는 점을 또한 암묵적으로 함축하고 있다.[19]

그렇다면 전후 모더니즘 시가 문학사 속에서 구현하고 있는 가치는

---

19) 2007 개정 『문학』 교육과정에 따르면 문학의 가치 및 가치화에 대한 교육내용은 문학사 교육의 내용에 해당하는 '(3) 문학의 위상'의 다음 항목인 '(4) 문학과 삶'에서 아래와 같이 구체화되어 제시된 바, 이는 공동체적 삶(혹은 타자)에 대한 이해가 자아의 성장과 긴밀하게 결합되어 있음을 내면화하는 것이 곧 문학의 가치를 인식하는 일과 통하는 것임을 말해준다.

> (가) 문학과 자아
>   ① 문학을 통하여 자아를 성찰하고 삶의 의미에 대하여 질문하며 내면세계를 확충한다.
>   ② 문학을 통하여 타자를 이해하고 삶의 다양성을 수용한다.
>   ③ 문학을 통하여 인간과 세계의 진실을 심미적으로 인식하고 표현하는 안목을 기른다.
> (나) 문학과 공동체
>   ① 문학을 통하여 사회, 민족, 역사, 자연 등 다양한 층위의 공동체와 연대 의식을 갖는다.
>   ② 문학을 통하여 양성 평등, 사회적 소수자, 생태, 미래 사회 등 공동체의 관심사에 대한 문제의식을 공유하고 소통한다.
> (다) 문학의 생활화
>   ① 문학 활동을 생활화하여 수준 높은 국어 생활을 영위한다.
>   ② 문학 활동을 생활화하여 풍요롭고 가치 있는 삶을 영위한다.
>   ③ 문학 활동을 생활화하여 공동체의 문화 발전에 능동적으로 이바지한다.

무엇이며, 어떻게 가치화할 것인가? 예컨대 우리가 익히 알고 있는 김수영의 <눈>이나 <폭포>와 같은 일종의 문학사적 정전 텍스트들을 놓고 전후 모더니즘 시에 대한 문학사적 이해를 도모한다고 할 때, 다음과 같은 텍스트들과의 상호연관을 통한 접근은 그 작품들이 보여주는 언술들의 의미를 가치화하기 위한 사회역사적 참조의 역할을 할 수 있다.

[라]-a
　　팽이가 돈다
　　팽이가 돌면서 나를 울린다
　　제트기 벽화 밑의 나보다 더 뚱뚱한 주인 앞에서
　　나는 결코 울어야 할 사람은 아니며
　　영원히 나 자신을 고쳐가야 할 운명과 사명에 놓여
　　있는 이 밤에
　　나는 한사코 방심조차 하여서는 아니 될 터인데
　　팽이는 나를 비웃는 듯이 돌고 있다
　　비행기 프로펠러보다는 팽이가 기억이 멀고
　　강한 것보다는 약한 것이 더 많은 나의 착한 마음이기에
　　팽이는 지금 수천 년 전의 聖人과 같이
　　내 앞에서 돈다
　　생각하면 서러운 것인데
　　너도 나도 스스로 도는 힘을 위하여
　　공통된 그 무엇을 위하여 울어서는 아니 된다는 듯이
　　서서 돌고 있는 것인가
　　팽이가 돈다
　　팽이가 돈다

— 김수영, 〈달나라의 장난〉 부분

[라]-b

그러면 너의 벗들과
너의 이웃 사람들의 얼굴이
바늘구녕 저쪽에 떠오르리라
축소와 확대의 중간에 선 그들의 얼굴
강력과 기도가 일체가 되는 거리에서
너는 비로소 겸허를 배운다
바늘구멍만한 예지의 저쪽에 사는 사람들이여
나의 현실의 메에뜨르여
어제와 함게 내일에 사는 사람들이여
강력한 사람들이여

— 김수영, 〈예지(叡智)〉 부분

작가로서 김수영은 한국전쟁 당시 의용군에 소집되어 직접 전쟁에 참여했으며, 포로수용소 체험을 겪고 서울로 귀환해 생활한 바 있다. [라]-a에는 자신의 생활을 '설움'으로 규정하며 삶에 대해 성찰하는 화자의 독백적 목소리가 드러나 있는 바, 그 갈등의 실체는 전후의 혼란스러운 사회상과 생활과의 힘겨운 고투 속에서 빚어진 것이다. 한편 [라]-b에서 현실을 바라보는 화자의 태도는 [라]-a에 비해 상당히 적극적으로 변화되어 있다. 여기서 화자는 '이웃'과 '타자'의 삶의 모습을 수용하면서 생활의 현실을 긍정하고 자신의 삶을 개진해 나갈 수 있는 힘을 발견한다. 바로 이 두 작품 사이에 <눈>과 <폭포>의 숭고한 세계가 자리 잡고 있는 것이다.

그러므로 이들 시를 통해 천명되는 언술들은 그 자체로서 하나의 역사적 순간들을 간직하고 있는 셈이며, 수용자로 하여금 사실적이며 감정적인 과거를 재구성하도록 도와줄 수 있다. 그렇게 됨으로써 이들 작품이 지닌 가치들은 수용자의 인식적 실제 속에서 '체험'될 수 있으며, 그 결과는 다시금 현실적 삶의 가치에 대한 판단과 관점의 확립으로 확장되어 환원될 수 있는 것이다.

4. 결론

'역사란 역사가의 마음속에서 일어나는 과거 사상의 재생이다.'라고 한 역사학자 콜링우드의 천명은 문학사의 경우 똑같은 진실을 담고 있으면서 동시에 전혀 상반된 의미의 진실을 머금는다. 그것은 야우스의 말처럼 작품과 독자의 대화로서 문학사의 지평은 심미적 관점과 역사적 관점의 대립을 중화시키며, 아울러 문학의 현재적 경험이 필연적으로 과거의 사실들을 연결시키게 만들기 때문이다.[20] 결국 독자의 기대지평과 그것의 변동에 따른 '새로운' 작품의 출현 사이에 형성되는 심미적 거리의 존재성이야말로 문학적 가치를 가치화하는 문학사 교육의 핵심이 될 수 있는 것이다.

지금까지 논의된 바를 정리하면 다음과 같다. 첫째, 전후 모더니즘 시의 시사적 위상을 이해하는 문제는 무엇보다 왜 이 시기 시가 '모더니즘'을 선택했는가에 대한 문학적 판단과 통찰로부터 해결의 실마리를 찾을 필요가 있다는 것이다. 이는 곧 문학사적 지식이 결코 사실(史實)에 대한 확인에 기댄 도구로서의 역할에 그쳐서는 안 되며, 폭넓은 당대의 사회문화적 맥락을 이해하기 위해 활용될 수 있는 방법적이자 과정적인

---

20) H. R. Jaus, *Literaturgeschichte als Provokation*, H. R. 야우스, 장영태 역, 『도전으로서의 문학사』, 문학과지성사, 1983, 178면.

지식이 되어야 함을 지시한다.

둘째, 예술작품으로서 문학의 미적 가치는 수용 주체의 가치판단 과정을 통해 상호 관계성을 형성함으로써 구현되는 바, 작품이 드러내는 당대 현실에 대한 인식은 사회역사적 존재로서의 언술과 언술 주체의 의식이 표현되는 방식에 대한 비판적 해석을 통해 이루어져야 한다는 것이다. 이는 곧 문학비평 교육과 문학사 교육이 별개의 활동이 아님을 반증하는 것이기도 하다.

셋째, 문학사 교육이 문학의 가치를 내면화, 즉 가치화하는 일로 귀결되어야 한다는 점에서, 그것은 정전화된 사관이나 텍스트의 추체험적 이해가 아니라, 자기성찰적이며 타자지향적인 조회와 재구성의 끊임없는 생성과정으로 정향되어야 한다는 것이다. 이를 위해서 역사를 기억하는 방식으로서 문학작품의 현재적 가치의 의미에 대한 탐구가 동반될 필요가 있다.

참고문헌

구인환 외, 『한국전후문학연구』, 삼지원, 1995.
구인환 외, 『문학교육론(제5판)』, 삼지원, 2007.
김대행 외, 『문학교육원론』, 서울대출판부, 2000.
김유중, 『김수영과 하이데거 문학론 연구』, 민음사, 2008.
김은전 외, 『현대시교육론』, 시와시학사, 1996.
김은전 외, 『현대시교육의 쟁점과 전망』, 월인, 2001.
문학사와비평연구회 편, 『1950년대 문학연구』, 예하, 1991.
박윤우, 『한국현대시와 비판정신』, 국학자료원, 1998.
송기한, 『한국현대시와 근대성 비판』, 제이&씨, 2007.
안청시 외 엮음, 『전후세대의 가치관과 이념』, 집문당, 1987.
오경환, 「집단 기억의 역사 : 집단 기억의 역사적 적용」, 『아태 쟁점과 연구』, 한양대
     학교 아태지역연구센터, 2007.
오세영, 『한국근대문학론과 근대시』, 민음사, 1996.
우한용, 『문학교육과 문화론』, 서울대출판부, 2000.
윤여탁, 『시교육론』, 서울대출판부, 1999.
최호근, 「집단 기억과 역사」, 『역사교육』 85, 역사교육학회, 2003, 159~189면.
한계전, 「전후시의 모더니즘적 특성과 그 가능성」, 김재남 외 편, 『문학과 논리』 3, 태
     학사, 1993.
Jaus, H. R. *Literaturgeschichte als Provokation*, H. R. 야우스, 장영태 역, 『도전으로서의
     문학사』, 문학과지성사, 1983.
Rader, Melvin & Jessup, Bertram, *Art and Human Values*, 멜빈 레이더·버트람 제섭,
     김광영 역, 『예술과 인간가치』, 이론과실천, 1992.
Rosenblatt, Louis M., *Literature as Exploration*, 로젠 블렛, 김혜리·엄해영 역, 『탐구로
     서의 문학』, 한국문화사, 2008.
Mecklenburg, Nabert, *Kritisohes Interpretieren : Untersuchungen Zur Theorie du Literaturktitik*,
     노버트 메클렌부르크, 허창운 역, 『변증법적 문예학과 문학비평』, 동서문화사,
     1991.

제 3 부

문학교육에서 바라본 시민 혁명의 기억과 체험

문학교실에서의 「광장」 읽기　정호웅

문학교육과 민주주의　김상욱

현대시 교육과 4·19혁명　이명찬

'4·19'와 현대 소설교육　김혜련

제 9 장

문학교실에서의 「광장」 읽기

정 호 웅
홍익대학교 국어교육과

1. 머리말

최인훈의 「광장」은 현행 고등학교 『국어』 교과서와 『문학』 교과서(18
종 가운데 16종)에 수록되어 있다. 고등학교 과정을 이수한 한국인이라면
거의 예외 없이(교사에 따라 다루지 않을 수도 있다) 접하게 되어 있으니 국
민소설이라 불러 지나치다 할 수 없는 게 현실이다. 그러나 「광장」은 대
단히 어려운 작품이다. 지식인 주인공의 고도로 추상적인 관념적 사유
행로를 중심축으로 구성되어 있기에 평균 수준의 소설 독해력을 지닌
고등학생은 제대로 읽어내기 어렵다. 그렇다고 해서 이 작품을 중요 제
대로 교과서에 수록한 것을 잘못이라고 말하는 것은 물론 곤란하다. 교
과서에는 난도 낮은 글, 중간급 난도의 글과 함께 난도 높은 글도 함께
실어 학생들이 상중하 난도의 글을 두루 체험할 수 있게 하는 것이 바람
직하기 때문이다.

고등학교 문학교육 교실에서 이 난해한 소설 「광장」을 어떻게 다루어
야 할 것인가? 답이 있을 수 없는 물음이다. 답이 없는 만큼 답을 찾고
자 하는 노력을 계속해야 교과서나 지도서 또는 참고서에 나와 있는 작
품 해석에 갇히지 않고 학생들과 함께 「광장」 이해의 '광장'으로 나아갈
수 있다.

이 글에서 필자는 현행 고등학교 『국어』 교과서와 16종 『문학』 교과
서, 연구자와 비평가들의 「광장」 논의 등을 살펴 「광장」에 대한 몇 가지
동의할 수 없는 해석을 찾아 비판적으로 검토하고자 한다. 경우에 따라
교사용 지도서, 참고서도 다룬다. 우리의 비판적 검토는 「광장」 해석의

모범 답안을 마련하고자 하는 시도가 아니라 모범 답안의 표찰을 달고 있는 교과서 등에서의 해석에서 벗어나기 위한 시도라는 점을 특히 강조해 두고자 한다. 본고에서의 분석 텍스트는 지금까지 나온 것 가운데 마지막 판본인 '2009년 전집판'이다.

2. 「광장」과 4 · 19

「광장」은 "저 빛나는 사월이 가져온 새 공화국에 사는 작가의 보람을 느낍니다"[1]로 끝나는 작가 소감을 달고 솟아올랐다. 사일구가 아니었다면 남북한 현실을 함께 근본 부정하는 「광장」의 발표가 가능하지 않았을 것이기에 작가의 감격은 자연스러운 것이었다. 작가의 진술은 「광장」이 사일구 이후 국가권력의 통제력이 약화되고 통제가 느슨해진, 상대적으로 열린 시대 현실의 소산이라는 것을 말하는 것으로 볼 수 있을 것이다.

사일구 이후의 한국사회가 어떤 발언, 행동도 허용되는 완전히 열린사회로 바뀐 것은 물론 아니었다. 교원노조에 대한 가혹한 탄압 등에서 보듯 진보적인 영역에 대한 통제는 여전히 서슬 푸르고 강력했다. 「광장」이 『새벽』지에 전재될 때 파문이 일 것을 염려한 편집장 신동문 시인이 아무도 몰래 편집하고 인쇄했다고 하는데[2] 그 같은 시대현실의 증언이다.

「광장」은 사일구로 인해 가능해진 열린 시대현실, 위험을 무릅쓰고

---

1) 최인훈, 「작자소감 '風聞'」, 『새벽』, 1960. 11, 239면.
2) 정규웅, 『글동네에서 생긴 일』, 문학세계사, 1999.

작품 창작과 발표에 나아간 작가와 잡지 편집자들의 용기 등이 함께 작용해 일군 결실이었던 것이다. 그런데 기존의 논자들은 여기서 더 나아가 「광장」을 사일구 정신의 소산으로 이해하고자 하였다.

"남과 북 모두를 비판적으로 다룬 최초의 소설로서, 당시 사일구혁명과 맞물려 이데올로기나 체제 비판을 기저로 새로운 정신의 차원을 개척한 기념비적 작품이라 할 만하다."3)는 진술이나 "「광장」의 주인공 이명준은 해방 직후 대학을 다닌 청년으로 설정되어 있으나, 실제로는 사일구 직후의 지식 청년들이 지닌 의식과 가치관을 대변하는 인물이라고도 볼 수 있다."4)는 진술, "사일구세대는 「광장」이 사일구세대와 함께 이 땅에 태어났다고 보고, 사일구정신을 가장 정통적으로 구현한 작품이라고 평가합니다."5)라는 진술은 이와 같은 맥락 위에 놓여 있다.

「광장」을 사일구정신의 소산이라고 말하려면 먼저 사일구정신이 무엇인지를 제시하여야 할 것인데, 사일구정신을 전제해 놓고 「광장」과 사일구정신의 관련을 문제 삼는 논의는 거의 찾기 어렵다. 위에서 인용한 진술의 경우, '새로운 정신'이 무엇인지, "사일구 직후의 지식 청년들이 지닌 의식과 가치관"이 무엇인지 밝혀져 있지 않다. 김치수는 "인류의 보편적 가치를 구현하는 정신"을 사일구정신의 예로 들고 있지만, 그것은 지나치게 넓은 개념으로 어떤 문학 작품에도 적용될 수 있는 성격의 것이니 실상은 아무것도 가리키지 않는 빈 개념이다.

이런 진술들에 비해, "자신의 규범성을 자기 자신으로부터 창조하는 시대"6)를 연 역사적 사건인 사일구와 "그전에는 발설하지 못했던 자기

---

3) 디딤돌 『문학』(상) 『교사용지도서』, 316면.
4) 『해법문학』 4, 천재출판사, 2006, 239면.
5) 최인훈·김치수 대담, 「사일구정신의 정원을 함께 건다」, 『사일구와 모더니티』, 문학과지성사, 2010, 28면.

의식의 영역을 탐구하는 자율적인 개인 주체의 등장을 알"[7]린 작품인
「광장」이 긴밀하게 맞물려 있다고 본 이광호의 주장은 훨씬 논리적이다.

어떤 안내 없이 심연으로 내려간 이명준의 존재는 삶의 의미와 행위의
방향을 설정하는데 도움이 되는 아무 지표도 가지지 않은 채로 자기 확
인의 길을 가야 하는 현대적 개인의 운명을 보여준다.[8]

이명준은 마침내 자기 자신에 대해 외재화 된다. 그는 이데올로기와
관념의 유령에 대항하여, 자신이 유령이 되는 것을 선택한다. 그것을 다
른 삶의 가능성에 대한 투신이라고 부를 수 있다면, 여기서 현대적 주체
는 자신에 대한 자기 정당화와 자기비판의 악순환을 넘어서, 다른 시간
과 다른 장소로 도약하는 심미적 주체 혹은 (탈)현대적 주체의 가능성에
접근한다. 이명준의 탈주가 한국문학사상 가장 기나긴 혁명의 과정에 속
한다면, 그것은 「광장」의 미적 현대성이 미래의 시간을 살기 때문이다.
사일구와 함께 「광장」이 극적으로 정치적 미적 현대성을 획득했다면, 주
체화에 대한 회의와 혼돈의 모험을 통해, 「광장」은 다시 다른 현대를 꿈
꾸게 한다.[9]

앞의 것은 이명준의 관념적 사유의 행로에 관한 해석이고, 뒤의 것은
작품의 마지막 그의 자살에 관한 해석이다. 화려하고 난삽한 수사를 걷
어내면, 이명준은 기성의 규범, 자기 외부의 규범에 갇히지 않고 스스로
자신의 규범을 창조하고자 했으며 그가 어기차게 걸어간 그 '회의와 혼
돈'의 행로는 그 같은 창조를 위한 고투의 과정이었고, 그리고 그의 죽

---

6) 이광호, 「사일구의 '미래'와 또 다른 현대성」, 『사일구와 모더니티』, 문학과지성사, 2010,
46면.
7) 이광호, 위의 글, 49면.
8) 이광호, 앞의 글, 50면.
9) 이광호, 앞의 글, 51~52면.

음은 그가 환멸하여 등졌던 현실 너머 곧 '다른 시간과 다른 장소'에서 새로운 현대를 꿈꾸었던 정신의 '다른 삶의 가능성에 대한 투신'이었다는 핵심 내용을 확인할 수 있다. 과연 그러한가?

작품을 자세히 읽으면, 이명준은 이미 완성되어 변하지 않는 인물임을 알 수 있다. 이런 진술이 가능한 것은 이명준이라는 기호에 담겨 있는 것은 '광장과 밀실이 조화롭게 어울리는 사회가 바람직한 사회이며 그런 사회에서 인간은 비로소 참된 행복을 누릴 수 있다.'는, 확고부동한 정언적 철학인데 그는 한 번도 그 철학을 포기하지 않기 때문이다. 그런 철학을 만족시키는 사회는 어디에도 존재할 수 없으니 이명준은 남에서도 북에서도 언제나 '소외된/스스로를 소외시킨' 외로운 주변인일 수밖에 없었다. 그럼에도 불구하고 그가 끝까지 자신의 주체성을 견지할 수 있었던 것은 그 같은 철학에 대한 믿음 때문이었다.[10]

서사의 시작에서 마지막까지 확고부동한 정언적 철학에 갇혀 있던 이명준을 "자신의 규범성을 자기 자신으로부터 스스로 창조해야 했던 현대적 개인" 곧 '자율적 개인 주체'라 일컫는 것은 당연하게도 설득력이 부족한 지나친 비약이다.

이와 관련하여, 사일구로 인해 비로소 한국문학에 '자율적 개인 주체'가 등장한다는 의견 또한 설득력이 부족한 것이라는 점을 지적하지 않을 수 없다. "자신의 규범성을 자기 자신으로부터 스스로 창조해야 했던 현대적 개인" 곧 '자율적 개인 주체'는 한국사회의 근대화와 함께 전개된 한국근대문학사의 중심에 놓였던 주체의 하나이기 때문이다.

자기조정, 존재성의 변화라는 측면에서 살필 때 이명준보다도 사일구

---

10) 이에 대한 더 자세한 검토는 정호웅, 「'광장'론―자기처벌의 행로」, 『시학과 언어학』 1, 시학과 언어학회, 2001 참조.

를 다룬 박태순의 소설들(「무너지는 극장」, 「환상에 대하여」, 「벌거숭이산의 하룻밤」의 삼부작을 비롯한)에 등장하는 청년들이 더 자율적 개인 주체에 가깝다. 그들은 사일구를 겪으며 지배질서의 밖에 서서 계속해 싸워나가는 삶이야말로 진정한 것이라는 깨달음에 이끌려 존재전이에 가까운 자기 조정을 감행하기 때문이다.[11]

> 우리는 하나의 전례(前例)를 만들어 놓은 거야. 우리는 하나의 환상을 그려 놓은 거다. 이건 어떠한 일이 있어도 지워지지 않겠지. 비록 꾸겨지고 더럽혀질 때가 있기는 하겠지만. 왜냐하면 우리가 피를 흘려서 그려 놓은 것이니까 말야. (하략)." (…중략…) "말하자면 나는…… 데모를 계속할 거다. 인생과 사회에 대해서 계속 데모를 할 거야. 그러한 데모를내 삶의 근본 표정으로 삼을 작정이다. 바로 그렇게 살아가는 것이 도리어 충실하게 사는 길이 될 수도 있다는 걸 깨닫고 있는 중이거든. 삶다운 삶을 어떻게 해서 얻어 낼 것인지 모르면서, 다시 속아 넘어가며 살 수는 없지 않겠어?[12]

「환상에 대하여」의 등장인물 유광득의 말이다. 사일구는 '환상 그리기'였다는 것, 그들이 그린 그 환상을 좇아 사는 것이 올바르게 '충실하게 사는 길'이라는 것, 그러기 위해서는 '인생과 사회에 대해서 계속 데모를' 해야 한다는 깨달음과 결의의 표명이다. 그는 그 같은 깨달음과 결의의 표명에 그치지 않고 나아가 실제로 그 길을 걸었다. 그 길은 다른 한편 「벌거숭이산의 하룻밤」에 나오는 이만술의, "나는 무식한 사람,

---

11) 이수형은 박태순 소설의 핵심 특질로 '이동성'을 들고 있는데 시사적이다. 이수형, 「박태순 소설에 나타난 '이동성'의 의미」, 『민족문학사연구』 38, 민족문학사연구소, 2008. 박태순 소설의 핵심 특질로서의 이 '이동성'에는 '부정'과 '존재 전이'의 의미소가 담겨 있다는 게 내 생각이다.
12) 박태순, 「환상에 대하여」, 『한국소설문학대계 50』, 동아출판사, 1995, 147면.

가난한 사람, 허약한 사람으로 출세 않고 밑바닥 인생으로 살아 보겠다, 못난 인간이 되겠다, 이런 작정"[13]을 따라 걷는 길과 같은 것이다. 그는 사일구를 겪고 '출세 지향'을 삶을 버리고 '밑바닥 인생'으로 사는 삶을 선택하고 나아갔으니 그것은 존재 전이였다.

우리 소설 가운데 사일구를 다룬 작품은 대단히 적다. 그 대부분은 사일구의 힘(불의에 맞선 희생적 저항정신의 표출이었다는 것, 한국사회를 근대적 민주사회로 이끌었다는 점에서 새로운 역사 단계를 연 획시기적 운동이었다는 것 등을 핵심으로 하는, 사일구에 대한 이후의 평가와 그것에 의해 재구성된 기억 내용에서 생겨난)에 압도당해 사일구의 한 측면을 단편적으로 재현하는 데 머물렀다.[14]

「광장」이 사일구로 인해 비로소 쓰여질 수 있었고 발표될 수 있었던 작품이라는 것은 재언이 필요치 않은 사실이지만, 「광장」이 사일구 정신의 소산이라는 것은 동의하기 어려운 해석이다.

3. 이데올로기 비판의 문제와 '광장' 상징

16종 문학 교과서에서는 하나 예외 없이 「광장」을 이데올로기 비판 소설이라고 하고 있는데 과연 그러한다? 그렇지 않다는 게 내 생각이다. 그렇다면 이데올로기 선택의 문제를 다룬 소설인가? 마찬가지로 그렇지

---

13) 박태순, 위의 책, 174면. 이런 생각, 삶의 태도는 50년대를 배경으로 한 「어느 史學徒의 젊은 시절」, 1980에서도 확인할 수 있는 것으로 박태순 문학의 세계관을 요약해 놓은 것이다.

14) 김윤식의 지적대로 곧바로 오일육이 덮침으로써 서사적 구체성을 확보할 여유를 빼앗아버림으로써 '사일구 문학의 불모성'(김윤식, 「사일구와 한국문학—무엇이 말해지지 않았는가」, 『사상계』, 1970. 4)이 초래되었다는 점도 간과할 수 없다.

않다는 게 내 생각이다.

> 이 작품은 남과 북의 이데올로기 문제를 정면으로 다룬 최초의 소설이
> 다. 이 작품에서 작가는 남과 북이 분단되어 있는 역사적 상황에서 이데
> 올로기가 가지고 있는 허와 실을 철학도인 명준의 입을 통해 객관적으로
> 제시하고 있다. 이러한 분단 이데올로기 문제는 우리 민족이 안고 있는
> 커다란 불행이며, 아직도 계속되고 있는 현실적 문제라는 점에서 이 작
> 품이 지니는 의의는 매우 크다고 할 수 있다.[15]

여러 편의 「광장」론으로 「광장」 논의를 이끌어온 대표적인 평론가인
한기에 의하면 "「광장」 원본(『새벽』지에 전재된 첫 발표 작품－인용자)은 당
대 한국사회의 체제, 다른 말로 이데올로기를 비판"[16]한 작품이다. 이런
의견은 「광장」을 대상으로 한 평론, 문학 논문, 교과서와 참고서 등에서
두루 만날 수 있으니, 이미 「광장」 이해와 관련된 정설의 하나로 자리
잡은 것으로 보인다. 「광장」을 다루고 있는 여러 글들을 살피면 '이데올
로기 문제' 또는 '남북 분단의 이데올로기 문제'를 다루고 있는 작품이
라는 모호하기 짝이 없는 표현들도 만나게 되는데, 모호한 만큼 분명히
알기는 어려우나 그 안에 담긴 것의 하나가 '이데올로기 비판'이라는 것
은 분명하다.

많은 사람이 「광장」을 이데올로기 비판의 작품이라 이해하게 된 것은
작가의 다음 진술과 깊이 관련된 것으로 보인다.

> 나는 12년 전, 이명준이란 잠수부를 상상의 공방에서 제작해서, 삶의
> 바다 속에 내려보냈다. 그는 '이데올로기'와 '사랑'이라는 심해의 숨은

---

15) 금성 『문학』(상), 243면.
16) 한기, 「'광장'의 원형성, 대화적 역사성, 그리고 현재성」, 『작가세계』 4, 1990, 85면.

바위에 걸려 다시는 떠오르지 않았다.[17]

이명준의 행로를 지배한 것이 '이데올로기'와 '사랑'이라는 함의를 담고 있는 문장으로 읽힌다. 그러나 작가의 진술은 참고 사항일 뿐이니 여기 갇혀서는 물을 것도 없이 곤란하다. 중요한 것은 「광장」에서 이데올로기 비판에 해당하는 내용을 거의 만날 수 없다는 사실이다. 굳이 든다면 단 하나, 작품 마지막에 나오는 그리스도교와 스탈리니즘의 유비(9 항목 또는 10항목, 초기 본에는 기독교와 코뮤니즘의 유비였음)를 그 예라고 할 수 있다.[18] 그러나 스탈리니즘이라 하여 이데올로기임을 뜻하는 이름을 붙이긴 했지만 그것은 이념이라기보다는 체제 또는 정치문화에 가까운 것이라 보는 게 타당하다. 그렇다면 「광장」을 두고 이데올로기를 비판한 작품이라 하는 것은 실제와는 멀리 떨어진 해석이라 해야 할 것이다.[19]

「광장」은 이데올로기를 비판한 것이 아니라 맑시즘, 자유민주주의 등 이런저런 아름다운 이름의 이데올로기를 내걸었지만 속으로는 썩고 굳어 인간다운 삶이 가능하지 않는 남북한 사회현실을 비판한 작품이다.

그 비판의 중심에 '광장' 상징이 놓여 있는데 이 상징의 상징 의미 또

---

17) 최인훈, 「이명준의 진혼을 위하여」, 『광장 외』, 민음사, 1973.

18) 대부분의 『문학』 교과서는 이 유비 부분과, 주인공이 남과 북을 거부하고 제3국을 택하는 결정을 내리는 판문점 부분을 발췌 수록하고 있는데, 이는 이 작품이 이데올로기 비판 소설이라는 해석에 이끌린 것으로 보인다.

19) 「광장」은 이데올로기 비판을 중심에 놓은 작품이 아니듯 이데올로기 선택의 문제를 중심에 둔 작품이 아니다. "그가 밀항선을 타고 북쪽으로 간 것은 그곳에 아버지가 살고 있기 때문이며, 무엇보다도 남한 사회에 대한 깊은 환멸감, 절대의 부정의식에 떠밀렸기 때문이다. 남한보다 더 나은 사회일지도 모른다는 근거 없는 낭만적 기대가 없었던 것은 아니지만 그것은 부차적인 것에 지나지 않는다. 그가 중립국을 택한 것은 남북한 사회에 대한 깊은 환멸감, 절대의 부정의식에 떠밀린 것이니 이념 선택의 문제와는 전혀 무관하다. 요컨대 「광장」은 이념 선택의 문제를 다룬 작품이 아니다." 정호웅, 앞의 논문, 87면.

한 제대로 이해되지 않았던 것으로 보인다. 『문학』 교과서에서는 저마다의 관점에서 '광장'의 상징 의미를 풀이하고 있는데 대체로 아래 내용을 벗어나지 않는다.

> 이 작품은 민족 분단의 비극을 본격적으로 다루고 있는데, 작가는 사회적 공간인 '광장'과 개인적 공간인 '밀실'을 대립시켜 그러한 분단이 내포하는 의미를 찾고 있다.[20]

'개인적 공간'이라는 상징 의미를 갖는 '밀실'에 대비되어 '광장'이 '사회적 공간'이라는 상징 의미를 갖는다는 해석인데 이 이분법적 풀이는 「광장」에서 '광장'이 갖고 있는 여러 상징 의미 가운데 하나에만 해당하는 것이니 「광장」 전체에 적용할 수 없는 것이다.

1961년도에 나온 정향사판 머리말에서 작가는 "인간은 광장에 나서지 않고는 살지 못한다. (…중략…) 그러면서도 한편으로 인간은 밀실로 물러서지 않고는 살지 못하는 동물이다. (…중략…) 어떤 경로로 광장에 이르렀건 그 경로는 문제될 것이 없다. 다만 그 길을 얼마나 열심히 보고 얼마나 열심히 사랑했느냐에 있다. 광장은 대중의 밀실이며 밀실은 개인의 광장이다."[21]라고 하여 개인의 공간인 '밀실'에 대비되는 사회적 공간이라는 상징 의미를 '광장'에 부여하고, 개인과 사회의 조화, 밀실과 광장의 어울림을 개인과 사회의 이상적인 관계 형식으로 제시하였다.

이 맥락에서의 '광장'이 상징하는 것은 "개인과 사회의 조화로운 어울림이 이상적인 관계형식이다."라는 정언적 진술 곧 명제를 구성하는, 추상적인 개념으로서의 '사회적 공간'이다. 그 옆자리에 당대 남북한의 현

---

20) 천재문학 『문학』(상) 『교사용 지도서』, 266면.
21) 최인훈, 「追記-補完하면서」, 『광장』, 정향사, 1961, 3~4면.

실이라는 구체적인 실재와 관련된 '광장' 상징이 놓여 있다. 「광장」의 주인공에게 남한 사회는 '백귀야행하는 도시 알 수 없는 난장판'[22]이며 그곳에는'너무나 더럽고 처참한 광장'[23]만 존재할 뿐이라는 것,[24] 이에 반해 북한 사회는 혁명을 꿈꾸는 '붉은 심장의 설레임'[25]은 사라지고 '당'의 선창을 따라 '앵무새처럼 구호를 외칠 뿐'인 '타락'한 '인민'[26]들의 광장, '꼭두각시뿐 사람은 없'[27]는 잿빛 죽음의 공간으로 인식된다. 남북한 모두 환멸감만을 안기는 철저한 부정의 대상으로 인식되는 것이다. 이명준의 여로는 그 같은 남북한의 현실을 확인하는 과정이며, 남북한의 현실에 대한 부정의식을 계속해서 키워가는 과정이니 한마디로 환멸의 여로이다. 이 맥락에서의 '광장' 상징은, 철저하게 훼손되어 있어 "개인과 사회의 조화로운 어울림이 불가능한 남북한의 현실"을 상징한다.

지금까지의 논의를 통해 우리는, '광장' 상징이 '사회적 공간'이라는 상징 의미를 지니고 있다고 할 때, 그것이 추상적 개념으로서의 '사회적 공간'과 훼손된 남북한 현실을 가리키는 구체적 실재로서의 '사회적 공간'으로 구분되어야 함을 확인하였다.(여기서는 앞의 것을 '사회적 공간'(a), 뒤의 것을 '사회적 공간'(b)라고 일컫기로 한다.) 그러나 이것만으로는 불충분하다. '사회적 공간'이라는 말로는 포괄할 수 없는 상징 의미를 지니고

---

22) 최인훈, 『광장/구운몽』, 문학과지성사, 2009, 133면.
23) 최인훈, 위의 책, 132면.
24) "오, 좋은 아버지. 인민의 나쁜 심부름꾼. 개인만 있고 국민은 없습니다. 밀실만 푸짐하고 광장은 죽었습니다."(최인훈, 앞의 책, 67면)란 이명준의 냉소적 진단도 같은 의미를 갖고 있다.
25) 최인훈, 같은 곳.
26) 최인훈, 앞의 책, 135면.
27) 최인훈, 앞의 책, 142면.

있는 '광장' 상징이 「광장」에 들어 있기 때문이다.

"총 69회 사용된 '광장'은 수식어를 통하여 성격과 규모를 결정할 수 있는데 '광장' 수식어는 43가지로 다양하다. 이 수식어들을 총괄하면 '광장'은 '삶이 이루어지는 곳'이라는, 너무나 많은 것을 가리켜 아무것도 가리키지 않게 되는 추상적인 어휘이다."28)라는 지적이 말해주듯 '광장' 상징에 담긴 상징 의미는 대단히 많다. 그 다양한 상징 의미를 단순화하면 '사회적 공간'으로서의 '상징'과 '개인적 공간'으로서의 '광장'으로 나눌 수 있다.29) '사회적 공간'으로서의 '광장'에 대해서는 앞에서 살폈거니와 문제는 '개인적 공간'으로서의 '광장'이다. 「광장」에 나오는 '개인적 공간'으로서의 '광장' 상징은 너무 많아 일일이 그 상징 의미를 살피는 일은 대단히 어렵다. 이 작업은 뒤로 미루고, 여기서는 그 가운데 소설의 구성과 관련하여 가장 중요한 것으로 판단되는 것 하나를 살펴, '개인적 공간'으로서의 '광장'에 대한 이해가 매우 중요하다는 사실을 드러내 보이도록 하겠다.

> 이 여자를 죽도록 사랑하는 수컷이면 그만이다. 이 햇빛, 저 여름 풀, 뜨거운 땅. 네 개의 다리와 네 개의 팔이 굳세게 꼬인, <u>원시의 작은 광장</u>에, 여름 한낮의 햇빛이 숨 가쁘게 헐떡이고 있었다. 바람은 없다.
>
> (…중략…)
>
> 누워서 보면, 일부러 가리기나 한 듯, 동굴 아가리를 덮고 있는 여름풀

---

28) 박영준, 「최인훈의 『광장』에서 '광장'의 의미 층위에 대한 연구」, 『어문논집』 46, 안암 어문학회, 2002, 284면.

29) 박영준의 '시민의 광장'/'개인의 광장'(같은 논문, 297면)이라는 개념짝은 '사회적 공간 으로서의 광장/개인적 공간으로서의 광장'이라는 본고에서의 개념짝에 대응한다. 한편 김인환은 '광장'을 '사회적 공간으로서의 광장'과 '극단적으로 좁혀져 있는 광장'(김인 환, 「파국의 의미」, 『비평의 원리』, 나남출판사, 1994, 211면)으로 나누었는데 이 또한 본고에서의 개념 짝에 대응하는 것으로 이해된다.

이, 푸른 하늘을 바탕 삼아 바다풀처럼 너울너울 떠 있다. 접은 지름 3미
터의 반달꼴 광장. 이명준과 은혜가 서로 가슴과 다리를 더듬고 얽으면
서, 살아 있음을 다짐하는 <u>마지막 광장</u>.30) (밑줄 인용자)

낙동강 전선에서 다시 만난 두 남녀주인공 명준과 은혜가 죽음의 공
포에 덜미 잡힌 상태에서 '네 개의 다리와 네 개의 팔'을 '굳세게 꼬'고
서로의 몸에 탐닉하고 있다. 그 사랑의 공간을 서술자는 '원시의 작은
광장', '마지막 광장'이라 부르는데, 이 '광장'은 '사회적 공간'을 의미하
는 '광장'과는 전혀 다른 상징 의미를 지니고 있는 상징이다.

이 '광장'의 상징 의미를 이해하기 위해서는 '수컷이면 그만', '원시',
'살아 있음을 다짐' 등의 구절에 주목해야 한다. 그들은 문명 이전의 원
시 상태로 돌아가 모든 것을 벗어던진 암컷과 수컷으로 어울림으로써,
그들의 사고와 행동을 규율하고 그들을 그들이게 했던 것들로부터 벗어
나 몸의 감각, 그 감각의 순간순간에 몰두하고 있다. 그 몰두가 그들을
행복하게 하고, 그들을 죽음의 공포로부터 벗어나게 하며, 그들로 하여
금 '살아 있음을 다짐'하게 한다. "'살아 있음을 다짐'하게 한다."는 문
장은 정상적인 국어 문법에서 벗어난 비문이다.31) 이 비문은 "살아 있음
을 확인한다."와 "살아야 한다고 다짐한다."라는 두 가지 내용을 담고
있는 문장으로 읽힌다. 그렇다면, 지금 두 남녀주인공은 언제 죽을지 모
르는 전장의 한복판에서 수컷과 암컷으로 만나 몸의 감각에 몰두하는
그 순간의 황홀경 속에서 살아 있음을 확인하고 살아야 한다고 다짐함
으로써 죽음의 공포에 짓눌린 상황을 간신히 견디고 있다는 해석이 가

---

30) 최인훈, 『광장/구운몽』, 앞의 책, 188~189면.
31) 이것은 『새벽』 발표본, 『정향사』본, 『신구문화사』본, 『민음사』본에는 모두 '살아 있다는
   증거를 다짐'이라고 되어 있다.

능해진다.

이 '원시의 광장', '마지막 광장'에서 그들은 몸의 욕망에 전적으로 충실한 두 마리 건강한 짐승이고 전적으로 생존의 욕망을 좇아 견디고 몸부림치는 가여운 생명체이다. 그들의 그 '광장'은 그들의 그 같은 '전적인' 몰두로 팽팽하게 긴장돼 있으며, 조금의 빈틈도 없이 꽉 차 있다. 언제 죽을지 알 수 없는 위기의 상황 속에 놓여 있지만 그들은 이 같은 '전적인 몰두'와 그것에서 생겨난 팽팽한 긴장감과 충일감으로 그 위기의 상황으로부터 벗어난 자기들만의 독립 공간 속에 존재한다. 여기에 그치지 않는다. 그들의 독립 공간은 그 공간 이외의 모든 것으로부터 벗어난 곳에 자리하고 있는 특수 공간이다. 그 특수 공간과 주인공 이명준은 완벽하게 일치되어 있다.

이 특수 공간으로서의 '광장'이 '사회적 공간'으로서의 '광장'과 대립적인 공간임은 물을 것도 없이 분명하다. 그러나 자세히 살피면 '사회적 공간'(b)와는 대립적이지만 '사회적 공간'(a)와는 전적으로 대립적이지는 않다는 사실을 알 수 있다. 이렇게 말할 수 있는 근거의 핵심은, 「광장」의 주인공이 그가 추구하는 '개인과 사회의 조화로운 관계' 속에서 '갈빗대가 버그러지도록 뿌듯한 보람'32)을 느낄 수 있듯이(상상 또는 기대하듯이), 저 특수 공간 속 주인공이 그 공간과의 완벽한 일치 속에서 시간의 흐름조차 완전히 잊고 행복할 수 있다는 사실이다.

지금까지 우리는 '사회적 공간'으로서의 '광장'과 '개인적 공간'으로서의 '광장'이 한편으로는 대립적이지만 한편으로는 동질적인 공간임을 살폈는데, 다음 장에서 '사랑'과 관련지어 좀 더 자세히 살피기로 하겠다.33)

---

32) 최인훈, 『광장/구운몽』, 앞의 책, 64면.
33) 우리의 이런 논의는 「광장」을 여러 개의 서사로 구성된 '중층구조'의 작품이라 파악하

4. 「광장」의 '사랑'과 '자살'

앞에서 '이데올로기'와 '사랑'을 함께 언급한 작가의 진술을 들었거니와, 이데올로기란 말이 「광장」에 대한 이해를 방해했듯 사랑이란 말도 작품 이해를 가로막았던 것으로 보인다.

> 젊은 사람이 할 만한 가장 좋은 것 중의 하나라고 그가 누누이 말한 사랑은 「광장」뿐만 아니라 「구운몽」의 또 한 주제이기도 하다. 사랑이 없다면 풍문과 이데올로기만이 남는 다. 단지 사랑만이 인간을 그 자체로 체험하게 해주는 것이다.[34]

한기는 이를 두고 "「광장」의 이데올로기적 성격을 탈색시켜 버리고, 그것의 주제를 '사랑'으로 대치하는" 것으로 "본말의 전도조차 합리화하는 해석"[35]이라고 일축하였다. 그렇다면 한기는 이명준의 '사랑'을 어떻게 이해하는가? "이념 부재의 세계 즉 신이 사라진 세계에서 생(生)을 구원할 수 있는 유일한 방식"으로서 '비극적 세계관'을 지닌 자의 '현실 견디기'[36]의 의미를 갖는다는 게 한기의 해석이다.

남한에서의 윤애와의 사랑, 북한에서의 그리고 전장에서의 은혜와의 사랑은 부정적인 현실에 대한 깊은 환멸로 고통스러워하는 이명준을 구

고, 그 서사들 사이의 유기성이 부족하다고 지적하는 논의들과는 다른 자리에 서 있다. 이와 관련하여 "여러 계기가 과도히 욕심스럽게 어울려져 있기 때문에" "중층적 구조가 때로 위태로워 보인다."(유종호, 「소설과 정치적 함축」, 『세계의 문학』, 1979 가을, 79면)라는 유종호의 지적, 「광장」을 구성하고 있는 '해방공간에서 전개되는 정치적 서사'와 '이명준 개인의 서사' 사이에 '일종의 비약이 존재'(이수형, 「'광장'에 나타난 해방공간의 나라 만들기와 가족로망스」, 앞의 논문, 271면)한다는 이수형의 지적 참고.

34) 김현, 「표지 해설」, 『광장/구운몽』, 『최인훈전집』 1, 문학과지성사, 1976.
35) 한기, 앞의 논문, 91면.
36) 한기, 앞의 논문, 90면.

할 수 있는 것이라는 점에서 한기의 말대로 '생(生)을 구원할 수 있는 유일한 방식'이며, '현실 견디기'를 가능하게 하는 것이다. 이 점에서 이명준의 사랑은 현실의 부정성과 환멸감으로 가득 찬 그의 내면을 드러내는 대비적 구성소라고 할 수 있다. 이렇게 본다면 한기의 해석이 보다 설득력 있는 것임은 물론이다. 그러나 이명준의 사랑을 단순히 '현실 견디기'로 이해하고 그치는 것은 불충분하다. 이명준의 안쪽으로 좀 더 깊이 들어가 그의 '사랑'을 살펴야만 한다.

이명준의 '사랑'이란 대단히 복잡하여 그 안쪽을 들여다보기 쉽지 않다. 아마도 그래서일 것이다. 『문학』 교과서와 지도서에서 「광장」의 '사랑'에 대한 언급은 거의 찾을 수 없다. 작품 마지막에 등장하는 두 마리 갈매기가 '사랑의 상징'[37]이라고 설명하고 있는 정도이다. 「광장」의 '사랑', 그 안으로 들어서는 문은 없을까?

> 아찔한 느낌에 불시에 온몸이 휩싸이면서 그 자리에 우뚝 서버린다.
> (…중략…) 그러자 온누리가 덜그럭 소리를 내면서 움직임을 멈춘다.
> 조용하다.
> 있는 것마다 있을 데 놓여져서, 더 움직이는 것은 쓸데없는 일 같다. 세상이 돌고 돌다가, 가장 바람직한 아귀에서 단단히 톱니가 물린, 그 참 같다. 여자 생각이 문득 난다. 아직 애인을 가지지 못한 것을 떠올린다. 그러나 이참에는 여자와의 사랑이란 몹시도 귀찮아지고, 바라건대 어떤 여자가 자기에게 움직일 수 없는 사랑의 믿음을 준 다음 그 자리에서 죽어버리고, 자기는 아무 짐도 없는 배부른 장단만을 가지고 싶다. 이런 생각들이 깜빡할 사이에 한꺼번에, 빛살처럼 번쩍였다.[38]

---

37) 태성 『문학』(하), 277면.
38) 최인훈, 『광장/구운몽』, 『최인훈전집』 1, 문학과지성사, 2009, 42면.

철학과 신입생 이명준은 친구들과 교외로 소풍을 나갔다. 한여름 하늘에는 구름 한 점 없고 바람도 없다. 그늘을 찾아 비탈에 올라섰을 때, 문득 이명준은 세상이 딱 멈추어선 듯한 느낌에 사로잡혔다. "있는 것마다 있을 데 놓여져서, 더 움직이는 것은 쓸데없는 일 같다. 세상이 돌고 돌다가, 가장 바람직한 아귀에서 단단히 톱니가 물린, 그 참"인 것인데 초기본에서는 '엑스터시의 순간' 또는 '추상된 원도취의 순간' 39)이라 표현했다. 자아와 우주의 호흡이 조금의 어긋남도 없이 일치하는 데서 생기는 완전한 충족감의 순간이다.

이 같은 완벽한 일치, 완전한 충족감은 "흐르는 물결에서 몸을 때어 흐르는 강을 받치는 움직임 없는 강바닥에 서"40)고자 하는 이명준의 내면 깊은 곳에 자리 잡고 있는 욕망과 관련된 것으로 보인다. 그 욕망은 그것을 얻기만 하면 "다시 생각이란 이름의 화냥년을 잠자리에 들이지 않으리라 마음 먹"게 하는 '마지막 것'을 향하는 것인데, 초기본의 문장을 빌리면 "세계의 처음과 마지막, 발을 디디고 선 바루 아래 땅에서 우주의 끝까지가 한 장의 마음의 스크린에 투영"41)되는 경지에 다다르고자 하는 욕망이다. 그것은 '신'을 풀고자 하는 욕망42)이고 '누리와 삶에 대한 맺음말'43)을 찾고자 하는 욕망이며, 그리하여 얻은 결론에 자신의 삶을 일치시키고자 하는 욕망이다.44)

---

39) 최인훈, 『광장』, 정향사, 1961, 121면.
40) 최인훈, 『광장/구운몽』, 앞의 책, 2009, 46면.
41) 정향사본에는 "여러 가지 생각들이 순간이라는 중심을 공유한 몇 개의 동심원인 양 이중 삼중으로 같은 평면에 겹으로 떠오른 것이었다. 만일 이러한 순간이 이상적으로 극단이 되면, 세계의 처음과 마지막, 발을 디디고 선 바루 아래 땅에서 우주의 끝까지가 한 장의 마음의 스크린에 투영된다는 것도 가능한 것이 아닌가, 그는 상상했다."(28면)라 되어 있다.
42) 최인훈, 『광장/구운몽』, 앞의 책, 2009, 46면.
43) 최인훈, 앞의 책, 39면.

어느 여름날 소풍 길 비탈 위에서 이명준이 느낀 우주와의 완벽한 일
치감과 그것에서 생겨난 완전한 충족감에 휩싸인 주인공이 여자를 떠올
린다는 사실은, 그 일치감과 충족감이 대학 신입생 이명준의 무의식 세
계에서는, 여자와의 사랑에서 생겨날 수 있다고 그가 생각한 '사랑의 믿
음' "아무 짐도 없는 배부른 장담"[45]과 통한다는 것을 말해 준다.[46] 이
명준에게 있어 사랑은 이처럼 대단한 의미를 갖는 것이었다.

그 사랑은 자신을 완전히 내맡기고 열어 받아들이는 여자의 몸, 그리
고 그 몸과 완벽하게 일치하고자 하는 이명준의 몸의 만남이다. 우주와
인간 삶의 근본 이치를 찾고자 하는 욕망, '개인과 사회의 조화로운 어
울림의 철학'을 실현하고자 하는 욕망이 정신적, 이성적인 것인 데 비해
이 사랑의 욕망은 이처럼 육체적, 감각적인 것이니 상반된다. 상반되지
만 그 두 욕망은 대상과의 완벽한 일치, 대상에의 전적인 몰두를 지향하
는 것이라는 점에서 동질적인 것이기도 하다.[47]

---

44) 최인훈은 최근의 한 대담에서 자신의 자아 속에는 "순수형을 추출한다는 기초과학자의
   입장에 비견하는 그런 부분"이 있다고 했는데, 우주와 인간 삶의 근본 원리를 궁구하여
   드러내고자 하는 욕망을 말하는 것으로 읽힌다. 최인훈·김치수, 「사일구정신의 정원을
   함께 걷다」, 『사일구와 모더니티』, 문학과지성사, 2010, 31면.
45) 정향사본에는 '움직일 수 없는 애정의 확신', '아무 의무감도 없는 포화된 순수 감
   정'(27면)이라고 표현되어 있다. 나는 이것에 대해 "대상과의 조화로운 어울림이 아니
   라, 대상의 전유에서 생기는 합일의 엑스터시"이며 그 아래에는 이명준의 '자기중심주
   의'가 놓여 있음을 지적한 바 있다(정호웅, 앞의 논문, 96면).
46) 본고에서의 이런 관점은 「광장」 속 '섹슈얼리티와 에로티시즘'에 주목하여 '사랑과 욕
   망의 주제의 의해 추동되는 서사'(홍순애, 「최인훈 소설의 섹슈얼리티와 에로티시즘 연
   구」, 『한민족문화연구』 17, 한민족문화연구소, 2005, 179면)와는 다르다.
47) 작품 끝머리에는 이명준이 바다 위를 나는 갈매기 두 마리를 뒤쫓는 장면이 나온다.
   '바다, 그녀들이 마음껏 날아다니는 광장', '푸른 광장'을 비로소 '처음 알아 본'(최인훈,
   앞의 책, 216면) 그는 자신이 "무엇에 홀려 있음을 깨닫"(같은 곳)는데, 여기서의 '광장'
   곧 바다는 모녀간의 사랑, 부부 간의 사랑, 부녀간의 사랑 등으로 충만한 공간이다. 이
   '광장' 속 존재들(갈매기가 표상하는 은혜와 그녀의 딸, 그리고 이명준)은 모두가 그 광
   장과 완벽하게 일치되어 있으니 그 공간은 무갈등의 공간이며 지극한 행복의 공간이다.

대상과의 완벽한 일치, 대상에의 전적인 몰두를 지향한다는 점에서 이명준은 낭만적 주체인데, 그 같은 일치와 몰두가 가능한 세계란 존재할 수 없으니 이명준은 길 위를 떠도는 존재일 수밖에 없다. 그의 이 같은 존재성은 당대의 남북 현실과 무관한 것은 아니지만, 근본적으로는 앞에서 보았던 그의 철학에 말미암는 것이다. 그와 세계와의 관계는 화해의 가능성이 전혀 없는 근본 불화의 관계이다. 그가 꿈꾸는 '광장과 밀실이 조화롭게 어울리는 사회'는 실현 불가능한 꿈이니 그 꿈에 갇혀 있음의 존재성에서 벗어나지 않는 한 그는 어디에도 뿌리내리지 못하고 계속해서 길 위를 떠돌 수밖에 없다. 이명준은 편력자의 운명에 묶인 존재이다.

이명준이 한순간 느낀 우주와 인간 삶의 근본 이치에 대한 깨우침, 개인과 사회가 조화롭게 어울리는 것에 대한 상상, 그리고 여자와의 몸의 만남인 '사랑' 속에서만 행복할 수 있지만 그것들은 환각과도 같은 순간의 느낌으로만 지각되는 것이고 짧은 시간 동안만 경험되는 것이며, 상상 속에서만 경험 가능한 것이므로 그는 근본적으로 불행한 주체이다. 작품 마지막에 이르러 이명준은 자살하는데, 그 자살은 이 같은 그의 존재성에 말미암는 것으로 볼 수도 있다. 그렇다면 "이명준이 이명준을 죽였다."라는 진술이 가능하다.

이명준의 '자살'에 대한 이런 해석은 『문학』 교과서(지도서)에서의 일반적인 해석과는 크게 다르다. 『문학』 교과서(지도서)에서는 대체로 그의 '자살'에 대해 다음처럼 말하고 있다.

> 작가의 분단 상황의 이데올로기에 대한 비판은 현실 부정으로 이어지고 있으며, 이는 곧 이명준의 비극적 현실 인식을 낳게 되었다. 비극적 현실 인식 속에서 이명준은 자살이라는 극단적인 행동으로 현실을 부정

하게 된다. 이명준의 자살이 지니는 의미는 따라서 이념 선택의 한계를 극적으로 제시함으로써 완강하게 고정되고 있는 분단 상황에 대한 비판적 인식으로 볼 수 있다.[48]

'비극적 현실 인식'이 낳은 현실 부정행위로서의'이라는 것, 그것은 '분단 상황에 대한 비판적 인식'의 드러냄이라는 해석이다. 『문학』 교과서(지도서)에서는 이에 더하여 이명준의 자살이 '현실 도피적 자세'[49]를 드러낸 것이라 해석하기도 한다. 어느 경우든 주인공과 사회현실과의 관계를 문제 삼는 해석이라 할 것인데 이것만으로는 이명준의 '자살'에 담긴 의미를 깊이 드러낼 수 없다.[50] 이명준과 은혜와의 성애 장면 등을 지나쳐 「광장」의 '사랑'에 대해 논의하기는 어렵기 때문에 교실에서 다루기 곤란한 점이 없는 것은 아니다. 그렇다고 눈 감고 지나칠 수는 없으니 방법을 찾아 더 나아가고자 하는 노력을 기울여야만 한다.

---

48) 천재교육 『문학』 『교사용 지도서』(상), 271면.
49) 디딤돌 『문학』 『교사용 지도서』(상), 319면.
50) 이명준의 자살에 대해서는 여러 가지 해석이 나와 있다. 그 가운데 그의 자살이 '사랑을 확인하는 행위'(김현, 「사랑의 재확인」, 『광장/구운몽』, 문학과지성사, 1976, 321면)로 본 김현의 해석, '자기중심주의'에 갇혀 살아온 자신에 대한 '자기처벌'(정호웅, 앞의 논문, 104면)의 의미를 지닌다고 본 정호웅의 해석, '자기정당화와 자기비판의 악순환을 넘어서, 다른 시간과 다른 장소로 도약하는 심미적 주체 혹은 (탈)현대적 주체'의 '다른 삶의 가능성에 대한 투신'(이광호, 앞의 논문, 52면)이라고 본 이광호의 해석, '자율적인 법을 정초'하고자 했으나 "오히려 그 자신이 부정하고자 했던 아버지들의 위선을 더욱 급진적으로 흉내내는 데 불과하다는 것을 깨닫"고 '자기 단죄'(이수형, 「'광장'에 나타난 해방공간의 나라 만들기와 가족로망스」, 『현대소설연구』 38집, 한국현대소설학회, 2008, 287~288면)를 행한 것이라고 본 이수형 등의 해석을 참고할 만하다.

5. 맺음말

지금까지의 논의 내용을 정리하면 다음과 같다.

1) 「광장」은 사일구로 인해 열린 상황이 낳은 작품이다. 그러나 「광장」을 사일구정신의 소산이라고 하는 것은 근거가 충분하지 않다.

2) 「광장」은 널리 이해되는 것과는 달리 이데올로기 비판 또는 선택을 문제를 중심에 둔 작품이 아니다. 이데올로기 비판 또는 선택의 문제는 「광장」에서는 부차적인 대상에 지나지 않는다.

3) 「광장」에 등장하는 많은 상징 가운데 중심인 '광장' 상징을 '사회적 공간'이라는 상징 의미를 지닌 것으로 이해하는 것은 불충분하다. '광장'의 상징 의미는 크게 '사회적 공간'과 '개인적 공간'으로 나눌 수 있는데 '사회적 공간'은 다시, "개인과 사회의 조화로운 어울림이 이상적인 관계형식이다."라는 정언적 진술 곧 명제를 구성하는, 추상적인 개념으로서의 '사회적 공간'(a)와 당대 남북한의 현실이라는 구체적인 실재를 가리키는 '사회적 공간'(b)로 구분할 수 있다. '개인적 공간'을 가리키는 '광장' 상징은 '사회적 공간'(b)와는 대립적이지만 '사회적 공간'(a)와는 동질적인 측면을 지니고 있다.

4) 「광장」의 주인공 이명준과 그의 애인 은혜와의 사랑, 이명준·은혜·딸 세 사람으로 구성된 상상 속 가족의 사랑이 실현되는 공간을 가리키는 '광장'은 그 공간 속 인간 존재들과 완벽한 일치를 이루는 무갈등의 공간이며 지극한 행복의 공간이다. 그러나 이런 공간은 "개인과 사회의 조화로운 어울림이 이상적인 관계형식이다."라는 정언적 진술을 만족시키는 공간으로서의 '광장'이 그러하듯,

실재할 수 없는 비현실적 상상의 공간이거나, 실재한다 하더라도 곧 사라져버리는 일시적인 공간이다. 이런 공간이 실재한다고 믿고 그것을 찾아 길을 떠난 이명준은 근본적으로 불행한 존재이다. 이명준의 자살은 그의 이 같은 존재성에 말미암은 것이다.

5) 고등학교 문학교육 과정에서 중요한 작품의 하나로 이미 확고하게 자리 잡았기에 「광장」에 대한 이해의 내용, 교육 방식 등에 대해 계속해서 검토하는 일은 대단히 중요하다. 계속적인 검토를 통해 혹 있을 수 있는 오류를 바로잡을 수 있고, 미처 보지 못했던 것을 알게 됨으로써 작품 이해와 교육의 폭과 깊이를 더할 수 있기 때문이다. 이 글은 「광장」에 대한 기존의 이해 내용 몇 가지를 검토함으로써 문학교실에서의 「광장」 읽기에 부족하나마 일조하고자 하였다.

참고문헌

최인훈, 『광장』, 『새벽』, 1961. 11.

최인훈, 『광장』, 정향사, 1961.

최인훈, 「광장」, 『현대한국문학전집 16－최인훈집』, 신구문화사, 1968.

최인훈, 『광장 외』, 민음사, 1973.

최인훈, 『광장/구운몽』, 문학과지성사, 1976.

최인훈, 『광장/구운몽』, 문학과지성사, 2009.

박태순, 『어느 史學徒의 젊은 시절』, 심설당, 1980.

박태순, 『한국소설문학대계 50－박태순』, 동아출판사, 1995.

18종 고등학교 『문학』 교과서와 지도서.

김윤식, 「사일구와 한국문학－무엇이 말해지지 않았는가」, 『사상계』, 1970. 4.

김인호, 『해체와 저항의 서사』, 문학과지성사, 2004.

김인환, 「파국의 의미」, 『비평의 원리』, 나남출판사, 1994.

박영준, 「최인훈의 『광장』에서 '광장'의 의미 층위에 대한 연구」, 『어문논집』 46, 안암
    어문학회, 2002.

유종호, 「소설과 정치적 함축」, 『세계의 문학』, 1979 가을.

이광호, 「사일구의 '미래'와 또 다른 현대성」, 『사일구와 모더니티』, 문학과지성사,
    2010.

이수형, 「박태순 소설에 나타난 '이동성'의 의미」, 『민족문학사연구』 38, 민족문학사연
    구소, 2008, 338~364면.

이수형, 「'광장'에 나타난 해방공간의 나라 만들기와 가족로맨스」, 『현대소설연구』 38,
    한국현대소설학회, 2008, 269~291면.

정규웅, 『글동네에서 생긴 일』, 문학세계사, 1999.

정호웅, 「'광장'론－자기처벌의 행로」, 『시학과 언어학』 1, 시학과언어학회, 2001.

최인훈·김치수, 「사일구정신의 정원을 함께 걷다」, 『사일구와 모더니티』, 문학과지성
    사, 2010.

이창동 외, 「최인훈 특집」, 『작가세계』 4, 세계사, 1990.

한　기, 「'광장'의 원형성, 대화적 역사성, 그리고 현재성」, 『작가세계』 4, 세계사,
　　　1990, 81~98면.
홍순애, 「최인훈 소설의 섹슈얼리티와 에로티시즘 연구-'광장'을 중심으로」, 『한민족
　　　문화연구』 17, 한민족문화연구소, 2005, 159~183면.

제 10 장

문학교육과 민주주의

김 상 욱
춘천교육대학교 국어교육과

1. 다시 민주주의를 생각하며

올해는 4·19 혁명 50주년, 5·18 광주 민주화 운동 30주년이다. 무릇 시간의 단위가 분절되지 않고 지속적으로 이어져 오는 것이기에, 유독 30주년, 50주년이 저절로 의미를 갖지는 않는다. 그럼에도 역사 자체가 인간의 현재적인 의식과 지각 속에서 거듭 재구성된다고 할 때, 이 시점을 빌어서라도 역사적 사건들이 새롭게 재평가되고 현재적 의미가 조명되어야 함은 물론이다. 무엇보다 이들 항쟁이 갖는 의미는 비로소 한국의 현대사에서 민주주의가 구두선이 아니라, 명료한 형태와 위력으로 편입되었음을 뜻한다. 그리고 1980년의 광주는 1987년 체제로 이어지며, 제도적 절차적 민주주의를 형식적으로 확보한 직접적인 동인이라는 점에서 간과할 수 없는 의미를 갖는다.

'대한민국은 민주공화국이다. 대한민국의 주권은 국민에게 있고, 모든 권력은 국민으로부터 나온다.'는 헌법 1조의 언명처럼 한국은 민주주의 국가이다. 뿐만 아니다. 근대적 정치 체제를 갖춘 거의 모든 국가는 민주주의를 자신의 정체(政體)로 삼는다. 그만큼 민주주의는 인류의 역사가 이루어낸 가장 이상적인 정치 형태이다. 대의제 민주주의가 갖는 한계를 비롯한 운용의 문제나, 선언과 현실이 갖는 차이 등 다양한 관점에서 문제가 지적되고 있기는 하나, 그래도 지금으로서는 가장 바람직한 정치 체제라는 판단에는 이견이 없다. 여기에는 자유, 평등, 인권 등 민주주의를 실질적으로 지탱하는 가장 기초적인 이념들이 구체적인 현실 양상의 차이에도 불구하고 흔들림 없이 민주주의를 안팎에서 뒷받침하고 있기 때문이다.

　그런데 정작 작금의 현실은 그리 낙관적이지 않다. 사상과 표현의 자유, 법률적 평등, 기초적인 인권의 문제 등 오히려 형식적이고 절차적으로 진전되어 왔다고 생각했던 기본적인 권리들이 정치권력에 의해 매몰차게 부인되거나 억압되고 있음이 현실이다. 고작 정치권력이 변화되었을 뿐인데, 우리 사회 전반은 적어도 민주주의의 기본 이념이란 프리즘에 현실을 비춰본다는 작업 자체에 회의에 느끼게 할 만큼 비관적이다. 정치적 민주주의와 다를 바 없이 양극화로 표상되는 사회·경제적 민주화의 수준 역시 자괴감을 느끼게 한다. 상대적 빈곤율 15.2%, 청년고용률 40.7%, 노인 빈곤율 45.1% 등[1]으로 대변되는 현실은 이른바 OECD 30개 회원국과 비교해 보더라도 거의 최하위이거나 하위에 가깝다. 빈곤층의 증대는 대의제의 참여를 가로막으며, 민주주의에 대한 구체적인 위협으로 부각되고 있다.

　교육의 영역으로 시선을 돌려보았을 때에도 상황은 그리 나은 듯 보이지 않는다. 현 정부의 교육 정책은 자립형 사립고의 확대와 외국어고를 비롯한 특수목적고등학교의 확대를 근간으로 한다. 학습자의 수월성을 가장 전면에 내세우고 있는 셈이다. 교육에서 공교육의 내실화를 선택할 것인가 수월성을 추구할 것인가 하는 쟁점은 의당 교육 철학의 문제이며 정책의 문제이지만, 정작 무엇이 민주주의에 상응하는 지향인지는 한층 뚜렷해 보인다. 개인의 자유와 평등한 권리 중에서 적어도 최후의 의미심장한 공공영역인 공교육에서만큼은 평등의 손을 들어줘야만 하는 것이 옳다.

---

1) 2009년 기준. <오마이뉴스>, 2010. 4. 22, 문진수 기자.

더욱이 국가 수준의 학업 성취도 평가2)는 그 최악의 기획이다. 학생들은 저마다 전국적으로 한 줄로 늘어선 자신의 점수를 손에 들게 된다. 그뿐만 아니다. 이들 학생들의 성적은 곧 교사의 성적이 되고, 학교의 성적이 되고, 지역교육청의 성적이 된다. 더욱이 이들 성적이 교사나 교육행정가의 인사 문제와 결부될 때, 학교는 더 이상 학교로 기능하지 못할 것이다.

단적으로 기초학력이 부진한 학생들은 대부분 빈곤층이다. 빈곤층 학생들의 낮은 성적의 원인이 보수주의자들이 보듯 인종적 특성 때문이거나 신보수주의자들이 생각하듯 게으른 천성 때문이라고 공공연하게 주장하는 이는 적어도 흔치 않을 것이다. 그러나 전지구적 경쟁 체제 속에서 한정된 자원과 제한된 일자리는 불가피하니, 경쟁에서 살아남는 것만이 최우선의 과제라고 주장하는 신자유주의의 빈곤을 보는 이데올로기 역시 그리 나을 바는 없어 보인다. 결국 다음 일선학교 교사의 주장처럼 학교가 진정한 민주주의를 앞서 배우고 실천하는 장이 되고, 나아가 주체로 성장하기를 기대하는 것은 요원할 것이다.

---

2) 미국의 경우, 부시 행정부 시절 2002년 NCLB(No Child Left Behind)란 670페이지에 달하는 법률안을 통해 우리의 일제고사에 준하는 전국의 모든 학생들을 표본으로 읽기, 국어와 수학 과목의 성취도 평가를 시행하고 있다. 2005년부터 2010년에 걸쳐 이루어지는 이 대규모의 실험은 하위 그룹 학생들에 대한 전폭적인 지원에도 불구하고 수많은 문제점들을 노정하고 있음이 속속 밝혀지고 있다. 일단 가장 핵심적인 쟁점은 현재의 학교가 갖는 차이를 인정하지 않는다는 점이다. 그리고 주정부가 설정한 일률적인 기준에 맞추어 상위 그룹과 하위 그룹으로 학교를 서열화한다. 당연히 빈곤층 학생들이 많은 학교는 단적으로 동원할 수 있는 사회적 자원의 차이와 함께 학급당 학생 수만 해도 현격한 차이가 있다. 결과적으로 학력 격차를 줄이고자 시작된 정책이 인종, 사회 경제적 지위, 학습 능력 등 뒤처진 학생들의 미래를 위협하고 있다는 점이다. S. F. Abernathy, *No Child Left Behind and the Public Schools*, Michigan Press, 2007; T. Schmidt, Scratching the Surface of *No Child Left Behind*: How *No Child Left Behind* Unfairly Affects Schools with Significant Propotions of Disadvantaged Students, Dominican University of California, BD, 2008.

교육이란 '섞이는' 것이라고 나는 믿는다. 가장 훌륭한 교육환경은 온 갖 출신배경과 특성을 가진 아이들이 두루 섞여있는 교실이라고 나는 생각한다. 거기에는 남학생도, 여학생도, 공부를 잘하는 아이도, 못하는 아이도, 갑부집 아이도, 철거민의 자녀도, 다문화가정의 아이도, 이주노동자 자녀도, 장애를 가진 아이도 모두 섞여 있어야 한다. 그리하여 장애학교에서는 그 학교의 전부이던 장애가, 귀족 학교의 전부이던 부유함과 지적 총명함이, 실업계 학교의 전부이던 가난과 일탈이 실은 우리의 인간됨을 구성하는 다양한 배경의 하나일 뿐이라는 사실을 알 수 있어야 한다. 그리하여 내 존재에 찍힌 가난과 열등의 낙인이, 부유함과 우월의 표지가 실은 별것 아님을, '나는 그저 나일 뿐'임을 깨달을 수 있다면, 그 때서야 그는 '자신의 삶'을 살 수 있는 것이다.[3]

향후 우리 교육의 방향이 '임박한 파국'일지, '교육개혁의 성공'일지를 가늠하기는 어렵지 않다. 다른 나라의 경험이 그저 '강 건너 불구경'이지만은 않기 때문이다. 우리보다 앞서 갔던 영국은 급식 지원 대상자인 빈곤층 학생의 비율이 높은 순서대로 나열한 학교 명단을 뒤집으면 학교 간 성취도 순위가 되었다. 요동치는 미국의 교육도 도심의 낮은 교육비와 과밀학급, 유색인종 학생들로 넘쳐나는 학교와 도심외곽의 백인 자녀들의 학교로 분리되었다. NCLB가 유색인종과 '섞이지' 않으려는 백인들에게 떠날 수 있는 근거를 마련해 준 것이다. 그러나 핀란드의 경우는 다르다. 핀란드는 공교육 체제를 정립하기 위해 매진하고 있으며, 평등교육을 공공연하게 지지한다. 학생들은 모두 다르며, 결코 하나의 척도로 재단될 수 없는 독립된 인권을 가진 민주적인 주체들이라고 생각하기 때문이다. 그럼에도 학생들의 학력 수준이 OECD 회원국 중 최고임은 주지하는 바와 같다.

---

3) 이계삼, 「일제고사와 한국교육의 임박한 파국」, 『녹색평론』 108, 녹색평론사, 2009.

그렇다면 국어교육, 나아가 문학교육은 어떠한가? 국어교육과 같은 교과 수준의, 문학교육과 같은 내용 영역 수준의 교육들은 한 나라의 교육 전체와 달리 민주주의의 척도를 직접적으로 적용하는 데 무리가 있지 않을까? 교과의 자율성으로 말미암아, 또 교과를 가능케 한 기저 학문의 객관성으로 말미암아 민주주의라는 민감한 정치적 이데올로기를 투영시키는 것 자체가 지나치게 이데올로기적인 것은 아닌가? 만약 국어교육과 문학교육 역시 이로부터 자유로울 수가 없다면, 과연 민주주의 발전 혹은 민주적 '주체의 형성'에 실질적으로 얼마나 조응하고 있는가? 조응하지 못하고 있다면 그 원인은 무엇이며 또 새로운 대안은 어떻게 모색되어야 하는가? 이 간단치 않은, 그러나 제대로 제기조차 해 본 적이 없는 문제를 우리는 목전에 앞두고 있는 셈이다.

2. 교육·국어교육 속의 민주주의

문학교육과 민주주의의 관계를 묻는 일은 교육의 본질과 특성이 무엇인지 숙고하지 않을 수 없게 만든다. 물론 교육 또한 더 폭 넓은 사회구조의 문제와 연결되어 있다는 점에서, 사회학적인 상상력[4] 역시 필요하다. 그럼에도 논의의 밀도를 위해 문학교육은 교육, 국어교육, 문학이란 세 가지 측면에 한정될 수밖에 없을 것이다. 더 넓은 층위의 분석은 더 상세한 논의로 미루어 둘 수밖에 없다.

문학교육 논의의 첫 번째 주요한 결절점은 당연 교육이다. 문학교육

---

[4] 빈곤과 문해력 교육을 긴밀하게 연결시키고 있는 Shannon(2000)은 빈곤의 원인을 바라보는 관점에 따라 읽기를 방향이 어떻게 달라지는가를 제시하고 있다.

역시 교육의 일환으로 이루어지기 때문이다. 이는 학교교육의 체계 속에 존재한다는 것뿐 아니라, 교육을 바라보는 관점과 분리될 수 없음을 뜻한다. 이에 그 경개를 살피면, 교육은 의당 경험과 지식을 다음 세대에게 전승하는 것이다. 여기에서도 서로 다른 두 관점이 일차적으로 충돌한다. 경험을 중시할 것인가, 지식을 중시할 것인가에 따라 교육을 바라보는 관점이 나뉘기 때문이다. 물론 경험 중심과 학문 중심으로 지칭되는 해 묵은 교육과정논쟁은 그 어느 한 편의 일방적인 수용이 아니라, 두 관점이 때로는 서로를 보완하고, 상호 작용하며, 학습자의 교육적 실제를 풍부하게 만든다는 것이 사실에 부응할 것이다. 그럼에도 이 두 관점을 그저 절충하는 것만으로는 교육을 향한 철학적 지평을 충분히 확보했다고 보기는 어렵다. 무엇보다 학문중심 교육과정, 경험중심 교육과정 등 공통적으로 존재하는 '중심'이 의미하듯, 중심축을 설정한 다음의 수용과 보완이어야 하기 때문이다.

그런데 이들 두 관점을 한층 깊이 파고들면 자연스럽게 경험과 지식을 바라보는 인식론적인 차이들을 확인할 수 있다. 논의의 역사적 과정과 범주적 층위가 다르기에 엄밀하고 정확한 대응이라고 보기는 어려우나, 이들 각각은 경험과 지식을 바라보는 객관주의적인 관점과 구성주의적인 관점5)으로 다시금 충돌한다. 이 충돌은 경험 중심과 학문 중심 교육과정의 충돌에 비할 바 없이 근본적이고 혁명적이다. 그에 따라 교육의 본질을 축적된 지식의 전승을 중시할 것인지 능동적인 과정으로서의

---

5) 구성주의의 대표적인 이론가는 Vygotsky이다. 그의 논의 핵심은 "1)지식은 사회적 환경 속에서 개인들 간의 상호작용을 통해 구성된다. 2) 읽기와 쓰기를 포함하여 고등 사고 기능은 근본적으로 사회적이며 문화적이다. 3) 한 문화 속에서 지식을 갖춘 사람은 다른 사람을 도울 수 있다." 등이다. L. Vygotsky, *Mind in Society*(Trans. M.Cole), Harvard University Press, 1978.

활동을 중시할 것인지, 교육의 방법으로 교사 중심인지 학습자 중심인지로 또한 나뉘게 만든다. 평가 또한 규준 지향과 준거 지향으로 확연하게 달라짐은 분명하다. 이뿐만은 아닐 것이다. 교육과정을 단순히 목표를 설정하고 내용을 나열하여 학습자들이 그 트랙을 따라오게 만드는 일련의 과정으로 생각할 수도 있다. 그리고 그 반면에는 교육과정이 자신의 삶의 경로를 형성할 수 있는 자기인식적인 주체를 형성하는 여행이자 전체적인 삶의 경험이라고 생각할 수도 있다.

문제는 이들 교육의 철학과 방법, 교육과정을 보는 관점, 학습의 본질, 교사와 학습자의 활동, 평가의 지향 등 교육과정 속에 담아내어야 할 모든 항목들이 첨예한 논쟁 속에 내연하고 있다는 점이다. 겉으로 보아 행동주의에서, 인지주의로 다시금 사회적 구성주의로 진전되고 있다고는 하나, 이는 관점의 변화일 뿐 현실의 변화로 자연스럽게 이행되고 있지는 않다. 대체로 그 방향으로의 이동이 교육적 실제에 부합한다는 것에 동의함에도 불구하고, 질긴 관행이 발목을 잡고 앞으로의 진전을 가로막고 있는 형국이다. 따라서 교육적 실제를 방향 조정하는 교육과정 속에 관점의 변화를 명료하게 추동해야 한다.

사회적 구성주의의 가능성은 무엇보다 학습자를 사회적 주체로 상정한다는 점에 있으며, 그로 말미암아 여타의 논의와 구분된다. 그리고 이 특성은 학교교육, 학습, 평가 등 교육과정의 주요한 고리를 민주적으로 변화시킬 디딤돌이 되기에 충분하다. 교육은 이미 존재하는 지식의 구조를 습득하는 틀이 아니라, 학습자의 사회적 실천을 통해 지식을 새롭게 재구성, 재구조화, 형성하는 과정이며, 학습 역시 주체와 주체의 능동적인 협력과 상호작용을 통해 가장 효과적으로 이루어지며, 평가 역시 성취의 결과가 아닌 과정에서의 변화에 주목하여야 한다는 입장은 민주적

인 인격체로서의 인간 능력의 증진을 도모하기 때문이다. 이는 곧 시민
으로서의 주체를 전제한다.

우리 사회의 정체(政體)가 민주주의인 한 교육은 민주적 시민을 길러낼
수 있어야 하며, 길러내는 일에 전력을 기울여야 한다. 이는 당연 지식
의 본질을 객관주의적인 관점으로 바라봄으로써 담론을 독점하거나, 학
습자를 수동적으로 위치 설정6)하는 것만으로는 이상적인 민주적 주체의
형성을 기대하기 어렵다. 적어도 민주주의가 개인적 민주주의7)가 아니
라면, 공적인 참여는 최대한 보장되어야 한다. 그리고 공적인 참여는 사
회적 존재로서의 자아의 권리와 자유를 전제할 뿐만 아니라, 타자의 권
리에 대한 존중 또한 요구한다. 이는 곧 자아와 타자의 차이를 인정하며,
서로 평등한 관계임을 의식 깊이 각인해야 한다. 다양성이 민주주의의
핵심적인 원리이며, 교육 역시 이 다양성, 다양한 주체들의 높낮이 없는
'뒤섞임'을 지향해야 하는 것이다.

여기에서 국어교육은 교육이란 추상을 구체로 진작시키는 민주주의의
핵심적인 교과로 떠오르게 된다. 듣기와 읽기, 말하기와 쓰기 등 국어활
동은 개인을 주체로 형성하게 만드는 가장 유력한 매개이기 때문이다.
언어에 기대지 않고서, 우리는 결코 주체적으로 스스로를 표현할 수도
없으며, 타자를 또 다른 주체로 정당하게 이해할 수도 없다. 뿐만 아니
라 언어 자체야말로 이미 특정한 이데올로기가 투영된 사회적 형성물이

---

6) 위치 설정은 Miller의 개념이다. 주체의 결정성이란 알뛰세르의 논의에 맞서, 능동적인
   자리매김으로 주체의 적극적인 형성을 의미한다. S. Miller, *Assuming The Positions*, Pitt
   Comp Literacy Culture, 1998.
7) R. Reich는 민주주의를 사적 민주주의와 공적 민주주의로 구분하고 있다. 그리고 사적
   민주주의가 논의의 결과에 투표할 뿐 논의의 과정에 참여하지 못하는 대의민주주의를
   사적 민주주의로, 적극적으로 시민적 삶에 관련된 모든 일에 적극적으로 참여하는 공적
   민주주의로 구분한다. R. Reich, *Locked in the Cabinet*, Knopf, 1997.

며, 그 사회적 매개에 기대어 우리는 우리 스스로를 재구성하며, 현실 세계를 변형하고 재구조화할 수도 있는 것이다. 국어교육의 목표로 존재하는 '국어능력' 자체가 이미 항상 그리고 불가피하게 이데올로기적인 것이다.

문학교육과 민주주의라는 낯선 조합을 가능케 한, 이 학술대회의 배경만 들여다 보아도 언어에 내재된 이데올로기의 문제는 손쉽게 확인할 수 있다. 4·19는 의거에서 혁명으로, 5·18은 내란에서 폭동으로, 항쟁으로, 민주화운동으로 시시각각 지시대상인 역사적 사건을 새로운 언어로 포획함으로써 그 의미를 변전시키며 발전해 왔으며, 현재에 이르고 있다. 지난 해 이 정부는 '촛불집회'를 '깃발집회'라고 부를 것을 언론에 제안한 바 있다. '촛불'이 갖는 어둠을 밝히는 빛의 함축에 폭력성을 덧붙이는 것이 어려웠기에, 낯선 '깃발'로 대체함으로써 언어의 이데올로기적 현실 효과를 겨냥한 것이다. '대운하'를 '4대강 살리기'로 바꿈으로써 프레임을 변화시키고자 하거나, 졸속으로 입안된 교육과정의 명칭을 '미래형'이란 수식으로 이미지를, 함축을, 이데올로기를 투영하고자 한다. 이처럼 언어는 그 자체로 현실 세계에 대한 이데올로기적 인식이며, 언어사용의 주체들 또한 '4대강 살리기'가 제대로 된 '살리기'인지 '죽이기'인지에 대한 인식을 바탕으로 긍정적, 부정적 함축을 내재화하고 있는 것이다.

그럼에도 정작 국어교육은 언어에 내재된 이념적 성격을 탈색하기에 여념이 없다. 의사소통의 도구로서의 언어에 지나치게 치중한 나머지, 자아와 세계에 대한 인식으로서의 언어, 자아와 세계에 대한 실천적 변형으로서의 언어에 소홀하다. 예컨대 국어과 교육과정은 내용 영역의 설정에서부터 문제는 확연하게 드러난다. '듣기, 말하기, 읽기, 쓰기, 문법,

문학' 등으로 나뉜 내용 영역은 명확하게 나뉘어져 있다. 서로 성취기준을 연결하고자 노력하지 않은 것은 아니나, 영역으로 분리되는 순간 서로 동떨어지게 됨은 명확하다. 통합되는 지점이 없지 않겠지만, 어쩔 수 없이 분리되는 것 또한 자명하기 때문이다. 그 결과 언어 활동은 분리되며, 활동을 방향 조정하는 영역과 영역의 성취기준 역시 분리된다. 이 분리는 결국 듣기와 말하기를 분리하며, 읽기와 쓰기를 분리한다. 주체와 타자가 분리되며, 인식과 실천이 분리된다.

영역의 분리만 문제되는 것은 아니다. 영역의 분리와 함께 동일한 영역 안에서의 내용의 분리나 학년급별에 따른 관계나 위계 또한 분리를 피할 수 없다. 이는 7차 교육과정 본질 항목의 경우 '필요성, 목적, 개념, 방법, 상황, 특성' 등이 제시되나, 이들 사이의 상호 연관이 결여된 채 나열되고 있음에서 확인할 수 있다. 개정교육과정의 경우 체계기능론에 바탕을 둔 '장르적 특성'으로 말미암아, 장르류의 연관이 자연스럽게 이루어진다는 점에서 이처럼 심각하지는 않다. 그럼에도 구체적인 성취기준으로 제시되는 장르종에 이르면, 그 연결은 종잡을 수조차 없다. 결국 이와 같은 다채로운 층위에서 드러나는 분리야말로 긴밀하게 결합된 언어활동을 자의적으로 구분함으로써 통합적인 연결 자체를 전적으로 개인의 몫으로 치부하고 만다. 교육과정의 내용체계와 내용이 분리된 이상, 모든 내용은 분절된 기능으로 존재하기에 이른다. 이는 곧 교과서 구성에서 증폭되어 나타나며 언어활동을 기능주의가 바라보는 요소의 반복으로, 낱낱으로 조각난 벽돌쌓기와 다를 바 없이 만든다. 이렇게 이루어진 언어능력이 주체와 세계의 인식과 변형을, 언어를 통해, 언어 속에서 수행할 수 있으리라고 생각하는 것은 무망하다.

이와 같은 관점은 '비판적 사고'를 보는 관점을 통해서도 드러난다.

개정교육과정에서 '비판적', '창의적' 사고는 교육과정 문서 전반에 걸쳐 가장 중요한 목표로 나타난다. 이 가운데 '비판적' 사고는 5학년 읽기에서 '정보의 신뢰성 평가', 7학년 말하기에서 '인터넷 게시판 내용의 비판적 분석', 읽기에서 '인물의 가치관이나 사고 방식의 비판적 평가', 8학년 읽기의 '풍자물의 비판적 수용', 9학년 듣기의 '보도의 비판적 이해', '연설의 내용과 형식에 대한 비판', 10학년 읽기의 '인기도서의 비판적 평가' 등으로 제시된다. 물론 '타당성'이나 '신뢰성' 등 내용요소의 예시로 제시된 부분들 또한 없지는 않지만, 이들 각각의 활동은 지속적으로 이어지지 못한 채, 흩어져 있다. '설득적인 말/글'이 주요한 실제로 자리 잡고 있으나 그 활동들이 통합되지 못한 채, 분절적으로 이루어진다. 더욱이 이들 활동조차 장르의 특성에 매달려 제한적으로 인식하게 만들 우려가 적지 않다. 그러나 정작 비판적 사고는 기능이나 과정, 절차 등이 아니다. 더욱이 구체적인 맥락 속에서의 실천을 통해 학습[8]되는 것이지, 분절된 기능과 절차를 반복한다고 해서 획득되는 능력[9]이 아니다. 비유하자면 마치 장기나 바둑을 두는 것과 같은 것이지, 수영을 배우는 것과 같은 유비가 성립될 수 있는 것이 아니라는 점이다. 비판적 사고는 다양한 기능과 과정, 절차 등이 복합적으로 혼재되어 있으며, 다채로운 맥락 속에서 특정한 주체가 특정한 언어 활동을 거듭 수행하는 가운데 획득될 수 있을 뿐, 주체도 맥락도 없이 설정된 장르에 따라 평가의 방법을 거듭 분할하여 익힌다고 이루어질 수 있는 성질의 것이 아니기 때

---

8) S. Bailin, et al, "Common misconceptions of critical thinking", *Journal of Curriculum Studies*, 31(3), 1999.

9) 개정교육과정에서는 '사고 기능'이란 말이 '작문'과목의 '성격'을 논의하면서 '높은 수준의 사고 기능을 요구'한다는 단 한 차례의 언급만이 있을 뿐이다. 그럼에도 기능을 분절하는 대신, 장르를 분절함으로써 '거꾸로 세운 것을 바로 잡은 것'이라고 평가하기는 어렵다.

문이다.

그럼에도 비판적 사고는 민주주의와 결코 분리할 수 없다. 무엇보다 민주주의는 그 필수적인 전제 조건인 시민들의 깨어 있는 의식, 곧 '인간의 이성적 역할'을 최대한 확장하는 것과 긴밀하게 연결되어 있기 때문이다. 비판적 사고가 주체를 세워 나가고, 타자를 인식하는 거멀못의 역할을 하기 때문이다.

> 자유는 단순히 우리가 좋아하는 것을 할 수 있는 기회를 의미하는 것도 아니며, 이미 설정된 상이한 대안들 가운데 하나를 선택할 수 있음을 의미하지도 않는다. 무엇보다도 자유는 제시할 수 있는 선택항을 정식화할 기회이며, 그에 대해 논쟁을 할 수 있어야만 한다. 그것이 곧 선택할 수 있는 가능성이다. 이는 자유가 인간적인 문제들을 다루는 인간의 이성적 역할이 확장되지 않고서는 존재할 수 없는 까닭이다.
>
> — Mills, 1978 : 174

Mills가 말하듯이 자유의 의미가 투표할 자유만이 아니라 의사소통의 공론화 과정 자체에 관여하고 개입하는 공적인 참여라고 한다면, 그 참여의 매개는 토론이다. 그리고 토론은 자신과 타자에 대한 비판적인 점검을 바탕으로 한다. 비판이 자유롭게 허용되고 원활하게 작동하지 않는 한, 토론은 무의미하거나 요식행위일 뿐이다. 따라서 국어교육과 민주주의의 발전을 연결하는 것은 결코 수사적 과장이 아니다. 그럼에도 현재의 국어교육은 '읽기가 무엇인지를 배우는 *것learning to read*'을 강조할 뿐 '배우기 위한 읽기*reading to learn*'[10]를 외면하듯, '토론이 무엇인지'를

---

10) K. Caider-Kaplan & K. Smith, "Literacy ideologies: Critically engaging the language arts curriculum", *Language Arts*, 74, 2002.

가르칠 뿐 '토론하기' 자체는 소홀히 가르친다. 더욱이 현재 교육과정의 성취기준은 정답 찾기에 골몰할 뿐, 주체의 삶, 곧 학습자의 삶을 전면적으로 내세울 수가 없다. 비판이 현실 속에서 발견하는 의제를 둘러싼 비판이 아니라, 이미 제시되어 있는 글의 정합성 여부를 따지는 것 자체가 비판을 삶의 문제를 벗어나 학습의 대상으로 격하된다.

전체로서 존재하는 언어 활동을 파편적으로 부분, 부분으로 분리하는 것, 삶의 실천으로서의 언어 활동이 아니라 언어 활동 자체의 이론적 탐구, 삶과 연결되지 못하고 주어진 활동을 통해 정답을 찾아가게 만드는 교육의 실제, 이 모든 것이 국어능력의 이데올로기를 턱 없이 빈약하게 만드는 것이다. 그럼에도 우리는 이미 그 이데올로기적 자장 속에서 가르치고 있다.

3. 문학교육의 현재적 과제

그렇다면 문학교육은 교육의 패러다임, 국어교육의 문제들을 넘어, 진정한 민주주의적 인간의 형성에 기여하고 있는가? 문학교육은 문학의 내재적인 힘에 기대어 교육이 부과하는 틀과 국어교육이 갖는 한계를 돌파하고 있는가? 학습자를 진정한 주체로 내세우며, 타자 또한 주체임을 각인시키며, 삶의 자리에서 민주주의를 실천할 수 있는 인간형의 형성에 기여하고 있는가?

애초 문학은 주체의 형성[11]과 밀접한 관련을 맺고 있다. 문학작품이

---

11) 필자는 문학교육의 이념이 주체의 형성이라고 밝힌 바 있다. 김상욱, 「주체 형성으로서의 문학교육」, 『문학과교육』, 1999 여름호.

란 곧 삶이 무엇이며 어떠해야 하는지에 대한 작가의 말이며, 문학작품을 통해 우리는 가장 내밀한 타자의 삶을 들여다 볼 수 있다. '학습자들의 삶의 경계를 확장하는 새롭고 대안적인 이념과 가치의 보고'[12]로서의 문학은 그 자체로 민주적 교육의 이념태를 고스란히 자신 속에 담고 있는 대상이다. 따라서 문학교육은 교육과 국어교육의 반민주적 양상들을 내파할 가능성을 지니고 있음은 분명하다. 김현이 지적한대로 문학은 "써먹을 수가 없다는 것을 그 중요한 특징으로 갖고 있으며, 그 써먹을 수 없다는 문학의 특징으로 말미암아 문학은 인간을 억압하지 않는데, 바로 그것이 인간을 억압하는 모든 힘에 대한 감시체의 역할을 문학으로 하여금 맡게 한다."[13] 곧 모든 억압으로부터의 자유와 자유로운 인간에 대한 근원적인 질문에 맞서는 것이 문학이라는 지적이다. 이 모든 억압을 돌파하는 자유로운 인간이란 이념형은 곧 바로 민주주의가 상정하는 주체이자 시민들이며, 민주주의의 밀도와 양상을 만들어가는 사회적 존재들이다.

그럼에도 현재의 문학교육은 민주주의와 그다지 깊은 친연성이 없다. 민주주의가 자유와 평등을, 곧 주체의 형성과 타자에 대한 공감을 바탕으로 함에도 정작 문학교육은 이에 대해 무기력하거나 무관심하다. 그 일차적인 원인은 국어과 교육과정 자체 내에 존재한다. 무엇보다 문학은 국어과의 한 영역, 그것도 1/6을 차지하는 내용 영역의 일부로 존재할 뿐이다. 그런데 그 1/6은 누구 정해준 영역인가? 단순히 국어교육이 부가한 틀에 안주하는 것만으로 문학교육의 고유한 본질인 민주적 정향을

---

12) B. Busching & B.A. Slesinger, "It's Our World Too : Socially Responsive Leareners in Middle School", *Language Arts*, NCTE, 2002, p.147.
13) 김현, 『한국문학의 위상』, 문학과지성사, 1996.

유감없이 드러낸다는 것은 불가능하다. 문학교육의 관점으로 국어교육 전반을 재개념화하는 것이 필요하다. 그렇지 않을 경우, 기능적인 국어교육의 테두리 안에서 맴돌 따름이다. 그러자면 전체에 대한 통찰이 필요하다. 언어, 학교교육, 국어교육 등 다채로운 층위를 문학교육의 관점에서 새롭게 살펴보는 것이야말로, 교육과 국어교육에 문학교육이 되돌려주어야 할 책무여야 한다. 그러나 우리의 인식은 여전히 일천하다. 그 일천함은 내부로부터의 자기 검열과 외부에 존재하는 제도의 모순 때문이다.

최근 필자는 중학교 교과서 집필에 참여한 바 있다. 교과서에 수록하고 싶은 텍스트로 필자가 선정한 것은 임길택(2007)의 <나 혼자 자라겠어요>라는 작품이었다.

> 길러지는 것은 신비하지 않아요./ 소나 돼지나 염소나 닭/ 모두 시시해요./ 그러나, 다람쥐는/ 볼수록 신기해요./ 어디서 죽는 줄 모르는/ 하늘의 새/ 바라볼수록 신기해요./ 길러지는 것은 덩치가 커도/ 볼품없어요./ 나는/ 아무도 나를/ 기르지 못하게 하겠어요./ 나는 나 혼자 자라겠어요.

이 시는 교과서에 실리지 못했다. 집필진들은 검정의 통과 여부와 무관하게 이구동성으로 수용하기 힘들다고 했다. 교사의 입장으로, 또 부모의 입장으로 한창 '길러져야 할 아이들'이 '혼자 자라'게 내버려둘 수 없다는 것이다. 학습자들에게 미칠 영향이 염려되기 때문이라고 했다. 학습자들이 모두 이 시를 읽고, 모두 이렇게 생각하지는 않을 것이다. 시는 그저 시일 뿐이니까. 문학은 감추어진 목소리, 낼 수 없는 이의 목소리를 대신 발하는 것이기에. 때로는 혼자 밥 먹고 싶을 때가 있고, 때로는 비 속에서도 우산을 쓰고 싶지 않은 날이 있듯, 어느 날은 나 혼자 자랐으면 좋겠다는 생각이 문득 들 때도 당연 있을 것이다. 그런데도 교과서와 문학교사들은 이 단순한 시조차 받아들일 수 없다. 결국 이 시는 지도서에 참고시로 싣는 것에 자족해야만 했다.

최근 또 필자는 초등학교 교과서 집필에 아주 조금 관여한 적이 있다. 5학년의 '인상적인 표현'을 가르치는 단원이었다. 필자가 선택한 시는 성명진의 시 <불빛>이었다.

> 오늘 밤엔/ 용이 아저씨네 집에 켜진 불빛이/ 세상의 한가운데 같아요.// 용이 아저씨가/ 불빛 속을 들여다보고 있고,/ 멀찍이서 나무들이/ 불빛을 둘러싸고 있네요.// 그러고 보니/ 집 밖 언덕배기와 먼 산줄기도/ 불빛을 둘러싸고 있네요.// 환한 그 속에선 지금/ 갓 태어난 새끼를/ 어미 소가 핥아 주고 있어요.

시를 보는 관점은 사람마다 다르겠지만, 적어도 필자는 시가 언어의 문제 이전에 관점의 문제라는 황지우(1983)의 생각에 동의하는 편이다. 따라서 필자는 대상을 보는 새로운 관점이 담겨 있다면 의당 인상적인 표현으로 나올 것이라는 생각이다. 형식은 내용의 형식이며, 내용 역시 형식의 내용이기 때문이다. 따라서 이 시의 충분히 인상적인 내용은 충분히 인상적인 형식이다. 더욱이 이미지가 선명하다면, 그 또한 인상적인 표현으로 연결됨은 당연하다. 그러나 인상적인 표현처럼 내용과 분리된 표현을 가르치는 틀에는 맞지 않다는 것이 검토자들의 의견이었다. 결국 이 시 역시 교과서에 수록되지는 못했다. 성취기준에 잘 맞지 않다는 것이다. 결국 또 지도서에나 실어야겠다고 생각중이다.

우리는 지금 두 가지 문제를 살피고 있는 셈이다. 하나는 교과서 제도이며, 또 다른 하나는 성취기준이다. 왜 우리에게는 교과서가 있고, 성취기준이란 교육과정의 내용이 있는 것인가? 교과서 대신 문학작품이 곧바로 교실에 들어와서는 안 되는가? 성취기준은 한층 더 큰 틀의 대강화된 성취기준만 있으면 안 되는가? 기준이란 말에 상응하는 최소한의 선만 있으면 되는 것 아닌가?

첫 번째 문제는 외국의 경험을 살펴보면 쉽게 발전 방향을 엿볼 수 있다. 1980년대 후반, 미국은 LA주를 중심으로 'Reading Iniative Program'을 시도한 바 있다. 이른바 문학에 바탕을 둔 교육(Literature-Based Instruction)이다. 이 프로그램의 문제의식은 언어는 실질적인 상황에서 가장 잘 습득되며, 맥락과 주체가 빠져 있는 교과서 속의 지문으로는 제대로 배우기가 어렵다는 것이었다. 미국 문해력 교육의 실패가 실질적인(authentic) 언어 자료의 문제에 기인한다는 것이다. 그리고 실질적으로 사용된 언어는 책이며, 그 가운데 문학작품이야말로 다양한 언어사용의 실제를 살피기에 적합한 텍스트라는 것이다. 심지어 교과를 가로질러 모든 교육을 문학작품을 통해 할 수도 있으리라 생각[14]했다. 이 프로그램의 취지는 18개월에 걸쳐 토론을 통해 이끌어낸 다음의 핵심적인 요약[15]에서 잘 드러난다.

1. 뛰어난 문학작품의 의미에 초점 : 문학에 바탕을 둔 프로그램은 문학이 어느 시대에나 인간 정신을 감동시키며, 학습자를 보편적인 감정과 욕구에 호소함으로써 학습자의 동기를 부여하고 적극적으로 참여하도록 하며, 일반적인 경험을 독특한 의미로 고양시키는

---

14) 이에 대한 연구는 박인기, 『문학을 통한 교육』, 삼지원, 2005에서 펼쳐 보인 바 있다.
15) R. Barr., *Handbook of Reading Research*, Eds. Pearson, P, Lawrence Erlbaum Associates, 2000, p.40.

힘을 지니고 있기 때문이다.

2. 국어활동의 상호 연관된 활용 : 인간 정신은 전체적인 이해를 위해 부분의 통합을 추구하듯 국어교육 역시 언어의 요소들을 모두 통합할 것을 요구한다.

3. 다양한 배경을 지닌 학습자들이 삶의 경험과 텍스트의 경험을 서로 관련시킬 수 있도록 돕는 교육전략의 활용 : 좋은 문학 작품의 읽기, 중요한 의제에 관한 쓰기, 학습자의 삶에 의미 있는 주제를 토론하기 등등에 포함된 활동과 과정들은 모든 학습자들을 현재의 상태나 언어기능과 관계 없이 도울 수 있어야 한다. 교수 전략은 학생들이 학습에서 능동적인 역할을 하도록 허용해야 하며, 짝이나 구성원들과 생각을 공유하고, 교사가 의도하는 것뿐만 아니라 자신들이 알고자 하는 것 역시 질문할 수 있어야 하며, 수업 시간에 쓰고, 토론하고, 발표할 수 있어야 한다. 그리고 학교나 그밖의 어느 곳에서든 학습자들이 갖추어야 할 기능들을 학습자들이 계발하도록 해야 한다.

4. 교육 자료를 선택하고 활용하는 사람으로서 교사의 결정에 대한 존중 : 교사의 역할은 각별하다. 전체적인 교육의 체계는 교사들의 복합적인 작업이 가능하도록 조정되어야 한다. 교사들의 내재적인 재능과 통찰, 기능들을 증진시킬 수 있도록 한층 가치있고, 용이하며, 계몽적이며, 만족할만한 작업을 최대한 보장해야 한다.

이 요약에서 알 수 있듯, 국어교육의 중심에는 좋은 문학작품들이 있으며, 다양한 언어활동들은 함께 결합되어야 하며, 학습자와 교사들은 능동적이고 주체적인 존재로 자리매김된다. 문학에 바탕을 둔 교육의 세부는 Sloan의 창발적인 설명16)에서 잘 드러난다. Sloan은 '문학에 바탕을 둔'의 영어 표현인 Literature Based의 앞문자를 활용하여 그 경개를 설명하고 있다. 그는 먼저 책 읽기의 즐거움이야말로 국어교육의 본질이며, 이 즐거움을 통해 현실 세계와 실질적으로 마주쳐야 하며, 이를 통

---

16) L Literature, the best of written expression, creates interest in words.
가장 잘 쓰인 표현인 문학은 언어에 대한 흥미를 창조한다.
I Interest begins in delight with genuine, unique literary works
흥미는 실질적이고 독특한 문학작품에 담긴 즐거움으로 시작된다.
T Trade books are authentic, real-world reading material.
출판된 책들은 진정한 현실 세계의 읽기 자료이다.
E Empahsis is on reading, not on reading-related exercises.
강조점을 읽기와 관련된 연습이 아닌, 읽기에 둔다.
R Readers have a wide choice of reading materials.
독자들이 읽기 자료를 폭 넓게 선택할 권리를 가진다.
A Activities in wiriting and other arts flow from actual reading.
글쓰기와 다른 예술적 활동들은 실제의 읽기로부터 비롯된다.
T Teachers and students create their own study plans.
교사와 학습자들은 자신의 연구 계획을 창조적으로 수립한다.
U Units of study are built around real books, not textbooks.
학습의 단위들은 교재가 아니라 실제의 책들로 수립된다.
R Responsibility for learning is required.
학습의 책임성이 요구된다.
E Evaluation of progress is developmental.
진전 정도의 평가는 발달적이다.
B Books are the basics.
책들이 기초를 이룬다.
A Application of ideas found in books is varied and personal.
책 속에서 찾을 수 있는 아이디어들의 적용은 다양하며 개인적이다.
S Searching books for pleasure and information is what literacy is about.
즐거움과 정보를 위한 책들을 찾는 것은 문해력의 본질이다.
E Emphasis is on purposeful reading, not word-perfect reading.
강조는 낱말을 완벽하게 읽는 것이 아닌, 뚜렷한 목적을 갖춘 읽기에 둔다.
D Deep study of a book, an author, a genre, is possible.
한 권의 책, 한 사람의 작가, 하나의 장르에 관한 깊이 있는 연구가 가능하다.
G. Sloan, "Questions of definition: Teacher's perception of literatrue-based teaching and learning", *Teaching with Chidren's Books*(Sorensen, M. & Lehman, B. Eds.), NCTE, 1995, p.8.

해 학습의 과정은 주체적으로 이루어진다는 것이다. 그리고 그 중심에 문학이 있음을 드러낸다. 문학에 바탕을 둔 국어교육의 이러한 발상은 총체적 언어교육이란 언어를 바라보는 관점과 결합하여, 10년 남짓 미국의 교육을 뒤흔들었다. 독본 중심의 기능적인 국어교육과 문학작품 중심의 총체적인 국어교육이 맞선 문해력 전쟁이 시작된 것이다.

1차 전쟁의 결과는? 안타깝게도 총체적인 언어교육, 문학에 바탕을 둔 교육이 실패했다. 부시 행정부 이후 미국의 전반적인 보수화 경향 때문이기도 하지만, 그 중심에는 역시 성취도 평가가 있다. 90년대 후반에 전면적으로 이루어진 성취도평가에서 LA 지역은 성적이 가장 낮은 지역의 하나로 꼽혔고, 'Reading Initiative Program'은 급격하게 영향력이 떨어졌다. 연구자들 역시 스스로의 주장에 대해 전면적으로 재검토하기 시작하였다. 그런데 반성에 뒤이어 새로운 반격도 적지 않았다. 성취도 평가의 결과만으로 문학에 바탕을 둔 교육, 총체적 언어교육의 실패를 단정해서는 안된다고 주장했다. 무엇보다 성취도 평가의 문항 자체가 기능적이라는 것이다. 그리고 독본 중심으로 교육한 교사들이 성취도 평가를 대비하여 수업을 한 반면, 문학에 바탕을 둔 교육을 하는 교사들은 그렇지 않았다는 것이다. 그밖에도 LA 지역 자체의 특성으로 새로운 이민자들이 계속 유입되어온 것도 원인으로 평가되었다. 그럼에도 프로그램의 퇴조는 막을 수 없었다. 무엇보다도 주정부의 강제적인 프로그램의 시행으로 지친 교사들이 등을 돌리고 만 것이 결정적인 이유였다. 그럼에도 지금 현재 미국은 초등학교의 경우 50% 남짓 되는 교사들이 여전히 이 프로그램을 활용하고 있다고 한다. 이제 전쟁은 국지적으로 펼쳐지고 있는 셈이다.

사정이 이러한데도 우리 교육, 우리의 교육과정은 이 급격한 이론적 논의를 전혀 수용하고 있지 못하다. 기능주의에 함몰된 채, 5차 교육과정 이후 계속해서 1960년대의 어설픈 논의들을 재탕, 삼탕하고 있는 것이다. 비록 2007 개정교육과정이 체계기능론을 바탕으로 장르 중심의 교육으로 선회하고자 하나, 그 역시 충분한 것으로 보이지는 않는다. 여전히 기능주의가 발목을 잡고 있기 때문이다. 예컨대 성취기준이란 용어를 도입하였으나 내용요소의 예를 적시하고 있는 것이나, 장르를 도입했으나 사회적 실천으로 장르 이해와 표현 대신, 미세한 장르의 종류로 분절시킴으로써 장르의 규정적 의미를 학습하기에 급급하도록 만든 것에서 알 수 있다. 뿐만 아니라 교과서 속에서 성취기준을 위해 만들어 낸 텍스트, 그 텍스트에 대한 질문과 대답, 동일한 성취기준의 반복 등은 여전히 독본중심의 기능적 교육의 본질을 탈각하지 못하고 있는 셈이다.

따라서 한시바삐 국어교육의 틀 자체를 전면적으로 재검토하지 않으면 안된다. 예컨대 현행 교육과정에서 담화유형으로 제시된 '정보 전달, 설득, 사회적 상호작용, 정서 표현' 등으로 구분한 것 자체가 문학을 왜소하게 만들고 있다. 교육과정 개발을 책임지고 있는 연구자들은 당연히 왜 이렇게 담화 유형을 나누었는지, 명료한 이론적 설명을 해야 한다. 실제 문학은 그 자체가 설명과 설득, 사회적 상호작용, 정서표현 등을 모두 포괄하는 장르이지, 정서표현만을 도맡아하는 장르가 결코 아니기 때문이다. 도대체 정서만 표현하는 글이 있기라도 한가? 아이스너의 말에 따르면 정서와 인식은 마치 부피와 무게의 관계와 같다고 한다. 문학이론의 일반을 지칭하는 시학이라는 개념이 시를 중심으로 한 이론적 용어이기에 산문학이란 새로운 용어의 사용을 제안한 것에서 알 수 있듯, 문학은 정서 표현만이 아니라 탁월한 이데올로기적 실천이기도 하다. <태백산맥>이 정서를 표현한 것인가? 그런데 왜 조정래는 국가보안

법 위반으로 기소될 위기에 처했는가? 그저 정서를 표현했을 뿐인데. 그러나 문학은 곧 정서와 인식이 나란히 병진하는 독특한 글이며, 이 읽기와 쓰기 역시 주체와 세계를 정서적으로 인식적으로 형성해가는 유력한 장치이기 때문이다.

민주주의가 통합적 인간을 지향한다면, 그 통합적 인간이 민주주의를 밀어간다면 문학교육은 1/6의 영역으로 머물러서도 안 되며, 읽기의 제재로 활용되어서도 안 된다. 뿐만 아니라 문학은 규정된 성취기준, 곧 분할된 기능적 지식을 충족하는 도구로 사용되어서도 안 된다. 문학은 언제나 전면적이며, 언제나 깨어있는 전체적인 인간이기를 요구하기 때문이다. 당연하게도 문학교육의 중심에는 삶에 말을 거는 뛰어난 예술작품이 존재해야 한다. 조각난 성취기준을 부분적으로 잘 성취한 작품이 언제나 가장 뛰어난 예술작품이 될 수 있는 것은 아니다. 뛰어난 작품이 없는 문학교육은 제대로 된 문학교육이 될 수 없다. 제대로 주체의 삶과 삶에 대한 인식과 정서를 표현할 수도 없으며, 각성하고 공감하며 이해할 수도 없다.

4. 주체의 복원과 문학교육

뛰어난 예술로서의 문학작품을 복원하는 것과 함께 문학교육의 발전을 위해 놓칠 수 없는 것은 독자의 복원이다. 이미 질문과 정답이 존재하고 이를 채워나가기만 하는 독자는 결코 문학교육이 기대하는 독자일 수 없다. 애초 삶이 그러하듯 문학작품에는 정답이 존재하지 않는다. 정답이 존재하지 않는다면, 작품 속에서 삶을 발견하고 진지하고 치열하게 성찰하며 다채로운 스스로의 답을 형성해가는 주체여야 한다. 스스로 질문을 던지고, 스스로의 답을 모색하는 주체가 문학교육이 형성해야 하는 주체이다.

이 주체에 대한 논의가 없는 것은 아니다. '독자반응이론'에 기대어 작품에 자유롭게 반응하는 주체에 대한 탐구는 문학교육 연구의 한 경향으로 자리잡고 있다. 작품이 그 자체로 수많은 틈을 지닌 유동적인 텍스트이며, 그 의미를 잠정적으로 확정하는 것은 독자의 반응이라는 주장은 이제 익숙하며, 교육과정에 반영되어 있기도 하다. Rosenblatt의 독창적인 이론에 기대고 있는 독자반응이론은 독자의 복원이란 의미에서 소중하다. Rosenblatt은 문학 경험에 대한 개인적인 반응이 모든 교실에서 드러나는 경험의 다양성을 존중한다. 자신들 경험의 타당성을 신뢰함으로써 학습자들은 다른 사람의 반응과 자신의 반응을 비교할 수 있으며, 세계를 보는 관점을 확장할 수 있다. 텍스트의 의미가 정답을 푸는 열쇠 속에 있거나 교사의 의중에 있는 것이 아니라, 거래를 통해 형성되는 것이기에 모든 학습자들은 문학이 불러일으키는 인간적인 가치와 쟁점에 관한 거대한 대화에 참여할 기회를 가질 수 있게 된다.[17]

그러나 이 논의가 상정하는 주체는 주체라기보다 개별 독자에 가깝다. 작품에 개인적으로 자유롭게 반응하도록 한다는 것은 그 정당성에도 불구하고 사회적이고 문화적인 주체로 진전되어 있지 못하다. 텍스트 역시 일정한 사회적, 문화적 실천의 결과물이며, 이를 탐색한다는 것은 사회적 조건들을 포함하여 한층 적극적으로 주체를 상정할 것을 요구한다. 독자 역시 자신의 사회 문화적 조건 속에서 읽어야 한다는 것에 독자반

---

17) R. Barr., *Handbook of Reading Research*, Eds. Pearson, P, Lawrence Erlbaum Associates, p.44

응은 미치지 못한다. 그 결과 독자들 사이에 위계를 설정하기에 이른다. 곧 비평가, 문학교사, 학습자 등 반응은 자유로우나, 반응들이 등가로 존재하지 않게 된다. 결과적으로 변형된 객관주의라는 오해를 사는 것도 이 때문이다. 독자반응의 문제점은 이뿐만이 아니다. Rosenblatt이 말한 대로 읽기를 미적 읽기와 지시적 읽기로 구분하는 것에서 알 수 있듯, 반응이론은 텍스트 읽기를 문학작품으로 제한[18]하고 있다. 그러나 이러한 구분 역시 한계를 지님은 명확하다. 사회문화적 실천으로서의 문학작품 읽기는 문해력과 명확하게 조응하며, 동일한 시각이 유지되어야 한다. 국어교육과 문학교육은 텍스트의 자질에 따라 국어교육을 반분하기보다, 문학교육이 곧 국어교육이란 인식으로 대체[19]되어야 한다. 문학교육의 시각에서조차 읽기의 특성을 강조한다면, 스스로의 경계를 협소하게 규정하는 것이 될 따름이다.

독자반응이론의 한계는 민주주의와 관련시켜 보면 더 확연해진다. 작품에 자유롭게 반응한다는 인식은 자칫 자유주의적인 발상에 함몰될 수 있다. '해석공동체'[20]를 전제하더라도, 이 공동체가 어떤 공동체인지를 비판적으로 성찰하지 못한다면, 의미의 중심을 이 공동체의 결정에 자유롭게 맡겨둘 수가 없다. 더욱이 주어진 틀 안에서의 자유라고 한다면, 이 또한 앞서 살펴보았듯이 결정된 의제에 대한 자유로운 반응과 다를 바가 없다. 텍스트 그 자체를 스스로가 선정할 수 있어야 한다. 이미 정

---

18) K. McCormick, *The Culture of Reading and the Teachging of English*, Manchester University Press, 1994, p.47.
19) 설명 혹은 설득하는 텍스트가 갖는 자질들이 있음은 분명하다. 그러나 그 특성은 담화 유형의 특성일 뿐, 담화 전체를 구분할만한 특성은 아니다. 따라서 비문학적 읽기의 고유성을 아주 제한적으로 인정하는 입장이다.
20) S. Fish, *Is There a Text in This Class*, Harvard University Press, 1982.

전으로서의 텍스트를 두고, 이러저러한 반응을 모색하는 것은 철저한 민주적 관점이라고 볼 수 없기 때문이다. 또한 읽기와 문학의 분할에서처럼 이 영역에서는 자유로우나 다른 영역에서는 다른 질서가 존재한다는 발상도 특수성을 강조함으로써 보편적인 준거를 무시할 여지가 적지 않다. 결국 '비판적 읽기'의 부재(McCormick, 294)야말로 독자반응이론의 한계인 셈이다. 학습자들은 읽는 텍스트뿐만 아니라 읽고 있는 자신 역시 사회적 맥락 속에 위치설정하는 것이 필요하다. 학습자들은 문화적 실천으로서의 읽기와 쓰기, 사회적 조건의 상호연관을 탐구하고 이해해야만 한다.

따라서 단순히 독자를 복원시키는 것이 아니라 어떤 독자를 복원시킬 것인가로 논점을 진전시켜야 한다. 그 결론은 적어도 민주주의와 관련한다면 정치적 독자이며, 주체로서의 독자이다. 학습자들은 문학교육의 장 안에서 어엿한 주체로 성장할 수 있어야 한다. 이를 위해 문학은 단순히 미적 기능을 담지하는 것을 넘어 사회적 담론의 한 양상으로 인식되어야 한다. 문학은 의미를 중심에 두고 인류의 정서적 문화적 기억을 다채로운 방식으로 재현하며, 문화적인 실천들을 반영하고 형성한다. 그리고 문학은 현실을 재현할 뿐만 아니라 달리 존재할 수 있는 새로운 방식을 상상하게 만들며, 더 나은 세계가 존재할 수 있다는 가능성을 인식하게 만든다. 문학은 역사에 인간의 얼굴을 아로새기며 역사를 조명하기도 하며, 역사에 대한 인간의 기록에 반응한다. 문학은 작가를 매개로 한 사회적, 역사적, 문화적 산물이며, 재현과 형성을 동시에 담고 있는 담론의 한 형식인 것이다. 이를 자각하고, 독자 또한 작가와 다를 바 없는 사회적, 역사적, 문화적 주체로 작품과 대면하는 것이다.

교실 속에서 이 문화적, 사회적 주체는 결코 수준에 따라 나뉘지 않는다. 성적, 계급적, 문화적 차별 없이 모든 학습자는 동등한 주체로 간주

되어야 한다. 좋은 문학작품에 동등하게 접근할 수 있어야 하며, 스스로
가 읽고 싶은 작품을 선택할 수 있어야 하며, 각자가 갖는 능력의 한계
를 넘어설 수 있도록 '보살핌'21)을 받아야 한다. 모든 학습자들은 누나
나 하 것 없이 자신의 입각점에서 자유롭게 의사를 결정하는 존재, 위험
을 책임있게 감수하는 존재가 되어야 하며, 읽기의 가장 중요한 초점인
의미를 스스로 형성해야 하며, 비판적으로, 창조적으로 사고할 수 있도
록 격려해야 한다. 지금과는 다른 교실 문화가 필요한 것이다.

총체적 언어교육이 주장하듯, 학습자는 자신의 학습 과정에서 창조적
이고 비판적인 참여자가 되어야 한다. 이 과정에서 학습자는 능동적인
주체가 되어야 한다. 작품을 선택하고, 개입하며 읽고, 비판적으로 분석
하며, 토론을 통해 반응을 명료화해야 할 수 있어야 한다. 문학토론22)이
야말로 문학교육의 가장 이상적인 방법이다. 토론을 통해 문학작품이 제
기하는 다양한 쟁점에 대해 자신의 삶과 직접적으로 연결하며, 작품의
의미를 사회적 문화적으로 숙고할 수 있어야 한다. 여기에서 교사의 역
할은 학습자를 통제하는 존재가 아니라, 보조하는 역할로 제한되어야 한
다. 얼핏 보면 교사의 권위를 뒤흔드는 것 같지만, 오히려 독본 중심의
교육이 지도서가 규정하는 대로 따르게 만듦으로써 훨씬 더 교사의 위
력을 약화시킨다. 교사는 어떤 의사결정도 하지 못한 채, 기술자의 역할
로 환원되고 있는 것이다. '학습자들이 교사에게 종속될 수 있지만, 교사
들 역시 프로그램에 종속'23)되는 것이다.

---

21) Shannon(83)은 '보살핌'이야말로 공교육이 가장 주요한 관점으로 받아들여야 함을 제시
한다.
22) 김상욱, 「문학능력 증진을 위한 문학토론의 방법」, 『한국초등국어교육』 41, 한국초등국
어교육학회, 2009, 5~34면.
23) B. Altwerger, *Making Justice OurProject*, Ed. Edelsky, C., NCTE, 2001, p.290.

이상적인 주체의 복원을 위해서는 토론과 함께 쓰기의 지평을 확장[24] 하는 것도 필수적이다. 쓰기야말로 의미형성 과정이 무엇인가를 여실히 입증하기 때문이다. 읽기는 어쩔 수 없이 받아들이는 것부터 시작된다. Scholes가 작품의 안에서 읽기, 작품과 나란히 읽기, 작품을 거슬러 읽기로 설명하거나, Langer가 경험적, 분석적, 해석적, 비평적 읽기 등으로 분류하거나, 모든 읽기는 읽는다는 활동으로부터 비롯된다. 쓰기에 비할 때, 불가피하게 수동적인 셈이다. 읽기는 우리에게 "작품이 말하고자 하는 바는 뭘까?"라고 묻는데 반해, 쓰기는 우리에게 "너는 무슨 말을 하고 싶은 거니?"라고 묻는다. 스스로가 의미형성자로서 작동하는 것이다. 학습자가 주체가 되기 위해서는 쓰기는 단순히 읽기의 보조적인 활동이 아니라, 가장 주요한 언어활동의 일환으로 새롭게 자리매김되어야 한다. "읽기는 소비를 의미하는 반면 쓰기는 생산을 의미한다. … 쓰기는 읽기보다 더 많은 신체적 움직임을 포함하고 있다." 학습자의 능동성을 최대한 요구하는 것이다. 쓰기는 어떻게 의미가 구성되고 조정되며 변화하는지를 읽기의 과정보다 훨씬 더 천천히, 자세하게, 심지어는 훨씬 더 고통스럽게 알게 해 준다. 쓰기를 통해 학습자는 담론의 주체로서 스스로를 위치 설정하는 것이다.

요약하자면, 문학작품을 읽고, 쓰고, 말하고, 듣는 활동들을 학습자를 주체로 적극적이고 능동적으로, 사회적이고 문화적인 시야 속에서 해야 한다는 것, 그것이 곧 우리 사회의 민주주의를 앞당기는 것이며, 국어교육, 문학교육의 온당한 모습을 되찾는 것이라는 것이 조야하고 급박한 필자의 주장이다.

---

24) 문학작품 읽기/쓰기의 통합적 모형은 김상욱, 「문학에 바탕을 둔 읽기/쓰기 통합의 방법과 의의」, 『한국초등국어교육』 38, 한국초등국어교육학회, 2008, 463~496면 참고.

5. 문학교육의 민주화를 위하여

민주주의는 우리 사회 전체가 널리 공유하는 정치적 이념으로 손색이 없다. 그렇다면 교육 또한 단순히 교과를 가르치는 것이 아니라, 삶의 질적인 성장을 지향한다면 한층 능동적으로 민주주의의 이념을 끌어안고자 해야 한다. 특히 이데올로기와 밀접한 연관을 맺고 있는 국어교육은 민주적인 주체의 형성에 공공연하게 또 암묵적으로 관여해야 한다. 그러나 정작 우리의 국어교육은 언어의 기능적 특성에 골몰한 나머지 언어의 정치적 자질들을 홀대한 느낌이 없지 않다. 이는 국어교육의 도구적 성격을 강조하는 관점 속에 예견된 것이기도 하다.

국어과 교육과정이 지금의 틀을 마련한 것은 5차 교육과정기에서부터 비롯되었다. 비록 2007개정 교육과정이 어느 정도 변화를 도모하고 있으나, 그 큰 틀에서는 기능주의의 기본 바탕을 전복한 것으로 보이지는 않는다. 내용 영역의 구분이나 '내용 요소의 예'를 명기하고 있는 것에서 이는 확인된다. 그런데 1987년의 5차 교육과정기에서부터 기능주의 일색의 국어교육을 했다면, 적어도 개정교육과정이 완료되기까지 거의 30년에 걸쳐, 동일한 틀 안에서 국어교육이 이루어져 왔던 셈이다. 그런데 과연 이론적 타당성은 물론, 현실적 실효성에 이르기까지 어떠한 의문도 용납하지 않은 채, 이 기능적 관점은 완강하게 자신의 입지를 굳히고 있다. 서로 다른 입장들이 상호보완적으로 약진하며, '문해력 전쟁'25)을 벌이고 있는 다른 나라와 비교할 때, 전쟁의 무풍지대에 놓인 한국의 국어교육은 명백히 국어교육의 반민주적 성격을 온존, 강화하는 방향과 직결된다.

---

25) P. D. Pearson, "The Reading Wars", *Educational Policy*, 18(1), Corwin Press, 2004, p.216.

이를 넘어서기 위해서는 무엇보다 문학의 위상을 복원시켜야 한다. 문학작품이야말로 실제적인 언어사용의 자료이며, 의미 있는 언어사용 자체이기도 하기 때문이다. 이는 구성주의적인 교육관, 지식관, 학습관을 통해 학습자를 능동적인 의미형성자로 바라볼 때, 특히 더 유효하다. 문학을 통해 현재의 국어교육은 언어기능을 통합적으로 운용해야 하며, 살아있는 언어자료와 의미있는 언어활동을 구현하도록 해야 한다. 이를 위해 문학교육은 고색창연한 학문적 틀을 벗어나, 학습자를 주체로 능동적이고 적극적인 문학활동에 참여할 수 있도록 재구성되어야 한다. 이것이 곧 민주주의를 개별 교과목 속에 구체화하는 방안일 것이다. 학습자의 권리를 주체로서 복원하고, 읽기와 쓰기, 말하기와 듣기를 통합적으로 운영하는 문학토론이 궁극적인 문학교육의 방안임이 승인되고, 그 구체적인 실천이 모색되어야 한다.

이럴진대 문학교육은 단순히 국어과의 한 영역에 멈추지 않고, 문학교육이 곧 국어교육이며, 기능적인 국어교육을 넘어설 수 있는 가장 유력한 대안임을 인식할 수 있어야 할 것이다. 이는 1980년대 후반 미국의 경험이 우리에게 시사하는 바이기도 하다. 총체적 언어교육과 문학에 바탕을 둔 교육을 근간으로 하는 읽기교육의 혁신이 바로 그것이다.

그러나 정작 국어교육뿐만 아니라 우리 교육 전반은 민주주의에 한 걸음 더 다가선다기보다 점점 멀어지는 방향으로 치닫고 있는 것이 사실이다. '성취도 평가'를 비롯하여, 수월성 교육을 강조하는 한, 교육은, 국어교육은, 문학교육은 민주주의를 이끌어 갈 다음 세대의 주체들을 길러내기가 점점 어려워질 것이기 때문이다. 그럼에도 새로운 이론적 실천은 거듭 숙고되고 기획되어야 한다. 문학교육의 길이 곧 국어교육의 미래이며, 우리 교육의 미래이기도 하기 때문이다.

참고문헌

교육인적자원부, 국어과 교육과정, 교육인적자원부, 2007.

김상욱, 「주체 형성으로서의 문학교육」, 『문학과교육』, 1999 여름호.

김상욱, 「문학에 바탕을 둔 읽기/쓰기 통합의 방법과 의의」, 『한국초등국어교육』 38, 한국초등국어교육학회, 2008, 463~496면.

김상욱, 「문학능력 증진을 위한 문학토론의 방법」, 『한국초등국어교육』 41, 한국초등국어교육학회, 2009, 5~34면.

김 현, 『한국문학의 위상』, 문학과지성사, 1996.

박인기, 『문학을 통한 교육』, 삼지원, 2005.

Abernathy, S. F., *No Child Left Behind and the Public Schools,* Michigan Press, 2007.

Altwerger, B., *Making Justice Our Project*, Ed. Edelsky, C., NCTE, 2001, p.290.

Bailin, S. et al., "Common misconceptions of critical thinking", *Journal of Curriculum Studies*, 31(3), 1999.

Barr. R., *Handbook of Reading Research*, Eds. Pearson, P., Lawrence Erlbaum Associates.

Busching, B. & Slesinger, B. A., *"It's Our World Too"*: *Socially Responsive Leareners in Middle School Language Arts*, NCTE, 2002.

Cadiero-Kaplan, K., "Literacy Ideologies: Critically Engaging the Language Arts Curriculum", *Language Arts*, 79(5), 2002.

Caider-Kaplan, K. & Smith, K., "Literacy ideologies: Critically engaging the language arts curriculum", *Language Arts*, 74, 2002.

Fish, S., *Is There a Text in This Class*, Harvard University Press, 1982.

McCormick, K., *The Culture of Reading and the Teachging of English*, Manchester University Press, 1994.

Miller, S., *Assuming The Positions*, Pitt Comp Literacy Culture, 1998.

Mills, C. R., *Sociological imagination*, C. 라이트 밀즈, 강희경·이해찬 공역, 『사회학적 상상력』, 돌베개, 2004.

Pearson, P. D., "The Reading Wars", *Educational Policy*, 18(1), Corwin Press, 2004.

Reich, R., *Locked in the Cabinet*, Knopf, 1997.

Schmidt, T., Scratching the Surface of *No Child Left Behind*: How *No Child Left Behind* Unfairly Affects Schools with Significant Propotions of Disadvantaged Students, Dominican University of California, BD, 2008.

Shannon P., "Imagine that: Literacy Education for Public Democracy", *Distinguished Educators on Reading*, (Eds. Padak, N.C. & Rasinski,T.V.), IRA, 2000.

Shannon, K., *At home at School*, Wright Group, 1995.

Sloan, G., "Questions of definition: Teacher's perception of literatrue-based teaching and learning", *Teaching with Chidren's Books*(Sorensen, M. & Lehman, B. Eds.), NCTE, 1995.

Smith, C. B., *Whole Language*, ERIC Clearinghouse on Reading, English, and Communication, 1994.

Vygotsky, L., *Mind in Society*(Trans. M.Cole), Harvard University Press, 1978.

제 11 장

현대시 교육과 4·19혁명

이 명 찬

덕성여자대학교 국어국문학과

1. 4 · 19혁명과 '제도적 실어증'

'유구한 역사와 전통'에 대한 명시로 시작하는 대한민국 헌법 전문은 정작 그 유구한 역사 가운데 대한민국 국가 정통성의 근거로 3 · 1운동과 4 · 19혁명만을 표 나게 언급하고 있을 뿐이다. "우리 대한국민은 3 · 1운동으로 건립된 대한민국임시정부의 법통과 불의에 항거한 4 · 19 민주이념을 계승"한다는 것이다. 우리 근대사 전개에 있어 4 · 19혁명이 갖는 위상을 짐작케 하는 대목이다.

문제는 호명의 방식이다. 87년 6월의 그 뜨거운 열기가 만든 결과물인 이 현행 헌법의 전문에서도 4월 혁명은 여전히 혁명이 되지 못하고 그저 4 · 19라 어정쩡하게 불리고 있는 것이다. 이 어정쩡함이란 바로 1960년 4월의 그 일을 혁명으로 호명하려는 열의와 의거로 깎아내리고 픈 저의의 기묘한 어긋남에서 비롯된 것이 아닐까. 굳이 50주년이어서가 아니어도 4 · 19혁명에 대한 질문은 여전히 현재형을 띨 수밖에 없음을 보여주는 지점이 아닐 수 없다. 1960년 이후의 역사를 두고 4 · 19와 5 · 16의 투쟁사로 보든, 이인삼각(二人三脚)의 관계로 보든[1] 그것이 4월 혁명이 던진 화두를 들고 그것을 풀기 위해 면려(勉勵)해 온 과정이었다는 점에 이의를 달 수는 없을 것이다. 따라서 이제라도[비록 2002년의 시점이긴 하지만] 4 · 19를 '혁명'으로 복권시키자는 최원식 선생의 제안에 전적으로 동의할 필요가 있다.[2]

---

1) 김병익 등 좌담, 「4월혁명과 60년대를 다시 생각한다」, 최원식 · 임규찬 편, 『4월혁명과 한국문학』, 창작과비평사, 2002.

이런 어정쩡한 상황은 결국 4 · 19를 혁명으로 호명하지 못하도록 압박하는 힘이 우리 사회의 저변에 생각보다 넓고 깊게 작동하고 있다는 반증일 것이다. 그 힘이 5 · 16 군사쿠데타로부터 비롯되어 몇 십 년간 이 사회를 질곡해온 개발독재와 그 그늘이라는 사실은 자명해 보인다. 이처럼, '공고한 사회적 억압이 어떤 호명 대상을 제 이름으로 부르지 못하게 강제함으로써 나타나는 현상'에 대해 이글은 '제도적 실어증'이라는 이름을 붙여보고자 한다. 개인적 병리 현상에서 글쓰기의 본질적 구조를 이끌어내기 위해 야콥슨이 사용했던 실어증 개념을 빌려와, 사회적 금제와 억압을 원인으로 해서 광범위하게 발생하는 한국문학의 집단적 실어 증세와 그 치유 과정을 설명해 보고자 한다는 뜻이다.

말을 하고픈데 할 수 있는 자유가 없을 때, 은유로서의 시는 말하고자 하는 대상의 부분이나 속성만을 반복하여 말함으로써 강하게 환유성을 띠게 된다는 것이 필자의 생각이다. 단 한 번의 진술로 대상의 전체를 유사성을 지닌 다른 사물로 대체해 놓는 것이 은유의 본질이라 할 때 그것은 한 번으로 족하다. 같은 대상을 놓고 두 번 세 번 반복하여 이름 붙인다는 것은 시인이 성실하지 못하다는 것을 반증하는 일이 되기 때문이다. 그런데 어떤 사물을 시적으로 표현하는 일이 반드시 필요한데 그것을 못하도록 막을 때, 시인은 그 대상을 구성하는 부분이나 대상의 속성을 암시할 수 있는 사물을 반복하여 말함으로써 독자들로 하여금 그 대상을 어렴풋이나마 짐작할 수 있도록 유도하는 전략으로 제도가

---

2) 필자 개인적으로는 87년 6월의 사건조차도 4 · 19혁명의 연장선상에 있다고 생각한다. 혁명에 뒤따르기 마련인 무수한 반혁명의 움직임을 혁명 쪽으로 재조정하는 최대의 계기들 가운데 하나가 그해 6월이었다는 뜻이다. 따라서 이 글에서는 4 · 19 대신 4 · 19혁명 혹은 4월 혁명이라는 용어를 사용하겠다. 별것 아닌 것으로 비칠 수도 있겠지만 호칭에 대한 자각과 실천 문제는 생각보다 중요한 결과를 초래할 수도 있다.

강제하는 실어증의 상황을 돌파하려 한다. 따라서 이런 경우 독자들은 해당 시인의 개별 시가 어떤 전체상에 대한 환유적 성격을 지녔다는 사실을 기억하는 것이 중요하다.

때로 이런 실어 증세가 개별 시인의 단위를 넘어 일정 시기의 다수 시인에게서 공통으로 발견되는 경우도 상정해 볼 수 있다. 민족 해방이라는 너무도 중요한 요구를 직접 언표화 할 수 없었을 때 1930년대 후반의 시인들에게서 공통으로 나타나는 태도, 즉 변죽을 울려 중심에 육박하려 했던 기도(企圖)들이 그 좋은 예가 될 것이다. 민중을 역사 변화의 주동력으로 호명해야 한다는 문제의식을 가졌던 7,80년대의 민중시들 역시 이와 유사한 경로를 밟는다고 할 수 있다. 시인의 이름을 바꿔놓아도 무방할 정도로, 유사한 구성의 '정님이, 대길이 아저씨, 선제리 아낙네들'의 이야기가 반복 변주되었다는 것은 이 시대가 도저한 '환유적 은유'의 시대였다는 것을 말해 주기 때문이다.3)

4·19혁명은 한국전쟁이 만든 이념적 실어 증세를 치료할 수 있는 호기였다. 그러나 5·16쿠데타는 그 기회를 일거에 엎어버렸을 뿐만 아니라 그 이전보다 훨씬 강력한 금제와 검열 체제를 갖춤으로써 그 증세를 더 악화시키고 말았다. 그럼에도 4·19혁명 기간은 역사상 유사한 사례가 다시없다 할 정도로 강력한 황홀경의 체험을 시인들의 가슴 속에 각인시킨 때이기도 했다. 그러므로 4·19혁명과 한국 현대시문학의 관계를 묻는 일은 5·16 이후의 엄혹한 역사의 그늘 속에서 그 '황홀경의

---

3) 반대로 환유로서의 소설은 강하게 은유성을 띰으로써 시에 육박해간다. 이른바 '은유적 환유'가 탄생하는 것이다. 대상의 속성을 세부적으로 주저리주저리 늘어놓아 설명하고 묘사하여 다 보여주려는 것이 환유로서의 소설의 본 면목일진대, 종결에 도달한 이야기 전체가 이야기 너머의 무엇인가를 은유하고 암시하는데 바쳐진다면 이 또한 당혹스러운 일이 아닐 수 없다.

체험'이 어떤 방식으로 시인들에게 은밀히 반복 변주되는가를 묻는 일이
자 해당 주체가 어떠한 역사 감각을 지녔는가를 되묻는 일에 다름이 아
니라고 할 수 있다.

2. 시문학 교육 현장과 4·19혁명

통상 4·19는 세대라는 말과 붙어 다닐 뿐 문학이라는 말과는 잘 결
합하지 않아 왔다. 그리고 문학판에서의 4·19 세대라는 말은 대개 20
대 초반에 4·19혁명을 경험하고 65년 전후에 문단에 발을 들여 놓은
일군의 문인들을 가리키는 말이다. 흔히 감수성의 혁명이니 뭐니 하는
수사가 따라붙는 김승옥 같은 이가 대표적이다. 그러나 4·19혁명이 이
땅의 문단에 불러낸 것으로 취급하는 이들의 문학에서조차도, 4·19혁
명과의 직접적 연관을 읽어낼 수 있는 작품은 놀랍게도 흔치 않다. 흔치
않을 뿐만 아니라 4·19혁명의 과정 자체를 그리고 있는 경우란 거의
없다고 보아도 무방할 지경이다.

김병익은 3·1운동 세대나 4·19세대의 문학적 업적이 유별나지 않
은 이유를 '지식인 운동이거나 상류층 운동'이었기 때문으로 생각하고
있지만4) 그보다는 운동의 실패가(혹은 실패라는 생각이) 빚은 좌절감이 크
게 작동한 탓으로도 볼 수 있을 것이다. 특히 시야를 시문학만으로 좁힐
경우 사정은 더 나빠지는데, 이는 영미 신비평적 문학관이 뿌린 오해,
즉 좋은 문학의 경우 정치나 현실을 담으려 해서는 안 된다는 정치적 순

---

4) 앞 좌담, 44면.

수주의가 소설보다 시문학에 더욱 심각한 영향력을 행사했기 때문일 것이다.

상황이 이러하니 초점을 문학교육 현장에서 언급되거나 다루어지고 있는 시문학 작품에로 한정할 경우, 4·19혁명의 영향이 문학교육의 현장과 어떻게 만나는가를 검토하는 일은 거의 난망한 일이 되고 만다. 문학작품 정전화(正典化)의 핵심 경로로 여겨지는 중등 교육과정의 교과서 소재 시편들을 일별해 보면 이러한 사정이 보다 분명해진다. 교육과정 개편의 와중에 4·19혁명을 겪은 2차 개정5) 교과서를 비롯하여 3,4차 개정 교과서에 이르기까지 약 30년간의 우리 중고등『국어』교과서에서 4·19혁명은 그 그림자도 찾을 수가 없다. 1989년에 이루어진 5차 개정의 중3 교과서에 와서야 비로소 신동엽의 시 1편(「산에 언덕에」)이 실리고 97년에 이루어진 7차 개정의 역시 중3 교과서에 신동엽의 시 1편(「봄은」)이 실린 것이 전부다.6) 4·19혁명의 체험을 본격적으로 다룬 김수영의 시들이 다소 난해한 편에 속하기는 하지만 고등학교 교과서에서조차 단 한 번도 취급된 적이 없다는 것은 다소간 의외가 아닐 수 없다.

이런 상황은 7차 교육과정 개편에 따라 고등학교『문학』교과서가 생기면서 약간의 변화를 드러낸다. 「풀」을 비롯한 김수영의 시 「푸른 하늘을」, 「어느 날 고궁을 나오면서」, 「폭포」, 「눈」7) 등과 「껍데기는 가라」

---

5) 1963년에 완료됨.

6) 이들 작품이 4·19혁명과 어떻게 연계되는가에 대해서는 다소간의 매개적 설명이 필요하다는 점에서 온전히 4·19 혁명 관련 작품으로 볼 수 없다는 견해도 있을 수 있다. 더구나 「산에 언덕에」는 '시와 표현'이라는 장(章)에 묶여 있어 4·19혁명과 연계하여 지도할 가능성이 거의 없어 보인다.

7) 이 가운데 「눈」과 「폭포」는 4·19 혁명 이전의 것이므로 4·19적인 것과 직접적인 연관은 없다. 하지만 혁명 이후의 시를 이해하는 기초가 된다는 점에서 연관하여 검토할 필요가 있다.

를 비롯한 신동엽의 시 「금강」, 「산에 언덕에」, 「누가 하늘을 보았다 하는가」, 「너에게」, 그리고 김광규의 시 「희미한 옛사랑의 그림자」가 제재로 채택됨으로써 논의의 가능성이나마 열어놓게 된 것이다. 다만 이런 변화조차도 순전히 18종으로의 지면(紙面) 확대 덕분이지 애초 4·19 정신을 문학교육 현장과 연결해 보겠다는 기획의 결과가 아니라는 점에서 그 의의를 높여 잡기에는 분명히 한계가 있다.

그러나 역사적 우연도 결국은 우연을 가장한 필연이라고 했다. 김지하, 고은, 신경림, 정희성, 이성부의 시들이 교과서에 채택되고, 거기 더해 김수영의 「풀」이나 신동엽의 「껍데기는 가라」와 같은 시들이 가장 높은 빈도수를 기록하는 우연의 밑바닥에는 그러한 변화를 있게 한 필연적 흐름이 존재하고 있기 마련이다. 우리네 삶이 본시 잡다한 것이고 그것을 실어 표현하는 언어 역시 본디 순정한 것이 못되는 마당에 문학이나 시만이 예술의 영역에 들어 홀로 고고를 지킨다는 생각은 한갓 관념일 뿐이라는, 문학관의 도도한 변화가 거기 자리 잡고 있는 것이다. 이 역시도 '문학이 곱고 예쁘기만 한 것이 아닐 수도 있다.'는 생각을 밖으로 드러내는 일이라는 점에서 문학에 강제된 제도적 실어 증세를 치료하는 일에 해당한다. 몇 안 되는 작품일망정 그것을 굳이 4·19혁명과 연관하여 설명해 보는 일의 의의도 여기 있을 것이다.

3. 4·19혁명을 기억하는 세 가지 방식

1) 4·19세대의 소심한 자의식 – 김광규의 시

이 시대에 다시 4·19혁명을 문제 삼는 것은 일종의 인정 투쟁으로 비칠 수도 있다. 그러나 문제가 그리 간단하지만은 않다. 그것은, 4·19혁명의 정신과 가치를 인정치 않는 이들에게 혁명의 진정성을 설득하려고 투정부리는 것이 아니라, 4·19가 제기했으되 아직까지 제대로 이해되지 못하거나 실천에 옮겨지지 못한 요소들을 냉정하게 현재화해 봄으로써 우리 세대가 이루어내야 할 행동의 방향을 정초하려는 노력이기 때문이다. 이처럼 4·19혁명의 가치를 인정하고 기억할 것과 그것이 현재의 우리에게 어떤 의미를 지니는 것인지를 되묻는 자리에 김광규의 시 「희미한 옛사랑의 그림자」가 놓여 있다.

4·19가 나던 해 세밑 / 우리는 오후 다섯 시에 만나 / 반갑게 악수를 나누고 / 불도 없이 차가운 방에 앉아 / 하얀 입김 뿜으며 / 열띤 토론을 벌였다 / 어리석게도 우리는 무엇인가를 / 정치와는 전혀 관계없는 무엇인가를 / 위해서 살리라 믿었던 것이다 / 결론 없는 모임을 끝낸 밤 / 혜화동 로우터리에서 대포를 마시며 / 사랑과 아르바이트와 병역 문제 때문에 / 우리는 때묻지 않은 고민을 했고 / 아무도 귀기울이지 않는 노래를 / 누구도 흉내낼 수 없는 노래를 / 저마다 목청껏 불렀다 / 돈을 받지 않고 부르는 노래는 / 겨울밤 하늘로 올라가 / 별똥별이 되어 떨어졌다

그로부터 18년 오랜만에 / 우리는 모두 무엇인가 되어 / 혁명이 두려운 기성 세대가 되어 / 넥타이를 매고 다시 모였다 / 회비를 만 원씩 걷고 / 처자식들의 안부를 나누고 / 월급이 얼마인가 서로 물었다 / 치솟는 물가를 걱정하며 / 즐겁게 세상을 개탄하고 / 익숙하게 목소리를 낮추어 / 떠

도는 이야기를 주고받았다 / 모두가 살기 위해 살고 있었다 / 아무도 이
젠 노래를 부르지 않았다 / 적잖은 술과 비싼 안주를 남긴 채 / 우리는
달라진 전화번호를 적고 헤어졌다 / 몇이서는 포우커를 하러 갔고 / 몇이
서는 춤을 추러 갔고 / 몇이서는 허전하게 동숭동길을 걸었다 / 돌돌 말
은 달력을 소중하게 옆에 끼고 / 오랜 방황 끝에 되돌아온 곳 / 우리의
옛사랑이 피 흘린 곳에 / 낯선 건물들 수상하게 들어섰고 / 플라타너스
가로수들은 여전히 제자리에 서서 / 아직도 남아 있는 몇 개의 마른 잎
흔들며 / 우리의 고개를 떨구게 했다 / 부끄럽지 않은가 / 부끄럽지 않은
가 / 바람의 속삭임 귓전으로 흘리며 / 우리는 짐짓 중년기의 건강을 이
야기했고 / 또 한 발짝 깊숙이 늪으로 발을 옮겼다

—「희미한 옛사랑의 그림자」 전문

주지하다시피 김광규의 시들은 날카로운 역사 감각에 기대어 부정적
세태를 고발하고 날카롭게 풍자하는 데 특장을 지니고 있다. 시 「묘비
명」이나 「늙은 마르크스」가 대표적인 경우일 것이다. 이 시 역시도 그러
한 감각의 연장선상에 서 있다. 화자=시인은 18년(하필이면!)이 지난 시
점에서 이미 많이 희미해져 버린 '옛사랑' 즉 4·19혁명의 기억을 불러
내 현재 자기(들)의 삶에 나란히 세운다. 현재 앞에 불쑥 하나의 타자로
불려나온 과거는 그런데 문득 타자이기를 그치고 거꾸로 현재의 나를
타자화하여 하나의 추문으로 만들어버린다. 이러한 사태는 현재와 과거
가운데 화자가 4·19혁명 당시의 자기에 대해 심정적으로 더 친연성을
느끼기 때문에 발생하는 것이다.

다시 말할 것도 없이 이 시의 진술과 상황은 여러 가지 면에서 역설
적이다. 18년을 상거(相距)로 꼴라주 된 두 장면들이 빚는 어긋남이 역설
적으로 배경화 된 위에 현재 내 삶의 장면들 역시 모순 상황을 연출하며
삐걱거린다. 시문학사에 길이 남을 탁월한 소시민 이미지로서의 "돌돌

말은 달력"을 끼고 "옛사랑이 피흘린 곳"을 배회한다는 것조차 역설적이다. 그런데 김광규 시의 이러한 역설들이, 삶에는 모순된 진리도 있다는 것을 말하기 위한 것이 아니라 모순 상황을 연출하는 나의 못난 소시민성을 까발리기 위한 것이라는 점에서 부분 부분 아이러니를 향해 나아간다. 이 시의 목소리가 전체적으로 아이러니컬하게 들리는 것은 그 때문이다. 그러나 화자는 암암리에 '춤추러 가는 것, 포우커를 치러 가는 것'과 '동숭동 길을 걷는 것' 사이의 위상차를 예비함으로써 '우리의 옛사랑이 피흘린 동숭동 길을 걷는 일'이 그래도 가끔 인생에 있지 않을까 되묻는 선에서 아슬아슬하게 역설로 주저앉고 있다. 즉, 부끄러운 줄 알면서도 또 한 발짝 늪으로 발을 옮기는 것이 위선이고 무기력함이라고 비틂으로써 나를 준열히 고발하자는 것이 아니라, 부끄럽지만 어쩔 수 없이 주저앉아야 할 때도 있는 것이 인생이라는 선에서 타협하고 있다는 뜻이다. '춤추러 가는 것, 포우커를 치러 가는 것'에 대해서도 미온적인 시선을 보낼 수 있는 이유가 여기에 있다고 생각된다.

그런데 나의 현재를 비꼬되 근본적으로 부정하지 않는 이 태도는 현재를 되비추는 거울로서의 4·19혁명을 이야기하는 1연에서 이미 예비되어 있다고 볼 수 있다. 그 거울은 맑고 깨끗한 상태를 유지하고 있는 것이 아니라 이미 금이 가 있는 거울로 보이기 때문이다. 4·19가 일어났던 그해 겨울의 결론 없는 열띤 토론을 두고 "어리석게도 우리는 무엇인가를 / 정치와는 전혀 관계없는 무엇인가를 / 위해서 살리라 믿었던 것이다"라고 결론지었을 때 4·19혁명(혹은 그것을 주도했던 자신들)을 향한 화자의 태도가 분명히 드러난다. 거기에는 지독히 정치적일 수밖에 없는 사태 혹은 삶에 대해 청년기의 순정한 열정만으로 대응했다는 자각이 깃들어 있는 것이다. 그러니 그 열정은 '때 묻지 않았지만 아무도 귀 기울이지도 흉내 낼 수도 없는 노래'였으며 떨어질 수밖에 없는 '별 똥별'이었다. 그것은 순정해서 아름답긴 하지만 현실의 사태 해결에는 무능한 것이었다.

이처럼 「희미한 옛사랑의 그림자」가 불러내는 4·19혁명은 혁명이 노렸던(혹은 앞으로도 노려야 하는) 근원적인 어떤 지점과는 무관하다. 그의 옛사랑은, 순정했으나 무능한 열정으로 세상과 맞부딪쳐 무릎이 깨져 피 흘렸던 모든 이들의 젊음의 한 때로 쉽게 치환될 수 있다. 그만큼 보편 적이긴 하지만 4·19혁명이 제기한 특수성을 가리키기에는 많이 모자란 다는 이야기가 된다.

그런데 이 지점에서 김광규가 그의 시를 통해 노리는 것이 이게 다가 아닐지도 모르겠다는 생각이 든다. 그것은 「희미한—」이 지닌 환유성 때문이다. 이 시의 전, 후반부 이야기를 채우고 있는 세부들은 4·19혁 명기와 70년대 군사독재 아래서의 삶이 가지는 특징과 속성을 대표함으 로써 환유성을 띤다. 특히 "익숙하게 목소리를 낮추어 / 떠도는 이야기 를 주고받았다"는 표현에 주목하면 그에게는 미처 하지 못한 이야기가 아직 가슴 속에 남아 있는 것이 아닐까 하는 생각에 이르게 된다. 단 한 편의 시를 침소봉대하여 거기다 해석의 폭력성을 심하게 휘두른다는 핀 잔을 무릅쓰고라도 말해 본다면, 그것은 아마도 '피 흘린 옛사랑조차도 마음대로 돌아보지 못하게 만드는 폭압적 권력에 대한 부정'이 아닐까.

2) 역사의식 과잉=미달이 빚은 단순성—신동엽의 시

신동엽은 김수영과 함께 4·19혁명을 통해 '구름 한 자락 없이 맑은 하늘'(「누가 하늘을 보았다 하는가」)이라는 비의(秘意)를 보아버린 대표적 시인으로 꼽힌다. 더구나 그의 시가 지닌 소박한 형식미와 비교적 간결하고 평이한 수사로 해서 김수영 시에 비해 이해의 저변이 넓다고 판단되었던지 상대적으로 일찍부터 교과서 편찬자들에 의해 교육 현장에 수용되는 행운(?)도 누린 시인이다.

그런데 신동엽은 기이하게도 일정한 기획 아래 '환유로서의 은유'를 필생에 걸쳐 밀고 나간 경우에 해당한다는 점에서 문학사에서 그 유례를 찾기가 힘든 시인이라고 할 수 있다. 그것은 흔히 그간에 장르 혹은 양식론과 결부되어 논의되어 온 장시 『금강』의 성격을 파악할 때 분명해진다. 익히 알려져 있듯이 『금강』은 처음부터 끝까지가 일관 작업으로 탄생한 것이 아니고 개별적으로 발표한 시편들의 모자이크에 해당한다. 물론 신동엽이 시작(詩作)의 초기부터 장편 모음시 『금강』을 기획하고 거기에 들어가 각 부분이 될 개별 작품을 순차적으로 발표했다고 볼 근거는 없다. 다만 역사학도로서 큰 틀의 역사 전개에 관해 특별히 관심을 쏟는 한편 그것의 뼈대를 민중주의로 정초함으로써 발생한 감각이, 시작의 어느 땐가 그러한 기획을 낳게 했다고 보는 것이 온당할 것이다. 이럴 때, 그 '어느 때' 이후에 제작된 시편들은 그 이전의 시편들보다 전체 기획의 부분이라는 명확한 의식이 강하게 작동하는 가운데 쓰였을 것이므로, 작품의 개별성 혹은 완결성이 떨어질 확률이 높다. 신동엽의 다수의 작품들이 주는 생뚱한 느낌, 겉도는 이미지들, 납득 안 되는 갑작스런 전환이나 비약과 같은 흠결들의 원인은 아마도 이에서 찾을 수 있을 듯하다. 여하간 신동엽의 개별 시편들은 『금강』을 포함한 그의 이야기 시편들이 구성하려는 전체상의 부분적 속성을 나눠 지님으로써 본질적으로 환유적 성격을 띠게 된다.

그의 시의 승패는 따라서 그가 그리는 거대 서사로서의 역사적 전체상이 설득력이 있는가의 여부에 달려 있다. 그런데 결론부터 말하자면 그의 서사는 실현 가능성으로 비치기보다는 공소한 관념에 복무하고 있다는 평가를 면키 어렵다. 저 역사의 시원으로부터 삼한을 거쳐 백제, 후삼국을 언급한 다음 문득 동학혁명, 3·1운동, 4·19혁명으로 맥을 잡는 그만의 역사적 틀이 지닌 비논리성에 대해서는 이미 이동하의 평가[8]가 있으므로 자세한 언급이 불필요해 보인다. 다만 한 가지 덧붙일 것은 그의 논리가 지닌 민족적 순수주의에 대한 우려이다. 약자의 역사에 기초를 둔 그의 관점은 한 민족의 역사라는 그 복잡 미묘한 괴물을 이분법을 적용하여 약자와 강자, 선과 악, 안과 밖 등의 대립항으로 나누고 전자들을 취하고 후자들을 과감히 배제하는 방식으로 전개된다. 이는 일종의 종파주의적 태도라고 볼 수 있을 것인데, 그의 목표는 이러한 취사(取捨)를 통해 민족이라는 개념의 순수한 고갱이를 확보하고 그것을 중추적 추동력으로 해서 영원 회귀하는 역사의 모델을 만들어 보고자 하는 데 있었다. 물론 각각의 과정이 실제로 어떻게 진행되는지 그때에 필요한 요소가 무엇인지 하는 세밀한 검토는 생략된 채이다.

사실 역사에 대한 이러한 이해가 그것으로 그쳤다면 이글이 굳이 나서서 그것을 두고 왈가왈부할 필요가 없을 것이다. 문제는 그러한 틀이 4·19혁명을 다루는 그의 시들에 고스란히 적용되고 있다는 데서 발생한다. 4·19혁명의 복잡성은 주밀한 검토와 접근이 아니고서는 풀이가 쉽지 않은 실타래에 비유할 수 있다. 그럼에도 그의 이분법은 여기서도 예외 없이 간명하고 직정(直情)하다. 한 치 망설임도 없이 명령하고 단정하는 그의 어조는 차라리 속이 시원하다고 여겨질 정도라서 독자들의

---

8) 이동하, 「신동엽론─역사관과 여성관」, 구중서·강형철 편, 『민족 시인 신동엽』, 소명출판, 1999.

호응을 얻기에 용이하다. 문제는 그가 간단간단히 뛰어넘는 굵은 진술의 세부를 메우려 할 때 발생한다. 가령 「껍데기는 가라」와 「봄은」을 통해 이런 점을 확인해 보자.

> 껍데기는 가라. / 사월도 알맹이만 남고 / 껍데기는 가라. // 껍데기는 가라. / 동학년(東學年) 곰나루의, 그 아우성만 살고 / 껍데기는 가라. // 그리하여, 다시 / 껍데기는 가라. / 이곳에선, 두 가슴과 그곳까지 내논 / 아사달 아사녀가 / 중립의 초례청 앞에 서서 / 부끄럼 빛내며 / 맞절할지니 // 껍데기는 가라. / 한라에서 백두까지 / 향그러운 흙가슴만 남고 / 그, 모오든 쇠붙이는 가라.
>
> —「껍데기는 가라」 전문

> 봄은 / 남해에서도 북녘에서도 / 오지 않는다. // 너그럽고 / 빛나는 / 봄의 그 눈짓은, / 제주에서 두만까지 / 우리가 디딘 / 아름다운 논밭에서 움튼다. // 겨울은, / 바다와 대륙 밖에서 / 그 매운 눈보라 몰고 왔지만 / 이제 올 / 너그러운 봄은, 삼천리 마을마다 / 우리들 가슴 속에서 / 움트리라. // 움터서, / 강산을 덮은 그 미움의 쇠붙이들 / 눈녹이듯 흐물흐물 / 녹여버리겠지.
>
> —「봄은」 전문

각각 '알맹이/껍데기'(「껍데기는 가라」)와 '안/밖'(「봄은」)의 대립항에 기초한 이 시들의 전언은 너무나 간명해서 쉽게 이해되고 수용된다는 미덕을 지닌다. 이러한 대립항은 도처에 흩어진 알레고리(껍데기, 알맹이, 봄, 겨울, 눈보라)와 환유(아사달 아사녀, 쇠붙이, 삼천리, 강산, 흙가슴, 논밭)들로 다양하게 반복 변주된다. 또한 이 두 편은 시 자체가 '올곧은 역사를 이루는 방법'의 표리로 기능한다는 점에서 신동엽이 구상하는 역사관의 속성을 환유적으로 대변하고 있기도 하다. 그런데 그가 지향하는 올곧은 역사의 실체가 무엇인가, 그것은 과연 실현 가능한 것인가 하는 질문의 답을 찾기 위해 강렬한 표현들의 배면을 들여다 보려하면 금세 앞이 막혀버리고 만다. 사월의 껍데기와 알맹이란 무엇을 지칭하는가, 어떻게 하면 그 껍데기를 사라지게 할 수 있는가, 중립은 어떻게 만들 수 있는가, 우리들 가슴 속에서 봄은 어떻게 움 트는가 혹은 그 봄을 움트게 하려면 어떻게 해야 하는가 하는 질문들에 대한 답이나 힌트를 전혀 남겨 놓지 않았기 때문이다.

아마도 그는 전체의 시력(詩歷)을 통해 민중들이 주체가 되는 또 한 번의 동학혁명이나 4·19혁명이 와서 이런 소망들이 한꺼번에 이루어질 것이라는 기대를 퍼뜨림으로써 우리의 질문에 답하고 있는 듯하다. 그렇다면 이 시들은 그 말하지 못한 지점을 겨냥한 변죽 울리기라 할 수 있다. 그런 점에서 그가 과거의 역사로부터 종종 빌려오는 동학 혹은 4·19란 '영원의 하늘을 가져올 미래 혁명'의 강력한 환유로 작동한다. 그러나 그가 자기 논리의 준거점으로 삼은, 동학이나 4·19가 노정한 성공과 실패의 면면들과 원인을 세밀히 들여다보고, 어떤 부분이 껍데기였는지 알맹이는 어떤 방법으로 살릴 수 있는지를 사유하고 형상화하는 일에 매달리지 않는다면, 그의 기대는 채워지지 않을 가능성이 더 크다고 할 수 있다. 안타깝게도 그의 다른 시들과 산문을 참조해 보아도 그가 이런 미시적이지만 근원적인 고민을 밀고나간 증거를 잘 찾을 수가 없다. 이 때문에 흔히 4·19혁명 정신의 문학화와 연관된 것으로 분류하는 그의 시편들에 대해 부정적인 평가를 내릴 수밖에 없다. 어느 날 우리 스스로 순수한 우리 민족의 일원이라는 것을 자각하고 저들을 향해 나가라고 소리치면 미움의 쇠붙이나 외세의 눈보라가 순순히 나가줄 것이라고 신동엽이 정말 기대했다고 믿는 것은 그를 너무 가벼이 여기는 일이 될 것이다. 하지만 그의 시들이 그 지점에서 진일보한 면이 없다는 것 또한 엄연한 사실이다.

3) 부드러운 사랑의 힘 – 김수영의 경우

4·19혁명이 드리운 그늘을 가장 진지하게 고민한 시인으로 김수영의 오른편에 설 사람은 없을 것이다. 4·19혁명이 그의 시세계 자체를 크게 바꾸어 놓은 것으로도 잘 알려져 있다. 혁명이 그에게 얼마나 강력한 체험으로 다가왔던가는 각종의 신문과 잡지, 라디오를 통해 발표된 시와 시론, 시평을 조금만 들여다보면 금방 알 수 있다. 특히나 「우선 그놈의 사진을 떼어서 밑씻개로 하자」, 「육법전서와 혁명」 등의 혁명기 시들에서 울려나오는 거친 목소리는 그가 얼마나 혁명의 성공을 성마르게 기대하고 있었던가를 잘 보여준다. 그러나 그가 그토록 조급하게 갈망했던 혁명은 그의 뜻대로 되어가질 않았다. '그놈'이 하야하고 새로운 정부가 들어서는 큰 변화에도 불구하고 그들의 권력 기반은 다르지 않았고 권력의 작동 과정도 그대로였기 때문이다. 김수영은 무엇이 잘못되었는지를 스스로에게 물었다. 그리고 자신에게 "혁명에 대한 인식 착오"9)가 있었으며, 다시 생각해 보니 혁명이란 복지국가 건설과 같은 대외적 목표와 함께 "영혼의 개발"10)이라는 내면적 목표를 동시에 밀고나가야 하는 것이라는 소결론에 도달한다. 이런 인식 변화를 형상화하고 있는 시가

---

9) 김수영, 「治癒될 기세도 없이」, 『전집 2 – 산문』, 민음사, 1993, 26면. 이하 『전집』으로 표기함.
10) 『전집 2』, 121면.

「푸른 하늘을」이다. 화자는 혁명이 단순히 공적 제도의 붕괴나 변혁에 묻어가면 주어지는 것이 아니라, 혁명에 참여하는 사람들 개개인의 치열하고 고독한 존재론적 결단과 희생에 대한 자각 위에 성취되는 것이라고 말한다. 바로 이 점에서 그의 인식은 「희미한 옛사랑의 그림자」에 등장하는 4·19세대의 낭만적 열정과 차별화된다.

많은 이들이 지적하고 있는 것처럼, 그의 이러한 '고독한 자기응시'의 결과가 「그 방을 생각하며」이다. 이를 통해 그는 4·19혁명의 본질에 관한 근본적 인식 변화를 천명하는데, 4·19혁명에서 4·19를 떼어버리고 혁명 자체를 꿈꾸는 쪽으로 나아간다.[11] 그리고 그 혁명은 완전하고 전면적인 "자유의 회복"[12]이 가능해지는 '때와 땅'에서 성취된다고 믿는다. 그런데 놀라운 것은 그가 이 '자유의 이행'을 위한 방법론으로서의 '사랑'의 가치를 발견했다는 점이다. 사실 우리가 누군가 혹은 무엇인가를 변화시키고자 한다면 그것을 밑바닥부터 사랑하지 않고서는 불가능하다. 미움이나 투쟁이나 부정의 방법으로는 결코 상대를 변화시킬 수 없다. 상대방 역시도 우리가 보내는 그만큼의 미움과 반발의 의지로 똘똘 뭉치기 때문이다. 냉전 시대의 그 기묘한 대립을 돌아보면 잘 알게 된다. 더구나 자본주의라는 제도가 아무리 밉다고 손가락질해도 그것의

---

11) 재미있는 것은 김수영의 이러한 인식 변화에 5·16 군사 쿠데타가 미친 영향이 그다지 커 보이지 않는다는 점이다. 「그 방을 생각하며」는 5·16이 발발하기 이전에 이미 발표되었으며, 5·16 이후에 쓰인 각종의 글도 김수영 자신의 인식 변화의 행로를 고유하게 쫓을 뿐 큰 요동을 보이지 않기 때문이다. 그 밑바닥에는 혁명의 결과로 탄생한 2공화국에 대한 환멸의 심리가 크게 작동하면서 2공화국이든 군사정권이든 이미 그가 사유하기 시작한 완전한 혁명의 범주에는 미달이자 별 차이가 없는 하나의 과정일 뿐이라는 생각이 가로놓여 있는 듯하다. 5·16 초기 그것을 군사혁명으로 칭하면서 그것이 올바른 길을 간다면 수용하겠다는 태도를 보인 고려대의 성명이나, 2공화국에 대한 환멸과 박정희의 사상적 배경에 대한 신뢰로 3공화국 출범(1963년) 시 오히려 박정희에게 표를 줬다는 식자들의 아이러니컬한 전언(위 좌담)도 참고할 만한 대목이다.
12) 『전집 2』, 125면.

저변을 이루는 것이 우리네 개개인의 삶이 아니던가. 따라서 그것은 전면적 부정이나 돌팔매질에 의해서가 아니라 삶의 구석구석을 이해하고 사랑하는 태도를 기반으로 조금씩의 변화를 유도하고 그러한 변화의 누적에 의해 전면적으로 넘어서는 것 즉 이행하는 것이 아니면 안 된다. 사랑의 실천이라는 김수영의 방법론은 바로 이 기제를 적시하고 있는 것이다.

따라서 그는 이 대목에서 더 이상 서구 혹은 미국이라는 자유론의 젖줄에 기대지 않아도 되었다. 그가 우리의 후진성조차 사랑스럽고 더 이상『엔카운터』지를 읽지 않아도 되겠다는 자신감을 회복한 것13)도 4·19혁명에 관한 그의 사유가 이미 '사랑'의 방법론을 발견했기 때문이었다. 혁명의 적은 커다란 '그놈'만이 아니라 그것의 최소단위이자 영도(零度)인 고독한 개인 안에도 있다는 것, 그 작고 사소해 보이는 것들과 싸우면서=사랑하면서 큰 혁명과 작은 혁명, 안과 밖, 내용과 형식이 결코 분리될 수 없는 하나라는 인식 아래 동시에 온몸으로 밀고나가는 것, 그리고 나 하나만 그래서 되는 것이 아니라 자유에 대해 고민하는 모든 이들이 그래야 한다는 것이 그가 사유한 '자유를 이행하는 사랑의 방법론'이었다. "눈을 떴다 감는" 이러한 인식의 전환을 두고 "사랑을 만드는 기술"이라 부르고 그 사랑이 "할머니의 방"에서 "심부름하는 놈이 있는 방"(「사랑의 변주곡」)까지 이어지기를 바라는 마음이 있어서, 그는 작은 일에 분개하는 것이 결코 사소한 일이 아니며 "붙잡혀간 소설가를 위해서 / 언론의 자유를 요구하고 越南파병에 반대하는 / 자유"(「어느 날 고궁을 나오면서」)만큼이나 혹은 그보다 더 본질적인 것일 수도 있다는 믿음을 피

---

13)『전집 2』, 27면.

력할 수 있었다. 그리고 그러한 사랑은 말로 '외치는 것'14)이 아니라 침묵하고 행동하는 것이다. 큰 소리로 외쳐서 '그놈'을 주저앉힐 수는 있어도 자유의 완전한 이행으로서의 혁명에는 도달할 수 없다는 것, 따라서 생활 속에서 만나는 작고 보잘 것 없는 것들, 풀이나 먼지, 바람이나 모래, 야경꾼과 설렁탕집에 편재(遍在)하는 적들을 '사랑으로 감싸 안음'(행동)으로써 그 내부에 폭풍 같은 변화를 일으켜 마침내 복사씨나 살구씨같이 폭발적으로 꽃피게 하는 것이 진짜 혁명이라는 뜻이다.

김수영의 시들은 자신의 변화하고 생장하는 이러한 사유들을 한 번에가 아니라 여러 번에 걸쳐, 그리고 한 편의 시 안에서도 유사한 이미지들의 반복과 중첩에 의해 실현함으로써 환유의 형식을 이룬다. 마치 한용운이 90편(「군말」을 포함하여)의 유사한 주제의 시들을 반복 변주함으로써 말로 표현할 길이 없는 진리의 편린을 언뜻 언뜻 보여주듯이. 김수영은 자유란 이런 것이라고 외치지 않고 시 형식의 해체를 통해 자유를 실천하여 보여주고 있다. 내용과 형식의 종합이라는 해묵은 과제를 이처럼 명쾌하게 온몸으로 보여준 경우가 다시 있을까. 김수영은 또한 자유의 완전한 이행을 위해 한국 사회가 필연적으로 거쳐야 할 하나의 단계로 분단 해소의 문제를 누구보다도 깊이 그리고 오래 고민했던 시인이다.15) 이는 자유의 이행에 있어 최대의 걸림돌이 분단이라는 생각을 그가 하고 있었다는 뜻이 된다.16) 반쪽짜리 땅에서 실현되는 자유를 가지고 완

---

14) "최근 우리들이 四·一九에서 배운 기술 / 그러나 이제 우리들은 소리내어 외치지 않는다"(「사랑의 변주곡」)
15) 그것을 하나의 단계라고 말하는 이유는, 그의 사유가 지닌 저돌성으로 보아 남북이 통일된다고 해서 자유의 이행이 완성되리라고 그가 믿었을 가능성이 거의 없기 때문이다. 그러면 그 단계에서도 또 다시 부자유의 그늘을 찾아 그것을 넘어설 방도를 찾고 있었을 것이다.
16) 4·19세대의 문학적 출발점이 한국전쟁이었다고 고백하는 김승옥의 진술에서도 4·19

전하다고 말할 수는 없지 않을까. 따라서 그의 이행은 혹은 사랑은, 남 북의 체제가 다 같이 복사씨나 살구씨처럼 폭발하여 변화함으로써 제 3 의 무언가를 이루는 일에까지 닿아 있었다고 보아야 한다. 다만 그는 소 리 내어 그 말을 외칠 수가 없었다. 자기 자신의 논리와 그를 불온으로 몰고 가는 외부 검열의 손길이 그것을 가로막고 있었기 때문이다. 그의 환유란 바로 이 실어증을 치료하기 위한 방법적 선택이 아닐 수 없다. 시 「풀」은 그 모든 사유와 실천의 끝 지점에 문득 돋아난 하나의 표상이 라는 점에서 새로운 주목을 요한다.

풀이 눕는다
비를 몰아오는 동풍에 나부껴
풀은 눕고
드디어 울었다
날이 흐려서 더 울다가
다시 누웠다

풀이 눕는다
바람보다도 더 빨리 눕는다
바람보다도 더 빨리 울고
바람보다 먼저 일어난다

날이 흐리고 풀이 눕는다
발목까지
발밑까지 눕는다
바람보다 늦게 누워도

혁명의 이념이 분단 문제의 해소라는 문제의식과 깊숙한 지점에서 만나고 있었음을 알 수 있다.(앞 좌담)

바람보다 먼저 일어나고
바람보다 늦게 울어도
바람보다 먼저 웃는다
날이 흐리고 풀뿌리가 눕는다

—1968. 5. 29.

 ‘민중의 끈질긴 생명력’을 예찬하는 시라는 해석만이 정말 끈질기게 재생산되는 구조에 최초로 균열을 낸 이는 다름 아니라 김수영의 시세계를 그다지 신뢰하지 않았던 김현이다. 그는 ‘－보다’라는 비교부사격 조사에 주목하여 ‘시련을 가져오는 억압 세력’으로만 읽히던 바람조차 풀과 마찬가지로 끝내 눕고 울고 웃는 존재로 파악함으로써 시 텍스트가 본래 갖고 있었으나 주목되지 않던 측면을 부각시켰다. 그리고 그가 제시한 것이 ‘풀’이라는 사물이 ‘부드러움의 힘’을 표상한다는 해석이었다. 이 글은 그 ‘부드러움’의 실체가 ‘하늘＝자유’를 향해 올라가려는 ‘사랑’일 수 있다는 점을 덧붙여보려 한다.

 이때 가장 문제가 되는 시어가 바람이다. 바람은 풀의 직립과 성장을 방해한다는 점에서 그간의 독법처럼 부정적 시련 곧 적(敵)의 범주로 풀에게 다가올 법하다. 그러나 풀은 그 시련조차를 자신의 성장의 계기로 만들어버린다. 바람의 흔듦을, 줄기에 발목에 뿌리에 각인한 채 풀은 더 튼실히 하늘을 향해 팔 뻗을 수 있게 되는 것이다. 더구나 바람은 그 뒤에 성장의 확실한 계기로서의 비를 몰아오지 않았던가. 이쯤 되면, 풀의 이러한 성장이 적조차 감싸 안고 자유로 이행하려는 김수영 식 사랑의 함의를 적절히 대변한다고 보아 크게 무리는 없을 것이다. 따라서 이때의 풀은 그냥 ‘민중’이나 ‘시민으로서의 개인’[17]의 의미를 넘어 ‘사랑의 방법으로 자유에 도달하려는 정신'18)의 범주로 수용될 수 있다. 아마도 그때의 풀의 웃음은 하늘로 치솟아 꽃을 피우고 씨를 만들고 그 씨가 또 바람에 날려 흩어져 고요히 혁명을 예비하는 과정을 낙관하는 정신의 상징으로 납득할 수 있지 있지 않을까. 그 점에서 4·19혁명은 김수영 식의 사유와 성장을 예비한 하나의 '곶감씨'였던 셈이다. 이 곶감씨를 어떻게 퍼뜨리고 키울 것인가 하는 고민은 이제 온전히 문학교육의 몫 일 수밖에 없다.

4. 결론을 대신하여—4·19정신과 시문학 교육

두말 할 것도 없이 '문학교육'의 궁극적(!) 목표는 '말하기/듣기/읽기/ 쓰기'의 차원에서의 학생들의 국어능력이 '문학생산자'들의 수준이 되게 하는 것에 맞추어져야 한다. 이 말이 모든 학생들을 작가로 만들어야 한 다는 말과 동의어가 아니라는 점은 자명하다. 국어교육의 한 부문에 '문 학교육'을 놓았다는 것은 국어능력의 최대치가 발현된 결과물로 '문학작 품'을 꼽는다는 뜻일 터이다. 그리고 교육이란 본디 모두가 최고의 수준 을 발휘하게 되는 상태를 지향하지 않을 까닭이 없다. 따라서 문학교육 의 궁극적 목표가 작가 수준의 국어능력 갖추기가 되는 것은 자연스러 운 일이다.

그런데 이때의 작가수준의 국어능력이라는 것은 단순히 언어의 기능

---

17) 최인훈·김치수 대담, 「4·19정신의 정원을 함께 걷다」, 우찬제·이광호 편, 『4·19와 모더니티』, 문학과지성사, 2010, 25면.
18) 굳이 이 두 항목을 지양해 보려는 의도는 문지와 창비라는 각각의 문제 틀을 훨씬 뛰 어넘은 어떤 지점에 김수영의 문학이 서 있다는 사실을 적시해 보고 싶기 때문이다.

적 측면이나 도구적 측면에 국한될 수 있다거나 되어야 한다는 뜻이 아님은 물론이다. 말 자체도 그러하겠거니와 그것의 구성물인 문학작품이 작가의 삶과 결코 분리될 수 없는 것이기 때문이다. 신비평을 비롯한 서구 기능주의 문학관의 영향으로 문학작품을 작가나 사회와 분리해버릇한 지 오래인 것이 우리 문학교육판이긴 하지만 지난 20여 년 간의 변화 바람과 수정의 노력이 일정한 성과를 거두었다고 봄이 타당할 것이다. 시대나 사회를 비롯한 작품의 맥락 읽기가 문학교육의 중요한 성취 요소로 꼽히고 있는 데서 그러한 흐름을 쉽게 감지할 수 있다.

이러한 논의 과정에 따를 때, 작가 수준의 국어능력 성취라는 문학교육의 목표는, 자연스럽게 작가들이 자기들의 당대와 부딪치며 형성해 간 가치관, 인생관, 세계관과 만나는 일에 직결되기 마련이다. 즉 학생들은 한 작가가 시대와 분투하며 만들어낸 언어구성물(작품)과의 만남을 통해 그러한 언어 구성 능력에 대한 체험을 넘어 그 배후에 작동하는 사유와 만나게 되고 그 결과를 자기 자신의 능력과 고민에 비추어 봄으로써 최종적으로는 문학—철학적, 인문학적 존재로 거듭나게 되는 것이다. 이는 결국, 번드르르하게 말만 잘하는 기계가 아니라 자신의 말에 책임지고 실천하는 인격을 형성하는 일이 문학교육의 목표라는 뜻일 것이다.

굳이 50주년이어서가 아니라 4·19혁명에 연관된 작품들을 우리 문학교육의 현장들이 부단히 되짚어 톺아보아야 하는 이유도 바로 이점과 관련되어 있다. 우리 교육의 총체적 목표가 '자유' 혹은 '민주', '시민' 등의 근대적 개념에 밑닿아 있다는 점에 근본적으로 동의한다고 할 때, 우리 역사를 통틀어 그러한 개념을 밀도 있게 사유했을 뿐만 아니라 그 결과를 문학적으로 형상화해낸 거의 초유의 지점이 4·19혁명기이기 때문이다. 그 이후의 몇 십 년간은 그야말로 '한국적'이라는 수사에 의해 왜곡된 '자유'나 '민주'를 가르쳤다는 점에서, 오늘날의 교육은 어쩌면 당연히 4·19혁명을 자기 수정과 참조의 거점으로 삼아야 할 필요가 있는 것이다.

그 점에서, 김광규―신동엽―김수영으로 연결되는 4·19정신의 문학화 가운데 가장 주목해야 할 대목이 김수영의 (시)문학이라고 할 수 있다. '소시민'의 자세(김광규)에서 '대시민'의 자격을 말하는 변화의 뚜렷한 예라는 점에서도 그러하지만, 민족 분단이라는 질곡까지도 넘어서야 한다는 당위성만을 말하는 것(신동엽)이 아니라 그것을 실천할 수 있는 방법('사랑의 이행')에까지 자신의 사유를 밀고 나간 희유(稀有)한 예라는 점에서 더욱 그러하다.

이미 1960년대에 김수영의 사유는, 현재 우리들이 그토록 벗어나고자 애쓰는 '단일 중심적 사고'의 틀을 벗어던지고 있다. 큰 것과 작은 것, 아름다운 것과 비루한 것, 나와 적(敵), 시와 산문, 내용과 형식, 자본과 유물을 넘어 '온몸으로의 자유의 이행'을 말하는 그의 태도에서 우리는 '자유'에 관한 한 그 어떤 대체물도 찾을 수 없다는 근본주의적 철저함을 읽을 수 있다. 더구나 그 이행은 투쟁이 아니라 사랑으로 이루어져야 한다는 것이다. 이는 곧, 문학이라는 언어구성물에 눈뜬 자라면 모름지기 점진적이면서 근본적인 혁명에 고민하는 자라야 한다는 전언으로 읽힌다.

시문학 교육의 입장에서 이러한 김수영의 태도를 수용하려 할 때 가장 문제되는 지점이 바로 '작품 해석의 정전성'이 고수되는 현실일 것이다.19) 자신의 시 「풀」이 전국 문학교육 현장의 어디에서나 '끈질긴 민중

---

19) 이에 대해서 필자는 기왕에 그 문제점을 지적한 바가 있다. 교과서라는 틀이 존재하는 한 정전 만들기에는 어쩔 수 없는 국면이 존재한다. 그보다 더 문제적인 것은 학령인구

의 생명력을 예찬'하는 시라고 되풀이해서 풀이되고 있다는 점을 안다면 그의 표정이 어떠했을까. 교육현장의 관성과 보수성을 깨고 '작품 해석의 복수성'이 통용될 뿐만 아니라 그러한 해석과 수용의 능력을 정당하게 평가하고 측정하는 방법과 모델에 대한 연구가 시급히 시작되어야 할 필요가 여기에 있는 것이다. 적어도 김수영은 '민중이 중요하다.'라는 한 가지 말만을 목청 높이는 자유에 대해 말하고 있지 않음이 명백하다. 그가 이해한 4·19정신과 그것을 최대치로 언표화한 그의 시문학은, 자유를 말하는 방법의 다양함을 통해 자유의 실질이 펼쳐지고 실천되는 사회를 겨냥하고 있었던 것이다. 문학교육의 관점에서 4·19정신을 문제 삼는다는 것은 바로 그 점을 문학교육의 주체와 수용자 모두가 공유하게 되는 날을 기대한다는 뜻이기도 하지 않을까.

의 전부가 한 가지 해석으로만 시를 체험하는 현실이 아닐 수 없다. 이러한 현상을 타개할 구체적 방법론에 대한 천착이 필요한 시점이다. 졸고, 「한국 근대시 정전과 문학교육」, 『한국근대문학연구』 18, 한국근대문학회, 2008, 43~65면.

참고문헌

강만길 외, 『4월혁명론』, 한길사, 1983.

구중서·강형철 엮음, 『민족시인 신동엽』, 소명출판, 1999.

김명인·임홍배 엮음, 『살아있는 김수영』, 창비, 2005.

김유중, 『김수영과 하이데거』, 민음사, 2007.

김태환, 『문학의 질서』, 문학과지성사, 2007.

박지영, 「김수영 시에 나타난 '자연'과 '몸'에 관한 사유」, 『민족문학사연구』 20, 민족
　　　문학사학회, 2002, 271~299면.

사월혁명연구소 엮음, 『한국사회변혁운동과 4월혁명』, 한길사, 1990.

서울시립대학교 인문과학연구소편, 『한국 근대문학과 민족-국가 담론』, 소명출판,
　　　2005.

우찬제·이광호 엮음, 『4·19와 모더니티』, 문학과지성사, 2010.

유중하, 「하나에서 둘로-김수영 그 이후」, 『창작과비평』, 1999가을.

이광호, 「자유의 시학과 미적 현대성-김수영과 김춘수 시론에 나타난 '무의미'의 문
　　　제를 중심으로」, 『한국시학연구』 12, 한국시학회, 2005, 271~297면.

이명찬, 「한국 근대시 정전과 문학교육」, 『한국근대문학연구』 18, 한국근대문학회,
　　　2008, 43~65면.

임지현, 『적대적 공범자들』, 소나무, 2005.

장석원, 「김수영 시의 '새로움' 연구-전위 의식과 부정 의식을 중심으로」, 『한국시학
　　　연구』 8, 한국시학회, 2003, 233~269면.

진순애, 「1960년대 시학의 실천적 지평-4·19혁명정신의 실천을 중심으로」, 『한국시
　　　학연구』 12, 한국시학회, 2005, 335~391면.

최원식, 「'리얼리즘'과 '모더니즘'의 회통」, 『문학의 귀환』, 창작과비평사, 2001.

최원식·임규찬 엮음, 『4월혁명과 한국문학』, 창작과비평사, 2002.

학민사 편집실, 『4·19의 민중사』, 학민사, 1984.

한완상 외, 『4·19혁명론』, 일월서각, 1983.

황동규 편, 『김수영의 문학』, 민음사, 1997.

Sakai, N., 誰が' アジアiN' なのか?, 사까이 나오끼, 이규수 역, 『국민주의의 포이에시

스』, 창비, 2003.

Giddens, A. et al., *Reflexive modernization*, 앤소니 기든스 외, 임현진·정일준 역, 『성찰적 근대화』, 한울, 1998.

Jakobson, R., 로만 야콥슨, 신문수 역, 『문학 속의 언어학』, 문학과지성사, 1989.

Tate A., *Collected essays,* 엘렌 테이트, 김수영·이상옥 공역, 『현대문학의 영역』, 중앙문화사, 1962.

제 12 장

'4·19'와 현대 소설교육

—제2차 국어과 교육과정(1963~1973)을 중심으로—

김 혜 련
성신여자대학교 교육대학원 국어교육전공

1. '4 · 19'와 교과 지식의 정치성

이 글은 제2차 국어과 교육과정기(문교부령 제119호~제121호, 1963년 2월 15일 제정·공포) 중·고등학교 국어 교과서에 실린 소설을 대상으로 하여 4·19와 현대 소설교육과의 관련 상황을 고찰하기 위해 마련되었다.[1] '4·19'라는 정치, 사회적 사건과 '4·19 직후'의 제도 교육이라는 녹록치 않은 주제를 검토하기 위해 이 글은 두 가지의 익숙한 문법을 환기하는 것으로 논의의 곤혹스러움을 풀어가고자 한다.

먼저 정치, 사회사적 맥락과 제도 교육을 관계짓는 관점은 기본적으로 '교육'과 '사회'의 관계를 인정하는 문맥, 예컨대 넓은 의미의 교육사회학의 관점 속에서 제도로서의 학교, 그리고 제도로서의 교과에 대한 이데올로기적인 시각을 전제하고 있다는 점이다. 좁혀 보자면 '가르쳐야 하는 것'으로 주어진 국어 교과서와 그 안에 수록된 문학 작품은 지배 권력의 이데올로기에 의한 교과 지식의 선정과 배치의 결과라고 보는 입장과 관계가 깊다는 것이다.

일찍이 교육과정과 사회와의 관계에 대해 깊게 천착하면서 학교가 '지식을 분류 처리'하는 조직이라는 점을 강조해 온 신교육사회학자들에 따르자면 교과적 지식은 지배 권력의 선택과 배제의 논리에 의해 '분류 처

---

1) 제2차 국어과 교육과정은 4·19와 5·16으로 인한 사회 질서의 변화, 가치 구조의 변화 등 국내외 정세 변동과 함께, 1955년에 마련된 제1차 교육과정이 표방하던 경험주의 학습 활동과는 다르게 전개되자 이를 시정하고 '널리 사회생활의 필요에 응하는' 국어과 교육과정을 마련하고자 한 것이었다. 이에 대한 자세한 논의는 정준섭, 『국어과 교육과정의 변천』, 대한교과서주식회사, 1995, 66~70면 참조.

리'된 최종 결과물에 불과하다. 학교에서 전수되는 교과 지식이란 개인의 신체는 물론 정서와 욕망까지 개조하고 창발하는 '지식'의 헤게모니적 조작의 산물인 셈이다. 그 중에서도 교육과정과 이데올로기 간의 상보성에 대해 연구해 온 마이클 애플(Michael W. Apple, 1979, 2000) 같은 경우는 지배 권력의 입장에서 대중에게 지배 이데올로기를 설득하는 것만으로는 지속적인 지배가 어렵다고 본다. 그에 따르면 대중이 적극 찬성하고 따를 수 있는 보편적인 이념과 사상, 가치를 교육적으로 재구성하여 인지적 정의적 영역에 호소하여 내면화시켜야 한다. 따라서 교육적으로 기획된 국가적 가치들도 예컨대 자유나 평등, 민족이나 애국 등의 보편적 이념들은 지배 권력의 질서와 규율을 유지하거나 내면화하기 위해 구성된 제도적 지식일 뿐이다.2)

4·19와 제도 문학교육의 관계를 탐색하는 본고 역시 많은 지식들 가운데 과연 어떤 지식이 학교에서 가르쳐야 하는 지식으로 선별되는가, 그리고 그 선별의 주체는 누구인가에 대한 관심에서 출발한다.3) 예를 들

2) 영(M.Young), 번스타인(B.Bernstein), 고버트(D.Gorbutt), 이글스톤(J.Eggleston) 애플(Michael W. Apple) 등의 신교육사회학자들은 학교에서 중시되는 지식은 무엇이며, 어떤 것이 교과 지식으로 선별되는가에 주로 관심을 갖는다. 그 중 영은 기존의 교육연구가 교육내용을 주어진 것으로만 파악해 왔으나 교육 제도 속에서 선별 처리되는 것은 사람뿐만 아니라 지식도 마찬가지라고 주장한다. 그는 많은 지식 가운데 어떤 지식이 학교에서 가르칠 만한 지식으로 선별되느냐 하는 것은 학교 밖의 권력구조와 관련되어 있다고 본다. 이에 관한 논의는 M. Young, "Knowledge and Control", M. Young, ed., *Knowledge and Control*, London: Collier Macmillan, 1971; M. W. Apple, *Ideology and curriculum*, 마이클 애플, 박부권 외 역, 『교육과 이데올로기』 한길사, 1985; M. W. Apple, *Official knowledge*, 마이클 애플, 박부권 외 역, 『학교 지식의 정치학』, 우리교육, 2002; 김혜련, 『식민지기 중등학교 국어과 교육 연구』, 동국대학교 박사학위논문, 2010 참조.
3) 학교 지식의 이데올로기적 성격은 명료하게 규명되기 어렵다. 무엇보다 대중들은 자신들이 받은 교육대로 세상을 이해하려 하기 때문에 당연하게 인식해 온 것의 이데올로기성을 인정하지 않으려 하는 경향이 강하기 때문이다. 또한 학교에서 가르치는 지식을 모두 이데올로기적 산물로 보게 된다면, 교육은 이데올로기의 체계적인 확산과 심화 과정에 불과하여 교육의 본질이나 이상을 폄훼할 뿐만 아니라 교육 무용론까지 제기될 수 있다

면 국어 교과에서 가르치고 있는 지식은 무엇인가, 그 지식의 선정 기준이나 원리는 무엇인가, 나아가 국어 교과의 지식을 정당하고 객관적인 것처럼 보이도록 만드는 주체는 누구인가와 같은 질문들을 염두에 두며 진행할 것이다.

주지하듯이 국어 교과의 경우는 교과서의 기획에서 유통에 이르는 전 과정에 이르기까지 체제와 구성, 내용 등 교과의 각 영역이 국가에 의해 통제되고 관리되어 왔다. 그 결과 국가의 이념적 문법에 적합한 '국민'을 양성하는 데 효율적으로 기능함으로써 아울러 근대 국어교육이 시작된 이해 국정제라는 교과 편찬 제도의 비호 아래 교과 지식의 정치성을 강화해 온 대표적인 교과 중 하나로 존속되어 왔다.4) '자명한 진리'의 전수 자로서 자임해 온 국어 교과5)는 경우 국가 공동체의 지배 이념을 직접적이고 전일적으로 행사하는 국정제라는 교과 시스템 아래 개발되어 온 기획 출판물로서 무엇을 가르치고 무엇을 가르치지 말아야 할 것인가를 국가가 결정해 왔다는 점에서 교과 지식의 정치성 면에서 보다 문제적인

는 점도 이러한 관점이 가지고 있는 한계로 지적된다.

4) 국가의 교과서 통제와 국어 교과서의 국정화에 대해서는 김혜련(2008, 91~108면) 참조.

5) 다른 교과에 비해 국어 교과의 경우 '자명한 진리' 혹은 '객관적 권위'라는 인식과 친연성이 깊은데, 이러한 암묵적 인식은 '정전'의 문제와 관계가 있다. 항구 불변의 내재적 가치를 지닌 텍스트가 존재한다는 믿음에 의해 특정 텍스트들이 정전화 혹은 탈정전화의 과정을 통해 새롭게 태어나거나 은폐되고 있기 때문이다. 그러나 특정 텍스트가 '정전'이 되는 것은 본래부터 그 텍스트에 '정전'이 될 수밖에 없는 미적 원리나 감각, 원칙이 존재하기 때문이라기보다는 특정한 시대나 사회의 지배 이데올로기에 의해 선별되는 과정을 통해서이다. 따라서 교과서의 정전화를 비판하는 맥락은 '자명한 진리' 혹은 '객관적이고 절대적인 권위나 가치' 체계로서 국어 교과를 인식하는 관습적 사고에 대한 해체적 전략과도 맞물린다. '국어' 교과서의 정전 문제를 비판적으로 검토한 다음 논의들을 참조할 수 있다.
김창원, 「문학교육과 국가 통제」, 민족문학교육회 편, 『문학교육의 방법』, 한길사, 1991.
김상욱, 『문학교육의 길찾기』, 나라말, 2003.
차혜영, 「한국 현대소설의 정전화 과정 연구」, 『돈암어문학』 18, 돈암어문학회, 2005, 157~181면.
김혜련, 「현대문학 정전 재검토」, 『문학교육학』 25, 한국문학교육학회, 2008, 87~129면.

교과인 것이다.

사실 학교에서 가르치는 지식을 사회적 구성물로 이해한다든가 혹은 학교에서 가르치는 지식이 이데올로기적 성격을 지닌다든가 하는 관점은 국어교육에서 그다지 새로운 시각은 아니다. 그러나 정치 권력의 변화에 따라 교육과정의 변화를 경험해 온 우리에게 이 문제는 여전히 지속적인 숙고와 탐색이 요구되는 긴절한 문제라고 할 수 있다.

두 번째로 되짚어야 할 문제는 '4 · 19와 문학교육'이라는 관계 설정에 내재해 있는 '4 · 19의 자명성'에 대한 '어떤 믿음'이다. 이러한 믿음은 1960년대 이후 한국 사회의 결정적인 참조점이라 할 4 · 19라는 사건이 시간적으로 정확히 1960년대에 있었던 까닭에 나타나는 '4 · 19 효과'와 무관하지 않다. 문학교육을 비롯하여 한국 사회의 전 영역에서 4 · 19는 단순한 정치적 연대기적 숫자가 아닌 국민적 지각의 질적 변동을 견인해 온 전사적인 인증 코드로 기능하고 있기 때문이다.

그러나 이러한 자명성에 대한 믿음이 4 · 19 직후의 문학교육에도 4 · 19 효과가 명징하게 투사되었을 것이라는 추론으로 쉽사리 이어져서는 곤란하다. 1960년대 이후 전개된 제도 교육 현상은 4 · 19뿐만 아니라 이전의 한국 전쟁과 4 · 19 직후의 5 · 16, 경제 개발과 근대화, 사회 문화적 환경의 변화 등이 복합적으로 작용한 화학적인 결과물이기 때문이다. 대개의 국가 제도 교육은 복합적이고 다면적인 정치, 사회적 요인들이 얽히고 충돌하는 가운데 선택과 배제, 은폐와 전시의 논리를 통해 구축되는 혼효와 착종 현상을 내포하기 마련이다. 따라서 학교 문학교육에 대한 4 · 19의 직접적 대입과 그에 따른 관련성 추적은 자칫 역사적 환원을 단순 반복하는 결과를 초래할 수도 있다. 더욱이 지극히 '반제도적인' 4 · 19와 지극히 '제도적인' 교육과정기의 문학교육을 조회하는 일은 순탄하지도 않아 보일 뿐만 아니라 무모한 행위로까지 여겨질 수 있기 때문이다. 다소 앞질러 표현하자면 4·19 직후 개정 공포된 문학교육에서 4·19 자체를 재현하거나 주제화하는 내용은 거의 보이지 않는다. 4·19 이후의 문학교육 전체를 보다 정밀하게 탐사해야 하겠지만 적어도 어느 시기까지는 4·19는 부재의 형식으로, 즉 존재하지 않는 방식으로 존재하는 형국을 취하고 있다고 할 수 있다.[6]

이 글은 이상에서 제기한 두 가지 문제를 염두에 두면서 진행하되 1960년대 이후 한국 현대사가 4·19에 대한 반성과 극복을 통해 미완의 과제들을 해결해 나가는 과정으로서의 의미를 지닌다는 관점을 바탕으로 4·19가 현대 소설교육에 남긴 과제를 살펴보는 데 그 소박한 의의를 두고자 한다. 그에 따른 연구 대상은 2차 국어과 교육과정과 그에 따른 국어 교과서를 중심으로 하며 논의의 편의를 위해 1차 교육과정과 그에 따른 국어 교과서를 비교하는 방식으로 논의를 진행하고자 한다.

---

6) 이런 점에서 문학교육과 4·19의 조회는 4·19 직후의 2차 교육과정에서부터 현재 2007 개정 교육과정에 이르는 통시적인 검토를 통해 그 흔적을 탐사할 수 있을 것이다. 방대하면서도 지난한 작업이기에 본고에서는 미처 포괄하지 못하지만 '미완의 혁명으로서의 4·19'가 남긴 문학교육적 과제라는 점에서 교육사적 정리가 필요한 부분이다.

2. '미완의 혁명으로서 4·19'[7])와 국어교육의 부담

주지하듯이 4·19는 내적으로는 '민중의 대행자 이상의 역할을 수행할 수 없었던 학생층의 근본적 한계와 아직 비조직화된 상태에서 혁명의 직접 담당층으로 나설 수 없었던 민중들의 한계' 및 '그 이후 5·16에 의한 외적 한계 요인'으로 인해 '미완의 혁명'으로 그 성격이 규정되어 왔다.[8]) 풀어 말하자면, 4·19 과정을 통하여 민중들은 우선 자신들이 주체라는 점을 뚜렷이 인식하고 행동하게 되었으며 또 그러한 인식과 행동을 통하여 자신들의 실천적 행동을 제약하던 요소들을 극복하여 앞으로의 과정에서는 주체로서만이 아니라 운동의 직접적인 담당층으로까지 역할을 하게 되는 계기를 마련했다. 그러나 5·16 군사 쿠데타는 현상적으로 이 모든 시도를 원점으로 되돌렸고, 그에 따라 1960년대는 군사 독재와 재벌을 위주로 진행된 독점자본주의 체제 아래 '신식민주의적 질서가 한반도에 본격적으로 정착하는 계기'로 한국 현대사에 기록된다. 이런 점에서 '미완의 혁명으로서 4·19'라는 명명은 4·19에 대한 철저한 반성과 극복을 통해 미완의 과제를 해결해 나가야 한다는 시대적 책

---

7) 헤이든 화이트식으로 말하자면 역사란 역사 기술자가 선택한 '의미화의 체계'에 의해 구성된 그럴듯한 서사물일 따름이다. 즉 "'역사'란 언제나 다른 텍스트들을 상호 텍스트들로 사용해서 과거에 대한 스토리를 말하는 문제일 뿐"이며 "역사적인 이해 가능성을 설명하는 모델은, 간단히 말하면 결국 문학적인 서사이다." 따라서 "역사적인 설명의 논리적인 추구는 과거의 이해가 과학의 새로운 대상을 발견하는 것이라기보다 오히려 텍스트를 해석하는 문학적, 비평적 행위와 흡사하다는 것"을 인식할 필요가 있다. 이런 관점에서 보자면 이 글 역시 4·19에 대한 일정한 '의미화'의 과정일 수도 있다.
8) '미완의 혁명으로서의 4·19'라는 명명은 한국현대사에서는 매우 낯익은 표현이다. 우리나라 역사상 민중이 최초로 정권을 타도하는 데 성공한 역사적 의미를 갖고 있지만, 혁명과정에서 제기된 반외세, 민족통일, 자립 경제 등의 과제를 전면적인 사회혁명으로 완결 짓지 못했다는 평가와 관계가 깊다. 교육신문사 편, 『한국교육 100년사』 1권, 1999, 340~351면.

무성을 강조하는 선언적 규정인 셈이다.

5 · 16 군사 쿠데타에 의해 제3공화국을 출범시킨 박정희 정부 역시 '미완의 혁명'에 대한 정치적 부담을 끌어안게 된 것은 마찬가지였다.[9] 미완의 형식이었지만 이미 4 · 19라는 민주주의적 경험을 온몸으로 체득한 국민들을 봉합하여 새로운 정치 권력의 이데올로기에 부합하는 '국민'으로 구성해 내야 했기 때문이다. 새롭게 지배 권력을 잡은 대부분의 정권이 그러하듯 제3공화국 역시 기존의 대중에게 새로운 국가 이념을 주입하기 위해서 가장 효율적이고도 긴절한 제도적 장치 중 하나로 교육을 포획하였다.

4 · 19 직후에 들어선 제2공화국 당시에는 교원 노조가 결성되고 학도호국단이 폐지되는 등 교육계에도 개혁과 자유의 바람이 불어왔으나 5 · 16 이후 국가 권력을 탈획한 제3공화국 정부는 교원 노조를 불법화하고 교련 교과의 강제적 이수를 시행하는 등 교육의 국가적 관리와 검열 시스템을 강화하였다. 물론 교육과정은 1차 교육과정과 마찬가지로 진보주의 교육 사조의 영향 아래 '생활'과 '경험'을 주창하는 교육철학으로 일관했지만 군사정부는 '인간 개조와 사회 혁명'[10]을 교육 정책의 기본 목표로 제시하여 사회 개혁의 원동력으로서 인간의 의식 구조와 성향 개조를 강조하였다. 특히 개인의 성장 발달, 개인의 자기 실현, 개인의 행복 추구 등에 역점을 두었던 1차 교육과정과 차별화하여 사회적

---

9) 1공화국의 자유당 정권 말기인 1960년에는 국가 예산에서 원조의 비중이 52%로, 독립적이고 자주적인 국가라고 하기에는 무리가 따른 시기였다. 그럼에도 불구하고 집권층의 부패와 정권 연장의 야욕으로 3 · 15 부정 선거를 일으켰으며 그에 대한 국민적 저항과 분노가 4 · 19로 폭발되었다. 4 · 19 혁명으로 자유당이 붕괴되고 민주당 정권이 들어섰지만 곧 5 · 16 군사 쿠데타에 의해 다시 붕괴되고 군사 정권에 의한 3공화국이 시작되었다.
10) 교육신문사 편, 『한국교육100년사』 제1권, 1999, 359면.

윤리관의 확립과 미래지향적인 가치관 함양, 사회적 관점에서의 인간 형성 등을 중심으로 하는 사회적 인간형을 창출하는 데 역점을 두었다. 이러한 교육정책은 국어 교과의 경우도 예외는 아니었다.

> 국어교육은 철자법을 알고 말을 제대로 하고, 글자를 쓸 줄 알면 되는 것이 아니고, 인격을 길러 바람직하고 품격 있는 언어활동을 하여 국어의 이상을 높이는 데 있다. 다시 말하면 국어의 기능(skill)이나 이해를 통해 바람직한 인간성을 형성하는 데 궁극의 목표가 있음을 명백히 하여야 된다는 것이다.[11]

당시 편수관이었던 위 논자는 제2차 교육과정의 개정 배경과 방향을 설명하면서 제2차 교육과정기의 국어과의 본질적인 교육 목표를 국어교육을 통한 '바람직한 인간성 형성'으로 설정했다는 점을 강조하고 있다. 제2차 교육과정을 통해 정부는 민주적 신념과 반공 정신, 민주적 생활을 발전시킬 수 있는 인간 양성에 적합한 학습 경험을 기조로 내세워 국민들의 분열된 정서를 국가 중심으로 통합하고 이를 바탕으로 경제 성장에 전 역량을 집중시키고자 했던 것이다. 논의를 풀어가기 위해 먼저 1차 교육과정기와 2차 교육과정기의 국어과 교육과정의 체제를 살펴보기로 한다.

---

11) 이희복, 「국어과 교육과정의 개정과 교과 운영의 새 방향」, 『새교육』 3, 한국교육신문사, 1962.

[표 1] 1차 국어과 교육과정과 2차 국어과 교육과정의 체제[12]

	1차 교육과정(1955.8.1 제정 공포)	2차 교육과정(1963.2.15 개정 공포)
중학교	1. 우리나라의 교육 목적과 국어교육	Ⅰ. 목표 　1. 교육 목적과 국어 교육 　2. 국어과의 목표
	2. 국어과의 지도 목표 　말하기 · 듣기 · 읽기 · 쓰기[13]	Ⅱ. 학년 목표 　제1학년 · 제2학년 · 제3학년
	3. 중학교 국어과의 지도 내용 　• 지도 요소 　• 지도 내용 　1. 기초적인 언어 능력 　2. 언어 사용의 기술 　3. 언어 문화의 체험과 창조	Ⅲ. 지도 내용 　1. 기초적인 언어 능력 　2. 언어 사용의 기술 　3. 언어 문화의 체험과 창조
	4. 각 학년의 지도 내용 　말하기 · 듣기 · 읽기 · 쓰기[14]	Ⅳ. 지도상의 유의점
고등학교	一. 고등학교 국어(一)의 목적	Ⅰ. 목표 　1. 교육의 목표와 국어 교육 　2. 국어과의 목표
	二. 고등학교 학생의 언어생활 　말하기 · 듣기 · 쓰기 · 읽기	Ⅱ. 국어 Ⅰ 　1. 지도 목표(말하기 · 듣기 · 읽기 · 쓰기) 　2. 지도 내용(말하기 · 듣기 · 읽기 · 쓰기) 　3. 지도상의 유의점
	三. 고등학교 국어(一) 지도 내용 　말하기 · 듣기 · 쓰기 · 읽기	Ⅲ. 국어 Ⅱ 　1. 고전과정 　2. 한문과정
	四. 고등학교 국어(一) 지도의 구체적 목표	
	五. 단원 예	

　교육과정 체제 면에서 [표 1]을 보기로 한다. 중학교의 경우 제1차 교육과정이 '1. 교육목적과 국어교육 2. 국어과의 지도 목표 3. 중학교 국

---

12) 이하 제시하는 교육과정 문서는 교육부, 『초 · 중 · 고등학교 국어과 · 한문과 교육과정 기준(1946~1997)』, 2000을 근거로 삼는다.

13) 1차 교육과정 '2. 국어과 지도 목표'의 하위 내용은 다음과 같다. 이 내용은 2차 교육과 정에서는 'Ⅰ. 목표−2. 국어과의 목표'에서 그 내용이 동일하게 강조된다.

어과의 지도 내용 4. 학년별 지도 목표' 등의 네 부분으로 구성되어 있다면, 제2차 교육과정은 '1. 목표 2. 학년 목표 3. 지도 내용 4. 지도상의 유의점' 등의 네 부분으로 구성되어 있다. 제1차 교육과정이 왜 국어교육을 실행해야 하는가 그리고 무엇을 실행해야 하는가에 관심을 두고는 있지만 교육의 목표와 내용, 방법 등이 유기적인 관련성을 맺고 있지 못

말하기	1. 자기의 의사를 정확하게 말할 수 있다. 2. 자기가 한 말의 효과가 바로 나타날 수 있도록 이야기한다. 3. 듣는 사람의 마음을 움직일 수 있도록 이야기한다.
듣기	1. 남의 이야기를, 듣는 목적에 맞도록 바르게 듣고, 정확하게 판단할 수 있다. 2. 남의 이야기를 비판적으로 들을 수 있다.
쓰기	1. 자기의 생각을 잘 정리하여 분명하고 바르고, 알기 쉽게 쓸 수 있다. 2. 읽는 사람의 마음에 자기의 생각이나 느낌이 그대로 반영될 수 있도록 글을 쓴다. 3. 개성적인 글을 쓸 수 있다.
읽기	1. 글을 읽는 목적에 맞도록 바르게 읽을 수 있다. 2. 문학 작품을 바르게 읽을 수 있다. 3. 문장을 빨리 읽고, 많은 글을 읽을 수 있다.

14) 1차 교육과정 '4. 각 학년의 지도 목표'의 하위 내용 중 '문학' 관련 내용을 추출하면 다음과 같다. 이 내용은 2차 교육과정에서는 'Ⅱ. 학년 목표'에서 내용의 큰 변화 없이 제시된다.

제1학년	말하기-(12) 문학 작품을 감명 깊게 낭독할 수 있다. 듣기-(9) 문학 작품의 낭독을 듣고 감동을 받는다. 읽기-(11) 이야기나 소설의 줄거리를 바르게 잡는다. 읽기-(14) 현대 문학에는 어떠한 종류가 있는가를 안다.
제2학년	쓰기-(16) 간단한 창작을 할 수 있다. 읽기-(11) 긴 소설을 짧게 요약(要約)하여 본다. 읽기-(13) 우리나라 현대 문학의 대표적 작가 및 그의 작품에 대하여 연구한다. 읽기-(14) 우리나라의 고전문학으로는 어떠한 종류가 있는지를 안다.
제3학년	읽기-(11) 이야기나 소설에 작자의 견해가 어떻게 나타났나를 생각하며 읽는다. 읽기-(15) 현대 문학의 특징은 무엇인가에 대하여 연구한다. 읽기-(16) 널리 알려진 고전 작품을 읽는다. 읽기-(17) 우리말로 번역된 세계의 뛰어난 문학 작품을 읽는다.

한 반면, 제2차 교육과정은 국어교육을 실행해야 하는 목표와 내용, 그리고 지도 방법에까지 관심을 두고 있다. 제2차 교육과정이 1차 교육과정에 비해 국어교육이 실행되는 교수·학습 현장을 고려하여 실제성과 구체성을 반영하여 체계적인 교육 실행을 모색하고 있는 것으로 해석된다.

이러한 사정은 고등학교의 경우에도 다르지 않다. 가령, 제1차 교육과정의 경우 하위 구성 요소 간에 일관성이나 체계성이 다소 떨어지는 반면 제2차 교육과정에서는 국어과의 교육 목표를 제시한 후 국어과를 '국어1' 과정과 그에 대한 심화 과정 성격인 '국어2'로 나누어 전자의 경우 '목표', '내용', '지도상의 유의점'으로, 후자의 경우는 '고전'과 '한문' 과정으로 나누어 1차에 비해 비교적 체계적으로 제시하고 있다.

다음으로 제2차 교육과정 국어과 교육의 목표를 살펴보면, 중학교의 국어교육은 1차에 비해 2차가 큰 차이를 보이지 않지만 고등학교의 경우는 세부적인 목표에서 주목할 만한 차이를 보이고 있다.

(가) 'ー. 고등학교 국어(ー)의 목적'
 (1) 사회적인 요구에 적합한 것이어야 하며
 (2) 개인적인 언어 생활의 기능을 쌓는 것이어야 하며,
 (3) 중견 국민으로서의 교양을 갖추는 것이 되어야 할 것이다.

(나) (2차 교육과정) '국어과의 목표'
 (1) 세련된 국어의 교양을 쌓아 건전한 사상의 소유자로서 민주 생활을 개선할 수 있도록 한다.
 (2) 정확하고 품위 있는 말하기, 듣기, 읽기, 쓰기의 기능을 높여, 유능한 사회 생활을 할 수 있도록 한다.
 (3) 이해력과 표현력을 길러, 식견과 취미를 풍부히 하는 기능과 태도

를 기른다.

(4) 정확하게 말하고 듣는 습관과, 문학을 감상하는 태도를 길러 국어
의 이상을 높이도록 한다.

(5) 일상 생활에 널리 쓰이는 한자, 한문 및 고전에 대한 소양을 높
인다.

   (가)의 '국어'의 목적은 1차에 이어 2차 교육과정에서도 그대로 유지되지만 2차 교육과정은 (가)의 일반적인 국어과 교육 목표를 구체화하여 (나)와 같은 새로운 내용을 첨가한다. 예컨대 국어과의 세부 목표 중 첫 번째 항목인 "(1) 세련된 국어의 교양을 쌓아 건전한 사상의 소유자로서 민주 생활을 개선할 수 있도록 한다"에서 명시하고 있는 '건전한 사상'이나 '민주 생활 개선' 등은 4·19와 5·16 군사 쿠데타 이후에 새롭게 제시된 용어들이다. 즉 제2차 국어과 교육과정을 개정한 3공화국은 고등학교 국어 교육의 목표로서 건전한 사상과 민주 생활 개선을 선정한 것이다. 이들은 학습자의 개인적인 능력의 함양이나 태도의 개선보다는 사회적 가치의 내면화에 보다 역점을 둔 것으로 보인다. 이러한 점은 2차 교육과정을 개정하게 된 이유 중 하나가 "(제1차 교육과정은) 단편적인 지식 주입에 편중한 나머지 인격의 도야에 소홀"[15]했기 때문이라는 교육 당국의 고백을 통해서도 알 수 있다. 결국 총론에서 제시하고 있는 '인격의 도야'가 국어과 교육과정에서는 '건전한 사상과 민주 생활 개선'이라는 용어로 구체화된 것이다.

---

15) 교육부, 『초·중·고등학교 국어과·한문과 교육과정 기준(1946~1997)』, 2000, 116면.

3. 문학교육을 향한 국가의 호명

그렇다면 국어과의 하위 항목으로 설정되어 있는 문학 영역에서는 그 사정이 어떠할까? 대상에 대한 미적 형상화라는 관점에서 볼 때 개인의 내면과 공동체의 언어 문화 형성이라는 면에서 문학은 다른 영역에 비해 지배 가치와 지배 문화의 '통합자'로서의 교과적 지식을 구성하는 데 적절한 영역으로 기능한다.16) 따라서 통시적인 관점에서 문학교육의 목표를 검토한다는 것은 넓은 의미에서 문학과 사회(국가 공동체와 교육 공동체 등)의 관계망 속에서 문학교육의 이념이 구성되어 온 과정을 탐색하는 것과 유사한 의미이다. 이러한 관점에서 2차 교육과정기의 문학교육(고등학교)의 목표를 1차 교육과정의 목표와 함께 살펴보기로 한다.

[표 2] 1차 교육과정의 문학교육의 목표와 2차 교육과정의 문학교육의 목표 비교

1차 교육과정 〈읽기〉 3. 문학 학습의 목표	2차 교육과정 〈읽기〉 ㄴ. 문학 학습의 목표
ㄱ. 시, 소설, 수필, 희곡, 전기 등의 문학에 대한 지식과 이해를 가지고 이를 즐겨 읽는다. ㄴ. 인생의 반영으로서의 문학 작품을 감상하는 힘을 기른다. ㄷ. 촌가(寸暇)를 아끼어 독서를 즐기는 생활을 가지게 한다. ㄹ. 문학 작품을 읽음으로써 인생에 대한 흥미를 느끼고 언어생활에 적응(適應)하	(1) 한국 문학의 발전의 대강과 저명한 작가 및 작품에 대하여 알도록 한다. (2) 한국 문학의 여러 가지 형식과 그 특색에 대하여 알도록 한다. (3) 한국 문학 발전에 영향을 준, 온갖 요인(사회적, 경제적, 문화적, 문화사적)에 대하여 알도록 한다. (4) 동양 및 서양 작가의 뛰어난 작품에 대하여 대강 알도록 한다.

---

16) 문화의 '통합자'라는 용어는 레이몬드(Raymond Williams)가 제도로서의 학교를 현존하는 지배 문화의 중요한 전수자(傳受者)이자 지배 문화를 확고하게 다져가는 통합자로 규정하면서 사용한 용어이다. R. Williams, "Base and Superstructure in Marxist Cultural Theory", Roger Dale et all, *Schooling and Capitalism: A Sociological Reader*, London: Routledge & Kegan Paul, 1976.

는 힘을 기른다.

ㅁ. 문학 작품을 읽음으로써 감정을 도야하고 삶의 즐거움을 느낀다.

ㅂ. 문학 작품에 나타나는 인물을 판단하고 비교하는 능력을 기른다.

ㅅ. 문학 작품을 읽음으로써 정의, 우정, 지성, 헌신, 성스러운 것에 대한 존경 등의 관념을 기른다.

ㅇ. 문학 작품을 읽고, 작가의 창작 의도를 알게 된다.

ㅈ. 문학 작품을 읽고, 작가의 사상 감정과 서로 통하다.

ㅊ. 수식적인 말을 감상하게 한다.

ㅋ. 개성적인 문체의 다름을 인식하게 된다.

(5) 한국 문학과 외국 문학과의 특징을 대강 알도록 한다.

(6) 문장을 읽어, 주제와 요지를 파악하고, 또 인생과 사회 문제에 대하여 생각을 깊이 할 수 있도록 한다.

(7) 여러 가지 문제를 알고, 각각 그 표현의 특색을 이해 감상할 수 있도록 한다.

(8) 뛰어난 문장을 읽어 음미함으로써 언어에 대한 멋을 알고, 언어생활에 적응시킬 수 있도록 한다.

(9) 작품 속 인물의 성격, 심리, 사상 또는 작가의 상상력 및 관찰력, 감상력, 사고력 등을 알고, 그것에 대하여 의견을 가질 수 있도록 한다.

(10) 작품을 읽음으로써 인생에 대한 흥미를 느낄 수 있도록 한다.

(11) 문학 작품을 읽음으로써 감정을 도야하고 삶의 즐거움을 느낄 수 있도록 한다.

(12) 개성적인 문체의 다름을 인식할 수 있도록 한다.

(13) 좋은 작품과 그렇지 못한 작품을 구별할 수 있도록 한다.

(14) 주인공의 온갖 성격을 해석하고 분석할 수 있도록 한다.

(15) 문학 작품을 통해 받은 자극으로 하여금, 바람직한 공상을 할 수 있도록 한다.

(16) 문학에 대한 필요한 견문과 지식을 도서관이나 참고서, 사전 등에서 찾아 낼 수 있도록 한다.

(17) 현대 작가를 평가할 수 있도록 한다.

(18) 인생의 반영으로서의 문학 작품을 감상하는 힘을 기를 수 있도록 한다.

(19) 작품을 통하여 온갖 가치있는 경험과 뛰어난 개성에 접할 수 있도록 한다.

(20) 작품을 통하여 인간성과 미에 대한 감수성을 높이게 한다.

(21) 온갖 형식의 작품을 그 특색에 따라 이해하고, 감상하고, 비평하도록 한다.

(22) 좋은 작품을 실은 잡지를 자발적으로 읽도록 한다.

(23) 많은 작자의 사고 방법과 사상에 접하여 스스로 사고하는 습관을 지니도록 한다.

(24) 정서를 풍부히 하고, 높이기 위하여 뛰어난 작품을 읽도록 한다.

다소 장황하지만 그대로 제시한 이유는, 2차 교육과정의 입안자들이 1차 교육과정에 비해 문학교육 관련 목표를 24항으로 상세화하고 있다는 점을 주목할 필요가 있기 때문이다. 2차 교육과정기의 문학교육의 내용은 국문학사와 국문학의 형식에 대한 이해에서 동서양 작가 작품의 이해, 문체와 수사법의 이해, 도서관 이용법에 이르기까지 체계적이지는 않지만, 포괄적으로 망라하고 있다.[17) 이러한 점에 주목하면 2차 교육과정의 의의를 '제1차 교육과정기의 틀을 유지하며 내용을 보완한 것'[18)이나 혹은 '1차의 완성기'[19)라는 의미로 이해할 수도 있다.

그러나 위 내용에는 '보완'이나 '완성' 이상의 다른 의미가 투사되어 있다. 이를테면 '목표'를 구성하는 항목들의 경우 문학 일반에 대한 이론적인 요소들을 총망라하여 단순히 배열한 것만은 아니다. 여기에는 '한국문학'이라는 국가적, 민족적 정체성을 부각시키려는 시각이 담겨 있다. (1)~(3)에 이르는 문학교육의 목표는 모두 '한국문학'으로 범위와 대상을 규정하고 있고, (4)에서 제시하는 동양문학과 서양문학의 비교 역시 다시 (5)에서 외국문학과 다른 한국문학의 특징을 습득하는 방향으로 수렴되고 있다.

2차 교육과정기의 문학교육은 (3), (6), (7) 등에서 볼 수 있듯 '문학 작품을 둘러싼 온갖 요인(사회적, 경제적, 문화적, 문화사적)'((3)), '인생과 사회 문제'((6)) 등은 물론 '작가의 상상력 및 관찰력, 감상력, 사고력 등'((9)), 인생에 대한 흥미((10), 삶의 즐거움((11)) 등 작품의 사회적·역사적 맥락은 물론, 학습자가 살아가는 삶의 맥락에서 문학 작품을 파악하도록 하

---

17) 우한용, 『한국 근대문학교육사 연구』, 서울대학교 출판부, 2009, 112면.
18) 우한용, 『한국 근대문학교육사 연구』, 서울대학교 출판부, 2009, 112면.
19) 윤여탁 외, 『국어교육 100년사』 2, 서울대학교 출판부, 2006, 321면.

는 시각을 제시하고 있다. 문학교육을 통해 학습자로 하여금 사회적·역사적 현실에 대한 인식을 유도하고 있는 점은 당시로서는 진보적인 시각으로 읽힐 수 있다. 그러나 쉽게 지나치지 말아야 할 것은 (1)~(3) 항을 통해 반복적으로 제시하고 있는 '한국'이라는 국가 정체성을 환기하는 범주명이다. '한국'이라는 범주명은 지극히 섬세하고 다채로운 문학의 양상들과 그 향방을 조절하고 제어하기 위해 호명된 국가적 장치인 셈이다.

요컨대 2차 교육과정기의 문학교육은 '건전한 사상'과 '민주 생활 개선'이라는 총론의 방향을 '한국'이라는 국가적 채널로 수렴한 것이며 이는 궁극적으로 2차 교육과정을 입안한 교육 권력이 의도하고 있는 '민주적 신념과 올바른 국민정신 함양'을 통한 '반공 이념의 확립과 반공 의식의 함양'[20]이라는 국가의 교육적 기획을 구체화한 것이며 이는 달리 말해 문학교육에서 '가르쳐야 할 것'의 선정과 배제를 위한 국가적 기준을 제시한 것이라고 할 수 있다.

4. 소설교육을 위한 제재와 활동의 이념적 선정

교육과정이 교육에 관한 심층적 원리를 제공하는 국가적 교육 기획을 말한다면, 교과서는 교육에 관한 표층적인 대상으로 구체화된 것을 말한다. 즉 교과서를 편찬하기 이전에 교과서 편찬의 구체적인 방향이나 지침을 제시하는 국가적인 기획이 먼저 수립되며 교과서 편찬은 교육과정

---

20) 난대 이응백 박사 고희 기념 논문집 간행위원회 편, 『광복 후의 국어교육』, 한샘, 1992, 51면.

을 준거로 삼아 실행되는 실무 작업에 해당하는 것이다. 교육과정에 대한 제반 논의 속에서 교과서에 관한 논의는 교육과정에서 제시한 국어과 교육의 목표, 성격이라는 거시적 내용과 학년별 내용, 교수·학습 방법, 평가라는 미시적 내용을 교과서가 어떻게 그리고 어느 정도로 반영하고 있는가 등에 대한 연구로 구체화되어야 한다. 그 중에서 본고에서는 주로 어떤 내용을 어떻게 가르쳤는가를 제재와 활동을 중심으로 살펴보고자 한다.

[표 3] 1차 교육과정의 '문학' 관련 내용과 『중학 국어』의 '문학' 관련 단원(중학교)

중학교	국어과 교육과정	교과서 『중학 국어』		작가명
1학년	말하기-(12) 문학 작품을 감명 깊게 낭독할 수 있다. 듣기-(9) 문학 작품의 낭독을 듣고 감동을 받는다. 읽기-(11) 이야기나 소설의 줄거리를 바르게 잡는다. 읽기-(14) 현대 문학에는 어떠한 종류가 있는가를 안다. 쓰기-(16) 간단한 창작을 할 수 있다.	1학기	마지막 공부	알퐁스 도데
		2학기	사냥	이효석
2학년	읽기-(11) 긴 소설을 짧게 요약(要約)하여 본다. 읽기-(13) 우리나라 현대 문학의 대표적 작가 및 그의 작품에 대하여 연구한다. 읽기-(14) 우리나라의 고전문학으로는 어떠한 종류가 있는지를 안다.	×		
3학년	읽기-(11) 이야기나 소설에 작자의 견해가 어떻게 나타났나를 생각하며 읽는다. 읽기-(15) 현대 문학의 특징은 무엇인가에 대하여 연구한다. 읽기-(16) 널리 알려진 고전 작품을 읽는다. 읽기-(17) 우리말로 번역된 세계의 뛰어난 문학 작품을 읽는다.	1학기	창랑정기	유진오
		2학기	IX. 소설 2. 은촛대 3. 큰바위얼굴	빅토르 위고 나다니엘 호손

[표 4] 2차 교육과정의 '문학' 관련 내용과 『중학 국어』의 '문학' 관련 단원(중학교)

	국어과 교육과정		교과서 「중학 국어」	작가명
1학년	말하기-(8) 즐겨 문학작품을 낭독하도록 한다. 읽기-(7) 이야기나 소설의 단락을 알고, 줄거리를 바르게 잡을 수 있도록 한다.	2 학기	Ⅷ. 낭독과 발표 　3. 소설의 낭독 　　(사냥)	이효석
2학년	읽기-(2) 우리나라 현대문학의 대표적 작가와 그 작품 및 고전문학의 종류를 알도록 한다.		Ⅳ. 효과적인 문장 표현 　4. 산 　5. 지도	이효석 채만식
3학년	읽기-(2) 번역된 세계 명작, 널리 알려진 우리나라 고전 작품을 읽으며, 현대문학의 특징이 무엇인가를 알도록 한다.	1 학기	Ⅱ. 독서생활 　4. 소나기 　5. 큰바위얼굴	황순원 나다니엘 호손
	읽기-(7) 우리나라의 대표적인 운문, 소설, 수필을 읽고 그 짜임과 전개를 알며 감상할 수 있도록 한다.	2 학기	Ⅷ. 현대문학의 길 　3. 제리의 어머니	마거릿 롤링즈

—진한 칸 각주 24 참조

2차 교육과정기 현대 소설교육은 문학 자체의 내적 질서나 미의식보다는 문학의 효용이나 기능성을 강조한 제재들을 중심으로 실행되었던 것으로 보인다. 먼저 [표 3]과 [표 4]를 보면 중학교의 경우 1차에서 5편이었던 소설이 2차에서는 4편으로 다소 줄었다. <마지막 공부>, <창랑정기>, <은촛대>가 빠지고, <산>, <지도>, <소나기>, <제리의 어머니>가 새로 들어갔으며, <사냥>, <큰 바위 얼굴>은 1차에 이어 2차에도 실린 작품들이다. 그 중 1차 때는 선정되었으나 2차 교육과정 개정에 따른 교과서에는 선정되지 않은 소설 중 일부를 살펴보기로 한다.

먼저 <창랑정기>(<동아일보>, 1938. 4. 19~4. 24)는 과거에 대한 회상이 중심이 되는 서사들로서 뚜렷한 사건이 부각되기보다는 애수 혹은 향수가 중점적으로 그려지고 있는 소설이다. 이 작품에 대한 당대의 평가는 성격 형상화에 실패한 작품, 과거에 대한 감상적 회고담에 불과하

다는 견해와 타인에게 보이고 싶지 않은 심오의 일면을 피력한 것이라
는 견해로 대별된다.21)

이 작품의 대략적인 줄거리는 도시에서 태어나고 자란 까닭에 특별히
고향이랄 곳이 없는 30대 중반의 서술자가 어린 시절 아버지와 함께 처
음으로 갔던 창랑정을 그 이후 두 번 다시 찾으면서 유년시절의 기억들
을 되짚어 나가는 이야기이다. 대원군의 섭정, 임진왜란, 병인양요라는
역사적 시기를 함께 한 창랑정의 황폐한 모습은 "단숨에 대륙의 하늘을
무찌르려는 전금속제 최신식 여객기"가 날아다니는 중일전쟁의 공포로
부터 벗어나 안기고 싶었던 서술자에게 환멸의 장소로 다가온다. 창랑정
이 있던 곳은 큰 공장과 석탄재 더미로, 아름다운 노을이 지던 하늘은
검은 연기와 대륙을 위협하는 최신식 여객기가 차지하고 있다. 거칠게
말하면 <창랑정기>는 시간의 불가항력을 느낀 서술자의 환멸의 기록인
셈이다. <창랑정기>에 드리워져 있는 환멸이나 패배, 폐쇄적인 이미지
들은 학습자들의 인지적, 정의적, 심리적 태도에서 밝고 긍정적인 성장
을 유도해야 하는 교과서의 제재로는 그다지 적절하지 않을 수 있다. 특
히 현실에 대한 자조와 환멸을 느끼고 있는 지식인의 모습은 4 · 19 혁
명이 완성된 혁명으로 나아가지 못하고 미완의 혁명으로 머물고 만 것
에 대한 당대 지식인층에게 유사한 감상을 불러일으킬 수도 있을 '불온
한' 소설로 읽히기에 충분하기 때문이다.

<마지막 공부>는 식민지 국민의 자국어 사랑과 그를 통한 민족애를
보여주는 소설이지만, 지배권력에 대한 도저한 저항감이 강렬하게 뿌리
내리고 있는 소설이라는 점에서 획일적이고 강제적인 이념교육을 통한

---

21) 전자는 주로 최재서, 후자는 주로 임화가 거론된다.

정권의 정당성 확보와 그 유지가 절실했던 5·16 이후의 군사정권에게
는 탐탁하지 않았을 거라는 추론이 가능하다. 반면, 이효석의 <사냥>은
위의 표에서도 확인할 수 있듯이, 소설로서 이 작품을 가르치기 위해 선
정한 것이라기보다는 낭독용 교재(말하기 (8))로 선정한 것이다.[22]

그렇다면 결국 2차 교육과정기 중학교 소설교육을 위해 선정한 작품
은 외국 소설 <큰 바위 얼굴>, <제리의 어머니>를 제외하면 한국 소
설로는 황순원의 <소나기>가 유일하다. 관련 교육과정을 통해 이 작품
의 선정 근거를 살펴보면 <소나기>는 '소설의 짜임과 전개'를 가르치기
위해 선정되었다. 그러나 교과서에 구안된 학습 활동의 방향은 <소나
기>의 교육 목표와는 다르게 구안되어 있다.

일반적으로 학습활동은 학습자들이 어떤 작품을 읽고 어떤 활동을 해
야 하는지 안내하고, 그러한 활동을 통해 도달하기를 바라는 지점(목표)
로 유도하는 기능을 한다. 따라서 학습활동은 교육과정 내용을 충실하게
반영하는 것이어야 할 뿐만 아니라 그 내용을 전개하는 방식이 학습의
과정을 절차적으로 보여주고 안내해 줄 수 있도록 구안되어야 한다. 따
라서 학습활동을 검토한다는 것은 학습활동이 교육과정의 관점과 그것
에 근거하여 설정된 학습목표를 효과적으로 구현하는 방향으로 구성되었
는가 그리고 학습활동의 내용과 전개 방식이 학습목표를 구현하기 위해
체계적으로 구성되었는가 하는 점을 검토한다는 의미이다. 이 시기 국어
교과서의 학습 활동은 '익힘문제'의 형식으로 제안되어 있다. '익힘문제'
는 독립된 면으로 구성되지 않고 본문이 끝나면서 바로 제시되어 있다.

---

22) 물론 이 작품과 관련된 중학교 1학년 교육과정에는 '읽기-(7) 이야기나 소설의 단락을
알고, 줄거리를 바르게 잡을 수 있도록 한다'는 목표도 함께 설정되어 있지만 실제 교
과서를 펼쳐보면, 이에 관한 활동은 없으며 본문 중에 낭독 표시만 제시되고 있는 것으
로 보아 전형적인 낭독용 교재로 선정되었던 것으로 보인다.

(가) 「4. 소나기」

익힘문제

1. 주인공의 성격이 잘 드러난 곳을 찾아서 적어 보라.
2. 이 글에 나타난 어린이다운 생각이나 행동을 살펴보라.
3. 이 글의 주제가 무엇인가를 알아보자.

(나) 「5. 큰바위 얼굴」

1. 이 소설의 줄거리를 500자 정도로 요약하여 써 보라.
2. 이 소설을 읽고 다음에 적은 점에 대하여 생각해 보라.
   ㄱ. 지은이는 큰 바위 얼굴과 인생과를 어떻게 연결짓고 있는가?
   ㄴ. 지은이는 어떤 사람을 위대한 사람이라 생각했는가?
   ㄷ. 어어니스트는 어떤 점이 남들보다 훌륭하였는가?

(가)는 소단원 <소나기>의 학습 활동이고, (나)는 소단원 <큰 바위 얼굴>의 학습 활동이다. 교육과정과의 관련성 면에서 볼 경우, 이들 작품은 외국문학과 비교하여 한국문학의 특징을 알게 하고(읽-(2)), 소설의 짜임과 전개 과정(읽-(7))을 교수·학습하기 위한 의도로 설정되어 있다. 그러나 '익힘문제'를 살펴보면, 이 작품의 학습을 통해 정작 학습자들이 습득하도록 의도하는 것은 작품의 주제 이해와 그것을 통해 인간이 지향해야 하는 삶의 제시나 인간성의 함양에 있는 것으로 보인다. 예컨대, <소나기>의 '익힘문제' 1번의 '주인공의 성격'은 2번의 '어린이다운 생각이나 행동'이라는 부분으로 암시되고, 또 이 두 활동을 통해 3번에서 요구하는 이 소설의 전체적인 주제로 수렴된다. 즉 세 가지의 활동들은 인물의 행동이나 생각을 통해 인물의 성격을 파악하게 하고 그를 통해 주제를 추출하게 하는 방식으로 배치되어 있는 것이다. 결국 일련의 활동은 교육과정에서 제시한 소설의 짜임과 전개를 파악하는 것과 관련된

학습 목표를 구안하는 것과 관계없이 학습자들로 하여금 이 소설에서 소년 소녀의 때 묻지 않은 순수성이나 순진하고 소박한 인간됨을 경험하도록 설정되어 있다.[23]

<큰 바위 얼굴>은 인간이 지향해야 하는 가치는 돈이나 권력 등 세속적인 것에 있는 것이 아니라 말과 사상, 행동이 일치하는 삶이라는 점을 강조한다. 이 단원 역시 '인생'이나 '위대한 사람', '훌륭한 사람' 등을 환기하는 활동을 수행해 나가면서 학습자들이 자연스럽게 바람직한 인간형을 상상하고 모색하도록 그 의도를 드러내고 있는 것이다. 요컨대 2차 교육과정기 중학교의 소설교육의 대상으로 선정된 작품들은 현실에 대한 저항이나 사회적인 반향을 유도하는 내용과는 거리가 멀다고 할 수 있다.[24] 이들 제재들은 세계라는 타자에 이미 동화되어 세계 속에서 순응하며 살아가는 존재로서의 인간을 강조한다.

---

23) <소나기>의 경우는 2차 교육과정기에 처음 등장한 이래 7차 교육과정기에 이르기까지 국어 교과서에 계속 수록된 작품이다. 일제의 강점이라는 현실적인 측면은 괄호치고 때 묻지 않은 인간의 순수성을 보여주고 있는 이러한 작품의 선정과 관련하여 문학교육을 통해 길러내고자 하는 인간형에 대해 고찰할 필요가 있다. 거칠게 보면 교과서 수록 작품 속의 인물들은 계몽적 인간형과 미적 인간형으로 구분될 수 있다. <요람기>(3차, 4차, 5차, 6차)나 <사랑 손님과 어머니>(5차, 6차, 7차) 등이 후자라면, 1차에 이어 2차에도 고등학교 국어 교과서에 수록된 <뽕나무와 아이들>의 경우는 전자의 경향이 강하다고 할 수 있다.

24) 한편, 2차 교육과정기 중학교 국어 교과서 중 1965년에 발행된 2학년 교과서에는 이효석의 <산>과 채만식의 <지도>가 실려 있다. 채만식의 <탁류>의 앞부분에 해당하는 <지도>는 금강의 남북 줄기가 흐르는 지점을 설명하고 있는 내용으로 다른 부분에 비해 문학성이 떨어지는 제재라는 평가가 지배적인 작품이다. <산>은 7년 동안이나 머슴살이를 하다가 주인으로부터 첩과의 관계를 의심받아 빈털터리로 쫓겨나 산으로 들어가 살기로 한 중실에 관한 이야기이다. 중실에게 산은 "사람을 배반할 것 같지" 않은 공간으로 선택되며, 거기에서 그는 개인의 욕망과 자연이 합일된 화해와 평화만이 존재하는 것을 느낀다. 그에게 '산'은 인간의 세계에서 받았던 고통이나 갈등을 치유하는 화해와 자족의 공간인 것이다. '산'에는 사회보다는 개인이, 공적 의무보다는 사적 욕망이 존재한다. 이러한 은밀하고 사적인 욕망의 세계는 새로운 군사 정권에 적합한 국민적 자질에는 유효하지 않았던 것으로 판단되었는지 바로 이듬해인 1966년도 판『중학 국어』에서부터 제외되기 시작했다.

다음은 2차 교육과정 고등학교의 소설교육을 위한 제재로 선정된 작품을 1차 교육과정기의 그것과 함께 제시한 것이다.

[표 5] 1차 교육과정의 '문학' 관련 내용과 『고등 국어』의 '문학' 관련 단원(고등학교)

고등학교	국어과 교육과정	교과서 『고등국어』 (1957, 1958, 1959)	작가명
1	읽기-(4) 소설을 재미있게 읽는다 읽기-(7) 여가를 이용하여 문학작품을 즐긴다.	Ⅶ. 장편소설 　1. 소설의 첫걸음 　2. 소설의 핀트 　**3. 뽕나무와 아이들**	심훈
2	읽기-(6) 소설을 감상한다.	×	
3	읽기-(5) 여러 가지 문학 형식의 특징을 안다. 읽기-(7) 촌가를 아끼어 독서를 즐기는 습관을 붙인다.	Ⅱ. 단편소설 　1. 단편소설의 특질 　**2. 별**	알퐁스 도데

[표 6] 2차 교육과정의 '문학' 관련 내용과 『고등 국어』의 '문학' 관련 단원(고등학교)

고등학교	국어과 교육과정	교과서 『고등국어』(1968)	
1	※ 학년별 지도 내용이 별도로 제시되어 있지 않음	Ⅰ. 현대문학의 감상 　1. 일기와 편지 　2. 현대시조 　**3. 뽕나무와 아이들** 　4. 청춘예찬	심훈
2		×	
3		Ⅴ. 현대문학의 감상 　1. 한국 현대 시정 　2. 외국 시인의 시정 　3. 소설의 감상 　**4. 별**	알퐁스 도데

—진한 글씨는 수록 작품명

고등학교의 경우 선정된 작품이 1차 때와 동일하다. <뽕나무와 아이들>은 1935년 동아일보 창간 15주년 기념 현상 모집 당선작인 <상록

수>의 일부이다. <상록수>는 농촌에서 헌신적인 봉사 활동을 펼친 젊은 지식인들의 삶과 사랑이 세련된 문체로 표현되어 있는 1930년대를 대표하는 작품 가운데 하나이다. 계몽이나 애국심의 고양을 주된 이상으로 삼으며 개인적인 삶보다는 사회적인 가치 질서를 우선시한 작품이다.

교과서에는 채영신이 아이들에게 한글을 가르치는 장면을 수록하여 채영신의 헌신과 희생, 아이들이 보여주는 향학열을 보여주고자 한다. 고향인 청석골의 농민들과 아이들, 부인네들에게 한글이라는 문자를 보급하는 채영신은 한글 보급을 통한 농촌 계몽을 실현하기 위해 자신의 목숨까지 희생함으로써 '민족의 희생양'이라는 이미지로 강렬하게 각인된다. 그러나 이 작품은 잃어버린 조국에 대한 강렬한 의식이나 일제 식민 통치 하의 농촌의 심각한 가난과 그 가난의 근본적인 원인을 추적하지는 못하고 있다. <상록수>는 제국 일본에 대한 도저한 저항감이나 투쟁 의지를 표출하기보다는 잃어버린 공동체로서의 '고향'을 환기함으로써 복원해야 하는 고향의 이미지를 환기하는 데 충실한 문학 담론인 것이다. 그런 점에서 상록수는 학습자들로 하여금 이상으로 삼아야 할 공동체적 삶의 모습을 시사하고 그러한 삶을 내면화하도록 유도하기 위한 제재로 선정된 것으로 보인다. 이것은 개인의 안위에는 아랑곳하지 않고 공동체적 이상을 실현하기 위해 몰두하는 인물들을 통해 국가와 민족이라는 공동체적 삶을 중시하는 인간상을 강조하는 교육 기획의 의도와도 상통한다 하겠다.

<뽕나무와 아이들> 제재의 '익힘문제'25) 역시 '글의 내용을 잘 이해

---

25) 「3. 뽕나무와 아이들」 단원의 '익힘문제'는 다음과 같다.
   1. 이 소설의 주제는 무엇인가?
   2. 이 소설의 주인공의 성격에 대하여 연구하여 보라.
   3. 이 소설에 나타난 시대적 배경을 연구하여 보라.

하고 있는가'라든가 '제재 글을 통해 단원의 학습 목표를 수행하고 있는가', '지금까지 학습한 내용을 다른 글이나 상황, 혹은 학습자 자신의 생활 등에 적용해 볼 수 있는 활동으로 구성되어 있는가' 등의 관점에서 구안되지 않고, 단지 소설의 주제와 인물의 성격, 배경, 독후감 등을 요구하는 활동이 위계성을 고려하지 않은 채 제시되고 있을 뿐이다.

알퐁스 도데의 <별> 역시 1차 교육과정에 이어 2차 교육과정에서도 다시 선정되었지만 선정의 근거를 파악하기는 쉽지 않다. 몽환적일 만큼 낭만적이고 서정적인 색채가 짙은 작품이라는 점, 그래서 학습자들의 심리적 적합성에 함양되기를 권장되는 정서를 발산하고 있는 작품이라는 점에는 별다른 이의를 표명할 필요는 없지만 이 작품이 1차 교육과정에 이어 2차 교육과정의 문학교육에서 계속 가르쳐야만 할 정도로 서양문학사 혹은 문학교육사에서 문학적 가치와 교육적 가치를 함께 충족시키는 작품인가에 대해서는 의문이다. 군이 추론해 보자면, 4 · 19의 혁명적 열기를 5 · 16 군사 쿠데타로 가라앉힌 교육권력 당국의 입장에서 개인의 욕망을 적극적으로 표현하고, 현실로 실현하는 적극적인 인물을 드러내는 작품에 비해서는 이와 같이 서정적이고 고전적인 분위기를 내면화하는 것이 훨씬 유용하지 않았을까 하는 자의적 판단 정도이다.

결국 2차 교육과정기 중 · 고등학교의 현대 소설교육은 세계와 갈등을 일키는 존재를 그려내는 작품보다는 세계에 종속되어 그 안에서 삶의 원리와 개인의 내면을 형성해 가는 순수문학 계열을 중심으로 하면서 계몽적 민족주의를 내세우는 작품을 가미하는 방식으로 제재와 활동이

---

4. 독후감을 말해 보라.
5. 이 글은 심훈의 장편 소설 상록수의 일부분이다. 상록수를 구해서 읽어보고, 독후감을 서로 이야기하여 보도록 하라.

선정되고 구안되었다고 볼 수 있다. 인간은 언제나 순수해야 하지만 국가와 민족을 위해서는 채영신처럼 언제든 자신을 희생할 줄 알아야 한다는 도저한 국가주의 논리가 제재 선정에서는 물론 활동 구안에서도 적용되었던 것으로 보인다. 이것은 앞서 3절에서 언급한 바와 같이 4·19에서 잠시 음미했던 자유와 민주의 기운을 한국이라는 국가적 코드로 획일적으로 수렴하고자 했던 2차 교육과정기의 문학교육의 지향과 맥락을 같이하는 부분이라고도 할 수 있다.

한편, 고등학교 교과서의 경우 1968년 「국민교육헌장」 반포를 기점으로 인문계용 교과서와 실업계용 교과서로 분책되면서 새롭게 편찬되었다는 사실을 주목할 필요가 있다. 여기에서는 적성과 진로를 고려한 계열 분리에 따른 교과서 구분 편찬이라는 것 이상의 의미를 읽어낼 필요가 있다. 1968년 12월 5일 헌장 반포와 1969년 2차 교육과정 부분 개정에 따른 새 국어 교과서는 '유위유능한 민주 국가의 국민을 육성할 목표로 편찬하였다'(『고등 국어』 1 교사용, 1970 : 3)는 방침 아래 다음과 같은 설명을 덧붙이고 있다.

> 그런데, 구교과서(1967년까지 인문계 및 실업계에서 공통으로 사용한 교과서)에서는 <u>우리의 특수성과 자주성(민족 주체성)의 반영이 결핍되어 있기 때문에</u>, 우리나라의 발전이나 국어 생활에 있어서 절실히 요구되는 문제보다도, 일반 상식적인 것을 비롯하여 추상적인 언 생활 문제가 주가 되어, 국어과 교육의 이상과 현실이 유리되어 있었던 것이다. (…중략…) 따라서, 이번에 편찬한 교과서는 <u>좀더 구체적이고 자주적인 교육 내용을 정선</u>하였으며…… (밑줄 인용자)

주지하듯이 1962년 5·16 군사 쿠데타와 1963년 제3공화국을 출범시킨 박정희 정권은 쿠데타와 새 공화국의 명분을 4·19를 해석하는 갈등 관계가 야기한 국민적 혼란으로 지목하였다. 그에 따라 국가 교육의 지표 역시 정권의 정당성과 명분을 확보하기 위한 내용으로 개정했는데 이를테면, '민주적 신념의 확고, 반공정신의 투철, 민주적인 생활 발전'(제1항), '민족적 기풍'(제2항), '건전한 정신'(제5항), '반공·도덕교육의 쇄신'(7항) 등의 반공 국가주의 교육을 설정함으로써 교육에 대한 국가적 통제를 전면화했다. 그 후 박정희 정권은 60년대 후반 일련의 북한의 대남 침투와 무장 활동 의 급증26)으로 인한 반공 교육의 강화와 장기 집권 의도를 '민족적 민주주의'라는 명분으로 강화하고 그러한 국가교육적 기획을 '경제 개발 우선주의', '국가주의', '반공주의'로 논리화하여 '국민교육헌장'으로 공포한다.

결국 위의 교사용 지도서에서 '우리의 특수성과 자주성(민족 주체성)의 반영이 결핍'되어 있다는 지적은 새로운 국어 교과서에서 국가주의와 반공주의 논리를 보다 강화한다는 것의 표명에 해당한다. 그리하여 1969년 부분 개정에 의한 새 교과서에는 '인간성을 기르는 데 도움 되는 제재'를 선정하는 데 유의했으며 구체적인 제재의 조건도 명시한 바 있다.27)

---

26) 북의 대남 간첩 침투가 1966년에는 50명에서 1967년 543명, 1968년에는 1,247명에 이르렀다고 한다. 무장 활동 역시 1967년 6월 운봉 지구에 이어 1968년 박정희 암살을 위한 이른바 '1·21 사태' 등 그 대남 공세가 격렬해진 것으로 보고된다.
  김태일, 「남북한 통일 정책의 변화의 결정 요인」, 한배호 편, 『한국현대정치론 2』, 오름 1999, 440~460면.
  박태균, 「1960년대 중반 안보 위기와 제2경제론」, 『역사비평』 72, 역사비평사, 2005, 250~276면.
  홍석률, 「1968년 푸에블로 사건과 남한·북한·미국의 삼각관계」, 『한국사연구』 113, 한국사연구회, 2001, 178~208면.
27) 교사용 지도서(1970, 6~7면)에서는 총 14가지의 제재의 조건을 제시하고 있으나 하위 3개 항목은 제재의 조건이라기보다는 단원 구성과 관련된 것이어서 제외하고 11개만 제시한다.
  (가) 민주적 신념이 확고하고 반공정신이 투철하며, 민주적인 생활을 발전시킬 수 있는

그 중 '문학(소설)'과 밀접하다고 생각되는 제재의 조건으로는 "순수하고 명랑하게 하는 심미적인 정서 생활을 위하여 풍부한 개성을 계발할 수 있는 제재"로 구체화하고 있으며 하위 요소도 "형상화된 글, 인생의 의의 및 인간성을 기르는데 필요한 글, 문화 전반에 걸친 교양을 얻을 수 있는 글"로 규정하고 있다. 물론 이러한 제재 선정의 요건에 의해 중학교 및 고등학교 국어 교과서의 소설 제재가 크게 달라진 것은 없다. 이는 2차 교육과정에 따른 교과서에 선정된 제재가 1969년 부분 개정에 따른 교과서의 제재의 요건에 비추어 크게 어긋나는 제재가 아니라는 교육적 판단의 결과가 아닌가 한다.[28]

5. '4·19'와 문학교육의 과제

제2차 교육과정과 그에 따른 국어 교과서를 살펴본 결과 이 시기의 현대 소설교육은 당대 지배 권력의 이념과 무관하지 않은 지점에서 새로운 '국민'을 창출하기 위한 일련의 포섭과 배제의 정치학 속에서 은밀

인간을 육성하는 데 필요한 제재 선정에 유의하였다.
(나) 독립자존의 민족적 기풍과 국제 협조의 정신을 함양할 수 있는 제재
(다) 순수하고 명랑하게 사는 심미적인 정서 생활을 위하여 풍부한 개성을 계발할 수 있는 제재
(라) 국어에 대한 관심과 자각을 깊게 하는 제재
(마) 논리적 사고력과 과학적 태도를 기를 수 있는 제재
(사) 자연과 인생에 대하여 올바른 이해를 가지게 하는 글
(아) 나라를 사랑하고 국가의 발전에 이바지하고자 하는 마음을 기르는 데 도움 되는 글
(자) 기초 학력, 국민 교양, 실생활, 문예 창작의 기초적 소양 등을 고려하여 편찬
(차) 말하기, 듣기, 읽기, 쓰기 등의 언어 기능을 골고루 발전시킬 수 있도록 유의
(카) 현대 언어생활을 효율적으로 할 수 있는 제재 등

28) 1969년 부분 개정에 따른 국어 교과서의 계열별 분리에 의해 실업계 고등학교 국어 교과서의 경우 1학년 제재로 「뽕나무와 아이들」, 2학년 제재로 「나비」가 선정되어 있다.

하게 기획되었다는 점을 확인할 수 있었다. 중·고등학교 국어 교과서의 한 귀퉁이에서 만날 수 있었던 지극히 순수하고 건전한 정신을 소유하고 있는 소년, 소녀(<소나기>, <큰 바위 얼굴>)로 표상되는 미적 인간형이나 민족을 위해 아낌없이 자신을 내어던진 여성(<뽕나무와 아이들>) 같은 계몽적 인간형 등은 2차 교육과정의 입안 권력인 박정희 군사 정부가 창출하고자 하는 '새로운 국민' 즉 '건전한 사상을 소유한 바람직한 인간'의 내면을 구성하기 위해 포획한 인간형으로 해석된다. 그런 점에서 국어 교과서는 "'국민 만들기'라는 치밀한 국가적 기획의 매트릭스(matrix) 위에서 그 역할에 충실히 복무한 매체"[29]라는 지적은 2차 교육과정기의 국어 교과서에도 유효하다고 할 수 있다.

그러나 2차 교육과정기의 문학교육이 지배 권력이 행사되는 장소로 기능해 왔다고 하더라도 국어 교과서와 국가 이데올로기와의 관계에 대한 이같은 결론은 보다 조심스럽게 읽을 필요가 있다. 물론 학교에서 가르치는 지식이 절대적 진리로서의 가치를 지닌 것이 아니라 정치적·사회적인 맥락 속에서 지배 집단이 그들의 권력을 보존하기 위해 선정하고 배치한 기획물이라는 문제 의식과 그에 따라 교육 권력이 선정하고 조직하는 지식은 어떤 집단의 것인가, 그 뒤를 가로지르는 이념적 관계는 무엇인가, 나아가 그러한 지식은 지배 집단의 문화를 어떻게 정당화하며 그들에게 어떠한 이익을 선사하는가에 대한 근거를 찾아가는 방법론 등에 대해서는 이의를 표명하기 어렵다.

그러나 교과 지식이 지배문화를 대변하거나 통합하는 기능적 수단에 불과하다는, 자칫 교과 교육의 무용성으로 치달을 수 있는 이러한 논의

---

29) 강진호, 「'국민 만들기'와 '국어' 교과서」, 『국어 교과서와 국가 이데올로기』, 글누림, 2007, 114면.

는 동서고금을 막론하고 수천 년 간 강조되어온 교육의 목적이나 정당
성에 대해서도 선명한 답변을 제출할 필요가 있다. 이를테면 지금까지
열정적으로 가르쳐 온 교과 내용들이 특정 집단의 정치적 가치와 이해
에 의해 구성된 것에 불과하다는 결과로부터 교육의 이상적 가치를 믿
고 실행해 왔던 모든 교육적 행위들의 합목적성을 어떻게 확보해낼 것
인가라는 질문 앞에서는 어떻게 해야 할 것인가. 그간 학교에서 학습하
고 습득해 온 교과 지식이 단지 이데올로기적인 관점에서 주조된 것이
고 따라서 객관적이거나 절대적인 지식이 아닐 수 있다는 결론은 자칫
교육의 본질과 의의를 폄훼할 수도 있기 때문이다. 따라서 교과 지식의
정치성 논의는 교육의 정당성이나 교육의 합목적적 의의는 물론 교수·
학습의 실제나 평가 등 교육 현상의 다기한 양상뿐만 아니라 교육의 바
깥을 가로지르는 사회 문화적 환경 등과도 상호 조회되면서 보다 입체
적으로 접근될 필요가 있다.

아울러 서론에서 제기한 두 번째 문제 역시 현대 문학교육의 역사를
통해 보다 다각적으로 검토되어야 할 필요가 있다. 사실 교육뿐만 아니
라 문학, 정치, 사회 등 해방 이후의 한국 현대사의 지형도를 작성할 때
4·19를 기본 좌표로 설정하는 작업은 도처에서 발견할 수 있다. 이러
한 경향은 4·19가 (바로 한 해 뒤에 일어난 5·16 군사 쿠데타에 의해서든, 또
는 그것의 결과가) "전반적인 사회 구조의 개혁을 일으키지 못했기 때
문"30)이든, 혁명의 주체 세력이 학생층과 지식인층을 중심으로 구성되
었기에 그렇든 혹은 4·19의 근본적인 성격이 "낭만주의"31)였기 때문이

---

30) 박태순·김동춘, 『1960년대의 사회운동』, 까치, 1991, 101면.
31) 고은, 「그 革命은 무엇인가—4·19의 역사적 連結論理를 위하여」, 강만길·박현채·백
　　낙청 외 『4월 혁명』, 한길사, 1983, 249면.

든, '미완의 혁명'이라는 명명 행위를 통해 더욱 심화 확장되어 왔다. 일반 민중에 의해 국가 권력을 전복시킨 이 놀라운 사건은 이후의 현대사를 살아가는 민중들에게 적극적인 참조와 교훈의 대상이 됨으로써 그들에게 민족적 정체성 확인과 행위의 역사적 정당성 및 미래의 선취 가능성을 전유할 수 있도록 하는 충분한 장치로서 기능해 온 것이 분명하기 때문이다. 4·19는 그 자체로 이미 이데올로기적 장치가 되어 온 것이다. 그러나 이데올로기적 장치로서 4·19에 대한 지속적인 되새김 작업이 4·19 이후 전개된 다기하고 복합적인 교육적 층위를 온전하게 포괄해내기는 어렵다. '4·19와 문학교육'이라는 거대한 논제가 학교에서 실행되었던 문학교육의 무수한 현상들과 그들을 추동해 왔던 문학교육 자체의 긴장감과 역동성에 눈감은 채 4·19라는 역사적 코드로 단일하게 호명하고 있는 것은 아닌가 하는 우려에 대해서도 경청할 필요가 있는 것은 이와 같은 사정 때문이다.

참고문헌

1차 교육과정기
『중학국어』 6책, 대한교과서 주식회사.
『고등국어』 3책, 대한교과서주식회사.
2차 교육과정기
『중학국어』 6책, 대한교과서주식회사.
『인문계 고등국어』 3책, 대한교과서주식회사.
『실업계 고등국어』 3책, 대한교과서주식회사.
『실업계 고등국어-교사용』 3책, 대한교과서주식회사.
교육부, 『초·중·고등학교 국어과·한문과 교육과정 기준(1946~1997)』, 2000.

고　은, 「그 革命은 무엇인가—4·19의 역사적 連結論理를 위하여」, 강만길·박현채·
　　　　백낙청 외저, 『4월혁명』, 한길사, 1983.
강진호, 「'국민 만들기'와 '국어' 교과서」, 『국어 교과서와 국가 이데올로기』, 글누림,
　　　　2007.
김상욱, 『문학교육의 길찾기』, 나라말, 2003.
김창원, 「문학교육과 국가 통제」, 민족문학교육회 편, 『문학교육의 방법』, 한길사,
　　　　1991, 13~38면.
김태일, 「남북한 통일정책의 변화와 결정 요인」, 한배호 편, 『한국현대정치론 2』, 오
　　　　름, 1996.
김혜련, 『일제강점기 조선어과 교육과 조선인』, 역락, 2010.
김혜영, 「현대문학 정전 재검토」, 『문학교육학』 25, 한국문학교육학회, 2008, 87~129면.
난대이응백박사 고희기념논문집간행위원회, 『광복 후의 국어교육』, 한샘, 1992.
박태균, 「1960년대 중반 안보 위기와 제2경제론」, 『역사비평』, 역사비평사, 2005.
박태순·김동춘 공저, 『1960년대의 사회운동』, 까치, 1991.
우한용, 『한국 근대문학교육사 연구』, 서울대학교 출판부, 2009.
윤여탁 외, 『국어교육 100년사』 2, 서울대학교 출판부, 2006.
이희복, 「국어과 교육과정의 개정과 교과 운영의 새 방향」, 『새교육』 3, 한국교육신문

사, 1962.

정준섭, 『국어과 교육과정의 변천』, 대한교과서주식회사, 1995.

차혜영, 「한국 현대소설의 정전화 과정 연구」, 『돈암어문학』 18, 돈암어문학회, 2005, 157~181면.

최재서, 「성격에의 의욕」, 『인문평론』, 1940.

교육신문사 편, 『한국교육100년사』 제1권, 1999.

홍석률, 「1968년 푸에블로 사건과 남한 북한 미국의 삼각관계」, 『한국사연구』 113, 한국사연구회, 2001.

Apple, M. W., *Ideology and curriculum,* 마이클 애플, 박부권 외 역, 『교육과 이데올로기』, 한길사, 1985.

Apple, M. W., *Official knowledge*, 마이클 애플, 박부권 외 역, 『학교 지식의 정치학』, 우리교육, 2002.

White, H. V., *Metahistory: The Historical Imagination in Nineteenth —Century Europe*, 헤이든 화이트, 천영균 역, 『19세기 유럽의 역사적 상상력―메타 역사』, 문학과지성사, 1991.

Young, M., "Knowledge and Control", Young, M. ed., *Knowledge and Control*, London: Collier Macmillan, 1972.

Williams, R., "Base and Superstructure in Marxist Cultural Theory", Roger Dale et all, *Schooling and Capitalism: A Sociological Reader*, London: Routledge & Kegan Paul, 1976.

출처(논문 게재 순)

윤대석, 「'친일문학'과 문학교육」, 『문학교육학』 제34호, 2011.

최지현, 「저항문학과 문학교육―일제강점기의 시문학을 중심으로」, 『문학교육학』 제34호, 2011.

구자황, 「일제강점기 제도권 문학교육―교과서와 민간 독본의 양상을 중심으로」, 『문학교육학』 제34호, 2011.

전봉관, 「일제강점기 비제도권 문학교육의 양상―독서·동인·동인지·멘토·문예강연·현상문예」, 『문학교육학』 제34호, 2011.

김동환, 「암호화(暗號化)된 전쟁 기억과 해호화(解號化)로서의 문학교육」, 『문학교육학』 제33호, 2010.

노지승, 「전후 소설에 나타난 남성 정체성의 문제와 문학교육적 함의―서기원·손창섭 소설을 중심으로」, 『문학교육학』 제33호, 2010.

차혜영, 「신자유주의적 생존경쟁과 한국전쟁의 소설적 전유―6·7차 교육과정기 국어·문학 교과서를 중심으로」, 『문학교육학』 제33호, 2010.

박윤우, 「전후 모더니즘 시의 가치 인식과 문학사 교육」, 『문학교육학』 제34호, 2011.

정호웅, 「문학교실에서의 「광장」 읽기」, 『문학교육학』 제32호, 2010.

김상욱, 「문학교육과 민주주의」, 『문학교육학』 제32호, 2010.

이명찬, 「현대시 교육과 4·19혁명」, 『문학교육학』 제32호, 2010.

김혜련, 「'4·19'와 현대 소설교육―제2차 국어과 교육과정(1963~1973)을 중심으로」, 『문학교육학』 제32호, 2010.

저자 소개(논문 게재 순)

윤대석	명지대학교 국어국문학과 교수
최지현	서원대학교 국어교육과 교수
구자황	숙명여자대학교 교양교육원 교수
전봉관	KAIST 인문사회과학과 교수
김동환	한성대학교 한국어문학부 교수
노지승	인천대학교 국어국문학과 교수
차혜영	한양대학교 한국언어문학과 교수
박윤우	서경대학교 국어국문학과 교수
정호웅	홍익대학교 국어교육과 교수
김상욱	춘천교육대학교 국어교육과 교수
이명찬	덕성여자대학교 국어국문학과 교수
김혜련	성신여자대학교 교육대학원 국어교육전공 교수

문학교육총서 ❹

역사·기억·체험

초판 인쇄 2013년 8월 1일 | **초판 발행** 2013년 8월 8일

엮은이 한국문학교육학회

펴낸이 이대현 | **책임편집** 권분옥 | **편집** 이소희 박선주

펴낸곳 도서출판 역락 | **등록** 1999년 4월 19일 제303-2002-000014호

주소 서울시 서초구 반포4동 577-25 문창빌딩 2층

전화 02-3409-2060(편집부), 2058(영업부) | **팩시밀리** 02-3409-2059

전자우편 youkrack@hanmail.net

ISBN 978-89-5556-070-1 94370

978-89-5556-845-5(세트)

정가 26,000원

* 잘못된 책은 교환해 드립니다.

이 도서의 국립중앙도서관 출판시도서목록(CIP)은 서지정보유통지원시스템 홈페이지(http://seoji.nl.go.kr)와 국가자료공동목록시스템(http://www.nl.go.kr/kolisnet)에서 이용하실 수 있습니다.(CIP제어번호: CIP2013012901)